ISBN 978-0-666-04777-9
PIBN 10555244

PHILOSOPHIE

DE L'EFFORT

ESSAIS PHILOSOPHIQUES D'UN NATURALISTE

AUTRES OUVRAGES D'ARMAND SABATIER

———————

Essai sur la Vie et la Mort. Conférences faites à l'Université de Montpellier. IVe volume de la *Bibliothèque évolutioniste*. Paris, Vigot frères, 1892.

Essai sur l'Immortalité au point de vue du Naturalisme évolutioniste. Conférences faites à l'Université de Genève en avril 1894 et à la Sorbonne en mars 1895. 1 Volume. Paris, Fischbacher, 1895.

PHILOSOPHIE
DE L'EFFORT

ESSAIS PHILOSOPHIQUES D'UN NATURALISTE

PAR

ARMAND SABATIER

DOYEN DE LA FACULTÉ DES SCIENCES DE L'UNIVERSITÉ DE MONTPELLIER
DIRECTEUR DE LA STATION ZOOLOGIQUE DE CETTE
CORRESPONDANT DE L'INSTITUT

PARIS
FÉLIX ALCAN, ÉDITEUR
ANCIENNE LIBRAIRIE GERMER BAILLIÈRE ET Cⁱᵉ
108, BOULEVARD SAINT-GERMAIN, 108

1903

PHILOSOPHIE DE L'EFFORT

INTRODUCTION

RESPONSABILITÉ DE DIEU
ET RESPONSABILITÉ DE LA NATURE

Je dois quelques explications au lecteur de ce volume pour lui faire connaître les mobiles qui m'ont poussé à l'écrire, les conditions dans lesquelles il a été composé, et les idées directrices qui en ont été l'inspiration.

Il n'est peut être pas de condition plus propice à provoquer la réflexion, et à encourager la pensée, que l'étude des sciences naturelles. Le contact avec la nature et avec la vie est pour l'esprit un stimulant puissant qui le met constamment en face des problèmes les plus attachants et les plus graves. Pour résister à l'attrait exercé par ce milieu peuplé d'énigmes, et pour se borner à la satisfaction de les apercevoir et de les formuler, il faudrait être bardé d'une indifférence incomparable ou d'un scepticisme extraordinaire. Je n'ai pas éprouvé ce calme dilettantisme, auquel la joie d'entrevoir les questions et de jouer agréablement avec elles est un bonheur suffisant ; et tout en promenant le scapel sur les organes, tout en fixant mon œil sur l'objectif du microscope, je me suis toujours demandé où devaient nous conduire cette étude patiente et prolongée, et ce labeur infatigable.

Aurions-nous obtenu satisfaction pour avoir définitivement constaté que tel muscle s'insère bien exactement sur telle apophyse de tel os ; que telle glande sécrète un liquide dont la composition et les propriétés sont bien définies ; que telle cellule renferme des granulations de telle forme et de telle composition chimique ; que tel organe comprend des éléments de telle et telle espèce groupés suivant telle ou telle disposition ? Non, évidemment non ! Il y a là des satisfactions de chercheur, de collectionneur de faits, de dresseur de statistiques. Mais on ne saurait y trouver une nourriture intégrale pour l'être pensant et surtout pour l'être moral. J'étais bien certainement dans la vérité le jour où, à un homme de science me demandant à quoi pouvait bien me servir de tirer de mes observations d'anatomiste et de naturaliste des déductions d'ordre moral ou métaphysique, le jour, dis-je, où à cette question je répondis simplement : « Cela me sert à vivre. » Je pense encore, en effet, que nous sommes ici-bas pour vivre, c'est-à-dire pour vivre de la vie affective et morale, qui est la vie par excellence, et que la science, c'est-à-dire l'activité intellectuelle proprement dite, n'a réellement d'autre valeur que de nous aider à réaliser cette vie agissante pour l'amour et pour la justice.

L'aide de la science n'est pas illusoire. Elle est réelle. Une saine appréciation des choses le veut ainsi. Quelles que soient les apparences, quoi qu'on en ait dit, et quoi qu'en pense une dogmatique mal informée, la nature, objet de la science, est au fond bonne, belle et vraie. Le Créateur a déposé en elle un germe de beauté, de logique, de droiture, de justice et de bonté qui, pour être masqué sous des apparences très complexes et souvent même contraires, et pour être imparfaitement accessible à nos regards voilés, n'en est pas moins le dépositaire de précieuses et d'admirables puissances.

La nature est belle, et d'une beauté incomparable, pour quiconque s'efforce de pénétrer dans son intimité. « Aux vieux temps de l'Égypte, dit le très éminent professeur Williams Crookes[1], une inscription bien connue était gravée au-dessus du portail du temple d'Isis : Je suis tout ce qui a été, est, ou sera, et nul homme n'a encore soulevé mon

1. Williams Crookes, Discours présidentiel prononcé au Congrès de l'Association britannique pour l'avancement des Sciences, Bristol, 1898.

voile. Ce n'est pas ainsi qu'aux ·chercheurs modernes de la vérité apparaît la nature, mot par lequel nous désignons l'ensemble des mystères déroutants de l'univers. Fermement, sans fléchir, nous nous efforçons de pénétrer au cœur même de cette nature, de savoir ce qu'elle a été, et de prévoir ce qu'elle sera. Nous avons déjà soulevé bien des voiles ; et avec chaque voile qui tombe, sa face nous apparaît plus belle, plus auguste, plus merveilleuse. »

A cet hommage rendu à la beauté et à l'éclat merveilleux de la nature, je crois devoir joindre d'autres hommages et d'autres louanges. La nature est non seulement belle, mais elle est intelligente et profondément intelligente. Elle est aussi morale et profondément morale ; car si elle n'est pas le bien parfait, elle tend avec persévérance, avec énergie, vers cette perfection ; et c'est là ce qui lui confère la dignité morale. C'est vers cet idéal qu'elle évolue ; et quand dans notre ignorance nous l'appelons aveugle, brutale, cruelle, immorale, nous agissons en juges inconsidérés et même iniques, qui s'empressent de condamner sans avoir instruit la cause. Pour une lumière suffisante et pour un jugement équitable, il faut que l'enquête soit opiniâtrement poursuivie ; et l'on peut certainement entrevoir quel sera le verdict définitif. C'est la science de la nature qui est chargée de l'instruction ; et elle a été assez souvent amenée à réformer des jugements injustes ou sévères, et à rendre des arrêts plus consolants.

Combien seraient renversés nos jugements, si nous pouvions pénétrer au fond des processus de la nature et dévoiler ses secrets ! Combien de fois trouverions-nous logique, sage et bienfaisant tel fait naturel que nous qualifions sévèrement, si nous pouvions pénétrer dans les profondeurs des conditions et des motifs, et si nous étions capables de situer les phénomènes dans leur milieu complet et intégral entre tous leurs antécédents rationnels et toutes leurs conséquences logiques et heureuses ! Mais au lieu de cette clarté nécessaire pour justifier et dicter un verdict équitable, nous rencontrons une obscurité trompeuse, obscurité souvent complète et absolue, toujours plus ou moins épaisse et

déroutante ; et nous prétendons dans ces ténèbres déterminer exactement les points cardinaux de l'horizon. Pour
citer quelques exemples, la douleur, la souffrance que nous
accablons de nos malédictions les plus violentes, mérite-t-elle
cette réprobation ? N'est-elle pas la grande éducatrice des
êtres animés, et n'a-t-elle pas joué le rôle le plus admirable
et le plus efficace dans la marche progressive de l'évolution
et dans le perfectionnement des êtres vivants ? Je suis arrivé
sous ce rapport à une conclusion très affirmative, et je le
dois à l'étude de la nature. C'est elle qui m'a montré la
nature en travail, accumulant effort sur effort pour fuir la
souffrance, pour échapper à la douleur, soit physique soit
morale, et bénéficiant ainsi de ce que l'effort répété apporte
de perfectionnements durables dans les organismes et dans
les mentalités.

Et la mort en elle-même est-elle un mal ? est-elle une
malédiction ? est-elle la plus cruelle des souffrances ?

Oui, si l'on regarde à ce qui n'est plus la nature, à ce qui
est la nature altérée et viciée soit par l'ignorance et par un
mauvais usage de la liberté, soit par des conditions imparfaites qui attendent et qui obtiendront d'être remplacées par
des conditions meilleures. Oui, si l'on regarde à l'humanité
telle qu'elle est actuellement, avec les conséquences funestes
de ses excès, de ses vices, de ses folies, de son mépris de
l'ordre et de l'hygiène, de ses défis jetés à la morale et à la
sobriété. Mais est-ce bien la nature qui est coupable des
douleurs et des angoisses de la mort, des tristesses qui
l'accompagnent et des regrets qui déchirent souvent celui
qui se voit mourir ? Oui, la mort prématurée, celle qui
tranche le fil d'une existence encore utile, encore sensible,
encore active, et pleine de la volonté de vivre, oui, cette
mort est une scène lamentable. Mais est-ce bien là la mort
naturelle, celle qu'a voulu instituer la nature et que la liberté
et la volonté humaines sont venues troubler et rendre redoutable ? Est-ce la faute de la nature si l'alcoolisme, si la syphilis,
si les maladies contagieuses et infectieuses provoquées et aggra-
vées par le mépris de l'hygiène, si l'organisme affaibli et rendu
très vulnérable par les excès ou par la misère, si les peines

morales résultant du dérèglement et des violations de la
justice, ont fait pleuvoir sur l'humanité la maladie, la douleur, la misère et le chagrin, artisans de morts douloureuses,
tragiques, prématurées et par conséquent haïssables et redon-
tables ? La mort naturelle revêt-elle ces caractères dans le
règne animal et même chez l'homme, alors qu'elle est le
terme réel et *naturel* d'une existence justement remplie par
une saine activité déployée dans la santé et dans la sérénité
morale ? Non, évidemment ; pour l'animal la mort *naturelle*
est l'entrée dans un doux sommeil qu'un réveil n'interrompra
plus ; et pour l'homme chargé d'ans, parvenu au terme de
son activité physiologique, ayant dépensé sagement tout son
capital de vie, et ayant épuisé la somme de ses virtualités,
la mort naturelle n'est certainement qu'un paisible acheminement vers un repos désiré, et dont les aspects, plutôt
mélancoliques que déchirants, sont même voilés et adoucis
par l'apaisement de la sensibilité et par l'impression bienfaisante du repos succèdant à la lassitude. Les exemples de ce
fait ne sont certainement pas rares ; et c'est sous l'inspiration
de ces données que j'écrivais en 1887 les lignes suivantes
auxquelles je n'ai rien à changer :

« La douleur est souvent associée à la mort, mais elle n'en
est pas le compagnon nécessaire. Bien loin de là, elle est le
plus souvent appelée à prévenir contre les dangers mortels,
et à les faire éviter. La mort naturelle arrivant après une
durée normale de la vie, et résultant de l'usure et de l'affaiblissement progressif des organes, ne se présente pas à l'observation comme un douloureux et terrible déchirement au
point de vue physique. Quiconque a vu s'éteindre douce-
ment un de ces viellards chargés d'ans, sans lésion d'organes,
par une lente et paisible diminution du mouvement vital,
quiconque, dis-je, a assisté à ce spectacle qui n'a, pour ainsi
dire, rien de sanglant, a pu s'apercevoir de ce qu'il y avait
d'indolore et de calme dans cette extinction progressive de la
vie corporelle. Ce genre de mort qui est à proprement parler la mort *naturelle,* n'est point rare parmi les hommes ;
mais elle l'est bien moins parmi les animaux. Quand on a
l'habitude d'observer ces derniers, on est frappé de voir,

combien pour eux, la mort, se produisant au terme normal de l'existence, après l'accomplissement de leur cycle
vital, a peu les caractères d'une agonie et ressemble plutôt à
la paisible entrée dans un profond sommeil [1]. »

Je ne me dissimule pas que les considérations qui précèdent paraîtront à beaucoup d'un optimisme exagéré et trop
souvent contredit par le spectacle attentif de la nature. Ils
abondent certainement au sein de la nature les faits qui peuvent justement, nous semble-t-il, être inculpés d'inutilité,
de maladresse, d'illogisme, de déviation fâcheuse, d'injustice, de cruauté même, et qui sembleraient être la négation
des tendances logiques, saines, justes et bonnes que j'ai prê-
tées à la nature.

Je suis loin de nier ces faits qui semblent s'élever si rationnellement contre une appréciation trop favorable de la
direction imprimée ou suivie par la nature. Il faudrait être
bien aveugle et bien partial pour les nier et pour en méconnaître l'éloquence devant le tribunal de l'observation et de
la raison. Mais la question n'est pas de savoir si tout est bien
dans la nature, mais si dans la marche de ce grand empire où
s'associent et se combattent tant d'influences diverses, la
somme des dispositions heureuses, des prévisions et des précautions sages et bienfaisantes, l'ensemble des résultats
favorables, ne l'emportent pas de beaucoup sur les dispositions, les événements et les résultats d'un caractère opposé.
Sur ce point capital et qui importe seul au fond, des jugements opposés sont, certainement, possibles. Mais il ne faut
pas oublier que dans un procès si colossal et si insuffisam-
ment instruit, l'équation personnelle des juges acquiert
une valeur considérable. Si nous voulons être impartiaux,
nous devons bien penser que dans une question où nous
nous trouvons si réellement juge et partie, nous sommes
grandement exposés à être plus frappés par la vue du mal que
par celle du bien. Il est incontestable que l'homme est infi-

---

1. *Critique philosophique*, de Renouvier, des 31 décembre 1886 et
31 janvier 1887.

niment plus disposé à pâtir et à se plaindre de ses maux, qu'à jouir et à être reconnaissant de ses joies. La voix de la douleur est autrement vibrante et pénétrante que celle du bonheur. Si bien que tout jugement humain, qui tendrait à reconnaître dans la nature une balance égale entre la somme de ce qui est louable et de ce qui est condamnable, devrait, en toute justice, être *a priori* mis au bénéfice d'une appréciation optimiste de la nature.

Mais il est un fait capital qui domine le débat, et qui me paraît comporter forcément un jugement optimiste ; je veux dire le spectacle de l'ensemble, et la constatation du progrès dans l'évolution naturelle. S'il y a progrès, si le progrès est réel, si nous reconnaissons (et comment ne pas le faire) que la nature a été le lieu et le champ d'un progrès qui l'a conduite de l'état inférieur de matière cosmique à l'état élevé et merveilleux d'être spirituel et de conscience morale ; si l'être homogène et inconscient, si la mentalité sourde et diffuse ont atteint la stature de la personnalité sachant penser et aimer, il faut bien reconnaître aussi que la somme des processus intelligents et logiques, la somme des dispositions heureuses, l'a emporté de beaucoup sur les dispositions et les processus contraires, pour aboutir à un si colossal et si merveilleux résultat.

Mais en outre et sans nier les faits malheureux, les inconséquences possibles, les démarches inutiles, les douleurs, les chocs inopportuns, etc., nous sommes tenus, en présence de cette œuvre si admirable de l'évolution, et en constatant l'immensité de notre ignorance et les pièges qu'elle tend sans cesse à nos jugements, nous sommes tenus, dis-je, de reconnaître que nous devons ne prêter à ces derniers qu'un crédit relatif, quand ils tendent à incriminer une marche de la nature qui, en définitive, se trouve avoir abouti à une fin si haute et si auguste.

Mais si la nature nous donne si souvent le spectacle de défaillances et d'erreurs, faudrait-il lui appliquer cet aphorisme abominable qui justifie les moyens par la fin ? En aucune manière. Une règle qui est si violemment et si absolument repoussée par le sens moral de l'humanité, quand il n'a été ni altéré, ni déformé, ni corrompu, ne saurait révéler la direction normale de cette nature, dont le sens moral est le plus bel épanouissement. Non, la fin ne justifie pas les moyens : mais les moyens sont, non justifiés, mais expliqués par la nature même de la nature, c'est-à-dire par l'état moral de la nature.

Le jugement que l'on peut porter sur la nature dépend à un très haut degré de la conception que l'on se fait de la nature. On peut concevoir le monde ou la nature de bien des manières ; mais il y a trois points de vue principaux auxquels peuvent, me semble-t-il, être ramenés tous les autres ; et c'est à les considérer que je vais m'appliquer.

Quelques-uns considèrent le monde comme un grand assemblage, comme une vaste machine due au hasard et livrée à l'anarchie, machine déréglée, où le mal a sa place au même titre que le bien, et ou le bien est aussi étonnant que le mal. A ce domaine de l'anarchie et de la désespérance peuvent être adressées avec une égale indifférence les louanges et les critiques ; ou, pour être plus rationnel, il n'y a lieu d'adresser ni louanges, ni critiques, car, si tout y est possible, rien n'y est pensé, ni voulu. Ce monde du hasard n'a droit qu'à l'indifférence et au silence. Il n'est ni bon, ni mauvais ; il est ce qu'il est, la négation d'une norme et d'un idéal.

Une seconde conception du monde est celle du panthéisme plus ou moins mystique, noyant dans un grand tout un Dieu inconscient et sans liberté.

Dans ce monde où le bien et le mal sont les conséquences logiques et inévitables de l'application de lois immuables, les grandes et éternelles lois d'airain de Gœthe, et d'où la liberté est radicalement exclue, on chercherait en vain l'être à qui remonte la responsabilité du bien et du mal, de la justice et de l'injustice, de la douleur et du plaisir, des tristesses et des joies. Dieu, éternel comme le monde dont il est inséparable, et qui n'est que sa représentation sensible, n'est ni libre, ni volontaire. Dans cet ensemble de reflexes et de mécanisme aveugles, il n'y a pas d'auteur responsable ; et la nature, n'étant éternellement qu'une activité qui se dépense sans relâche au service d'un déterminisme absolu, il y a lieu, non de la juger, mais de courber la tête devant son implacable nécessité.

Dans la troisième conception de la nature, c'est-à-dire dans celle qui la distingue comme la fille d'un Créateur libre et volontaire, la question prend un aspect tout différent.

Si en effet le monde est l'œuvre d'un créateur, s'il est donc ce que l'a fait son auteur, il semble que celui-ci soit responsable du bien et du mal qu'il y a dans l'œuvre, et c'est à Dieu que paraissent devoir s'adresser les louanges et les murmures inspirés par le bien et par le mal manifestés dans la nature. Cette manière de raisonner paraît être dans tous les cas d'une logique rigoureuse. Et pourtant, il n'en est rien. La responsabilité d'un créateur peut être à la vérité complète et réelle : mais elle peut n'être que circonscrite et relative. Tout dépend, en effet, de la relation que le créateur a voulu établir entre lui et la créature ; tout dépend aussi de la signification et de la genèse de l'univers créé. Si l'on pouvait concevoir que Dieu eût projeté le monde comme un être absolument différent de lui-même, n'ayant d'autre rapport avec lui que d'être un produit de sa volonté, sans constituer un être participant en quelque mesure de sa nature morale, si le monde n'était qu'un ensemble immuable, inconscient et brutal, où la répartition du bonheur et du malheur ne fût en rien reliée et rattachée à une vie mentale et morale contenue en lui-même, et qui lui fût propre, la responsabilité du Créateur resterait entière, et on aurait le droit de lui demander compte des imperfections de l'œuvre, des lacunes qui la déparent et en particulier des douleurs physiques et morales qui couvrent si souvent d'un voile attristé les domaines même les plus élevés, ou les moins imparfaits de la nature.

Mais il est certes une conception plus heureuse, plus haute, plus vraie, plus conforme à la raison, plus fortifiante et plus consolante des relations de Celui qui a créé et de ce qui a été créé. C'est celle que j'ai à maintes reprises exposée dans le cours de ces *Essais*, et que je puis me borner ici à formuler en quelques mots pour en déduire les conséquences relatives à la responsabilité divine. La nature est la fille du Créateur, le monde est né d'une parcelle détachée de l'énergie divine comme un germe appelé à évoluer dans une direction ascendante qui le rapproche du Père. Mais si Dieu est le père de l'univers dans toute la profondeur et dans toute la signification que comporte le fait d'une réelle paternité, l'enfant doit nécessairement recueillir le bénéfice des privilèges que Dieu a solidement attachés dans la nature au fait même de l'hérédité.

Le monde n'est donc pas une masse inerte, indifférente, sans spontanéité et sans vie. Il y a en lui, comme dans tout embryon, les virtualités ou les rudiments des attributs qui caractérisent l'ascendant. Aussi le monde est-il un vaste organisme où se manifestent et s'épanouissent les mouvements et les qualités de la vie. Dans le monde il y a partout une mentalité plus ou moins humble ou brillante, une volonté, une pensée, une fin comme objectif d'une direction morale. Mais s'il y a tout cela, il y a donc aussi une *liberté*. « Le but de ce monde, a dit fort bien Renan, est le développement de l'esprit ; et la première condition du développement de l'esprit, c'est *la liberté*. » Et puisque nous ne pouvons douter de la réalité du développement de l'esprit, nous ne pouvons douter davantage de la présence de la liberté. Le monde, c'est-à-dire la nature, n'est donc point simplement un esclave, un instrument exécutant des ordres qu'il n'est pas plus capable de penser que de juger. Il est une parcelle de l'énergie qui pense, qui sent et qui veut ; il a un idéal, et il aspire à le réaliser. Comme tout être appelé à évoluer, il n'est ni parfait, ni infaillible, mais il tend vers la perfection. Il veut, mais il tâtonne, il hésite, il se trompe, il s'essaie et il s'arrête, il avance, il recule, et ses progrès ne sont acquis qu'à travers des tâtonnements, des tentatives hésitantes, des erreurs, des déviations et des rectifications, des torsions et des redressements. De là des oscillations incessantes, de là des dispositions variables et de valeurs contraires ; de là, à côté d'actes heureux et louables, des actes et des conditions déplorables et funestes. De là l'erreur à côté de la vérité, la justice côtoyant l'injustice, la cruauté manifestée près de la miséricorde, l'égoïsme atroce alternant avec l'amour. S'efforçant vers l'idéal, éclairé par des lumières directrices insuffisantes, n'étant ni infaillible, ni parfait, mais étant capable de liberté, il ne saurait choisir toujours le bon chemin, et il progresse tantôt dans la dircetion normale, tantôt dans les voies tortueuses de l'erreur et du mal. Comme l'homme, qui en est pour ainsi dire la floraison terrestre, l'univers est une intelligence qui évolue, qui sort peu à peu des langes de l'enfance, et une volonté appelée à se déterminer elle-même, parce qu'il y a en elle les privilèges et les périls de la liberté.

Aussi, comme l'homme qui en est l'épanouissement terrestre, la nature est-elle tantôt hésitante et timide, tantôt sujette à des élans imprudents et excessifs. Dominée au fond par les appels de l'idéal, qui est le perfectionnement de l'esprit à travers le développement de l'espèce minérale ou animée, à côté de nobles et magnifiques transports vers ce qui est meilleur, elle a des éblouissements qui l'égarent et la dévient, et si le plus souvent elle a droit à l'admiration, elle paraît mériter parfois la réprobation et le mépris. La nature est donc un être relativement responsable, parce que le Créateur a placé devant elle un idéal à atteindre, et en elle une mesure suffisante de liberté et de volonté pour lui permettre cette œuvre capitale.

La marche évolutive de l'univers nous fournit donc une explication satisfaisante des incohérences et des contrastes déroutants qui se rencontrent dans la nature ; et les reproches adressés de ce chef au Créateur n'atteignent pas le vrai coupable. Ce n'est pas le Dieu créateur distinct de la nature qu'on pourrait logiquement rendre responsable des fautes et des erreurs de la nature ; mais il serait logique d'en accuser le Dieu du panthéisme, qui, confondu avec la nature, serait, s'il était capable de responsabilité, le véritable auteur et l'inspirateur des crimes qui déparent cette dernière.

Mais, dira-t-on, le Créateur n'eût-il pas pu épargner à la nature les luttes dont elle est le champ, et la placer dès le début dans une voie sûre et inoubliable qui la conduisit

directement vers l'idéal ? Cette question peut donner lieu à
bien des réflexions. Quelques-unes me suffiront. Et d'abord
avons-nous le droit de juger la manière dont le Créateur a
organisé l'évolution de l'univers ? Que savons-nous qui nous
permette d'apprécier les motifs qui ont inspiré la volonté
divine et de soupçonner que telle ou telle manière de réaliser
la création ou de disposer l'évolution eût été meilleure que
telle autre ? Ce n'est certes pas trop faire que de convenir
que sur ce point notre ignorance est à la hauteur de la gravité et de la difficulté du problème à résoudre.

Toutefois, nous pouvons proposer quelques considérations
rationnelles qui sont de nature à disculper encore une fois
le Créateur. Un monde parfait et infaillible, dès le jour de sa
naissance, n'eût pas pu nécessairement être le lieu et l'objet
de l'évolution. Mais ce n'est pas un être de prime abord
parfait et infaillible que le Créateur a jugé bon de former.
Son dessein s'est rapporté à une élaboration tenant une
large place dans le déroulement des siècles et ayant pour fin
dernière la perfection. Aussi a-t-il imposé à son œuvre le
travail immense et prolongé de l'évolution.

Pourquoi le Créateur a-t-il imposé l'évolution comme
processus de formation et d'organisation du monde ? Nous
ne le savons pas et nous ne le saurons probablement pas.
Sa volonté a certainement obéi à des raisons puissantes et
sages. Toutefois, la science actuelle croit pouvoir affirmer
que c'est par voie d'évolution que l'univers a acquis progressivement la majestueuse et puissante organisation que
nous nous efforçons d'étudier et de connaître. Le germe
et l'embryon du monde ont reçu certainement les virtualités dont l'épanouissement et l'activité étaient capables
d'enfanter les merveilles futures, mais il ne pouvait être
pour eux question d'une perfection qui devait être le fruit
d'un très long labeur et l'œuvre d'un avenir colossalement
prolongé.

Mais parmi les raisons qui ont déterminé la puissance et
la sagesse suprêmes à imposer au monde le labeur d'une
évolution perenne et laborieuse, il n'est peut-être pas défendu
de placer la considération suivante qui nous semble posséder

la valeur d'un motif supérieur. Il pourrait se faire que la réalisation même de l'être moral, de la personnalité morale, fin par excellence de l'univers, ne fût possible que dans l'évolution et par l'évolution. Pour acquérir toute sa valeur, l'être moral devait, semble-t-il, avoir une large part de collaboration dans l'édification de lui-même et dans la construction de sa personnalité.

Si nous en jugeons (et il me semble que nous avons quelque droit de le faire) par les processus qui président actuellement à la constitution de la personnalité morale, l'être moral futur avait par la gymnastique de la lutte et de l'effort à développer et à perfectionner les virtualités qu'il tenait de son origine et à les transformer en puissances actives et en facultés caractérisées et supérieures. Il fallait surtout que, par des agrégations successives et, de plus en plus compréhensives, par des combinaisons et des coordinations harmonieuses, les groupements définis et individuels succédassent à l'indétermination et à la simplicité massive du germe total primitif, pour donner naissance à des individus et à des personnalités de plus en plus élevées. Il fallait que dans le labeur de l'évolution le germe unique fût morcelé en centres harmonisés et synergiques par le renforcement des liens intérieurs et par le relâchement relatif et proportionnel des attaches extérieures. C'étaient là les labeurs nécessaires à la conquête de l'autonomie et de la personnalité, terres promises de l'évolution ; et ces labeurs, semble-t-il bien, ne pouvaient être efficacement effectués que par le conquérant lui-même, c'est-à-dire par le monde créé. Il en est, en effet, des conquêtes intellectuelles, et surtout morales, comme de l'expérience (qui fait d'ailleurs partie de ces conquêtes) ; elles ne sauraient appartenir réellement qu'à celui qui a porté le poids de la lutte, qui a souffert des sacrifices qu'elle impose, et qui a rougi de son sang le champ de bataille.

C'est d'ailleurs là un processus si général dans la nature qu'il doit éveiller en nous cette conviction que son choix repose sur le discernement infaillible d'une sagesse incomparable. Cette évolution du grand univers ne se retrouve-t-elle pas dans l'évolution de tous les êtres animés, et en partien-

lier dans l'évolution de l'individu humain, ce petit monde
que l'on a plus de raisons que l'on ne croit de comparer au
grand monde ? Le germe de l'homme futur, impersonnel, et
pour ainsi dire indéterminé tant qu'il reste comme une
simple cellule attachée à l'organisme maternel, ne parvient
à son développement et à sa suprême stature comme être
terrestre, c'est-à-dire comme personnalité morale, qu'à travers un long labeur et une lutte sans trêve, où il doit conquérir lui-même ses parchemins et sa couronne. La constatation d'un fait si général, si universel et si sagement réglé
dans la destinée du monde, me paraît de nature à nous
dicter cette conclusion :

L'organisation de l'univers s'est opérée par la voie laborieuse de l'évolution parce que c'était pour lui le meilleur et
peut-être l'unique moyen de réaliser sa fin, c'est-à-dire la
libération et le perfectionnement de l'esprit par la constitution de la personnalité.

Cette conclusion s'accorde d'ailleurs exactement avec cette
conviction intuitive, qu'il est de toute logique et de toute
justice que l'impersonnel et l'indéterminable, pour acquérir
l'autonomie personnelle, c'est-à-dire la liberté et la volonté,
soit tenu de s'affirmer lui-même, comme sujet libre et volontaire. *Or toute affirmation est un travail, et comme tel
demande un effort ; et tout effort renouvelé équivaut à un
labeur d'évolution.*

Le développement de l'être moral, c'est-à-dire de la plus
haute manifestation de l'esprit, exige plusieurs conditions
nécessaires. L'être moral doit connaître l'idéal à réaliser. Cet
idéal doit exercer sur lui une attraction réelle capable de
développer en lui une vraie tendance, un désir positif. Mais
il faut que l'être moral, sous peine de perdre son caractère,
c'est-à-dire de devenir un instrument aveugle, soit libre
d'obéir à cette tendance ou de lui résister. Et c'est l'usage
même de cette liberté qui se produisant à des degrés très
variés dans la marche évolutive de l'univers et dans des
conditions d'imperfection relative, à la clarté vacillante et
matinale de lumières naissantes, c'est, dis-je, l'usage de cette
liberté qui entraîne à la fois les oscillations, les tâtonne-

ments, les incertitudes et les chutes dont la nature n'est que trop souvent le théâtre. Mais s'il y a lieu d'être attristé de ce déficit considérable dans l'inventaire du bien et du bonheur, il y a aussi lieu de se consoler en considérant que c'est par la lutte et par l'effort qu'entraînent précisément les incertitudes et les difficultés de la voie, que la liberté se développe et se fortifie, que le mal moral est vaincu par la volonté, et que progresse l'élévation de l'univers.

Je ne crois pas me tromper en trouvant dans les considérations rationnelles qui précèdent des raisons de disculper le Créateur de tout ce qui dans la nature représente l'injustice, la cruauté, le mal physique et le mal moral.

Et par là s'effondre l'objection sur laquelle s'appuie avec le plus de confiance et le plus d'assurance l'athéisme, et aussi sous laquelle succombent douloureusement tant d'âmes avides d'une foi en un Dieu personnel, et aux yeux desquelles l'existence du mal dans le monde constitue un obstacle insurmontable. Non ! l'existence des formes nombreuses du mal n'implique point la négation de la personnalité divine et l'absence d'un Dieu de bonté et de justice, car non seulement Dieu n'est pas l'auteur du mal, mais il n'eût pu le supprimer qu'en supprimant la liberté, c'est-à-dire le caractère moral et la dignité du monde.

Mais d'un autre côté une part proportionnelle tout au moins de ce qui correspond au bien, doit être inscrite à l'actif de Dieu dans les annales de la nature, puisque c'est lui qui a posé devant elle l'idéal moral, qui lui a insufflé le désir de l'atteindre et qui l'a pourvue des facultés mentales et morales (pensée, sensibilité, volonté et liberté) qui devaient constituer ses armes offensives et défensives dans cette grande lutte, où la nature était appelée à combattre pour la vie et pour l'honneur.

Dans les maux dont la nature est le théâtre, il faut donc voir l'imperfection et l'impuissance relatives de la nature luttant contre les obstacles qui ralentissent sa marche vers l'idéal. Mais on ne saurait les reprocher au Créateur pas plus qu'on n'a le droit de faire monter jusqu'à lui la responsabilité des crimes commis par les hommes. La nature est à sa manière et dans sa mesure un être moral et responsable ; et c'est ce qui fait en vérité sa grandeur et sa dignité.

C'est là un fait et une condition qui ne vont pas sans entraîner des conséquences douloureuses, mais dont au fond il faut se réjouir.

Le mal peut bien résulter, et il résulte en effet parfois et trop souvent de l'usage de la liberté par un être imparfait et faillible ; mais s'il convient de s'attrister de ces conséquences malheureuses, il faut d'autre part se réjouir de ce qu'il y a dans la nature une vraie responsabilité morale qui est la meilleure garantie de sa capacité de s'élever par la volonté et par l'effort. C'est là une source intarissable et consolante d'espérance et de réconfort ; et l'on peut avec quelque raison y trouver la promesse du triomphe définitif (quoique relégué dans un bien lointain avenir) de l'être spirituel et moral, triomphe qui couronnera dignement la destinée du monde et de la nature.

Si j'ai dans cette préface introduit les considérations qui précèdent c'est qu'elles m'ont paru propres à manifester aux yeux du lecteur des *Essais* qui composent ce volume, l'état d'esprit dans lequel ils ont été écrits. Ils sortent de la plume d'un homme qui a appris à admirer et à aimer la nature et à être pour elle bienveillant et juste, parce que son étude lui a révélé des trésors de logique, de sagesse, de justice et de puissance qui lui paraissent avoir été bien injustement méconnus, et tout ensemble une dépense infatigable d'efforts et un déploiement merveilleux de vaillance et de bravoure dans la lutte pour une condition meilleure et pour la réalisation de l'idéal. Des observations et des réflexions que mon attention a recueillies il est résulté pour moi l'évidence dans la nature d'un principe animateur intelligent et libre, d'une mentalité humble ou éclatante, d'une idée directrice, tantôt discrète, tantôt puissante, et d'une tendance au service de laquelle agit une volonté soit inconsciente, soit consciente, qui réalise des fins utiles. Il m'a semblé rencontrer partout un grand effort, résultant d'une activité immanente dans la nature, et accumulant des actes et des résultats dont la fin est l'évolution progressive générale.

Ainsi sont nées les idées fondamentales qui dominent dans ces *Essais* et qui forment les liens de leur unité. Ces idées fondamentales peuvent être ainsi formulées :

Il y a dans la nature un idéal qui peut être défini le développement et le perfectionnement de l'esprit sous la forme d'individualités de plus en plus fortement constituées, de personnalités de plus en plus hautes.

Il y a dans la nature une tendance évidente à la poursuite et à la réalisation de cet idéal, et une volonté qui correspond à cette tendance.

Cette tendance évolutive constitue un sentiment d'*obligation biologique* immanent à la nature. L'effort est la conséquence de cette tendance. Il représente l'activité déployée par la nature et la satisfaction donnée à cette volonté pour aboutir à la réalisation de l'idéal. L'effort est partout ; et il est le promoteur par excellence de l'évolution ascendante de l'univers.

Cet idéal moral donné comme fin à la nature, les aspirations qu'il y a en elle de le réaliser et les puissances capables de satisfaire à ces aspirations, la nature les doit à son origine divine en ce sens qu'elle est précisément le résultat de l'évolution d'un germe détaché du Créateur, c'est-à-dire de la suprême sagesse et du suprême amour, comme parcelle de l'énergie divine.

Partout dans cette série d'*Essais* se retrouveront ces jalons directeurs, et c'est ce qui fera de leur ensemble et malgré la diversité des sujets, une œuvre cohérente et convergente.

Chacun de ces *Essais* est en effet un travail indépendant et qui peut être lu et étudié pour lui-même. Chacun a la prétention de se suffire. Aussi ne faudra-t-il pas s'étonner des répétitions et des citations réciproques que l'on pourra rencontrer en eux. Par là chaque *Essai* est devenu pour ainsi dire une étude complète et autonome ; mais les éléments communs ou similaires serviront de liaisons utiles entre les parties variées de l'ensemble.

Sabatier.

Si d'ailleurs ces *Essais* doivent pour se compléter avoir recours à des citations de leurs voisins et de leurs contemporains, ils feront appel également à leurs devanciers dont les principaux sont l'*Essai sur la vie et la mort*[1], l'*Essai sur l'immortalité au point de vue du naturalisme évolutiste*[2], des articles publiés dans la *Critique philosophique* du 31 décembre 1886 et 31 janvier 1887 sur la *Création,* le *Mal physique,* le *Mal moral* et la *Mort,* et d'autres *Essais* publiés dans diverses revues, dont quelques-uns ont été mis en tête de ce recueil, et auxquels on a tenu à conserver leur forme primitive.

J'aurais voulu y joindre un *Essai* sur *L'origine, la nature et la destinée de l'âme,* qui a fait le sujet d'une conférence à l'Association générale des étudiants de Montpellier. Le temps m'a manqué pour la rédiger, et j'ai dû réserver ce travail pour une publication future. Mais cette lacune est d'autant moins à regretter ici, que les idées et les conceptions développées dans cette conférence se retrouvent plus ou moins formulées et répandues dans l'*Essai sur l'immortalité* et dans la plupart des *Essais* du présent volume.

Je ne saurais clore cette introduction sans demander au lecteur une dose suffisante de bienveillance pour un philosophe d'occasion, qui a tenté, peut-être à tort, de raisonner comme les vrais philosophes.

---

1. Armand Sabatier, *Essai sur la vie et la mort* (Bibliothèque évolutioniste, t. IV); Paris, Vigot frères, 1892.
2. Armand Sabatier, *Essai sur l'immortatilé au point de vue du naturalisme évolutiste*; Paris, Fischbacher, 1895.

PREMIER ESSAI

DE L'ORIENTATION DE LA MÉTHODE
EN ÉVOLUTIONISME[1]

La méthode générale de recherche pour les sciences d'observation ne saurait être foncièrement modifiée par l'adoption d'une conception théorique, d'une idée générale directrice, d'une hypothèse acceptée comme fil conducteur. Non, la méthode reste la même au fond, c'est toujours l'observation avec ses lois, avec ses conditions de rigueur, de discernement ; c'est toujours l'enregistrement de faits bien notés dans leurs conditions intrinsèques et extrinsèques, puis judicieusement comparés, rapprochés et réunis dans ce qu'ils présentent de semblable, séparés dans ce qui les distingue, et aboutissant, par voie légitime d'induction et de déduction, à des données plus générales, qui embrassent les faits semblables, et qui permettent de formuler soit des idées générales, soit ce que nous appelons des lois naturelles. Quelle que soit l'hypothèse directrice, quelle que soit la théorie admise par le chercheur, la méthode scientifique reste donc la même comme méthode, comme processus intellectuel ; mais ce qui peut et doit varier, et ce qui varie en effet sous l'influence d'une conception acceptée, c'est l'orientation dans la recherche, c'est l'angle sous lequel les faits sont considérés, c'est l'ordre même attribué à ces faits, c'est leur caractère, c'est la signification et l'importance qu'on y attache. Cela est si vrai que, selon la conception scientifique à laquelle se rattachera l'observateur, il sera non seulement enclin, mais entraîné à

1. *Revue de Métaphysique et de Morale,* t. III, n° 1, janvier 1895.

ajouter grande importance à tel fait, à telle forme, à telle condition d'un fait, à tel caractère, à telle nuance, qu'un autre esprit, obéissant à des tendances différentes, considérera comme de faible valeur, ou comme d'une signification négligeable. Mais non seulement la valeur des faits ou leur signification subiront, suivant la doctrine adoptée, des différences considérables d'appréciation ; mais l'influence du courant scientifique pourra revêtir une importance autrement grande, et aller jusqu'à la méconnaissance complète de faits ou de caractères qui, dans des conditions de tendance contraire, seront jugés capables de servir à l'établissement d'une conviction scientifique.

Ce sont là des vérités que je n'ai pas la prétention de présenter ici comme entièrement inédites ; elles ont certainement attiré l'attention des hommes qui se préoccupent non seulement des faits considérés en eux-mêmes, mais encore de la marche des idées et du mécanisme qui préside à l'édification de la science. Il n'y aurait donc pas lieu d'y revenir, si l'introduction de l'évolutionisme dans le domaine scientifique n'avait fourni une occasion aussi brillante qu'opportune de réfléchir sur les modifications qu'un si remarquable changement dans l'orientation de la science devait amener, et a en effet amenées dans la méthode des recherches et dans les habitudes de travail des observateurs. Pour moi, qui ai, presque dès le début, considéré avec faveur cette conception nouvelle des rapports des choses, et qui ai eu, par suite, de très nombreuses occasions de croiser le fer avec des hommes hostiles (de très bonne foi d'ailleurs) à cette explication théorique de l'origine des formes et de leurs relations, j'ai toujours été frappé de la distance que l'adoption et le rejet de l'hypothèse évolutioniste établissaient dès l'abord entre les savants au point de vue de l'orientation imprimée à leur attention et à leur discernement.

Je vais sur ce sujet donner quelques éclaircissements.

Les naturalistes ont de très bonne heure éprouvé le besoin, et compris la nécessité de classer les objets de leurs études, et, pour cela, de les grouper d'après leurs ressemblances et de les séparer d'après leurs différences. Les caractères de ressemblance, comme ceux de différence, ont donc été appelés à jouer un rôle, à tenir une place dans l'établissement des classifications. Seulement il faut reconnaître que l'importance relative attribuée à l'un de ces deux ordres de caractères par les naturalistes diffère d'une manière très notable suivant que ceux-ci sont transformistes ou ne le sont pas. Les adeptes des créations indépendantes, quoique imbus de l'idée de plan, et quoique convaincus que des linéaments semblables avaient présidé à la construction de ces édifices nombreux et variés, étaient naturellement convaincus que les différences entre les êtres l'emportaient sur leurs ressemblances. Chaque construction étant autonome et indépendante semblait devoir présenter en elle, avant tout et surtout, les caractères de cette indépendance. La différence entre des êtres construits isolément et pour eux-mêmes paraissait devoir être la norme et l'attendu. Ce qui avait lieu de surprendre dans la considération générale de ces êtres, c'était des ressemblances, des traits communs, des conformités, qui s'expliquent beaucoup moins dans le cas d'un isolement originel que dans celui d'une communauté d'origine. C'est donc vers la recherche de ce qui leur paraissait l'emporter en généralité et en valeur, de ce qui leur semblait la disposition fondamentale, c'est donc vers la recherche des différences en un mot, que les naturalistes non transformistes ont tourné leurs regards dans l'établissement des tableaux systématiques et des classifications. Les traits communs, les ressemblances constituaient des dispositions d'un caractère presque exceptionnel, quelque chose de surajouté, un complément harmonieux et de source mystérieuse, presque une satisfaction artistique et une fantaisie esthétique du Créateur.

Le point de vue auquel se plaçaient les naturalistes transformistes ou évolutionistes les entraînait naturellement vers un autre courant d'appréciations. Si tous les êtres vivants ont une commune origine et résultent des modifications d'une souche commune, il y a entre eux des liens de parenté de divers degrés, auxquels correspondent nécessairement des caractères communs dus à une hérédité commune. Les groupements systématiques des êtres vivants doivent être dictés

par ces traits de ressemblance ; et c'est ι leur recherche que
doit avant tout s'appliquer le naturaliste, s'il veut acquérir
de l'ensemble des êtres vivants une notion qui soit une représentation exacte de la réalité. Les différences sont dues à des
modifications extérieures, à des conditions de milieu, à des
adaptations plus ou moins imposées par les exigences de la
vie, etc. ; elles apportent dans les linéaments du type originel
des modifications plus ou moins accentuées, mais elles
respectent toujours, en quelque mesure, les caractères fondamentaux et essentiels de la source ancestrale. Il y a des variations, mais le thème est conservé, maintenu dans sa compo-
sitiou typique ; et comme les affinités héréditaires et les liens
généalogiques peuvent être mesurés par l'ensemble des conditions de ressemblance et des caractères communs, c'est ι la
recherche de ces ressemblances que doit avant tout s'appliquer le naturaliste évolutioniste. Les caractères communs
et typiques constituent les lignes principales du monument,
celles qui en dénotent le style et en fixent la date, celles que
l'artiste étudie surtout comme des documents fondamentaux
et de premier ordre. Les variations, les différences, les modifications ne sont que des fioritures sur le thème, ou des
détails architecturaux qui modifient l'aspect du monument
sans en changer les caractères fondamentaux : leur importance est de second ordre.

Si donc les partisans des créations indépendantes tournaient
surtout leurs regards vers les différences qui séparaient les
êtres, les considérant comme fondamentales et primordiales,
les naturalistes transformistes étaient portés au contraire à
chercher et à saisir partout les traits de ressemblance, les dispositions communes, résultant d'une origine commune et
fruits d'une hérédité universelle et continue. Il y a là deux
orientations qui ont abouti instinctivement, pour ainsi dire,
à deux méthodes: la méthode anatomique, chez les non-trans-
formistes, et la méthode embryologique, pour les tranfor-
mistes. La méthode anatomique c'est en effet l'étude et la
recherche des caractères chez les êtres parvenus au terme de
leur développement, devenus adultes, ayant atteint, par
conséquent, le plus haut degré de différenciation et de spé-

cialisation propre à leur nature, c'est-à-dire ayant acquis le plus de caractères de dissemblance et de séparation d'avec les autres êtres. Mais, par contre, le méthode embryologique répondait parfaitement aux aspirations et aux conceptions transformistes ; car, en étudiant tous les êtres vivants à l'état d'œuf, elle les ramenait tous, pour ainsi dire, à la forme originelle, à la forme ancestrale, à la forme typique, primitive et unique, où étaient réalisées et résumées au plus haut degré toutes les ressemblances et toutes les affinités. Là éclatait la parenté, lien de tous les êtres vivants ; et, en suivant les phases ultérieures du développement embryonnaire des divers types, on pouvait se rendre un compte exact de la phase ou même, pour ainsi dire, de la date à laquelle avaient commencé les modifications du type commun et les divergences de structure, qui, sans masquer entièrement le type ancestral, en avaient cependant fait varier les aspects, et l'avaient conduit à la multiplicité et à la variété des formes de l'adulte, qui ont ainsi constitué les divers groupes.

La méthode embryologique a été si bien la méthode adaptée à la conception transformiste, que l'apparition de cette dernière et sa diffusion rapide parmi les savants ont été le point de départ d'un élan très remarquable imprimé aux études embryologiques. On peut dire, en effet, qu'il y a eu de ce côté une véritable explosion ; et l'histoire du développement s'est, en un petit nombre d'années, enrichie de documents très importants sur l'évolution ontogénique des types les plus divers. Par là, les naturalistes transformistes ont voulu démontrer la parenté des êtres qui paraissent très différents, en remontant les phases de leur développement et en démontrant la convergence définitive vers une source commune de tous ces ruisseaux, de tous ces fleuves, que leur parcours avait de plus en plus éloignés les uns des autres, et rendus en apparence entièrement étrangers les uns aux autres. Cette intention des transformistes et cette orientation imprimée à leur méthode et à leurs travaux, n'a vraiment rien eu de chimérique ; et un fait s'est produit qui me paraît devoir être remarqué, car il peut certainement démontrer tout ce qu'il y a de foncièrement réel, d'heureux, d'harmonieux, de fertile, dans cette union contractée par la conception transformiste et par la méthode embryologique. Ce fait consiste en ceci, que, s'il existe encore quelques naturalistes qui hésitent à adopter les idées transformistes, on ne trouverait peut-être pas un embryologiste parmi ces hésitants. De sorte que, si les transformistes ont demandé à l'embryologie un appui pour leur conception théorique, les études embryologiques ont répondu à ce témoignage de confiance en entraînant successivement tous leurs adeptes dans le camp transformiste.

Les considérations qui précèdent sont certainement de nature à établir l'influence de la doctrine évolutioniste sur l'orientation des études des naturalistes et sur la méthode de travail qu'ils ont adoptée. Au lieu de constater simplement des faits présents et achevés, et de noter ce qui est, ils ont voulu remonter vers ce qui a été, et retrouver dans le passé la marche du *devenir*. C'est là, certes, une modification notable dans la conduite du travail.

Cette modification ne s'est pas produite sans efforts ni sans difficultés : on ne rompt pas facilement avec de longues et vieilles habitudes. Aussi y a-t-il eu parfois des hésitations et des arrêts. Que dis-je ? Il y en a encore ; et nous avons de grands progrès à faire pour marcher hardiment dans cette recherche des filiations et des enchaînements. A cet égard, l'éducation des hommes de science, et même des transformistes, laisse encore beaucoup à désirer ; et il faut, avec courage et résolution, adopter de nouvelles habitudes d'esprit, et nous débarrasser de vieilles tendances qui nous subjuguent bien plus que nous ne le croyons.

La conception évolutionniste entraîne avec elle une conception toute spéciale des origines. Évoluer c'est se modifier dans tel ou tel sens, c'est se transformer, se développer, se manifester ; mais ce n'est pas naître, ce n'est pas apparaître brusquement et sans précédent : une *évolution* n'est pas une *création*. Les fruits de l'évolution sont des modifications d'un passé qui a précédé, et non des formations nouvelles, indépendantes. Dans une évolution, le point de départ étant donné, tout ce qui en sort descend en réalité de ce point de départ, et rien d'entièrement étranger à ce dernier ne saurait prendre place dans la série des formes évolutives. Si bien qu'il est logique de considérer le point d'origine comme renfermant en lui, comme possédant le germe de tout ce qui en sortira par voie évolutive. Toute forme, tout organe, toute fonction, toute faculté observables dans une phase quelconque de ce développement, a son ancêtre dans une quelconque des phases qui ont précédé. Il n'y a, il ne saurait y avoir inter-ruption absolue et réelle, c'est-à-dire disparition et réappari-tion, dans leur histoire ; la généalogie n'a pas de lacunes ; qui dit évolution dit continuité, continuité dans le passé et continuité dans l'avenir. Le mot de *commencement* n'a, pour l'évolution, qu'un sens très relatif, aussi bien que celui de *fin,* car tout commencement et toute fin ne sont que des apparences, et sont, en réalité, des passages, des change-ments, des transformations. De là résulte une conséquence importante pour la méthode et pour les habitudes d'esprit des évolutionistes. En présence d'un phénomène ou d'un ordre donné de phénomènes qui semblent faire pour la pre-mière fois leur apparition, ils ne peuvent se contenter de les considérer comme représentant quelque chose d'entièrement nouveau ; mais ils sont tenus d'en rechercher l'origine et le point de départ dans ce qui existait déjà.

Le point de départ peut se trouver à l'état de rudiment ou à l'état de puissance. Dans l'œuf, à l'époque des premières phases du développement, les organes ne sont pas morpho-logiquement représentés ; les tissus ne sont en aucune façon et à aucun degré différenciés ; et cependant il y a dans l'œuf les énergies et les impulsions directrices nécessaires pour que, progressivement et successivement, apparaissent peu à peu, d'abord les rudiments des tissus et des organes, et ensuite leurs formes et leurs états caractéristiques et définitifs. L'œuf possède donc d'abord en puissance les parties consti-tuantes de l'adulte ; plus tard seulement il manifestera des rudiments ; les dispositions adultes et définitives ne paraî-tront qu'en dernier lieu. Ce qui est vrai de l'évolution de l'être considérée dans le développement de l'œuf, ne l'est pas moins de l'évolution progressive des êtres dans l'épanouissement et le déploiement progressif de la nature et de la succession des êtres. Il y a aussi pour toute forme, pour tout phénomène appelé à faire un jour son apparition, il y a, dis-je, d'abord une période de puissance, un état virtuel, auquel succède la période rudimentaire, qui est suivie à son tour de la période d'état, de forme ou de constitution caractérisée et *relativement* complète et achevée. Je dis *relativement*; car, en évolution, nous ne saurions prétendre à connaître des formes et des états définitifs; tout, en effet, étant ou pouvant être appelé à évoluer, rien ne permet de distinguer une forme rudimentaire relative, une phase évolutive, d'une forme définitive et arrêtée. Théoriquement tout au moins, toute forme est rudimentaire par rapport à une forme future qui doit en provenir par voie évolutive.

En présence d'un ordre de phénomènes dont l'apparition se présente au premier abord comme l'introduction d'un fait entièrement nouveau, l'évolutioniste ne saurait, comme ceux qui croient aux créations indépendantes, y voir le début d'une ère qui se sépare du passé par un fait sans précédent, et établir par suite une de ces divisions profondes qui isolent entièrement les groupes de phénomènes les uns des autres, et les entourent d'une enceinte sans ouvertures de communication avec les phénomènes antérieurement observés. Tout phénomène nouveau, ou du moins paraissant tel, a ses racines et sa cause dans le passé, dans ce qui précède; et c'est là qu'il convient de les chercher pour établir une filiation, qui pourrait sembler ne pas exister.

Tout phénomène nouveau, toute forme nouvelle doivent donc se retrouver dans des phénomènes ou des formes antérieurs, soit à l'état de puissance, soit à l'état de rudiment. C'est là une source d'indications précieuses pour la direction de l'esprit du naturaliste évolutioniste et pour l'établissement de ses habitudes de penser. L'évolutioniste doit s'appliquer à la recherche et à l'étude des *rudiments*; il ne saurait s'appliquer à la recherche directe et immédiate de la *puissance,* de la virtualité, car cette dernière n'est constatable que lorsqu'elle s'est révélée par des phénomènes; mais l'évolutionisme doit tendre tout au moins à discerner le plus tôt possible les premiers signes révélateurs de la puissance, c'est-à-dire les premiers rudiments, les rudiments les plus rudimentaires, dirai-je. Or ces rudiments les plus rudimentaires sont nécessairement caractérisés par un état de très grande simplicité, de très grande humilité. Ces premiers rudiments doivent logiquement être très élémentaires et très voisins de l'*homogène,* puisque la différenciation ne pourra résulter que d'une évolution ultérieure. L'évolutioniste doit donc s'appliquer à la recherche de tout ce qui est rudimentaire et élémentaire ; c'est-à-dire que, dans l'étude de tout phénomène, il doit s'efforcer de retrancher tout ce qui est secondaire, tout ce qui est de perfectionnement et de complication, tout ce qui n'est pas indispensable à l'essence même du phénomène. Il doit dépouiller tout phénomène de tout ce qui lui sert de revêtement, ou de parure, ou de complément, ou de perfectionnement, pour n'en voir que ce qui est purement essentiel, c'est-à-dire ce qui en constitue l'être même et la nature intime, ce sans quoi le phénomène cesserait d'être. Cette réduction des phénomènes à leur essence n'est une chose ni aisée, ni très commune. Les habitudes d'esprit sont généralement tout autres que celles qu'exige une telle direction dans la recherche ; et il en résulte des malentendus aussi fréquents que profonds. Avant l'apparition et l'invasion des idées évolutionistes, on avait coutume d'observer les phénomènes en eux-mêmes, et en dehors de toute préoccupation généalogique dirai-je, on les prenait tels quels, on les décomposait sans doute, on les analysait ; mais cela bien plus dans le dessein d'en connaître les éléments que d'en éliminer les parties surajoutées et d'en retrancher les accessoires pour réduire le phénomène à ce qui constitue son essence même et sa forme probable d'origine, son rudiment primitif. Tout phénomène parvenu à une phase où il est susceptible d'être bien observé, bien analysé, étant ainsi reconnu comme un groupe plus ou moins cohérent d'éléments divers, il en résultait une tendance à le séparer plus ou moins complètement de tout autre groupe, où le nombre et les proportions relatives des éléments constituants différaient d'une manière notable de ce qu'avait présenté le premier

groupe ; et, par là, étaient établies des distinctions fondamentales, des séparations tranchées qui excluaient tout lien
de descendance ou de consanguinité. C'est ainsi, par
exemple, qu'on refusait toute relation de nature ou de descendance entre l'intelligence de l'homme et les facultés directrices des animaux. Pour avoir analysé les facultés de
l'homme, les avoir classées, pour en avoir étudié les caractères et apprécié la puissance, on refusait aux animaux le
pouvoir de discerner, de juger, la faculté de connaître, de
vouloir, de sentir, et, en un mot, une intelligence de même
nature essentielle que celle de l'homme parce qu'on ne
retrouvait pas dans l'intelligence de l'animal tous les éléments,
tous les perfectionnements, tous les horizons, dirai-je, dont
l'analyse avait reconnu l'existence dans l'intelligence humaine,
et que l'on considérait à tort comme des conditions essentielles de son existence et de sa nature. L'animal n'avait pas
d'âme ou, s'il en avait une, elle était d'une nature *essentiellement différente* de celle de l'âme humaine ; il n'y avait
entre elles rien de réellement commun : toute ressemblance
n'était qu'une apparence.

Aujourd'hui, on trouverait peut-être difficilement une
opinion aussi radicale, même parmi les adversaires du transformisme ; mais les habitudes intellectuelles, qui ont dû
abandonner un terrain sur lequel elles se défendaient mal,
n'en subsistent pas moins, et même chez des esprits que les
idées d'évolution n'effraient ni ne scandalisent. Seulement
ces habitudes de penser, contraintes de reculer, se sont réfu-
giées sur un terrain plus délicat, et ont dressé leurs batteries
sur des questions plus ardues, plus obscures, moins saisis-
sables, et où commencent seulement à vaciller quelques
lueurs directrices. Ainsi, par exemple, sur la question même
de l'âme de l'animal, on veut bien accorder qu'il est bien
possible (on va même jusqu'à dire probable) que les animaux
supérieurs, les vertébrés élevés, aient en eux quelque chose
qui ne diffère pas essentiellement de l'âme humaine ; mais
on ne saurait aller jusqu'à étendre cette concession aux
animaux inférieurs, aux êtres qui semblent ne vivre que
d'une vie végétative, et, à plus forte raison, aux organismes

monocellulaires. C'est avec un sourire d'incrédulité qu'on entend parler de la psychologie de ces derniers degrés de l'échelle animale.

Mais d'autre part, si l'on consent à reconnaître l'existence d'un élément intellectuel, d'une intelligence chez les animaux supérieurs, on est infiniment moins disposé aux concessions lorsqu'il s'agit de la conscience morale, de l'être moral. La conscience morale, on l'a étudiée et analysée chez l'homme. On sait qu'elle consiste en une notion plus ou moins claire du bien et du mal, en un sentiment de la liberté pour choisir l'un ou l'autre, en une conscience de l'obligation de pratiquer le premier et de fuir le second, en une responsabilité inévitable qui s'accompagne de joie et de satisfaction intérieures lorsque le bien a été fait, ou de remords cuisants lorsque c'est au mal que l'on a cédé, en un sentiment très net que l'on a une fin à poursuivre, et que la conduite de la vie doit être conforme à cette fin. Voilà les éléments qui appartiennent à la conscience morale chez l'homme, c'est-à-dire chez l'être moral par excellence. Y a-t-il quelque chose de comparable chez les animaux, et même chez les animaux supérieurs ? Peut-on dire d'eux qu'ils sont justes ou injustes, moraux ou immoraux ? Que d'esprits pensent le contraire, parce que, fascinés par la considération du sens moral chez l'homme, ils s'obstinent à demander à tout être moral ce sens raffiné, cette conscience en éveil, cette délicatesse et cette élévation dans la notion de devoir et d'obligation, qui sont propres à l'être moral humain. Que si, au lieu de considérer un ensemble si complexe et si perfectionné, une construction si délicate et si différenciée, ils s'appliquaient à dépouiller le sens moral de tout ce qui, en l'élevant, en le perfectionnant, n'est cependant pas lui-même, n'est pas de son essence ; s'ils cherchaient à le réduire sérieusement, courageusement et strictement à ce qui constitue sa nature essentielle, à ce qui peut bien être son rudiment, ils en retrouveraient les traces, et les traces évidentes, chez les animaux, et — disons-le nettement — chez les animaux supérieurs surtout, ce qui ne saurait nous étonner. Or le sens moral a pour rudiment essentiel, pour organe central, dirai-je pour axe nécessaire, l'*obligation* dans toute sa simplicité, c'est-à-dire le sentiment que l'on *doit* faire une chose et que l'on *ne doit pas* en faire une autre, qu'il y a ce qui est *permis* et ce qui est *défendu*. Voilà une notion qui peut exister en dehors de toute considération sur la nature du bien et du mal, sur la conformité du premier à la volonté d'un Être supérieur qui est le centre et le législateur de la morale, et sur la désobéissance à cette volonté suprême, qui constitue le mal.

Cette notion d'obligation peut être encore tout à fait indépendante de la *nature de la sanction* ; et il n'est pas nécessaire pour qu'elle subsiste que l'être qui a fait ce qu'il *doit* faire, ce qui est *permis,* trouve sa récompense dans une satisfaction tout intérieure, toute morale, ou que celui qui a transgressé le commandement soit poursuivi par des reproches intérieurs et par le remords. Cette notion d'obligation n'est pas nécessairement liée non plus à une conscience plus ou moins nette de la possession de la liberté, à la reconnaissance raisonnée et ferme d'un but à atteindre, d'une fin morale à accomplir. Non, ce sont là des éléments qui donnent à l'être moral humain sa haute valeur et sa grandeur incomparable, mais ils peuvent être plus ou moins indiscernables chez un être moral d'un autre degré ; ou bien ils peuvent se présenter sous une forme rudimentaire et inférieure à laquelle le progrès évolutif n'a imprimé qu'une impulsion encore insuffisante. Le chien mis en présence de la nourriture destinée à son maître, sait qu'il *doit* la respecter, et qu'il ne lui est pas *permis* d'y toucher. Voilà l'obligation. Il pourrait y porter la langue, mais il peut aussi ne pas le faire. Il y a en lui assez de *liberté* pour que, mis en présence de la chose désirée, il y ait chez lui tentation et hésitation. Il flaire, il approche, il recule, il hésite, il délibère. Mais tout cela n'exige pas chez lui cette conscience de la liberté qui est le propre de l'homme. Il est probable qu'il ne saurait en raisonner ; mais il n'y a pas moins chez lui un rudiment de liberté. Le but à atteindre, la fin à poursuivre, la notion de la sanction existent aussi sous des formes inférieures et qui, pour être dépourvues de haute spiritualité, ne constituent pas moins des mobiles suffisants pour l'action. La volonté suprême, le législateur, ce n'est plus Dieu, c'est le maître, c'est l'homme, celui qui peut commander, qui peut récompenser ou punir. La sanction n'a peut-être avec le remords, avec l'approbation intérieure qu'une assez lointaine parenté, mais c'est aussi une sanction, c'est la peine corporelle, c'est le châtiment physique, c'est le fouet ou le bâton d'une part, c'est la caresse de la main du maître, ou l'octroi de quelque gourmandise préférée. Tout cela ne constitue pas, il est vrai, les éléments d'un sens moral supérieur, mais c'est tout au moins l'enfance du sens moral, et j'emploie le mot *enfance* intentionnellement, car, je le demande, cela diffère-t-il beaucoup de la forme que revêt le sens moral pendant les premières années de la vie humaine et chez les primitifs de l'humanité? On chercherait en vain une démarcation sensible, une différence accentuée.

Mais, d'ailleurs, n'y a-t-il pas plus que cela chez le chien, chez le cheval? N'y a-t-il pas quelque chose de la joie intérieure, de la satisfaction intime, de la fierté, de la dignité satisfaite après une action d'éclat, après un résultat obtenu avec un grand effort, après un sauvetage chez certaines races de chiens (chiens du Saint-Bernard, chiens de Terre-Neuve), après une chasse heureuse, après une course rapide et triomphalement menée, après un obstacle vaillamment franchi pour obéir à la volonté du maître? N'y a-t-il pas aussi quelque chose du remords dans ce chien qui a désobéi au maître, et qui évite sa rencontre et son regard, qui se présente à lui dans une attitude humble et embarrassée, et qui demande, pour ainsi dire, grâce et pardon de la faute commise? N'y a-t-il là que la crainte du châtiment, que la peur du fouet justicier? Je laisse à d'autres le *courage* ou l'*orgueil* de l'affirmer.

Les animaux supérieurs, dira-t-on, pourraient bien posséder un rudiment du sens moral ; mais les animaux inférieurs en auraient-ils un aussi? Cette question, qui veut être gênante, ne l'est pas autant qu'on pourrait le croire. Si les animaux les plus voisins de l'homme, comme certains singes, comme le chien, le cheval, ont un rudiment de sens moral, est-il logique de penser que les animaux qui sont placés dans l'échelle *immédiatement* au-dessous d'eux, en sont entièrement dépourvus? Je ne le pense pas ; et il est peut-être possible de retrouver chez eux un rudiment encore plus modeste, plus simple, plus inférieur que la notion d'obligation; en descendant encore et encore, le rudiment s'amoindrit et s'atténue progressivement ; et certainement un moment arrive où il ne nous est plus possible de rien discerner de semblable. Mais est-il sûr même alors, que le rudiment fasse entièrement défaut? Non, certes ; il y a une limite à notre faculté de connaître, et rien ne permet d'établir la place exacte de cette limite. Mais, en supposant que le rudiment fût absent, le fait seul qu'il a subsisté dans des formes plus élevées, et qu'il a été le point de départ et le lieu d'une évolution progressive, permet logiquement de penser qu'il est la manifestation d'une énergie potentielle, d'une virtualité qui a présidé à son apparition et à son développement, et qu'il a existé en puissance dans les êtres qui ne le manifestaient pas en acte.

Il faut d'ailleurs se garder avec soin d'une méprise, et il le faut d'autant plus qu'on s'en garde moins en général. La difficulté, dans la solution du problème, n'est pas tant pour ceux qui considèrent le sens moral comme une disposition primitive de l'être, qui d'abord à l'état potentiel, doit ensuite et progressivement se manifester et grandir, la difficulté, dis-je, n'est pas tant pour eux que pour ceux qui, se trouvant loyalement contraints, et malgré quelques répugnances, de reconnaître l'existence d'un certain degré de sens moral, d'un sens moral plus ou moins rudimentaire chez les animaux les plus élevés, manquent de courage et de logique pour accorder aux animaux inférieurs la puissance ou le rudiment d'une semblable faculté ! Ils sont tenus, en effet, de déterminer le point de la série animale où apparaît ce facteur nouveau et complètement étranger à ce qui est au-dessous ou en arrière ; et je laisse à ceux qui comprennent tout ce que comporte de difficultés à vaincre, je dis plus, de difficultés invincibles et insurmontables une pareille tâche, je leur laisse, dis-je, le soin de décourager les hommes qui seraient tentés de l'entreprendre. Sur ces confins, où le sens moral est sur le point d'échapper à l'œil de l'observateur, il faudrait, pour discerner ce qui est rudiment du sens moral de ce qui est toute autre chose, il faudrait, dis-je, des appareils d'optique d'une grande puissance, doués à la fois d'un grand pouvoir pénétrant et d'une remarquable puissance de définition, microscopes psychiques ou moraux qui attendent encore leurs inventeurs et leurs constructeurs. Dans l'impossibilité donc où nous sommes de discerner la première apparition de ces lueurs pour lesquelles nos yeux sont des instruments trop imparfaits, le plus sage n'est peut-être pas de vouloir préciser le moment de l'apparition de lueurs que nous ne percevons pas, mais de penser que les lueurs assez intenses pour ébranler notre rétine ont été précédées d'une aurore imperceptible qui succède non pas à la nuit *absolue* (qui n'aurait pu leur donner naissance, puisqu'elle en est la négation), mais à une lumière virtuelle, à une clarté latente, pour ainsi dire, qu'une impulsion évolutive révélera peu à peu par des lueurs de plus en plus vives et par un éclat grandissant.

Ce que je viens de dire de la conscience morale, de l'obligation d'en rechercher les rudiments en descendant l'échelle, et de la légitimité d'une semblable recherche, je pourrais le redire, à plus forte raison, de la faculté de connaître, de comparer, de juger, de généraliser, de la faculté d'aimer et de haïr, etc. Je m'en tiens là pour cet ordre de faits, mais je désire examiner un exemple qui lui soit, pour ainsi dire, parallèle dans l'ordre des phénomènes physiologiques.

L'œil, ou organe de la vision, est un des instruments les plus complexes, les plus étonnants. Considéré chez les animaux supérieurs, chez les vertébrés, il offre un ensemble de dispositions savamment combinées, qui, malgré quelques imperfections, en font un appareil d'optique très remarquable et où la différenciation a atteint un degré très élevé. Aussi, pour ceux qui se font d'un appareil visuel l'idée que leur en donne l'œil humain par exemple, cette idée comporte immédiatement une chambre optique pourvue de lentilles et de milieux de réfringences différentes, avec des surfaces courbes

de rayons variés, susceptible d'adaptation aux distances
grâce à des diaphragmes ou à l'action musculaire ou à la
pression sanguine, avec un diaphragme capable de propor-
tionner l'ouverture de pénétration de la lumière à la richesse
de la source lumineuse elle-même, avec une membrane nerveuse ou rétinienne d'une complexité telle qu'elle a fort em-
barassé et embarasse encore les micrographes et les histolo-
gistes, avec des pigments sagement distribués autour des
terminaisons nerveuses soit pour s'opposer, en les absorbant,
à la diffusion des rayons lumineux, soit pour en accumuler
l'action sur les terminaisons nerveuses, soit pour délimiter
nettement les impressions de chaque élément nerveux, de
manière à donner aux fractions très minimes de chaque
image la définition et la relation nécessaires pour une vision
distincte. A cela il faut joindre des appareils vasculaires très
compliqués, des muscles appelés à influer sur la direction et
sur la forme de l'œil, etc., etc.

Voilà donc un appareil dont la structure représente un
perfectionnement très avancé. Que si l'on considérait comme
dépourvus de tout appareil de la vision, tous les animaux qui
ne sont pas munis d'un organe aussi complexe, on commet-
trait une bien grande absurdité. Personne ne la commet, sans
doute ; et même les naturalistes les plus étrangers à l'idée
transformiste, ont reconnu comme appareils visuels des
organes qui, sans avoir une structure aussi complexe que celle
de l'œil humain, n'en possédaient pas moins les représentants bien reconnaissables des éléments de l'œil humain,
c'est-à-dire éléments réfringents à surfaces courbes régulières,
éléments sensitifs à structure spéciale, à renflements en
cônes, en cylindres, en bâtonnets, éléments pigmentaires
distribués régulièrement autour de ces derniers et les euve-
loppant, les isolant, appareils diaphragmatiques appelés à
modérer la pénétration des rayons lumineux, à supprimer
l'action des aberrations de sphéricité, etc.

Tous ces éléments, plus simples, plus isolés, moins solidarisés pour une action commune, moins perfectionnés en
vue d'une fonction plus délicate et d'une sensibilité plus
aiguë, sont encore assez nettement caractérisés pour que leur

ensemble doive être considéré comme un organe visuel. Mais
il y a encore là un organe élevé et compliqué par sa structure et par le mécanisme qui préside à sa fonction ; et on ne
le trouve que dans des groupes zoologiques placés eux-
mêmes à un degré assez élevé de l'échelle. Au-dessous ou à
côté se trouvent des animaux qui ne possèdent rien de comparable au premier abord, de telle sorte que l'on a pu être
tenté de considérer la sensibilité de l'élément vivant pour la
lumière proprement dite et en dehors de son action chimique, on a pu, dis-je, être tenté de considérer cette sensibilité comme un privilège des animaux placés au-dessus d'un
certain degré de l'échelle et, par conséquent, comme quelque
chose qui n'avait dans les groupes inférieurs, ni représentant,
ni précédent. C'était donc une disposition nouvelle, qui
n'était pas issue de l'évolution, puisqu'elle n'était connue
que sous des formes complexes et élevées, qui ne sauraient
marquer les débuts et les balbutiements d'une origine évolutive. Aussi l'œil humain, et l'œil en général, tel qu'on le
connaissait, c'est-à-dire cet organe complexe et merveilleux,
a-t-il été, dès le début, opposé, comme une objection sérieuse aux idées transformistes.

Ce n'est pas, en effet, sous une forme si différenciée qu'un
évolutioniste peut concevoir les premiers linéaments des
organes. Mais l'étude attentive des rudiments a bien facilement réduit l'objection à sa valeur réelle, en la renversant.
Il n'y a pas, a-t-on vu, il n'y a pas que les animaux pourvus d'un bon et bel œil qui soient sensibles à la lumière, et
qui reçoivent d'elle des clartés indicatrices ; il y a, en effet,
bien des animaux qui, sans avoir des yeux, exécutent des
mouvements déterminés dans tel ou tel sens, dès que la
lumière (et la lumière seulement, c'est-à-dire isolée de la
chaleur qui l'accompagne souvent) les frappe sur telle ou
telle partie de leur corps. Ce sont, chez les uns, des rétrac-
tions pour fuir une lumière trop vive ; chez d'autres, des
allongements, pour aller à la recherche de la lumière ; de
telle sorte que ces êtres voient, quoiqu'ils n'aient pas
d'yeux, c'est-à-dire ce que l'on a coutume d'appeler des
yeux. Mais s'ils n'ont pas des yeux proprement dits,

ils possèdent cependant des modifications de certains points de la surface du corps, qui constituent des rudiments d'appareil visuel. Or ces rudiments présentent précisément les caractères des rudiments, c'est-à-dire qu'il y a en eux les éléments essentiels de l'appareil visuel, mais éléments si simples, si peu différenciés encore qu'on les a méconnus jusqu'à ces derniers temps. Ce sont quelques petites taches pigmentaires répandues çà et là, placées à la surface du corps, et parfois dispersées sur toutes les parties du corps exposées à la lumière, et notamment, chez les mollusques Lamellibranches, sur les bords du manteau, et sur les siphons. Là, les cellules cutanées se sont modifiées, pour prendre deux formes différentes : les unes, les *rétinophores,* qui sont les organes sensibles, qui reçoivent les filaments terminaux du nerf optique, et qui sont incolores et impressionnables ; les autres, les *rétinules,* cellules pigmentées qui entourent les premières, formant une couronne autour d'elles. L'appareil lenticulaire, les milieux diversement réfringents peuvent manquer entièrement, et manquent même dans bien des cas. Ces petits groupes, disséminés et sans saillie, ne sont pas visibles à l'œil nu. Ainsi, l'appareil visuel représente ici, dans une très grande simplicité, et réduit à deux éléments qui ne sont que des différenciations des éléments cellulaires de la peau, les éléments qui sont sensitifs et les éléments pigmentés qui entourent les premiers, qui les isolent, les protègent et constituent pour ainsi dire des appareils conservateurs de la lumière, des appareils destinés à intercepter le mouvement vibratoire de l'éther pour l'accumuler sur l'élément sensitif, et appelés à s'opposer à la diffusion et à la dispersion du phénomène lumineux. Deux éléments composent donc cet organe visuel rudimentaire ; les autres dispositions sont des perfectionnements surajoutés. Il y a ici un élément devenu plus sensible à la lumière, et un élément capable de conserver et de circonscrire cet excitant. Voilà un rudiment de l'appareil visuel. Ce rudiment, multipliez-le en un point, groupez-le de manière à former une masse distincte, ajoutez-y des appareils dioptriques divers, et vous aurez l'appareil supérieur et perfectionné qui se nomme l'œil.

Nous possédons donc là un rudiment capable d'évoluer ; mais ce rudiment lui-même n'est-il pas le fruit de l'évolution d'un rudiment plus simple encore ? Nous pouvons répondre affirmativement.

L'appareil visuel peut être encore plus simple ; il peut consister en de simples cellules renfermant des grains de pigment recevant une terminaison nerveuse et formant de simples taches oculaires, des ocelles. Enfin, l'on est conduit à penser que des organes visuels plus rudimentaires existent encore, et ne sont que de simples cellules de la peau, légèrement modifiées et dépourvues de pigment. Le pigment existe très généralement dans les appareils visuels ; mais il n'est pas nécessaire, puisqu'il fait défaut dans les yeux d'une structure complexe, et qu'on ne peut se refuser à reconnaître pour des yeux. Le pigment existe si souvent qu'on l'a pris comme indicateur et critère des appareils visuels rudimentaires, qu'on ne saurait découvrir et déterminer autrement. Il constitue un perfectionnement. Mais puisque le pigment peut manquer dans des yeux déjà bien différenciés, il peut, à plus forte raison, faire défaut dans des organes très rudimentaires ; et nous sommes ainsi appelés à penser que la sensibilité pour la lumière est plus répandue et plus générale que l'on aurait pu le croire au premier abord.

Il ne faut pas oublier que bien des animaux, les Infusoires, les Hydres, qui ne nous ont encore révélé aucune trace d'organe oculaire, se dirigent cependant vers les parties éclairées du vase qui les renferme, que des animaux assez élevés comme l'Amphioxus, beaucoup de Mollusques et d'Annélides présentent une sensibilité à la lumière qui parait répandue sur toute la surface de leur corps : que les Actinies qui n'ont pas d'yeux s'épanouissent sous l'influence d'un rayon de soleil, ou même d'un rayon de lumière électrique ; il ne faut pas oublier encore que chez certains animaux les organes oculaires rudimentaires sont dispersés et multipliés sur toutes les parties du corps, accessibles à la lumière, et que même chez quelques-uns, l'Onchidie par exemple, il existe outre les yeux normaux

situés sur la tête, des yeux spéciaux distribués sur la surface dorsale de l'animal et se *renouvelant continuellement*
chez l'adulte comme des *modifications de l'épithélium des
papilles cutanées;* il ne faut pas oublier encore que la lumière agit sur la surface cutanée tout entière des animaux,
et peut déterminer soit des effets temporaires, comme la rou-
geur, ou même des phlyctènes, soit des effets plus permanents, comme la production de pigment cutané; il ne faut
pas oublier encore que l'influence de la lumière (bien déga-
gée de l'action calorifique) a sur le développement des œufs
de certains animaux (Limnée, Calmar, Seiche, Truite,
Grenouille, etc.), une influence accélératrice non douteuse;
que les phénomènes généraux de respiration, de nutrition,
sont fortement influencés par la présence ou l'absence de la
lumière, agissant soit sur l'œil, soit sur la peau.

On est donc autorisé à dire que la sensibilité pour la
lumière n'est pas limitée à l'organe oculaire, mais qu'elle est
une propriété de la peau, et répandue comme telle sur toute
la surface cutanée. Les yeux ne sont donc qu'une modification de l'organe visuel cutané, en vue de la formation et de
la perception des images. Mais nous pouvons certainement
aller plus loin et penser que dans tout élément cellulaire,
que même dans toute parcelle de matière vivante, il y a un
certain degré de sensibilité à la lumière et par conséquent la
virtualité d'un organe sensible à la lumière; seulement cette
virtualité reste obscure et, pour ainsi dire, latente dans les
parties et dans les éléments cellulaires qui sont soustraits,
par leur position, à l'influence de la lumière; tandis que dans
les parties exposées aux radiations lumineuses, cette virtualité, s'accroissant et se développant sous l'influence même de
l'excitant lumineux, aboutit à des modifications morphologiques de l'élément dans le sens d'une adaptation plus grande
à la réception des vibrations lumineuses et à la sensibilité
spéciale. Quelques cellules situées dans des régions variables
suivant les animaux, et douées d'une virtualité primitive
plus accentuée, placées sur des points et dans des milieux
plus favorables, devancent et surpassent les autres dans cette
voie de modification et de différenciation et, devenant domi-

nantes, semblent monopoliser, pour ainsi dire, dans une
certaine mesure, la fonction visuelle. Ces modifications de
l'élément sensitif ont provoqué dans les cellules voisines
des modifications dans le sens du développement d'un appareil dioptrique convenablement adapté, car les éléments des
tissus sont reliés entre eux par des influences corrélatives
fonctionnelles et morphologiques dont nous ne pouvons douter,
quelque inconnu qu'en soit pour nous le mécanisme. Ainsi
peut être conçue l'évolution de l'œil de vertébré, cet organe
si complexe, si élevé, si étonnant, que l'on a considéré
comme le type de l'organe visuel, et dont on a voulu regarder l'évolution comme indémontrable. On voit que cet organe, quelque merveilleux qu'il soit, n'est que le fruit d'une
évolution progressive dont l'étude des rudiments a pu nous
rendre compte[1].

Mais la conception évolutive serait à la fois illogique, impuissante et avortée, si elle ne s'appliquait qu'à la production des formes si multiples et si variées des êtres vivants.
Elle doit embrasser et elle est appelée à résoudre encore une
question, autrement délicate et obscure, celle de l'origine de
la vie dans la nature.

Qu'est-ce que la vie? La vie est-elle quelque chose de nouveau? Y a-t-il un abîme entre les êtres vivants et la matière
dite non vivante ou matière brute? La vie, avec tout ce qui
en constitue les attributs, c'est-à-dire la sensibilité, la motilité, la nutrition, la multiplication, et aussi les phénomènes
d'ordre psychique, la vie a-t-elle apparu un jour dans une
phase du développement de l'Univers, comme une pure
nouveauté, comme une nouvelle création, comme un fait
sans analogue, sans précédent, sans ascendant, dirai-je? Ou
bien la vie et l'esprit dans la nature ont-ils commencé avec

1. Dans cet examen j'ai à dessein laissé de côté les différences de détail,
et les dispositions particulières qui permettent d'établir entre les yeux
des différences de divers ordres, et par exemple la distinction entre l'œil
cérébral des Vertébrés, et les yeux cutanés des invertébrés. Ces distinctions n'enlèvent rien à la valeur des liens morphologiques que j'ai reconnus entre les rudiments de l'œil, et l'œil des animaux supérieurs,
c'est-à-dire l'œil ayant atteint sa plus grande complexité.

la nature elle-même, et ont-ils été, dès le début, des éléments constants et permanents de ce qui constitue ce que
nous appelons l'Univers ? Je ne surprendrai personne en
disant que presque l'unanimité des suffrages appartient à la
première opinion, à celle qui fait de la vie et de l'esprit des
phénomènes qui, étrangers aux premières périodes d'existence de l'Univers, y ont ensuite fait une apparition aussi
brusque que scientifiquement inexplicable et inexpliquée.
Mais, s'il était établi, d'une manière incontestable, que cette
opinion est la vraie, il faudrait considérer la conception évolutioniste comme irrévocablement condamnée, car un évolutionisme qui admettrait l'apparition de commencements
nouveaux, n'est qu'un évolutionisme inconséquent et
bâtard, qui ne saurait être pris au sérieux. Un tel évolutionisme, en effet, est la négation même du principe de l'évolution, puisqu'il demande à des créations successives et indépendantes l'apparition des éléments qui semblent être à la
base des groupes principaux de phénomènes. Admettre les
créations indépendantes dans une succession et une progression évolutives, c'est donner le droit d'attribuer à des
créations semblables toutes les phases du développement.
Les évolutionistes (et il y en a) qui s'accommodent de ce
système mixte et illogique, ne sont pas moins repréhen-
sibles qu'un naturaliste qui, étudiant le développement embryonnaire d'un œuf d'animal, voudrait voir une *création*
nouvelle dans l'apparition de chacun des tissus, tissu nerveux, tissu musculaire, tissu conjonctif, etc., ou de chacun
des organes principaux, le foie, la rate, le cerveau, le rein,
l'estomac, le poumon, etc., au lieu d'admettre que dans
l'œuf étaient contenus la virtualité ou les rudiments de toutes
ces parties, et qu'il a suffi du déploiement de ces puissances
ou du perfectionnement de ces rudiments, pour produire
tous ces systèmes et tous ces organes.

On me dira, il est vrai, que l'important n'est pas de savoir
si cet évolutionisme mitigé est ou n'est pas compatible avec
l'évolutionisme absolu, mais s'il est conforme ou non à la
vérité. Je l'accorde ; et je crois qu'il importe, en effet, d'examiner si ce que nous appelons la vie, avec toutes ses mani-

festations physiologiques et psychiques, est apparu comme
un phénomène entièrement inédit, à un moment donné de
l'évolution de l'Univers. Le seul moyen de répondre à cette
question, c'est d'examiner avec beaucoup d'attention si, en
dehors de ce que nous appelons les êtres vivants, ne se trouvent point des rudiments de la vie, c'est-à-dire les rudiments des attributs de la vie, sensibilité, motilité, nutrition,
multiplication, etc. Mais il faut, dans cette recherche, éviter
de retomber dans la faute commune, en demandant à la
màtière dite brute ou morte des propriétés physiologiques,
des manifestations de la vie, telles que nous les présentent
les êtres vivants les plus différenciés, c'est-à-dire des phénomènes compliqués, perfectionnés, liés à l'action d'un mécanisme des plus complexes et des plus hautement organisés.
Il est clair que si l'on voulait retrouver dans la matière
organisée une sensibilité comparable à celle qui résulte des
fonctions d'un système nerveux à cellules centrales et péri-
phériques mises en relation de voisinage et de contact par
des filaments ramifiés st arborescents, l'observateur le plus
sagace n'aboutirait qu'à l'insuccès le plus complet ; mais
si l'on considère la sensibilité dans sa condition essentielle,
dans son caractère élémentaire, dans son état rudimentaire,
le résultat pourra être bien différent. Si la sensibilité n'est
que cette propriété de la matière, d'être impressionnée, d'être
excitée à une réponse spéciale, à une réaction par une provocation, par un stimulus, nous la retrouverons aussi bien,
quoique sous des formes différentes et à des degrés différents,
dans les corps bruts que dans les corps vivants. C'est là
proprement une *irritabilité*, une sensibilité élémentaire, qui
est le fondement et le rudiment de toute sensibilité. A ce rudiment peuvent s'adjoindre les rouages compliqués et les manifestations raffinées de la sensibilité dans les organismes
plus ou moins élevés. Mais le rudiment fondamental, mais
l'élément primordial et nécessaire reste le même ; et, par là,
sur un point déjà délicat, la chaîne évolutive se renoue entre
la matière dite morte et la matière dite vivante. Ce que je
viens de faire pour la sensibilité, peut être fait également
pour la motilité, pour la nutrition, pour la régénération, etc.

Je ne m'étendrai pas sur ces divers côtés de la question. Je les ai examinés et discutés longuement dans mon *Essai sur la Vie et la Mort*[1], et je me dispense d'y revenir. Je tiens seulement à dire que dans l'examen de tous ces points, il faut se garder de considérer les organismes élevés, pour les rapprocher des formes les plus inférieures de la matière brute. Il faut, au contraire, chercher les rudiments là où l'on a des chances de les rencontrer à l'état simple et dépouillés des complications qui ont modifié et masqué leurs caractères. Pour cela, il faut considérer surtout les degrés inférieurs de la vie, les formes simples et le plus rapprochées des organismes primitifs, c'est-à-dire de ceux qui ont marqué le passage de la matière brute à l'état de matière vivante. D'autre part, aussi, faut-il rechercher les rudiments des attributs de la vie dans les formes les plus élevées de la matière non organisée. C'est ainsi que les formes cristallines permettront de combler dans une certaine mesure la lacune immense au premier abord, qui semble séparer les êtres organisés des corps dits minéraux, au point de vue de la nutrition, de l'assimilation, de la réparation, de la régénération, et de la multiplication.

Si tel est le résultat auquel conduit la recherche rationnelle des rudiments, l'hiatus qui semble exister entre la matière dite morte et la matière vivante, se trouve, par le fait, n'être qu'une illusion ; la continuité de la chaîne peut être établie, et il ne saurait être question que des formes de la vie : l'une lente, sourde, à manifestations modestes et parfois même latentes ; et l'autre vive, active, à manifestations éclatantes.

Et l'âme, l'esprit, l'élément psychique, dira-t-on, n'a-t-il pas été un élément d'apparition nouvelle, une création ou une introduction inattendue et, dans tous les cas, non précédée, non préparée dans l'évolution de la nature ? Y a-t-il une chaîne psychique qui rattache l'esprit de l'homme, qui relie l'âme humaine elle-même aux formes de la vie végétale et aux formes plus basses encore de la nature minérale ?

---

1. *Essai sur la Vie et la Mort* (Bibliothèque évolutioniste, t. IV) ; Paris, Vigot frères, 1892.

C'est là une question qu'il peut paraître téméraire de poser, et à laquelle il est encore plus téméraire de répondre. Sa solution intéresse la conception évolutioniste au même titre que toutes celles que nous avons signalées du regard jusqu'ici ; et, comme la question de la vie, elle a donné lieu à des hésitations nombreuses, et a conduit, comme celle-ci, plus d'un naturaliste philosophe à une conception mixte de l'évolution, sur la valeur de laquelle je me suis ouvertement prononcé.

Il convient donc de chercher à ce problème une solution dictée non par des idées préconçues, non par des préjugés issus d'un orgueil aveugle, non par des conceptions fausses et sottement intéressées sur la nature de l'esprit et de la matière et sur leurs relations. Le problème est trop grave et trop délicat pour être traité ici en quelques lignes. Il demande beaucoup d'attention, une dépense considérable de réflexion, une sagacité aiguisée et une grande indépendance de pensée. Il faut ici une quantité importante d'efforts sérieux, mis au service de la recherche des rudiments de l'esprit, là où nous sommes peu habitués à le rechercher et à le reconnaître, c'est-à-dire dans les degrés même inférieurs de la nature vivante, et, *a fortiori,* dans la nature dite morte. Je me borne à avancer que le problème, tout délicat qu'il est, n'est cependant pas inabordable. Je l'ai examiné avec quelques développements dans mon *Essai sur l'Immortalité,* qui est appelé à paraître prochainement[1]. Je me contente de dire ici que l'étude de la *finalité* dans le monde biologique est bien de nature à montrer la vie comme fille de l'esprit, c'est-à-dire comme l'œuvre d'une force qui a pensé et voulu, comme l'œuvre d'une pensée directrice et d'une volonté agissante, et que, par conséquent, vie et esprit sont deux termes dont le premier suppose nécessairement le second ; que la vie étant partout, soit sous forme de mouvement brillant et d'énergie éclatante, soit sous l'aspect d'un mouvement lent et d'une force sourde et obscure, l'esprit est aussi partout plus ou moins brillant, plus ou moins estompé et masqué. Et si,

---

1. *Essai sur l'Immortalité au point de vue du naturalisme évolutioniste ;* Paris, Fischbacher, 1895.

élevant nos regards avec plus de hardiesse et nous appuyant
courageusement sur des analogies sérieuses, nous cherchons
les rudiments, les premiers linéaments de l'esprit dans la
nature en général, il nous sera peut-être permis de nous
demander si la chaleur, si l'électricité, si les vibrations
lumineuses, si l'attraction, que nous avons considérées
comme des forces brutes, que nous avons reléguées dans les
bas-fonds de nos systèmes comme indignes de jouer un rôle
essentiel dans les mouvements de l'esprit, ne sont pas, au
fond et en réalité, ces premiers rudiments, ces premiers
linéaments de l'esprit, ces formes simples et élémentaires
encore peu éclatantes, encore peu différenciées, encore soumises en *apparence* à une marche aveugle et à un déterminisme *relatif* qui n'est peut-être pour nous qu'un trompe-
l'œil, et qui nous fait méconnaître leur véritable nature et
leur parenté ascendante avec l'esprit lui-même, c'est-à-dire
avec la force qui pense, qui sent et qui veut [1]. Les particules

1. Dans le deuxième Essai (*Évolution et Liberté*), je me suis efforcé
d'établir que le déterminisme absolu que beaucoup prétendent être la
loi de la nature, pourrait bien n'être qu'un indéterminisme relatif. La
substance générale qui constitue le fond même de la création peut en
effet être conçue comme susceptible de plusieurs degrés d'indéterminisme. Dans la nature minérale, l'indéterminisme, serait réduit à des
rudiments si infimes qu'il échapperait à notre observation, et ne pourrait
parfois être entrevu que dans les phénomènes moléculaires qui n'influe-
raient pas sur les résultats de l'ensemble. L'indéterminisme serait plus
marqué et plus évident, quoiqu'encore dans une mesure assez restreinte
dans les phénomènes d'ordre physiologique. Aussi la variation y devien-
drait-elle fort fréquente, et y parlerait-on avec raison de la contingence
des lois naturelles. Enfin dans le domaine psychique, l'indéterminisme
élevé à la dignité de liberté atteint son plus haut degré de valeur et
d'évidence. J'ajoute aujourd'hui, en me conformant à la conception que
je me suis faite des relations de la matière et de l'esprit, que le degré
d'indéterminisme dans toute partie de la nature correspond à la phase
évolutive de l'esprit dont la matière n'est que la forme sensible. La
liberté croît à mesure que l'esprit s'élève et se perfectionne, mais de son
côté, avec l'esprit s'élève et se perfectionne la forme de l'esprit, si bien
que l'indéterminisme sensible s'élargit à mesure que s'élève et se perfectionne la matière.
    La variation dans l'amplitude des déviations contingentes permet encore
de concevoir à la fois la précision des résultats expérimentaux dans le
domaine des sciences physiques, et l'approximation relative dans les
sciences biologiques et psychologiques. Dans les sciences physiques les
variations étant de très faible amplitude échappent à nos moyens d'inves-

qui, dans l'œuf, représentent les unes les centres nerveux, les autres le foie, les autres le système vasculaire, les autres la rate, les autres les glandes salivaires, les autres les muscles, etc., sont, avant tout développement, aussi étrangères, en *apparence,* aux organes et systèmes qui doivent en descendre, que sont étrangères, en *apparence* aussi, les forces générales de la matière (chaleur, attraction, lumière, électricité) à cette forme supérieure de la force, l'esprit, qui a pu n'être que le couronnement de leur évolution.

C'est là une conception qui sera peut-être sévèrement jugée (quoiqu'elle ait du moins pour elle la logique de l'analogie), mais qu'on n'aura le droit de repousser entièrement, que quand une recherche attentive, sérieuse, profonde des rudiments de l'esprit en aura démontré l'inanité. Les forces générales de la nature susnommées nous paraissent, il est vrai, bien différentes de l'esprit, et le soupçon de leur affinité avec ce dernier sera considéré par beaucoup comme un crime de lèse-esprit ; et cependant n'oublions pas qu'il n'y a pas de longues années que tout physicien qui aurait proclamé que lumière, chaleur, électricité, étaient des formes différentes d'une même force, eût été traité par ses confrères d'illuminé et d'hérétique, tandis que la découverte récente des ondes électriques a achevé de démontrer entre ces forces une bien

---

tigation, et sont submergées par la masse imposante des phénomènes constants. Les variations étant pour nous imperceptibles, nous enregistrons des *moyennes* peu variables que, faute d'une précision suffisante dans les constatations et dans les mesures, nous regardons comme des *constantes* obtenues directement.

Nous considérons comme parallèles deux rayons émanant d'un point de la surface d'un astre et venant aboutir à deux lieux peu éloignés de la surface terrestre. Nous sommes cependant certains qu'ils forment un angle dont l'ouverture échappe à nos mesures. Nous ne saurions constater directement avec nos instruments le temps que met un rayon lumineux pour parcourir une courte distance. Cette durée est cependant réelle ; mais nous sommes obligés de n'en tenir aucun compte. Ce que fait volontairement la science pour des quantités qui lui sont inaccessibles, et sans que cela porte atteinte à la rigueur de ses résultats, elle le fait également et involontairement pour l'ensemble des phénomènes, ne tenant aucun compte des variations si faibles qu'elles sont négligeables et que la constatation et la mesure nous en sont interdites. La science conserve donc sa certitude et sa rigueur relatives, et ses résultats sont vrais, avec une approximation relative, variable suivant l'ordre des faits étudiés.

étroite parenté. N'oublions pas encore l'influence considérable que peuvent exercer, et qu'exercent encore, les conditions de chaleur, de lumière, de magnétisme, d'électricité, de
pesanteur même, sur les manifestations d'ordre psychique ;
et demandons-nous s'il n'y a pas là un indice des relations
peut-être originelles qui relient les forces générales de la
nature à la force psychique elle-même.

Rendant compte de ses impressions pendant un séjour de
quatre jours au sommet du Mont-Blanc, à la séance publique
annuelle des cinq Académies du 25 octobre 1893, l'éminent
physicien M. Jansen a prononcé des paroles qui renferment
peut-être quelques indices significatifs. « Pourquoi, dit-il,
les émotions sont-elles alors si vives ? Pourquoi, en parti-
enlier, pendant les quatre nuits que j'ai passées au sommet,
éprouvai-je un sentiment de légèreté délicieuse dans tout
mon être ? Pourquoi me semblait-il que j'étais soulagé d'un
poids considérable qui avait jusque-là enchaîné et alourdi ma
pensée, et que maintenant elle allait prendre son essor et
aborder en toute *liberté* et *amour* les questions les plus difficiles et les plus belles d'un *ordre moral supérieur* ?

« Est-ce le simple effet de la rareté de l'air à ces grandes
altitudes ? N'y entre-t-il pas *d'autres causes encore incon-*
nues et *qu'on étudiera mieux plus tard ?* »

Oui, dirons-nous après l'illustre académicien, n'y a-t-il
pas à cet état lumineux de l'âme, à cet élan serein de l'être
psychique quelque cause encore inconnue ? Et cette cause
mystérieuse ne pourrait-elle pas résider dans une corrélation
originelle, dans une affinité atavique, dans une parenté mystérieuse et encore par nous méconnue entre ce que l'on
nomme les forces générales de la matière et la force psychique, modifiées les unes et les autres par des influences
plus ou moins liées à celle de l'altitude ?

Dans tous les cas, les paroles de l'illustre physicien
méritent d'être méditées. Quel sens a-t-il voulu lui attribuer ?
Je l'ignore. Mais, pour moi, il ressort de cette observation,
dont l'auteur est si digne de crédit, une présomption en
faveur des conceptions qui viennent d'échapper à ma plume.
Elles sont hardies, j'en conviens, mais ce n'est point à dire

qu'elles n'aient pour elles de représenter la vérité. Mais ce qu'il ne faudrait certes pas dire, et ce qui (je le crains) sera certainement dit, c'est qu'elles *rabaissent* l'esprit en lui assignant comme origine et comme forme rudimentaire des forces que nous avons l'habitude de qualifier de brutales. Ce reproche je ne l'accepte certes pas pour les idées que je viens d'exposer ; car je considère que, quelque forme initiale et originelle qu'on attribue à l'esprit, il n'en est pas moins l'esprit, avec toute sa dignité ; et que, si une conséquence doit être légitimement tirée des idées ci-dessus énoncées, c'est que les forces générales de la matière méritent plus d'estime et d'admiration que nous ne leur en avons accordé ; et que, pour avoir été capables de fournir une descendance si noble et si élevée en dignité, il faut que leurs titres de noblesse soient plus réels et de plus de valeur que nous ne l'avons cru.

C'est bien là ma conviction ; et je suis heureux en la formulaut de la placer sous le haut patronage d'un physicien penseur et philosophe, que l'on ne saurait taxer ni de naïveté ni d'ignorance, je veux dire l'illustre physicien Tyndall : « Mettant bas tout déguisement, disait-il à Belfast lors du Congrès de l'Association britannique pour l'avancement des sciences (1874), voici l'aveu que je crois devoir faire devant vous : quand je jette un regard en arrière sur les *limites* de la *science expérimentale,* je discerne au sein de cette matière (que dans notre ignorance et tout en proclamant notre respeet pour son Créateur, nous avons jusqu'ici couverte d'opprobre) la *promesse* et la *puissance* de *toutes les formes* et de *toutes les qualités* de la *vie* ».

Je termine là ces considérations, dont beaucoup ont dû être présentées d'une manière très rapide, bien qu'elles eussent exigé un examen plus approfondi. Elles suffiront, je l'espère, pour indiquer une des directions qu'il convient avant tout de donner aux études qui ont pour but de juger de la valeur de l'évolution. A ce prix seulement la théorie évolutioniste pourra être discutée avec fruit. J'ai souvent été frappé, en discutant sur l'évolutionisme avec des adversaires, d'ailleurs très distingués, de voir combien le terrain commun se dérobait sous nos pas : et cela parce que, tandis que je cherchais à démontrer les filiations et à établir la continuité de la chaîne en m'appuyant sur la constatation et l'étude des rudiments, mes adversaires mettaient en présence des formes ou des phénomènes parvenus à des degrés déjà élevés de l'échelle, et dont la complication et la différenciation avancée cachaient entièrement la parenté et les affinités avec les formes élémentaires et simples des aseendants reculés.

C'est en tournant les regards vers les rudiments que le lien sera retrouvé, comme c'est en considérant le squelette des vertébrés dépouillé de toutes les parties qui le recouvrent, que la forme rudimentaire et élémentaire de la colonne vertébrale permet d'établir les relations de tous les animaux appartenant à ce groupe, quelles que soient, d'ailleurs, les modifications très considérables que les dispositions extérieures, les revêtements, les perfectionnements externes aient pu introduire dans les formes si différentes de ces animaux.

L'étude et la découverte des rudiments aura pour résultat inévitable de nous conduire à l'affirmation de la puissance, de la virtualité, car tout rudiment est le fruit d'une puissance ; et par là peuvent être comblées, dans la filiation héréditaire des êtres, des lacunes qui semblaient faire du monde créé une sorte de mosaïque, groupement de fragments étrangers les uns aux autres. De même la partie solide du globe formée en apparence et pour un observateur superficiel, d'îles et de continents étrangers les uns aux autres, ne forme qu'une masse reliée sous l'étendue des mers par les terres encore profondément ensevelies. Ces dernières représentent la puissance. Les terres faiblement submergées et les récifs sont en réalité les rudiments des îles et des continents possibles ou futurs. C'est par leur constatation et leur étude que le géographe peut établir la notion et le mode de la continuité des diverses masses continentales au fond des abîmes de l'Océan.

Par l'étude des rudiments, sera rendue évidente l'unité de l'œuvre créée, qui, en plaçant très haut les virtualités du germe originel, ne pourra que rendre éclatantes la grandeur, la science, et le pouvoir de Celui qui a formé ce germe merveilleux.

DEUXIÈME ESSAI

ÉVOLUTION ET LIBERTÉ[1]

La question de la liberté morale est, on n'en peut douter, une de celles qui préoccupent le plus les esprits sérieux. Y a-t-il réellement une liberté morale? ou bien l'homme n'est-il que le jouet d'une illusion, en se croyant libre? Si la liberté morale existe, est-elle le propre de l'homme? ou bien la retrouve-t-on à des degrés divers dans d'autres êtres soumis à notre observation? Quelle est d'ailleurs l'origine de la liberté morale? Grave question qui mérite bien qu'on s'y arrête. A elle se rattache une autre question bien importante aussi, celle de l'origine et de la nature du mal moral. A cette question la foi a déjà donné une réponse; la science peut aussi prétendre à donner la sienne. Il sera intéressant de comparer les solutions et de voir ce qu'elles ont de contradictoire ou de conciliable.

La première question à examiner est évidemment celle-ci: Y a-t-il une liberté morale? l'homme est-il libre? peut-il se déterminer librement? Inutile d'insister sur la gravité de la question. S'il y a une liberté morale, l'homme est responsable de ses actes, il y a une conscience morale. Sinon, pas de responsabilité; et la conscience morale n'est qu'une acquisition artificielle qui résulte de la prise au sérieux d'un fantôme. — Il n'y a alors ni bien ni mal moral dans le sens rigoureux du mot; il n'y a ni coupable ni innocent; il n'y a que des indifférents. Les conséquences sociales d'une telle opinion ont quelque chose d'effrayant.

1. *Revue chrétienne*, 1885.

SABATIER.   4

Les lecteurs de la *Revue chrétienne* n'ignorent certainement pas qu'il y a des philosophes et des savants qui nient la liberté morale, et qui étendent le rôle et l'influence d'un déterminisme absolu jusqu'au domaine de la volonté.

Qu'est-ce que le déterminisme? C'est une loi en vertu de laquelle tout phénomène est une conséquence nécessaire d'un ensemble de conditions données. Rien n'est spontané, tout est un effet, et un effet nécessaire. On le voit, le déterminisme est la négation de la liberté. S'il existe, s'il est universel, toute volition résulte d'un ensemble de conditions dont elle est la conséquence fatale. Il n'y a pas choix, il y a effet nécessaire ; la délibération n'est que l'oscillation de la balance dont le plateau le plus lourd doit fatalement et nécessairement entraîner le plus léger.

Le déterminisme est né de l'étude des lois naturelles, et il a trouvé son appui le plus solide dans les progrès si remarquables qui ont été faits dans l'étude des sciences physiques proprement dites.

L'habitude de voir les phénomènes se succéder, selon des lois qui paraissent invariables, est bien de nature à faire naître dans l'esprit la conception d'une succession logique et immuable. Du domaine des sciences physiques la croyance au déterminisme s'est progressivement étendue au domaine des sciences biologiques. A mesure que la physiologie expérimentale s'est de plus en plus aidée des connaissances acquises en physique et en chimie, à mesure encore que ses procédés de recherche se sont plus rapprochés de ceux qui constituent le mode expérimental de ces dernières sciences, à mesure aussi s'est introduite dans la physiologie l'idée que les phénomènes biologiques étaient régis par le déterminisme aussi bien que les phénomènes physiques. Si ce déterminisme était moins évident et moins facile à constater, cela tenait simplement à ce que, l'ensemble des conditions des phénomènes étant bien plus complexe, l'observation parvenait moins facilement à démêler les rapports de causalité qui les reliaient.

Du monde biologique au monde psychologique le pas a paru d'autant plus facile a franchir que, pour beaucoup de physiologistes la pensée ne se distinguait réellement pas des autres fonctions de la vie et était le produit du jeu d'un organe, au même titre que le mouvement l'est de l'action des muscles, ou la sensibilité de celle des nerfs. Le principe de la pensée et de la volonté a été donc à son tour considéré comme soumis au déterminisme, ce qui équivaut à la négation du libre arbitre humain.

Cette conclusion s'imposerait-elle à l'homme de science, et devrait-il se regarder comme l'esclave inconscient des motifs, et l'instrument aveugle des conditions de son milieu? Je réponds hardiment : non. En supposant même la démonstration du déterminisme plus réelle et plus complète qu'elle ne l'est au fond, il y a un fait d'observation qui a certes sa valeur et qui ne saurait permettre de nier d'une manière absolue le libre arbitre. Cette observation est celle de la conscience morale de l'homme faite par l'homme luimême. Une observation qui rapproche si bien le sujet qui observe et l'objet observé qu'il les confond et les identifie, me semble se trouver dans des conditions de clairvoyance et de précision qui méritent quelque crédit, attendu qu'elle supprime les milieux capables d'absorber ou de dévier la lumière appelée à les traverser.

Or, quelles que puissent être les raisons invoquées par les déterministes, je n'en ai pas moins au dedans de moi le sentiment de ma liberté. Je reconnais, je constate que j'eusse pu agir autrement que je ne l'ai fait dans telle ou telle circonstance, et je le sens si bien que, même alors que le jugement à porter sur ma conduite est loin de m'être favorable, je suis contraint de le prononcer, et je ne puis me débarrasser du remords. Rien ne peut me soustraire à la voix de la conscience, et je suis écrasé sous le poids de ma responsabilité. Il faut convenir que dans bien des cas, la conscience morale est un hôte importun dont nous voudrions bien ne pas entendre les durs reproches ; mais ce fait même que sa voix ne peut être étouffée, et que son verdict est implacable, suffit à me démontrer que je n'ai point agi comme une force aveugle et comme un simple rouage. Et que l'on ne dise pas que le sentiment de la liberté est une illusion

enfantée par l'amour-propre et la vanité, car ces deux mobiles ne sauraient résister au désir de chasser de nous-même
un hôte aussi incommode et aussi tyrannique ; et nous
serions souvent bien heureux de ne pas croire au libre
arbitre. C'est juger singulièrement l'humanité que de la
croire capable tout entière de sacrifier à une simple illusion
de l'amour-propre, le plaisir de satisfaire en paix ses penchants et d'étancher sans remords sa soif ardente de jouis-
sances brutales et d'égoïstes plaisirs.

J'ai dit l'humanité tout entière. Il est vrai que quelques
hommes incrédules du libre arbitre prétendent s'être affran-
chis du remords ; mais j'ai quelque peine à les croire sur
parole, et je me demande ce qui se passe au dedans d'eux,
lorsque ces hommes (j'en excepte bien entendu les criminels
les plus endurcis et chez lesquels la nature humaine est
comme mutilée et anéantie) lorsque ces hommes, dis-je, ont
commis ce que le sens commun qualifie de mauvaise action.
Quoi qu'il en soit, je n'hésite pas à les considérer comme
des cas exceptionnels, et je me permets même de penser
qu'ils font légitimement partie de ce groupe d'exceptions qui
confirment si bien la règle.

Il y a ceci de remarquable, en effet, que même ceux qui
nient le libre arbitre se conduisent absolument comme s'il
existait. Pas plus que les autres ils ne renoncent à se plaindre
de l'injustice des hommes, des procédés peu honnêtes ou
indélicats dont ils croient être les victimes ; et pas plus que
les autres, ils ne sont disposés à excuser et à regarder avec
indifférence les torts qu'ils ont à subir de la part de leurs
semblables. Leurs appréciations d'indifférence, dictées par
l'esprit de système tant qu'il s'agit du libre arbitre considéré
en général, prennent brusquement un tout autre caractère,
dès que leurs intérêts personnels sont en jeu ; c'est qu'à ce
moment ils savent bien rasssembler toutes les données d'une
appréciation complète, et ils retrouvent en eux-mêmes la réalité du caractère libre et spontané de celui qui les a blessés.

Je sais bien qu'il est des philosophes qui ont pu, par une
analyse subtile, démontrer que ce que nous appelons le
libre arbitre est un composé d'éléments qui n'ont rien de

commun avec la liberté, et qui constituent, au contraire, les conditions d'un pur déterminisme. Il est incontestable que l'hérédité, le tempérament, l'éducation, le milieu général, l'exemple, les impressions et les perceptions précédemment emmagasinées sous forme d'habitudes ou autrement, constituent un ensemble d'influences inconscientes dont la portée est incalculable, et qui diminue sans aucun doute, dans des proportions considérables, la part de liberté morale dont nous jouissons réellement. Cette part est, j'en conviens, beaucoup plus faible qu'on ne le pense en général, et je suis tout disposé à reconnaître que l'homme, sous ce rapport, est beaucoup moins élevé en dignité qu'on ne serait porté à le croire. Oui, certainement, notre liberté est peu étendue, mais nous sommes libres ; et rien ne peut prévaloir, me semble-t-il, contre les affirmations de notre conscience.

Les philosophes qui prétendent démontrer par l'analyse que la conscience de la liberté morale ne répond à rien de réel, et n'est qu'un composé d'éléments étrangers à la liberté, ressemblent exactement à ces gens qui voudraient soutenir que le sentiment de l'amour paternel n'est qu'une illusion, et qu'il est facile de le décomposer en un groupe d'éléments qui n'ont rien du désintéressement de l'amour. On peut y voir, en effet, un groupement de sentiments, tels que le contentement que l'ouvrier puise dans son œuvre, la sollicitude qu'il ressent pour elle, l'orgueil d'être créateur à son tour, la joie de se sentir revivre et de se continuer dans un être qui est notre image, la sécurité qui résulte de l'existence de descendants appelés à être jeunes et forts quand notre vieillesse affaiblie aura besoin d'aide et de défense, etc., etc. Tout cela entre dans l'ensemble de sentiments qui naissent dans le cœur d'un père et s'associent intimement à l'amour paternel ; mais l'amour paternel est quelque chose de plus ; puisqu'il contient la possibilité de l'abnégation la plus complète, du désintéressement le plus entier, du don de soi-même, du sacrifice de son bien-être et de sa vie. Le père ressent l'amour paternel, il sent qu'il aime, il a conscience de son désintéressement ; et une analyse, quelque subtile qu'elle fût, ne saurait détruire le témoignage de sa conscience.

Je pense donc que le libre arbitre humain est une réalité, qu'il existe, mais je confesse encore qu'il est passablement limité, et que les oscillations de la liberté humaine sont d'une amplitude assez restreinte, bornées qu'elles sont par les entraves inconscientes d'un déterminisme relatif dont les mailles échappent souvent à notre observation.

Le libre arbitre humain admis, plusieurs questions s'imposent à l'homme de science. Comment le concilier avec le déterminisme scientifique ? Comment en comprendre l'origine ?

La réponse a cette dernière question n'est point faite pour embarrasser sans doute les naturalistes qui croient aux créations indépendantes et qui considèrent l'origine de l'homme comme entièrement étrangère à celle des êtres qui lui sont inférieurs. L'homme est libre parce qu'il a été créé tel. Voilà une réponse toute simple, mais qui ne peut avoir d'autre autorité scientifique que celle dont est susceptible un pur article de foi.

Tout autre est la situation du philosophe ou du naturaliste, qui trouve dans les données actuelles de la science des raisons d'accepter les doctrines transformistes. En effet, qui dit transformation, dit changement dans la forme, et non dans les éléments ; qui dit évolution, dit développement progressif d'un rudiment originel dont les éléments primitifs se sont plus ou moins modifiés et développés. Une pareille conception exclut l'introduction d'éléments absolument nouveaux, dont l'apparition subite et renouvelée constituerait autant de créations, et non de simples transformations. Dans une évolution, ce qui est n'est pas étranger à ce qui était, mais provient des modifications de ce qui était. L'édifice s'élève non point par l'adjonction de pierres nouvelles autres que les pierres qui en constituaient les fondements, mais par la transformation et le développement des pierres qui ont formé la première assise. On comprend donc qu'il ne saurait être question d'un édifice dans le sens rigoureux du mot. C'est un développement, une évolution, et non une construction.

Il résulte de là que si, dans un des types qui représentent

un degré quelconque de l'échelle, se rencontre un élément essentiel parvenu à un état de développement tel qu'il frappe l'observation, cet élément ne saurait faire réellement défaut dans les degrés de l'échelle où il n'est pas assez évident pour être aperçu. Dans ce cas il est rationnel de penser que cet élément échappe à l'œil de l'observateur, parce que ses manifestations relativement faibles sont masquées par les manifestations plus saillantes d'éléments parvenus à un développement relativement supérieur.

Quelques exemples empruntés à l'histoire naturelle vont me permettre de développer ma pensée.

Prenons le monde biologique. Il renferme un vaste ensemble de types dont les uns très inférieurs correspondent aux Protistes, c'est-à-dire à ces êtres souvent composés d'une seule cellule, et pouvant être considérés aussi bien comme des végétaux que comme des animaux, et dont les autres plus ou moins élevés constituent les végétaux supérieurs et surtout les animaux dont les plus haut placés se trouvent à une distance énorme comme développement des êtres qui occupent le bas de l'échelle. Eh bien ! en dépit de la distance qui sépare les termes extrêmes de cette série, on peut soutenir que l'être le plus supérieur, malgré sa complication de structure et de fonctions, n'a rien d'essentiel qui ne se retrouve à l'état de puissance ou de rudiment dans l'être le plus inférieur. Ce dernier ne représente pas, sans doute, une machine compliquée, à nombreux rouages, dans laquelle la division du travail a multiplié les organes et les fonctions ; mais la cellule unique qui constitue l'être inférieur n'en possède pas moins, à l'état non différencié, tous les éléments substantiels et toutes les fonctions qui résument les organes multiples et les fonctions subdivisées de l'être supérieur.

La sensibilité, le mouvement, les fonctions d'échange telles que l'absorption, l'assimilation et la désassimilation, les fonctions respiratoires destinées à fournir les équivalents de chaleur et de force nécessaires à la vie, etc., s'y trouvent représentés dans ce qui constitue leur essence ; et l'on peut dire que les fonctions considérées dans l'être supérieur ne sont que le résultat de l'évolution et des perfectionnements par la multiplication des organes et par la division du travail, de ce que possédait déjà l'être inférieur.

Que la cellule qui constitue à elle seule tout cet être résume en elle tous les éléments essentiels de l'être supérieur, on n'en saurait douter lorsqu'on porte son attention sur l'œuf et sur son développement. Qu'est-ce que l'œuf? une cellule, une simple cellule ; et cependant de cette cellule sortira, par une progression continue et très ménagée de modifications, l'être qui possédera toutes les fonctions biologiques qui appartiennent à l'animal supérieur ; et pourtant il est impossible, tant la progression est insensible, de dire à quel moment précis s'est manifestée telle et telle fonction essentielle. A tout instant, à toute phase du développement, l'embryon les possède certainement, et l'on peut affirmer que si, dans le cours de l'évolution de l'œuf, quelques manifestations fonctionnelles semblent faire leur apparition, c'est que le perfectionnement des organes et l'intensité plus grande des phénomènes de la vie les a rendues plus évidentes.

Mais la considération du développement de l'œuf doit avoir pour nous une portée plus grande, au point de vue de la question qui nous occupe. Prenons l'œuf humain et demandons-nous, en effet, à quelle phase de son développement apparaît en lui le germe du libre arbitre? Qui le dira? Est-ce après les premières segmentations, ou bien quand les deux premiers feuillets du blastoderme sont formés? Est-ce quand apparaît le troisième feuillet? Ou bien est-ce quand se différencient les divers organes, et en particulier le système nerveux? Est-ce encore plus tard lorsque les organes sont tous formés, ou vers la fin de la vie fœtale? Est-ce même dans les premiers jours ou les premiers mois qui suivent la naissance? Qui le dira? et sur quoi s'appuiera-t-on pour le dire? Est-ce sur l'apparition des phénomènes de libre arbitre et de conscience morale? Mais les observe-t-on aux diverses périodes de développement que nous venons d'énumérer? Y a-t-il alors quelque chose qui puisse réellement être rapporté au libre arbitre? Et plus tard même, peut-on fixer la date précise où se montrent pour la première fois des phénomènes qui puissent être rigoureusement attribués à ce dernier?

A toutes ces questions, il n'y a qu'une manière raisonnable de répondre. Les manifestations du libre arbitre sont franchement insaisissables pendant la période embryonnaire et fœtale, et même pendant un temps assez long après la naissance. Il n'y a vraiment d'apparents que des phénomènes organiques, et des phénomènes réflexes qui n'ont rien de commun avec le libre arbitre, et qui sont même tout l'opposé des phénomènes de liberté, puisqu'ils constituent une réponse involontaire et parfois inconsciente à une provocation.

De là faut-il conclure que le libre arbitre fait entièrement défaut à cette phase de la vie et qu'il sera l'objet d'une création ultérieure? Conclure ainsi serait aller bien au delà des droits de l'analogie. Il est d'une logique plus saine et plus vraie d'admettre que le libre arbitre existe même à ces phases précoces et reculées de l'existence humaine, mais soit en puissance, soit à l'état de rudiment infime et dépourvu de toute manifestation saisissable. En définitive, la preuve qu'il y a alors un rudiment du libre arbitre se résume en ceci : il existe, parce qu'il sera et parce qu'il est impossible de saisir et de préciser un moment pour sa création.

C'est d'ailleurs par de semblables considérations qu'on est conduit à admettre dans l'embryon humain l'existence de l'âme. Croire que l'âme naît à un moment donné du développement de l'embryon, et n'a pas existé en puissance et dans un état rudimentaire dès les débuts mêmes de la vie, c'est se créer l'obligation de fixer la date de l'apparition de l'âme, et de marquer le moment précis où soit l'embryon, soit l'enfant a cessé d'être un composé d'organes sans nom, pour devenir un être humain. C'est par conséquent se mettre en face de l'impossible; bien plus encore, de l'absurde. On peut donc logiquement se placer sur le terrain suivant et dire : l'âme humaine est la contemporaine du corps à quelque degré de développement que soit ce dernier. Ses manifestations propres, d'abord nulles ou insaisissables, prouvent non son absence mais un état latent, auquel succèdcront plus tard des manifestations d'abord rudimentaires et obscures, appelées à acquérir par la suite plus d'importance et plus de signification. Le libre arbitre, s'il existe chez l'homme (et nous avons dit ce que nous pensions à cet égard), est une faculté trop importante, trop caractéristique et trop remarquable de l'âme pour ne pas avoir la même date d'origine que cette dernière. Mais, au début, il est latent et imperceptible, comme toutes les manifestations de l'âme à cette époque du développement.

Une conclusion plus générale ressort encore des propositions que nous venons de formuler. Elles autorisent, en effet, à penser que le libre arbitre peut exister, virtuellement ou à l'état rudimentaire, chez des êtres où ses manifestations paraissent faire défaut ; et, s'il en est ainsi, avant d'en nier l'existence il convient de se rendre un compte sévère des phénomènes, et d'examiner s'il n'est pas possible de saisir des traces, même très faibles, sinon du libre arbitre lui-même, du moins de quelque liberté d'ordre inférieur qui peut en être regardée comme l'analogue ou le rudiment. C'est là un sujet sur lequel je serai appelé à insister dans cet essai.

Les considérations qui précèdent ne seront point inutiles au moment où je vais me livrer à la recherche des traces du libre arbitre en dehors de l'humanité. Nous avons admis chez l'homme l'existence du libre arbitre, mais réduit à des proportions plus modestes qu'on ne le croirait au premier abord. Voyons maintenant si le libre arbitre est le lot exclusif de l'humanité.

Il fut un temps où il était assez facilement admis que les animaux, et même les animaux les plus voisins de l'homme, tels que les singes, les animaux domestiques les plus élevés, c'est-à-dire les chiens, les chats, les chevaux, étaient dépourvus d'intelligence et n'agissaient qu'en vertu de l'habitude et de l'instinct, c'est-à-dire en dehors de toute réflexion et de toute pensée.

Aujourd'hui, il faut en convenir, on ose à peine émettre quelques doutes sur l'intelligence de ces animaux ; et encore faut-il, pour cela, être engagé dans une école ou dans une coterie soit philosophique, soit religieuse, dont le système exige cette conception pour la plus grande gloire de l'homme, pense-t-on, mais non certes pas pour la plus grande gloire du Créateur. Par contre, il n'est aucun naturaliste, aucun

observateur sérieux, ayant vécu avec ces animaux et les ayant
suivis de près, qui leur refuse un certain degré d'intelligence.

Les preuves surabondent pour établir que les animaux
dont nous parlons pensent, comparent, apprécient, jugent,
hésitent, se décident, veulent, aiment, haïssent, se souvien-
nent et que, par conséquent, ils sont doués d'intelligence,
de sensibilité et de volonté. Le chien qui épie le regard de
son maitre pour y lire ses désirs, son humeur, ou pour
échanger avec lui des témoignages de tendresse, n'est pas
une simple machine mue par un ressort aveugle. Le chien
a-t-il une certaine dose de sens moral, de conscience morale?
Distingue-t-il le bien du mal? Délibère-t-il? Pèse-t-il les
motifs et fait-il librement son choix? Voilà quelques questions
auxquelles bien des personnes feraient sans hésitation des
réponses négatives. Auront-elles raison? Je me permets d'en
douter et j'en appelle de cette opinion préconçue à une opinion plus réfléchie et plus indépendante des préjugés injustes
et · maladroits qui, pour élever l'homme, ont cru devoir
rabaisser l'animal.

Je demande à mes lecteurs de quelle façon il convient
d'apprécier le fait suivant :

Un chien placé en présence d'une gourmandise qui a
excité sa convoitise l'a saisie une première fois et l'a dévorée.
Il a agi sans hésitation, n'obéissant qu'à son appétit, et ignorant, d'ailleurs, que c'était là le fruit défendu. L'acte était
innocent, puisque aucune défense, aucun ordre ne lui avaient
été donnés à cet égard. Pour ce fait-là, et dans le but de
prévenir le retour d'un acte semblable, une correction lui est
infligée. Cette correction peut suffire, mais le plus souvent
elle doit être renouvelée un petit nombre de fois. Qu'arrive-t-il
ensuite, dans bien des cas du moins (car il y a, paraît-il,
chez les chiens comme chez les hommes, des natures réfrac-
taires aux prescriptions de la morale)? Le chien, placé en
présence de la même tentation, donnera des signes évidents
de lutte intérieure, il jettera sur l'objet désiré des regards de
convoitise, mais il s'abstiendra, et, dans tous les cas, s'il
finit par succomber, ce ne sera qu'après avoir quelque temps
hésité et combattu.

Qui n'a été témoin d'un fait bien ordinaire, bien commun et qui cependant a sa signification ? Un chien désire suivre son maître, mais ce dernier lui ordonne de rester à la maison. L'animal, placé entre son désir et l'ordre qu'il a reçu, s'arrête, tourne la tête tantôt dans la direction de son maître, tantôt vers la maison ; il hésite, il est dans le doute, et enfin il prend l'un ou l'autre des deux partis.

Si je ne me trompe, il y a des raisons de voir dans ces actes des opérations semblables à celles qui, chez l'homme, accompagnent l'exercice de la liberté. L'animal pèse les motifs, il les compare, il les apprécie, et il se décide en faveur de ceux qu'il a jugés les plus valables. Délibération et décision, ne sont-ce pas là des conditions du libre arbitre humain ?

Mais il y a plus encore, chez le chien. Quand il a cédé à sa convoitise et qu'il a enfreint les ordres reçus, il en est visiblement confus ; et quand survient le maître, avant même qu'il ait pu constater le délit, il lui est possible de présumer qu'il a été commis : l'attitude embarrassée de l'animal, parfois le peu d'empressement qu'il met à venir au devant de lui sont des indices que l'ordre a été méconnu. De quel nom faut-il appeler ces phénomènes ? Comment convient-il de les qualifier ? Pour moi je n'hésite pas à y voir un sentiment de culpabilité, une sorte de conscience morale. Bien loin de moi la pensée de vouloir l'assimiler à celle de l'homme, dont le sens moral a une délicatesse bien supérieure. Mais je ne puis m'empêcher de voir là un rudiment, une catégorie inférieure du sens moral, un sentiment de la faute commise.

Que si l'on objecte que la sanction de cette sorte de conscience morale n'est en somme que la peur du châtiment physique, et n'a rien de commun avec le sentiment abstrait du devoir, qui est la source de si nobles actions, je ne me trouverai certes pas sans réponse. Je ferai d'abord remarquer qu'à ce compte, il est, hélas ! beaucoup d'hommes qui devraient être placés hors de l'humanité, car la crainte des tribunaux ou des coups sont la seule règle de leur vie morale ; oui, malheureusement, beaucoup de nos semblables, en dehors des cas d'irresponsabilité mentale, ne reconnaissent, comme l'animal, d'autre sanction que celle des châtiments corporels, et il ne vient à l'esprit d'aucun de ceux qui croient au libre arbitre humain de leur refuser une dose quelconque et si faible que l'on voudra, de ce dernier et de la conscience morale.

Ce qui est malheureusement vrai de l'homme ayant atteint sa stature normale, l'est encore bien plus de l'enfant. Combien à cette période de la vie, où l'on consent cependant à reconnaître l'aurore de la liberté et de la notion du mal, combien, dis-je, n'est-il pas nécessaire qu'une correction corporelle, qu'une sanction sensible, immédiate, vienne indiquer la voie du devoir et servir de frein aux velléités de mal faire ! Y a-t-il une bien grande différence, sous ce rapport, entre un animal supérieur tel que le chien et un jeune enfant de un à deux ans ? Je demande au lecteur une réponse impartiale, réfléchie, sérieuse à cette question, et je me permets de préjuger quel en sera le sens, surtout si mon interlocuteur est un observateur et s'il a vécu dans l'intimité des deux ordres de sujets dont je lui recommande la comparaison.

J'ajouterai que si la crainte de la douleur physique, c'est-à-dire l'amour du bien-être corporel, est le mobile de la vie morale de l'animal et de beaucoup d'hommes, il faut reconnaître que ce mobile utilitaire est légitime, dans une certaine mesure, et qu'il ne détruit pas absolument le caractère d'obligation des actes qu'il contribue à inspirer ; car nous devons convenir, d'autre part, que le mobile de la morale supérieure n'est pas, *dans la pratique,* absolument désintéressé, et que c'est dans la *valeur et la dignité de l'intérêt* mis en jeu, plutôt encore que dans sa présence ou son défaut, que réside souvent la différence des obligations. Si, en effet, dans un cas c'est le bien-être physique qui est recherché, je ne saurais aller jusqu'à penser que la joie du cœur, la paix intérieure, le bonheur spirituel, la satisfaction d'être dans l'ordre, n'entrent pour rien dans les mobiles qui poussent à l'accomplissement du devoir. Oui, certes, il y a dans les deux sanctions immédiates et utilitaires des différences de valeur et de niveau ; mais j'ajoute aussi que, dans les deux cas, il y a en outre le sentiment qu'on *doit* ou ne *doit pas* commettre telle action ; il y a donc sentiment de l'obligation ; et puisqu'il y a aussi sentiment de la faute, il faut par cela même qu'il y ait faculté de la commettre ou de ne pas la commettre, c'est-à-dire libre arbitre.

Avant d'aller plus loin, je dois dire quelques mots pour les personnes que mon langage pourrait étonner, et peut-être même scandaliser. On a beaucoup trop pris l'habitude de rabaisser les animaux, et même les animaux supérieurs. L'influence si considérable du Cartésianisme, qui ne voyait dans l'animal qu'une machine, et surtout une appréciation par trop intéressée et partiale de notre supériorité, sont les principales causes de ce point de vue contre lequel je n'hésite pas à protester. Pour grandir l'homme, on s'est laissé aller à considérer les animaux supérieurs comme entièrement dépourvus de quelques-unes des facultés de l'âme humaine, et si l'on veut bien, non sans peine, leur reconnaître un peu d'intelligence, on ne consent à leur accorder quelque responsabilité et quelque liberté que pour avoir le droit de leur appliquer des traitements sévères et de durs châtiments.

Heureusement qu'il existe aujourd'hui toute une phalange d'observateurs dépouillés de ces préjugés et de ces idées surannées, et qui sont résolus à rendre à l'animal pleine justice. Cette école analyse avec soin les mœurs, les habitudes, les facultés des animaux et prépare une appréciation plus saine et plus vraie de leur psychologie ; d'ores et déjà, des nombreuses observations recueillies me paraît ressortir cette conclusion : que s'il y a, entre l'homme et les animaux supérieurs, un abîme très profond et une distance énorme quant à la valeur et à l'étendue des facultés maîtresses de l'âme, ces facultés n'en subsistent pas moins chez les animaux, quoique bien réduites dans leur développement, et parfois si rudimentaires que les manifestations en sont presque insaisissables.

J'ajoute que cette conception ne me paraît certes pas de nature à diminuer l'homme et à le rapetisser. L'homme reste ce qu'il est, le roi de la création, roi de droit divin, si l'on veut, mais d'une nature non absolument et essentiellement différente de celle de ses sujets. Rapetisser ces derniers, ce n'est certes pas le grandir, mais c'est oublier que les animaux

sont sortis de la main du même Créateur, qu'ils sont son
œuvre et le fruit des admirables lois qu'il a mises à la base de
l'édifice de l'Univers. Rabaisser l'animal, ce n'est pas élever
l'homme, *mais c'est diminuer le Créateur*.

La question de l'existence d'une certaine dose de libre
arbitre chez les animaux supérieurs les plus voisins de
l'homme, et dont quelques-uns même ont avec lui une vie
commune et font échange d'actes et de sentiments avec lui,
est certes moins délicate et moins difficile à trancher que
celle qui touche aux animaux plus éloignés de l'homme, et
dont quelques-uns méritent justement le nom d'animaux
inférieurs. Devant des êtres dont le volume, dont les mœurs,
dont les manifestations sont si différents de ceux de
l'homme, les moyens d'observation et de contrôle deviennent singulièrement plus difficiles et moins probants. Tel
acte que l'on croit entièrement dicté par cet instinct que l'on
qualifie d'aveugle, peut emprunter au libre arbitre une part
d'influence très faible et très difficile à discerner ; et, réciproquement, tel acte où la liberté semble éclater pourrait bien
être dû, au contraire, à une série d'influences réflexes qui
sont étrangères au libre arbitre. Quel est le guide sûr qui
pourra nous conduire dans ce dédale et nous aider à faire
une juste répartition des deux sortes d'influences ? Il n'y a
réellement à compter que sur l'analogie, et nous devons
considérer comme libre tout acte qui, après un examen
sévère de ses conditions, nous paraîtrait devoir être ainsi
qualifié chez les animaux dont la psychologie est plus à
notre portée. Je ne vois pas d'autre règle sérieusement ap-
plicable.

Commençons par dire que l'analogie est favorable à l'admission d'un degré quelconque du libre arbitre chez les animaux autres que les animaux supérieurs.

Ceux qui ont tenu, en effet, à établir entre l'homme et
l'animal une différence infranchissable, et comme un abîme
sans fond, n'ont pu raisonnablement songer à soutenir qu'il
y eût entre les animaux eux-mêmes des différences aussi
prononcées. C'eût été compromettre entièrement leur première thèse, car si l'on admettait, entre des animaux quel-

conques, des différences comparables à celles qui sépareraient
l'homme des animaux, il n'y aurait pas de raison pour établir entre l'homme et les animaux un hiatus infranchissable.
Cette séparation absolue des animaux est d'ailleurs moins
que jamais acceptable ; et aujourd'hui que l'on a pu rassem-
bler tant de formes qui servent de transition entre des types
éloignés, on ne voudra pas avancer et surtout l'on n'essayera
pas de prouver, qu'il y a entre les diverses formes animales
des différences radicales au point de vue psychologique, pas
plus qu'au point de vue biologique.

Je ne puis entrer évidemment ici dans une revue des types
de l'animalité pour y chercher des traces du libre arbitre. Je
dois me borner à quelques aperçus. Il est, parmi les invertébrés, une classe d'animaux qui nous frappe par les merveilles de son industrie, et qui est bien faite pour nous donner l'idée d'une complication des phénomènes psychiques à
laquelle bien des esprits refusent de s'arrêter. Tous ces
moyens de construction, tous ces procédés si ingénieux de
chasse, de récolte, d'emmagasinement des provisions nutritives,
soit pour l'individu lui-même, soit pour sa progéniture, toutes
ces constructions si ingénieuses de ruches, de cocons, de
réduits souterrains, tout cela est volontiers mis sur le compte
pur de l'instinct et soustrait à l'influence de l'intelligence et
de la volonté et par conséquent de la liberté. Il est impossible de ne pas reconnaître qu'il y a, en effet, dans la répétition constante et parfois peu réfléchie, semble-t-il, de ces
actes un indice irréfutable de leur condition instinctive et de
leur caractère inconscient. Mais je suis bien convaincu que,
pour éviter de reconnaître à la fourmi, à l'abeille une part
quelconque d'intelligence et de liberté, on s'est jeté dans
l'excès contraire [1].

Pour beaucoup de gens le très petit volume d'un cerveau
de fourmi est un argument péremptoire. Mais c'est là une
considération bien faible et bien illusoire, et que l'on est, du
reste, bien surpris de trouver dans la bouche de gens qui

---

1. Voir pour l'examen plus complet de cette question l'*Essai sur
l'Instinct* compris dans le présent volume et datant de 1902.

proclament très haut l'indépendance absolue de l'esprit et de
la matière. Pour que cet argument eût quelque valeur, il
faudrait qu'il fût démontré que la substance cérébrale est,
dans le règne animal, d'une valeur dynamique toujours et
partout la même, et que sa quantité est, par conséquent,
toujours dans la même relation directe avec sa capacité psychique ou dynamique. Or c'est justement le contraire qui est
établi ; il est certain, en effet, que même entre des hommes
ou des animaux de même espèce, il n'y a pas une relation proportionnelle précise entre la masse des centres nerveux et
leur capacité intellectuelle. A plus forte raison cette disproportion est-elle susceptible de s'accentuer entre des types dont
les substances cérébrales présentent certainement de grandes
différences comme constitution élémentaire, comme complication de structure et comme capacité dynamique. Que
savons-nous d'ailleurs de la relation directe, précise, entre
l'élément nerveux et la force dont il est l'organe ? Rien ou à
peu près rien. Qu'est-ce qui s'oppose à ce qu'on considère
tel élément nerveux, telle cellule nerveuse comme capable
d'une manifestation dynamique, deux, trois, quatre, dix,
vingt, cent fois et au delà supérieure à celle de telle autre
cellule nerveuse ? N'y a-t-il pas plutôt des arguments et des
analogies propres à nous faire accepter ces disproportions.
Ne sait-on pas, pas exemple, que les muscles des insectes,
si petits d'ailleurs, développent une force bien supérieure à
celle des muscles humains ; l'abeille est relativement trente
fois plus forte qu'un cheval, et tel insecte transporte avec
assez d'aisance un poids qui représente pour lui ce que serait presque l'obélisque de Louqsor sur les épaules d'un
homme ? Ce qui est vrai pour les fibres musculaires où il
nous est permis de saisir, dans une certaine mesure, une relation entre la forme de l'élément anatomique et ses fonctions, combien de fois n'est-il pas plus vrai pour la cellule
nerveuse, où les recherches les plus approfondies, où les
moyens d'investigation les plus puissants ne sont pas encore
parvenus à révéler la moindre trace de cette relation ? Et
d'ailleurs, d'une manière plus générale, y a-t-il une relation
constante entre la masse et la puissance en dehors de l'iden-

tité de la substance? En d'autres mots, deux masses semblables de substances différentes doivent-elles forcément représenter des équivalents dynamiques semblables? Non,
évidemment non. Enfin, que signifient les mots *grand* et
petit? Qu'est-ce qui est grand? Qu'est-ce qui est petit? Le
cerveau humain mérite-t-il le qualificatif de grand? N'est-il
pas plus juste de le qualifier de petit, si on le compare à
l'étendue considérable des connaissances qu'il peut embrasser, à la distance infinie à laquelle il peut atteindre par la
pensée, aux conceptions étonnantes qu'il peut enfanter dans
la science et dans les arts, à la profondeur des souffrances et
des joies qu'il peut éprouver? Pour ma part, je suis frappé
de cette disproportion entre la masse et la puisssance du
cerveau humain, et j'en conclus qu'une grande capacité dynamique peut être associée à une masse relativement petite [1].

Le petit volume du cerveau de l'insecte n'est donc réellement pas un argument contre sa capacité intellectuelle;
mais, par contre, la complication de structure du cerveau
de l'insecte nous révèle le perfectionnement remarquable de
l'instrument. Longtemps on l'avait considéré comme une
masse homogène de tissu nerveux, mais le grand naturaliste
Dujardin reconnut le premier, en 1850, en examinant le
cerveau d'hyménoptères sociaux (abeilles) que cette organe
présentait des parties internes très complexes, dont le développement lui parut être en rapport avec le perfectionnement intellectuel. Depuis lors les travaux de Leydig, de
Rabl-Ruckhardt, de Ciaccio, de Dietl, Flogel, Bellonci,
Berger, Grenacher, Newton, Yung, Krieger, Claus, Mi-
chels, Packard, et enfin les travaux plus récents de M.
Viallanes, ont démontré qu'à mesure qu'on a multiplié les
recherches, à mesure aussi on a augmenté le nombre des
parties décrites dans les centres nerveux des insectes, de
telle sorte qu'on peut affirmer aujourd'hui que les centres
nerveux des animaux articulés (crustacés, arachnides, myriapodes, insectes) sont, quant à leur structure, presque
aussi compliqués que ceux des vertébrés.

1. Voir, sur la disproportion entre la quantité de matière et l'énergie,
le dixième Essai : *Énergie et Matière*.

Il n'échappera à personne, combien ces résultats sont remarquables et combien il est intéressant de pouvoir montrer à ceux qui portent uniquement leur attention sur la masse des centres nerveux, et qui en tirent des conclusions plus ou moins légitimes pour ou contre les relations profondes du cerveau et de l'intelligence, de pouvoir, dis-je, leur montrer qu'à côté de la masse il y a aussi la structure, et que l'importance de cette dernière l'emporte considérablement sur celle de la première[1]. Deux montres peuvent être de volumes très différents ; mais si leur construction est aussi savante et aussi bien combinée, elles donneront quant au temps des indications de même valeur.

Voilà l'état actuel du côté anatomique de la question ; examinons le côté psychologique, et voyons si on ne peut trouver dans les faits mêmes qu'invoquent les adversaires de l'intelligence de l'insecte des arguments non douteux en faveur de quelque chose de moins aveugle, de plus réfléchi, de plus libre et de plus volontaire que l'instinct.

Dans ses *Nouveaux Souvenirs entomologiques*[2], M. J.-H. Fabre, auquel on doit de patientes et perspicaces observations sur les mœurs des insectes, a discuté avec beaucoup d'esprit la question de l'existence de la raison chez ces animaux, et rapporté, sous une forme très spirituelle, ses observations sur le cholicodome, espèce d'abeille qui construit très habilement des nids en forme de gâteaux de terre, composés de cellules qu'elle remplit de miel. Au-dessus du miel est déposé un œuf ; et le tout est immédiatement fermé par un couvercle de terre. Ainsi le petit être qui doit naître de l'œuf est mis à l'abris de la famine et des ennemis du dehors. Dans ces diverses opérations, que l'animal accomplit avec une remarquable régularité, M. Fabre ne voit qu'une manifestation de l'instinct et pas la moindre trace de raison. « Petite lueur de raison qu'on dit éclairer la bête, tu es bien voisine des ténèbres, *tu n'es rien.* » Telle est la conclusion de M. Fabre. Cette conclusion est-elle justifiée ? Les faits

---

1. Les recherches les plus récentes et plus complètes de Golgi, Ramon y Cayal, Retzius, etc., conduisent aux mêmes conclusions.
2. J.-H. Fabre, *Nouveaux Souvenirs entomologiques* : Paris, 1882.

rapportés par l'honorable auteur, et les expériences qu'il a instituées, me paraissent conduire à une conclusion tout opposée. Voici quelques extraits du chapitre intitulé *Fragments sur la psychologie de l'instinct* :

Un cholicodome est en train de construire le couvercle de sa cellule. L'observateur y fait une brèche. « L'insecte revient et *répare parfaitement* le dégât. » Un deuxième construit la cellule même ; l'observateur perce largement le fond de la tasse « et l'insecte *s'empresse* de boucher le trou. Il bâtissait et *il se détourne un peu* pour continuer de bâtir. » Un troisième a déposé l'œuf et ferme la cellule. Tandis qu'il est allé chercher une nouvelle provision de ciment, pour mieux murer la porte, l'observateur pratique une large brèche immédiatement au-dessous du couvercle, brèche *trop haut placée* pour que le miel s'écoule. « L'insecte arrivant avec du *mortier non destiné à pareil ouvrage,* voit son pot égueulé et le *remet très bien en état.* » « Voilà, ajoute l'auteur, une prouesse comme je n'en ai pas vu souvent d'aussi judicieuses. »

De là résulte, dit M. Fabre, « que l'insecte sait faire *face à l'accidentel,* pourvu que le nouvel acte *ne sorte pas de l'ordre de choses* qui l'occupe en *ce moment.* Affirmons-nous la raison ? Et pourquoi ? L'insecte persiste dans le même courant psychique : il continue son acte, il fait ce qu'il faisait avant, il *retouche* ce qui pour lui n'est qu'une maladresse dans l'œuvre présente. » Mais une fois la loge terminée et l'insecte occupé à la remplir de miel, si l'observateur la perce, l'ébrèche, le cholicodome ne répare plus l'orifice par où cependant le miel peut s'écouler. Cependant « à *plusieurs reprises* il vient à cette brèche, il y plonge la tête, il *l'examine,* il *l'explore* des antennes, il en *mordille* les bords et c'est tout. » L'insecte ne la répare pas ; il ne saurait revenir sur une opération qui date de trop loin. Il persiste dans l'opération présente, actuelle (recueillir le miel), et l'emmagasine aveuglément, dans une cellule d'où il doit s'écouler. « C'en est assez, je crois, dit M. Fabre, pour montrer l'impuissance psychique de l'insecte devant l'*accidentel.* » « Si quelqu'un, ajoute-t-il encore, voit une ébauche de la raison

dans cet intellect d'hyménoptère, il a des yeux plus perspicaces que les miens. Je ne vois en tout ceci qu'une obstina-
tion invincible dans l'acte commencé. L'engrenage a mordu
et le reste du rouage doit suivre. »

Toutes ces conclusions sont-elles légitimes ? Je me sens
autorisé à répondre : non ! mille fois non ! Que prouvent les
faits rapportés par M. Fabre ? Que chez le cholicodome,
l'étendue et la valeur des actes instinctifs sont si considérables et si supérieurs à ceux qui dépendent de la raison
qu'ils masquent bien souvent ces derniers et même rendent
les manifestations de la raison inutiles. M. Fabre se demandant ce que c'est que la raison, répond que chez la bête c'est
la faculté qui rattache l'effet à sa cause, et dirige l'*acte en
le conformant aux exigences de l'accidentel.* J'ai quelque
peine à croire qu'un lecteur impartial soit conduit à trouver
que les faits sur lesquels s'appuie M. Fabre conduisent
justement à cette conclusion que, chez l'insecte, *dans aucun cas,* ne se manifeste ce quelque chose qui dirige l'acte
en le *conformant aux exigences de l'accidentel.* Ce qui ressort
seulement des observation de M. Fabre, c'est qu'il est des
cas où l'insecte sait parer à l'accidentel, et d'autres où il ne
sait pas y parer, que l'insecte a la vue courte, qu'il sait se
détourner un peu seulement, selon l'expression de l'auteur,
et non *beaucoup,* comme il pourrait le faire si ses horizons
étaient plus étendus, s'il n'était enchaîné par l'instinct. Il
observe, *il constate* des dégât faits à son œuvre, et quand cela
n'exige pas de lui un écart trop considérable de ce que lui
commande l'instinct présent, *il répare, il retouche.* Est-ce
là une absence totale de raison ? ou bien l'indice d'une
raison peu étendue, d'une compréhension limitée, et pour
laquelle les relations des faits soit dans l'espace, soit surtout
dans le temps, sont en définitive assez restreintes ?

Avant de conclure d'une manière si absolue, il eût d'ailleurs fallu savoir si l'insecte que nous avons vu, avec M.
Fabre, revenir à *plusieurs reprises* à la brèche, y plonger la
tête, l'examiner, l'explorer des antennes et en mordiller les
bords, c'est-à-dire, au fond, commettre une série d'actes qui
impliquent la surprise, l'examen, la constatation réfléchie, et

peut-être le désappointement et le dépit, il eût fallu savoir,
dis-je, si l'insecte ne se trouve pas justement en ce moment
dans l'impossibilité matérielle de faire du mortier. On sait
combien les sécrétions buccales et pharyngiennes jouent,
chez les insectes, un rôle important dans la succession des
faits remarquables qui composent leur cycle biologique. On
ne peut douter aussi que ces sécrétions ne se modifient suivant l'acte à accomplir, et ne se conforment aux besoins de
cet acte. La chenille n'est pas capable, à un moment quelconque de son existence, de fournir la soie qui s'échappera
de ses glandes salivaires pour la construction du cocon. Il
est très probable, également, que chez le cholicodome les
sécrétions buccales se modifient suivant la phase de la vie,
et que celles qui sont convenables pour pétrir et pour conso-
lider le ciment ne sont pas identiques avec celles qui correspondent à l'élaboration du miel. Dans ce cas, l'insecte, qui
constate si bien les dégâts de sa cellule sans pouvoir les réparer, pourrait bien être justement comparable à cette mère
de famille qui, pressée par les maux de l'enfantement et
n'ayant ni le temps ni les moyens de réparer sa demeure dé-
vastée, se hâte, faute de mieux, de préparer à sa prognéniture
un refuge quelconque dans les ruines de sa maison, sans
avoir le loisir de se préoccuper de ce que cette retraite peut
avoir de précaire et même de dangereux.

Il est à remarquer d'ailleurs que les manifestations raison-
nables peuvent être empêchées et supprimées par les ordres
impérieux de l'instinct. C'est là un fait comparable à ce
qu'il est si fréquent d'observer chez l'être le plus raisonnable
de la création, chez l'homme. Bien des fois, en effet, la
raison parle et n'est pas écoutée ; et l'observateur peut croire
à son silence complet, parce que sa voix a été étouffée par
celle de l'instinct ou de la passion. Pour que les conclusions
de M. Fabre fussent acceptées, il faudrait commencer par
rayer du nombre des êtres doués de raison tous les hommes
qui, sachant bien discerner la voie de la sagesse, s'engagent
néanmoins dans une voie contraire, parce que quelque
chose de plus puissant, une préoccupation dominante,
une idée fixe, une passion, une aptitude ou une condition

corporelle même les détournent fatalement de la première. Et pourtant nul n'oserait soutenir que, dans ces être humains, il n'y a pas tout au moins quelque trace de la raison.

Les considérations qui précèdent ne sont point inutiles pour le sujet de cet Essai. S'il est vrai, en effet, que nous retouvions chez l'insecte des manifestations non douteuses de ce que nous appelons raison chez les autres êtres, et chez les animaux supérieurs en particuliers, il n'est pas téméraire de penser que le libre arbitre, que nous avons considéré comme une des facultés importantes de la raison des animaux supérieurs, doit aussi se manifester plus ou moins dans ces organismes moins élevés dans la série biologique et psychologique. Dans les faits que j'ai rapportés se retrouvent d'ailleurs des apparences qui ne sont point sans analogie avec celles qui accompagnent l'usage du libre arbitre dans l'espèce humaine et dans les animaux dont l'intelligence est relativement très développée. Ces cholicodomes, qui constatent la brèche, qui changent de conduite, qui emploient à la réparer le mortier qu'ils destinaient à un autre usage, qui examinent, qui constatent, qui luttent contre les difficultés imprévues, me représentent assez exactement l'homme qui délibère, qui apprécie, qui se décide, qui fait choix de la conduite à tenir, qui s'insurge contre les obstacles et les renverse, qui fait, en un mot, usage du libre arbitre. L'analogie me semble ici en faveur de cette appréciation, et elle seule, je le répète, peut avoir voix délibérative dans la question.

Je ne puis évidemment reprendre pour d'autres types l'examen et la discussion à laquelle je viens de me livrer pour l'insecte, et je vais me borner à présenter ici, à propos des animaux chez lesquels on pourrait n'admettre que le jeu de l'instinct, quelques considérations générales ayant trait aux traces du libre arbitre qui se trouvent encore chez eux, et dont les manifestations sont bien des fois plus faciles à présumer qu'à constater.

Le vie de l'insecte est dominée, je le reconnais, par l'instinct ; les actes merveilleux qui constituent ce cycle biolo-

gique si remarquable paraissent, il vrai, être réglés et déterminés d'avance par quelque chose qui n'est plus la raison et
qui est conséquemment étranger au libre arbitre. La chenille file son cocon quand le moment physiologique est venu ;
elle le construit en lui donnant une forme qui ne tient certainement pas à un calcul voulu de sa part ; l'ammophile cherche
le vers gris et le pique de son dard sur les points précis de la
chaîne nerveuse pour le paralyser ; l'abeille construit ses
cellules hexagones et y dépose son miel et ses œufs, etc., etc.
Tous ces faits se renouvellent sans différences notables pour
chaque animal de la même espèce, et nous les mettons sur
le compte de l'instinct que nous nous contentons de considérer comme étranger au libre arbitre, sans d'ailleurs discuter ici sa nature et son origine[1]. Voilà qui me semble établi
et que je suis loin de contester. Oui, il n'est pas douteux
que ces grands traits de la vie de l'insecte sont dictés par
quelque chose de déterminé ; nous savons cependant que
l'accident peut amener dans ces actes des modifications notables. Mais, en laissant même de côté ces modifications,
ces changements accidentels, et qui me semblent *voulus,* est-
on en droit de prétendre que tout, dans l'accomplissement
des actes considérés avec raison comme instinctifs, est absolument prévu et réglé d'avance?

L'insecte est appelé à parcourir un cycle d'opérations plus
ou moins compliquées dont l'exécution doit certainement
être rapportée à l'instinct, et dans laquelle la volonté et la
liberté semblent, à première vue, ne jouer aucun rôle réel.
Le ver à soie file son coton, le cholicodome construit sa cellule de terre, l'abeille son rayon de cire et de miel, l'ammophile creuse son terrier, la taupe grillon construit sa
demeure souterraine, l'araignée file et dispose sa toile ; et
tout cela se fait en vertu d'une disposition héréditaire à
laquelle on donne le nom d'instinct et à laquelle la liberté
pourrait être réellement étrangère. Cela est vrai pour chacun de ces actes pris dans son ensemble, et je n'ai garde de

---

1. C'est ce que nous ferons dans un Essai spécial de ce volume de date
beaucoup plus récente, et consacré à l'*Instinct.*

le contester. Mais est-il prouvé, par exemple, que tous les vers à soie, appelés à construire un cocon, procèdent d'une manière *absolument identique,* exécutent pour cette œuvre des mouvements *rigoureusement semblables,* et n'apportent aucune modification dans la manœuvre et, pour ainsi dire, dans le manuel de l'exécution ? Le contraire me paraît infiniment plus probable. L'observation directe et l'analogie sont particulièrement favorables à cette dernière opinion.

Il est, en effet, digne de remarque que le ver à soie se conforme aux conditions qui l'entourent et modifie son travail suivant les accidents du milieu. Les premiers fils, destinés à fournir au cocon futur des moyens solides de suspension et de fixation, présentent, d'un cocon à l'autre, des variations dues, en partie seulement, aux différences dans la situation des corps étrangers auxquels l'animal peut les rattacher. Il n'est certainement pas deux cocons qui se ressemblent entièrement à cet égard, quoique les animaux aient été placés dans des conditions semblables. En outre, dans la confection du cocon lui-même, l'animal exécute des mouvements dont la direction et la succession, considérées *en général,* sont certainement fixées, mais qui, certainement aussi, diffèrent dans une certaine limite d'un animal à un autre. Il en résulte, en effet, des cocons comparables, mais jamais identiques.

Il y a donc, à côté des opérations réglées et dont le plan fixé d'avance doit être aveuglément suivi par l'animal, il y a, dis-je, une certaine variation, quelque chose qui pourrait bien être indéterminé et qui représenterait la marge, dirai-je, la latitude des variations libres et volontaires. Il serait bien difficile, me semble-t-il, de nier absolument cette possibilité, bien plus, cette probabilité.

J'ai parlé d'analogie, et j'appuie mon dire. Ce mélange, cette superposition du déterminé et de l'indéterminé, de l'instinct et des actes raisonnés et libres, se retrouvent très fréquemment dans le monde biologique, et chez l'homme en particulier. L'homme, comme les autres animaux, a des actes instinctifs à exécuter, et il les exécute, en effet, comme tels ; mais il n'est pas nécessaire d'être bien perspicace pour constater que l'accomplissement aveugle de ses actes s'accompagne, dans les détails, de modifications et de variations dues à la volonté et à la liberté. Prendre les aliments, les mâcher, les avaler, respirer, sont des actes instinctifs dont l'exécution est assurée en dehors de la volonté ; mais combien l'intervention de notre liberté est-elle possible et efficace pour introduire des variations dans chacun des actes ! L'instinct veut qu'il soit allé d'un point à un autre, mais entre ces deux points la volonté et la liberté peuvent tracer bien des voies plus ou moins distinctes et différentes les unes des autres. Dans la préhension des aliments, dans leur mastication, que de manières différentes, que de nuances peuvent être introduites par la liberté et par la volonté, depuis les manières gloutonnes jusqu'à l'exquise délicatesse des gens bien élevés ! On peut également respirer de bien des manières, et procéder à volonté par des inspirations profondes ou prolongées, ou par des inspirations courtes et fréquentes. La liberté ici s'associe souvent et facilement aux ordres aveugles et impérieux des impulsions instinctives pour motifier les détails de l'exécution.

Pour emprunter une comparaison à un autre ordre d'idées, il y a dans les opérations chirurgicales ce que l'on appelle le manuel opératoire qui a été réglé et déterminé d'avance, en s'appuyant sur les enseignements de l'anatomie et de la physiologie normales ou pathologiques. Le chirurgien qui se dispose à faire telle opération, en connaît le manuel ; il sait que les incisions doivent avoir des directions précisées d'avance, que telle incision doit en précéder telle autre, qu'il y a dans le cours de l'opération des temps distincts auxquels correspondent des détails précis de l'opération. Il se dispose à obéir aux règles établies, à suivre ponctuellement la succession imposée aux manœuvres : il n'y manque pas, si l'on considère chacun des temps principaux qui constituent l'opération ; mais on sait bien que, malgré cette fidélité à la voie préalablement tracée, il n'en agit pas moins avec liberté ; il apporte, en effet, sa raison et sa liberté dans l'exécution d'une opération que l'on qualifie cependant de réglée ; et, dans chacun des détails conduisant au but prévu, il fait usage de son libre arbitre. Je répète donc que l'analogie comme l'observation permettent donc de penser que, même dans l'exécution des actes instinctifs les plus incontestables de l'insecte, des manifestations d'indéterminisme et de liberté sont possibles, j'ajoute qu'elle sont même probables ; et j'attends pour changer d'avis que les observateurs fournissent une démonstration sérieuse de la justesse de l'opinion contraire.

S'il y a dans la vie de l'insecte des traces qui ne me paraissent pas douteuses de la liberté, il n'y a pas de raison pour penser que ce groupe d'invertébrés a seul été doté à cet égard. Les autres groupes tels que les crustacés (écrevisses, crabes, cloportes), les mollusques (escargot, poulpe, seiche), les échinodermes (oursins, étoiles de mer), les arachnides (araignées, scorpions), les myriapodes (scolopendres, jules), fournissent certainement des observations qu'il est facile de rapprocher de celles auxquelles donnent lieu les insectes ; et il n'y a pas de difficulté sérieuse à passer de ce dernier groupe à ceux qui sont cités plus haut. La difficulté devient plus réelle quand il s'agit des animaux tout à fait inférieurs, tels que les anthozoaires (coraux, madrépores, polypes, méduses), les spongiaires (éponges), et plus spécialement lorsqu'on arrive aux protozoaires (infusoires, etc.). Ici, certainement, les manifestations du libre arbitre sont si obscures, si voilées, si difficiles à distinguer des phénomènes involontaires et réflexes de la vie purement physiologique, qu'il devient presque impossible d'en démontrer directement l'existence. Mais il n'est pas moins impossible, que dis-je ? il est encore plus impossible de la nier. Qui pourra avancer avec certitude que l'infusoire, que l'amibe parcourant dans tous les sens, à la recherche d'une proie, le liquide qui les contient, obéissent exclusivement et d'une manière aveugle et absolue, à l'impulsion de l'instinct, et qu'il n'y a rien d'indéterminé dans cette course qui semble manquer de règle et de direction, et dont l'imprévu frappe l'observateur. Pourquoi, ici comme pour l'insecte, ne verrions-nous pas, dans cette recherche instinctive de l'aliment, l'appoint d'un rudiment de liberté dont l'évidence, pour être moins saisissable, n'en est pas moins réelle. Avant de nier le fait, il faut établir sa néga-

tion sur des preuves, et sur de solides arguments, car il a
en sa faveur les apparences de l'observation, et l'appui de
l'analogie.

Il est certain qu'à mesure que l'on descend dans l'échelle
animale, à mesure aussi se restreignent les manifestations
psychiques, et il semble, au bas de la série, que les fonctions
physiologiques pures constituent uniquement la vie de l'animal. Mais avant d'affirmer que ces organismes cellulaires,
c'est-à-dire réduits souvent à une simple cellule, n'ont aucun
des attributs de la vie psychique, il convient de se rappeler
que, pendant une phase de son existence, l'homme, oui,
l'homme lui-même, n'a pas été plus prodigue de manifestations
psychiques. Or cette phase a été justement celle où l'homme
présentait une struture corporelle identique à celle de ces
organismes inférieurs, c'est-à-dire lorsqu'il était encore à
l'état d'œuf, cellule simple ou déjà subdivisée pour la formation de l'embryon. Il faut donc savoir être logique et convenir que si l'œuf humain, dans lequel se trouvaient certainement accumulées à l'état virtuel les facultés de l'homme futur,
ne manifestait ses facultés psychiques et son libre arbitre ni
plus ni moins que ces organismes inférieurs, on n'a pas réellement le droit de se baser sur le faible degré de ces manifestations chez ces organismes pour leur refuser ce que l'on
est si bien disposé à accorder à l'œuf humain. On pourra dire,
il est vrai, que l'œuf humain démontre ce qu'il est par ce
qu'il sera plus tard, mais cet argument n'a pas une grande
valeur quand on se place au point de vue du transformisme,
car pour lui l'œuf humain n'est qu'une phase rappelant une
période de développement de la vie animale où l'organisme
ne s'élevait pas au-dessus de la vie cellulaire, et il ne se distingue des organismes inférieurs que par l'acquisition d'une
plus grande aptitude à atteindre un développement supérieur.
Si les organismes inférieurs ont donné naissance aux organismes supérieurs, les phases de la vie de ces derniers, qui
rappellent la forme ancestrale inférieure, en sont la reproduction exacte et la représentation parallèle. Je dois dire, d'ailleurs, que ce parallélisme du développement phylogénique
du monde animal, c'est-à-dire le parallélisme de la formation

successive des types par des modifications progressives d'une
part, et du développement ontogénique d'autre part, c'est-à-
dire du développement de l'individu, en parcourant lui-même
les phases qui ont caractérisé ses ancêtres successifs, ce
parallélisme, dis-je, est une des plus merveilleuses et des
plus fécondes conceptions auxquelles le transformisme est
venu fournir une démonstration, tout en recevant d'elle un
appui d'une grande valeur. Je ne crains pas de dire que
cette idée qui avait déjà été émise par quelques naturalistes
tels que Serres, même en dehors de toute préoccupation
tranformiste, est une des plus brillantes conquêtes des
sciences naturelles de notre temps. Il n'est donc ni impru-
dent, ni téméraire, pour un naturaliste, d'y chercher un
argument en faveur de ces conceptions.

Le règne végétal nous met en présence d'un groupe d'êtres
vivants, où nous ne chercherons pas à reconnaître des traces
d'une réelle activité psychique[1]. Les manifestations de la
vie, dont ils sont le siège, semblent tous appartenir au domaine de la physiologie. Si donc nous devons y rencontrer
des traces de liberté, c'est dans les phénomènes physiologiques qu'il faut les rechercher, et les considérations que
nous allons leur consacrer pourront s'adresser à la vie physiologique en général, car elle ne diffère pas essentiellement
chez les animaux et les végétaux. Il y a, dans ce domaine,
comme dans celui de l'intelligence, des lois qui ne peuvent
être violées et dont l'accomplissement est assuré. Il y a des
règles précises qui sont fidèlement suivies et un déterminisme relatif qui ne saurait être méconnu. Il faut convenir
même que le degré de ce déterminisme apparaît comme
bien supérieur à celui qui préside au mécanisme intellectuel.

Cela peut tenir, ou bien à ce que dans l'ordre physiologique la constatation des phénomènes et de leur enchaînement est de sa nature moins entourée de difficultés; mais

---

1. Nous verrons dans l'*Essai sur l'Instinct*, les modifications que les
études récentes sur les végétaux ont apportées à cette opinion.

cela peut être dû aussi, et je suis disposé à le croire, à ce que
les faits de cet ordre sont plus rigoureusement déterminés et
à ce que l'amplitude des déviations libres y est, en effet, bien
moindre. Non seulement donc, dans ce domaine, la liberté
s'exerce dans un ordre de faits moins élevé que dans le
domaine psychologique, mais son étendue est plus circonscrite et son pouvoir plus limité. Aussi est-il d'usage de
l'appeler d'un autre nom, et l'École médicale de Montpellier a depuis longtemps l'habitude de la désigner sous le
nom de *contingence*. La contingence des faits vitaux est, en
effet, une des doctrines fondamentales de cette ancienne
école qui trouve dans cette condition un des caractères les
plus propres à distinguer les faits physiologiques des faits
appartenant à l'ordre physique proprement dit. Nous em-
ploierons volontiers ce terme, ou encore celui d'*indéterminisme*, dont l'étymologie dit assez la signification.

L'indéterminisme, ou la contingence des faits vitaux, a
longtemps été, à des degrés divers sans doute, le *Credo* de
plusieurs écoles médicales. Mais les résultats de la physiologie expérimentale moderne, et l'assimilation complète qu'on
a voulu faire entre les phénomènes de l'ordre physique et
chimique et ceux de l'ordre physiologique ont conduit beaucoup de biologistes à penser que ces derniers ne différaient
des premiers que par leur complication, et par le nombre plus
grand des facteurs et des combinaisons possibles. Il est à
craindre qu'on ne soit allé trop loin dans cette voie et qu'on
n'ait dépassé le but en croyant l'atteindre par une logique
à outrance et une observation trop sommaire des faits.

Ce que les déterministes modernes ont établi, c'est que,
dans des conditions d'expérimentation aussi rigoureusement
semblables que possible, les résultats généraux sont semblables ou comparables ; mais il est incontestable que la simi-
litude des résultats n'a pas dépassé, jusqu'à présent, une
certaine limite, et qu'en dehors d'une certaine approximation,
on ne peut prétendre à identifier les résultats physiologiques
obtenus. Il est vrai qu'on a la ressource de se retrancher
derrière cette remarque, que les conditions expérimentales
ne sont jamais absolument identiques, et que les sujets no-

tamment présentent toujours entre eux quelque différence. Une même dose d'électricité appliquée au même nerf, ou au même muscle du même animal, produira des effets semblables dans tous les cas, mais qui différeront cependant à un degré quelconque en intensité, en rapidité, en durée. Cette différence pourra tenir sans doute, soit à l'état général du sujet, soit à l'état particulier du nerf ou du muscle sur lequel on opère. C'est là un fait incontestable ; mais il ne faudrait peut-être pas en abuser comme argument en faveur du déterminisme. Si l'observation a permis de réduire dans de très notables proportions l'écart entre les effets d'une même cause sur des sujets semblables ou même sur un même sujet, il n'est pas permis d'affirmer qu'elle a réduit cet écart à néant. Un telle affirmation n'est point un fait démontré, elle est plutôt un *acte de foi* qui pourrait bien résulter d'un abus de l'analogie.

Et cependant les exemples ne manquent pas pour mettre en garde contre une telle cause d'erreur. Les sciences physiques abondent en faits de cet ordre qui sont de nature à prouver que ce qui est rigoureusement vrai jusqu'à une certaine limite, cesse de l'être au-delà. Ainsi de ce que la densité de l'eau croît d'une manière continue quand on l'abaisse de $100°$ à $50°$, de $50°$ à $40°$, de $20°$ à $10°$, on pourrait se croire autorisé à conclure par analogie qu'il doit en être de même de $10°$ à $0°$ et ainsi de suite. Or on sait bien qu'il n'en est rien, et que le maximum de densité est atteint à $+ 4°$, et qu'à partir de ce point et au-dessous la densité de l'eau décroît, de telle sorte qu'à $3°$, $2°$, $1°$, $0°$ l'eau est moins dense qu'à $4°$. On sait également que bien des lois relatives à la dilatation des corps, aux volumes et aux tensions des gaz et des vapeurs, la loi de Mariotte, par exemple, etc., ne sont rigoureusement vraies que dans l'intervalle de certaines limites. Il pourrait bien se faire que dans la question du déterminisme biologique, il fallût également reconnaître certaines bornes. Que ce déterminisme soit bien plus étroit que celui du monde psychique, que l'amplitude des variations libres y soit bien moindre, je crois qu'on serait mal venu de le nier ; mais on est, me semble-t-il, également téméraire en niant tout degré de contingence ou d'indéterminisme.

Pour moi, je suis très frappé de l'étendue, de la puissance, de l'universalité complète de ce que l'on a nommé la variation dans le monde vivant. Pas deux arbres identiques dans une forêt, pas deux feuilles exactement semblables sur un même arbre, dans le règne végétal tout entier. Pas deux animaux exactement semblables dans une même espèce, dans une même race, que dis-je, dans une même portée. Pas deux cellules identiques dans un même organe et même dans tous les organes semblables. Pas deux actes physiologiques identiques chez des individus différents, bien plus chez le même individu! A quoi cela tient-il ? D'où vient cette mobilité excessive, ces changements dont le nombre est infini, cette variation incessante qui n'épuise jamais toutes les formes, mais qui en a toujours de nouvelles à sa disposition? De la variation dans le milieu, dans les conditions, diront les déterministes résolus. Mais on peut alors leur en demander la preuve. Cette preuve, il est réellement impossible de la produire ; ou du moins elle n'est possible que dans certaines limites. Aller au delà, c'est sortir du domaine de la science et entrer dans celui de la foi.

Une fois sur ce terrain, le penseur qui croit à un certain degré d'indéterminisme se trouve aussi solidement établi que son adversaire. Il a les mêmes droits de croire, et sa foi n'est pas d'une logique inférieure à celle de la foi de ce dernier. L'universalité, si remarquable de la variation, parle certainement avec plus d'éloquence pour sa cause que pour la cause contraire.

Cette variation, qui est d'une importance si considérable dans l'hypothèse transformiste, et qui d'ailleurs est une base indispensable de la théorie de la sélection naturelle, cette variation, dis-je, est, il faut le reconnaître, restée bien obscure quant à sa cause, à son essence et à ses lois. Nous pouvons en dire autant de l'hérédité qui s'y rattache et pour laquelle nous n'avons encore que des notions bien confuses et bien incomplètes. Que d'inconnus dans ces domaines, et combien la science est déroutée en présence de ces manifestations si incertaines, si variées, si inattendues et si fugaces de l'hérédité ! Pourquoi n'admettrions-nous pas dans ces cas, à côté d'influences réelles du milieu, à côté d'un lien direct et positif des effets à des phénomènes antérieurs qui jouent, par rapport à eux, le rôle de causes, pourquoi n'admettrions-nous pas, dis-je, à côté de ces facteurs, dont l'existence et l'influence ne peuvent être méconnues, un autre facteur qui modifie les résultats dans certaines limites et qui ne serait qu'un élément de liberté ou mieux, d'indéterminisme ? Pour moi, je ne vois aucune objection irréfutable à une pareille conception. Elle a droit à être admise au moins autant que l'hypothèse contraire, et elle fournirait une explication, satisfaisante pour le moment, de tant d'inconnus qui ne paraissent pas près d'être dévoilés.

Voilà pour l'ordre physiologique. Nous venons de voir que le déterminisme absolu est loin d'y être démontré. Pouvons-nous en dire autant du monde physique proprement dit ; c'est-à-dire des phénomènes qui sont du ressort de la physique et de la chimie considérées d'une manière générale ? C'est ce que je me propose d'examiner plus loin.

Les conclusions qui me semblent ressortir de ce qui précède, c'est que, dans le domaine de la physiologie, on ne peut pas plus que dans celui de la psychologie affirmer un déterminisme absolu ; qu'il y a donc, dans les faits physiologiques, à côté d'une succession déterminée des phénomènes qui peut être prise pour un enchaînement, il y a, dis-je, une certaine marge, une certaine latitude laissée à l'indéterminisme, puisqu'il existe partout une variation, une contingence dont nous ne pouvons parvenir à préciser la cause d'une manière incontestable. Les domaines psychologiques et physiologiques laissent donc la porte ouverte à certains degrés d'indéterminisme. Ces degrés sont différents, il est vrai, dans les deux cas, l'indéterminisme étant bien plus étendu, bien plus important dans le domaine psychologique où il atteint la dignité de libre arbitre.

Il nous reste à examiner, si, dans le domaine des sciences

physiques, c'est-à-dire dans la matière dite inanimée, il n'est pas également possible de retrouver des conditions d'indéterminisme. Pour beaucoup de lecteurs, la question paraîtra d'abord paradoxale, car il semble difficile d'admettre de la contingence ou de l'indéterminisme dans un domaine où ce que l'on appelle *lois naturelles,* se vérifie à l'aide du compas et de la balance, se mesure avec des instruments précis et perfectionnés, et peut être soumis rigoureusement aux lois du calcul. Cette première impression n'est pas pour nous surprendre ; et d'ailleurs elle est certainement éprouvée par bien des hommes auxquels ces sciences sont familières et qui sont autorisés à apprécier leur degré de certitude. Néanmoins, avant d'arrêter son jugement sur cette question, il convient d'examiner quels sont les éléments qui servent à l'édification des lois naturelles de l'ordre physique : d'une part, les faits observés, et d'autre part, les conclusions qui en sont tirées conformément aux lois de la logique intellectuelle dont les mathématiques sont l'expression rigoureuse.

La seconde de ces parties ne saurait être contingente. Il y a évidemment là une nécessité intellectuelle et logique qui exclut l'indéterminisme.

En présence de la répétition constante d'un phénomène dans certaines conditions données, l'esprit ne peut reculer devant la formule d'une loi qui exprime cette relation du phénomène et de ces conditions. En voyant le rayon solaire dévié et décomposé par un prisme de cristal toutes les fois qu'il tombe sur une des faces de ce prisme, il n'est pas permis à l'intelligence de ne pas énoncer cette proposition, que le prisme réfracte et décompose la lumière du soleil. Cet acte intellectuel est nécessaire et entièrement déterminé, si bien que pour qu'il ne se produisit pas, il faudrait que l'esprit humain cessât d'être ce qu'il est.

Mais c'est là un déterminisme qui n'atteint que les lois de l'esprit et non les phénomènes de l'ordre physique.

Ces derniers sont-ils nécessaires et absolument déterminés ? La question peut être envisagée de plusieurs manières. En se plaçant au point de vue purement spéculatif, peut-on affirmer que tous les faits physiques s'engendrent *nécessairement* les uns les autres, et qu'il y a toujours entre eux un rapport de cause à effet, une relation de causalité ? Ou bien au point de vue pratique, c'est-à-dire au point de vue de l'observation directe, peut-on affirmer qu'il n'y a, dans les faits physiques, que ce que nous pouvons y voir et qui peut nous faire croire à leur déterminisme ? N'y aurait-il pas en eux quelque chose dont nous avons le droit de soupçonner l'existence, que nous pouvons même saisir partiellement dans quelques cas et qui est propre à nous suggérer l'idée d'un indéterminisme relatif ? Nous allons examiner successivement ces deux faces de la question.

Y a-t-il entre les phénomènes que nous observons un rapport nécessaire de causalité ? Un phénomène physique doit-il toujours en engendrer, en provoquer un autre, vis-à-vis duquel il joue le rôle de cause ? Il est aisé de comprendre que poser une pareille question, c'est demander si le déterminisme existe ou n'existe pas, car la constance et la nécessité du rapport de cause à effet détermine les phénomènes et détruit toute contingence.

A cette question je trouve un réponse très remarquable faite par un des hommes qui, à notre époque, se sont le plus distingués dans le progrès de la physique, et plus partienlièrement de la physique physiologique. J'ai désigné par là le professeur Helmholtz dont les travaux sur l'optique, sur l'acoustique, sur la conservation de la force sont justement considérés comme des œuvres de maître. J'eusse désiré mettre sous les yeux du lecteur ces pages si dignes de l'attention des philosophes. Mais je dois ici me borner à en faire une courte analyse, en renvoyant le lecteur au texte même du grand physicien [1].

La loi de causalité, dit en substance Helmholtz, au moyen de laquelle nous concluons de l'effet à la cause (c'est-à-dire de l'effet à l'existence d'une cause nécessaire et suffisante)

---

1. H. Helmholtz, *Optique physiologique*, trad. franç. par Javal et Klein, 1857, p. 951.

est en réalité une loi de notre pensée, et non pas le résultat de l'expérience. Le nombre des cas où nous *croyons* pouvoir démontrer complètement le rapport causal des· phénomènes naturels est bien peu considérable par rapport au nombre des cas où cette démonstration nous est encore *complètement impossible*. Les premiers appartiennent presque exclusivement à la nature inorganique, tandis que les cas non démontrés comprennent la plus grande partie des phénomènes de la nature organique. Pour les *animaux* et les *hommes* nous admettons même avec *certitude*, d'après notre propre conscience, un principe de *libre arbitre* que nous sommes *absolument obligés* de soustraire à la dépendance de la loi causale. « Malgré toutes les spéculations théoriques sur la fausseté possible de cette conviction, dit Helmholtz, je crois que notre conscience naturelle ne s'en départira jamais. » Ainsi ce sont précisément les cas les mieux et les plus exactement connus de nos actions que nous considérons comme des exceptions à la loi de causalité. Si donc la loi causale était une loi d'expérience, il faut convenir que sa démonstration expérimentale serait très peu satisfaisante.

La loi causale présente le caractère d'une loi purement logique, purement intellectuelle, car elle dépend pour nous uniquement de la manière dont nous comprenons et interprétons l'expérience, et non de l'expérience elle-même. Lorsque nous ne voyons pas clairement le lien causal des phénomènes, nous ne concluons pas que ce lien n'existe pas, mais que nous n'avons pas encore saisi l'ensemble des causes qui agissent dans le phénomène que nous observons. Si, au contraire, nous sommes parvenus à comprendre certains phénomènes de la nature d'après la loi causale, nous en déduisons qu'il existe dans l'espace certaines masses matérielles qui s'y meuvent et qui agissent les unes sur les autres avec certaines forces motrices. Mais l'idée de matière aussi bien que celle de force, sont des idées abstraites, ·qui ne sauraient être jamais séparées l'une de l'autre, car la matière ne se peut concevoir sans la force et la force sans la matière. Ces deux idées ne sont que des manières abstraites d'envisager les mêmes objets sous des aspects différents. La matière et la force ne sont jamais que les causes cachées des faits d'expérience, et ne peuvent être directement soumises à l'observation. Si donc nous posons comme causes dernières et suffisantes des phénomènes naturels, des abstractions qui ne peuvent jamais être soumises à l'expérience, comment pouvons-nous prétendre qu'on puisse démontrer par l'expérience que les phénomènes ont des causes suffisantes ?

La loi de la cause suffisante n'est pas une loi naturelle ; elle est tout simplement la prétention de vouloir tout comprendre, prétention qui est le résultat d'une tendance de notre esprit à chercher des *notions générales* et des *lois naturelles*. Les lois naturelles ne sont que des notions générales qui comprennent les variations naturelles. Il peut exister certainement entre les phénomènes des rapports objectifs particuliers ; mais c'est notre pensée seule qui, pour ses besoins, tranforme ces rapports dont nous ignorons la nature en *rapports de causalité*.

Ainsi donc, d'après le physicien Helmholtz, la succession causale des phénomènes, c'est-à-dire cette loi en vertu de laquelle les phénomènes de l'ordre physique s'engendrent nécessairement les uns les autres, n'est à la rigueur, qu'une conception de notre intelligence, un produit de notre pensée, et non une représentation expérimentalement établie de la réalité. L'enchaînement causal des phénomènes de l'ordre physique n'étant pas une vérité indiscutable, il reste donc une place quelconque mais légitime pour la possibilité d'une succession indéterminée de ces phénomènes, c'est-à-dire pour une certaine dose d'indéterminisme.

Comme commentaire et développement des idées exprimées dans les pages qui précèdent, je recommanderai à l'attention de mes lecteurs un article de mon collègue distingué M. Lionel Dauriac, professeur de philosophie à la Faculté des lettres de Montpellier et auteur d'une thèse remarquée sur *La Matière et la force*[1]. Quelques courts extraits suffiront pour indiquer l'esprit de cet article : Le déterminisme a besoin d'être démontré, dit M. Dauriac ; il ne s'impose donc pas

---

1. *Critique philosophique*, de M. Renouvier (juin 1884).

à titre d'axiome. Il s'impose si peu qu'aux yeux de l'observateur, les phénomènes *surgissent les uns à la suite* des
autres, mais pas les *uns des autres*. La prétendue nécessité
de leur apparition ne se peut constater. A vrai dire, le règne
du déterminisme n'est pas dans le monde objectif ; son empire ne s'étend sur la nature qu'après s'être préalablement
exercé sur la pensée. Il n'y a d'autre nécessité que la nécessité
logique ou mathématique... La contingence des lois de la
nature n'est-elle pas aussi indiscutable que la nécessité des
lois de l'esprit ?... La contingence règne dans la nature ; en
nous aussi elle trouve place. Les lois de la pensée sont
nécessaires ; les actions humaines sont contingentes... Ainsi
le déterminisme physique est loin de ne pouvoir être révoqué
en doute... Il faut bien convenir que nous ne trouvons
dans la nature qu'un simulacre de nécessité, qu'une ombre de
déterminisme. »

Les documents qui précèdent et dont le vif intérêt n'aura
certainement pas échappé à nos lecteurs, m'ont permis de
montrer comment la question de l'indéterminisme du monde
physique pouvait être théoriquement envisagée par des
esprits distingués placés dans des sphères très différentes du
domaine scientifique, et dont les aperçus présentent cependant de remarquables points de contact. Je ne saurais donner
plus d'étendue à cette discussion générale et toute spéculative
de la question ; je tiens surtout en effet à me mouvoir sur
le terrain de l'observation qui est le mien, et à puiser mes
conclusions dans une analyse des phénomènes de l'ordre
physique et dans une discussion approfondie des conditions
de l'observation de ces phénomènes [1].

---

1. On ne saurait trop consulter et méditer à propos de la question
traitée dans cet Essai, la thèse si remarquable et si remarquée de M. E.
Boutroux, l'éminent professeur de philosophie à la Faculté des lettres de
Paris, ayant pour titre : *De la contingence des lois naturelles.* Cette thèse
présentée à la Sorbonne en 1874 et rééditée en 1898 chez Félix Alcan,
m'était malheureusement inconnue, quand, en modeste naturaliste, j'ai
touché à la question que M. Boutroux avait traitée en profond philosophe. J'ai eu lieu de le regretter pour mes lecteurs, mais je suis fier
pour moi des rapprochements que j'ai été heureux de constater entre les
idées du philosophe et celles du naturaliste.

Jetons donc un regard sur le côté objectif de la question et demandons-nous s'il est absolument certain, s'il est bien démontré que rien d'indéterminé ne se trouve dans les phénomènes d'ordre physique. Je crois qu'il serait malaisé de soutenir l'affirmative et surtout d'en donner la preuve irréfutable. Il est incontestable que les phénomènes physiques considérés dans leur ensemble nous *paraissent* régis par des lois positives qui n'admettent rien d'indéterminé. Il *semble* y avoir un rapport constant de nature et d'intensité entre l'effet et la cause, de telle sorte que rien d'*imprévoyable*, rien de contingent ne paraît venir se mêler aux phénomènes pour les modifier en quelque mesure. La chute des corps, les vibrations des corps sonores, les phénomènes électriques, les phénomènes d'affinité, les combinaisons et décompositions chimiques, se produisant dans des conditions identiques, donnent des résultats identiques. Les instruments de précision qui sont arrivés à un haut degré de perfectionnement permettent de constater ces faits ; et le doute ne semble pas permis. Où donc est la place de l'indéterminisme dans un milieu qui semble si rigoureusement enchaîné dans un déterminisme absolu, et où toute cause paraissant produire un effet qui lui est proportionnel, et tout effet, semblant provenir d'une cause précise, l'aphorisme : « rien ne se crée, rien ne se perd » semble se réaliser d'une manière complète ? Cependant, je ne crains pas d'avancer que, malgré les apparences, il est permis de penser qu'il y a dans le monde physique place pour un certain degré d'indéterminisme.

Seulement ses oscillations libres ont une amplitude très faible, et qui échappe le plus souvent, presque toujours, à nos moyens d'investigation, car la décroissance graduelle que nous avons reconnue déjà dans l'amplitude des variations libres en passant de la liberté morale de l'homme et des animaux supérieurs à la contingence des faits physiologiques, cette décroissance, dis-je, se poursuit et s'accentue en passant de la matière vivante à la matière inorganique. Elle aboutit ainsi à un degré d'indéterminisme dont les oscillations sont si limitées que leurs mouvements se perdent dans les mouvements déterminés d'une amplitude plus grande et qui seuls sont capables d'impressionner nos sens, soit directement, soit par l'intermédiaire des moyens perfectionnés d'observation.

L'état de la physique moderne permet de penser que les corps matériels sont composés de particules (soit corpuscules, soit centres de force) qui sont le siège d'actions réciproques provoquant des mouvements dirigés dans tous les sens, avec une vitesse plus ou moins considérable. « Dans la nature, dit Huxley (*Discours sur les rapports des sciences biologiques avec la médecine*), dans la nature, rien n'est au repos, rien n'est amorphe ; la particule la plus élémentaire de ce que les hommes, *dans leur erreur,* appellent la *matière brute,* est une vaste agrégation de mécanismes moléculaires, accomplissant des mouvements compliqués avec une étonnante rapidité et s'adaptant merveilleusement à tous les changements du monde extérieur. »

L'étendue de ces mouvements, leur direction, leur vitesse, leur forme même pourraient varier suivant la nature du corps, suivant sa consistance, suivant sa température, suivant en général l'état des forces dont il est le siège ou le substratum. On connait les belles expériences de Crookes, sur ce qu'il a appelé la *matière radiante,* c'est-à-dire la matière tellement raréfiée que ses particules relativement éloignées les unes des autres, n'étant plus aussi gênées et limitées dans leurs mouvements incessants par les molécules voisines, parcourent un trajet libre dans une étendue relativement très considérable et qui, dans tous les cas, est de l'ordre des grandeurs que nous avons l'habitude de mesurer. On sait également que les physiciens admettent au nom de l'expérience et du calcul, l'existence dans tout l'univers de l'éther, matière impondérable extrêmement subtile et dans un tel état d'atténuation que, réduite à ses atomes élémentaires, elle pénètre partout, aussi bien dans les espaces interplanétaires que dans les espaces intermoléculaires, c'est-à-dire dans l'intérieur des corps. L'éther est animé d'une manière continue de vibrations dont l'amplitude et le nombre peuvent varier suivant certaines conditions.

Les physiciens pensent en outre que les états solides, liquides et gazeux des corps dépendent de la distance et de l'indépendance relatives plus ou moins grandes des molécules des corps, les molécules des corps solides étant plus rapprochées et par conséquent, plus attirées les unes vers les autres, moins indépendantes, leurs positions moyennes restant fixes dans leurs centres d'oscillations, les molécules des gaz atteignant au contraire un haut degré d'éloignement réciproque et d'indépendance, qui provoquent des collisions intermoléculaires et peuvent produire des effets analogues à ceux d'une répulsion, tandis que celles des liquides occupent une situation intermédiaire.

Quel est le savant qui pourra affirmer comme un fait certain que l'indéterminisme de la matière dite minérale, ne se manifeste pas dans ces mouvements infiniments petits, dont la science suppose et devine l'existence plutôt qu'elle ne les observe directement. N'est-il pas permis de présumer qu'à côté des mouvements des masses et des mouvements d'ensemble dont l'observation directe est du ressort de nos sens, et qui semblent soumis à des lois déterminées, il y a les mouvements des molécules, mouvements *relativement* indéterminés dans leur direction, leur vitesse, leur amplitude, etc. Je dis *relativement* indéterminés, car ils peuvent recevoir une influence déterminante des conditions au milieu desquelles ils se produisent, ainsi que le prouvent les expériences démontrant que le magnétisme et l'électricité impriment une certaine direction à la matière radiante, direction qui semble le résultat d'une sorte d'attraction ou de répulsion. Mais ce déterminisme relatif n'exclut pas une part d'indéterminisme. Nous savons en effet combien la liberté humaine elle-même se trouve mêlée à une part très importante de déterminisme.

On pourra objecter aux assertions qui précèdent qu'elles ne reposent sur rien, et, qu'elles n'ont, comme bien des erreurs et des préjugés, leur raison d'être que dans l'ignorance et dans l'impossibilité où la science se trouve jusqu'à présent d'observer directement les mouvements moléculaires pour les soumettre à une analyse rigoureuse et pour les faire rentrer dans des lois précises et exclusives de toute liberté.

L'objection aurait une grande valeur si l'opinion que je professe ne reposait sur quelques faits d'observation qui, pour être rares, n'en sont pas moins susceptibles de donner en quelque mesure une base à la logique de l'hypothèse.

Nos lecteurs connaissent ce que les savants appellent le mouvement brownien du nom du savant naturaliste Robert Brown qui le remarqua le premier, en 1827.

Quand on observe au microscope des particules solides extrêmement ténues et suspendues dans un liquide, on voit que ces particules à peine perceptibles, que ces fines granulations sont agitées de mouvements incessants de va-et-vient, mouvements de très petite amplitude, dirigés dans tous les sens et que l'on avait d'abord attribués aux trépidations du sol d'une grande ville sous l'influence du roulement des voitures ou des chocs si multipliés dans la vie d'une grande cité. L'expérience a démontré que ces vibrations du sol n'étaient point la cause de ces oscillations, et que ces dernières se produisaient partout, même dans les lieux les plus paisibles et le plus à l'abri des mouvements imprimés au sol par des impulsions provoquées à la surface. Quelle est la cause de ces oscillations incessantes, de ces mouvements sans fin? Est-ce une action chimique développant de l'électricité et produisant du mouvement? Cela ne saurait être soutenu, puisque le mouvement brownien existe aussi bien pour les particules les plus inertes suspendues dans les liquides les plus indifférents, et que du reste il n'est accompagné d'une altération quelconque, ni du milieu liquide, ni des particules solides. L'hypothèse certainement la plus rationnelle est celle qui veut voir dans ces phénomènes des mouvements, non pas identiques, mais comparables à ceux qui animent les molécules des corps, et qui s'exerceraient ici sur de très petites agglomérations de molécules devant à leur suspension dans un milieu liquide une facilité et une liberté relatives de mouvement. Or, ces oscillations browniennes sont très variées de directions ; elles se font dans tous les

sens, et opèrent ainsi dans la situation réciproque des particules des changements incessants. Mais ici, quoique l'observation directe soit possible et que les phénomènes se passent
sous l'œil de l'observateur, il paraît impossible de découvrir
une loi qui règle et détermine la direction de ces mouvements, dont l'amplitude paraît ne pas beaucoup varier, tandis
que leur sens est constamment modifié. N'est-on pas tenté
de voir dans ces phénomènes si remarquables le fait d'une
sorte d'indéterminisme s'appliquant à la direction de mouvements que rendent sensibles l'état de division extrême
de la matière et sa situation dans un milieu qui facilite
l'indépendance des particules et leur motilité? N'y a-t-il pas
là quelque chose qui fait penser aux phénomènes moléculaires
avec les modifications que comportent les différences dans
les conditions? Dans tous les cas rien ne prouve le contraire, et l'analogie est certainement favorable à un pareil
rapprochement.

Il est un autre fait qui mérite d'être rapproché du précédent et qui est tout aussi remarquable. Il existe dans beaucoup de roches cristallines de très petits espaces remplis de
liquide auxquels on donne le nom d'*inclusions*. Ce sont des
cavités formées au moment même où s'est opérée la solidi-
fication et la cristallisation de la roche, et dans lesquelles le
liquide a été conservé par suite de l'imperméabilité absolue
de la substance minérale. Si, comme on le fait si bien
aujourd'hui, on a préparé au moyen d'instruments appropriés,
des lamelles de la roche assez minces et assez transparentes
pour pouvoir être observées au microscope, on remarque
que dans certaines de ces cavités de formes d'ailleurs très
variables et très irrégulières, se trouvent suspendues au sein
du liquide de très petites bulles de gaz que l'on a nommées
libelles. Lorsque ces bulles ont un diamètre supérieur à
deux millièmes de millimètre elles paraissent immobiles au
sein du liquide. Mais si leur diamètre est inférieur à deux
millièmes de millimètre, elles sont animées d'une trépidation
constante, tout à fait comparable à celle des particules solides
dans le mouvement brownien. Cette trépidation est irrégulière et comme capricieuse, la libelle étant dirigée dans tous

les sens et accomplissant des mouvements incessants de
zig-zag qui ne présentent aucun caractère de régularité. Je
me suis appliqué à suivre ces mouvements avec de très forts
grossissements atteignant jusqu'à 2000 diamètres et je n'ai
pu saisir aucune loi appréciable dans leur direction. Je sais
que les autres observateurs n'ont pas été plus heureux que
moi, et voici ce que dit à leur propos M. de Lapparent dans
son *Traité de Géologie*, de publication récente : « La trépidation des libelles se montrant *complètement indépendante
des circonstances extérieures,* telles que la stabilité plus ou
moins grande du support, et la *variation de la température,*
la cause doit en être cherchée dans un phénomène d'un
ordre plus intime. Aucune explication ne paraît plus admissible que celle qui, à la suite des expériences du R. P.
A. Renard, a été proposée par les PP. Carbonelle et Thirion
(*Revue des questions scientifiques,* VII, p. 43, Bruxelles,
1880). La thermodynamique nous enseigne que la surface
de contact d'un liquide et de la vapeur qui le baigne est le
siège d'un échange incessant entre les molécules qui
reprennent l'état liquide et celles qui se résolvent en vapeur ;
de là résulte dans les deux portions de l'inclusion (liquide et
gaz) une variation continuelle de leurs dimensions relatives.
Si la libelle est grande, ces variations se compensent et
échappent aux regards ; mais quand la dimension devient
comparable à celle des espaces intermoléculaires, elles
peuvent devenir sensibles à l'observation. »

L'explication qui précède des mouvements des libelles me
semble tout aussi insuffisante et inacceptable que toutes celles
qui ont été données précédemment.

Il est clair en effet que, s'il se fait un échange incessant entre
le liquide et le gaz, puisqu'il se produit également sur toute la
surface de la sphère, le seul effet qui puisse en résulter, pour
une petite libelle comme pour une grande, ce sont des alternatives d'augmentation et de réduction des dimensions de la
libelle. Or, ces changements de volume ne peuvent avoir
aucune influence comme cause de déplacement, puisqu'ils
doivent se produire uniformément sur toute la surface de la
sphère. C'est d'ailleurs aller un peu loin que de considérer

les dimensions d'une libelle de un à deux millièmes de millimètres comme comparables à celles des espaces intermoléculaires. Ces derniers sont en effet considérablement plus faibles, puisqu'on a cru pouvoir les évaluer à un trente millionième de millimètres entre deux métaux soudés, et à un trente-cinq millionième entre le mercure et l'eau acidulée qui baigne sa surface. Les oscillations irrégulières et variables des libelles n'ont donc, pas plus que celles du mouvement brownien, trouvé d'explication rationnelle ; et l'on a le droit, jusqu'à plus ample informé, de les considérer comme rentrant dans le cadre des mouvements qui agitent incessamment les éléments de la matière, et qui ne peuvent devenir manifestes que dans certaines conditions de ténuité et de supension.

Mais d'ailleurs, quelle que soit l'explication qu'on veuille donner du mouvement brownien et des trépidations des libelles, il reste encore à expliquer les caractères singuliers de ces mouvements, qui paraissent indéterminés et capricieux dans leur direction. Ce caractère témoigne nécessairement d'un certain degré, d'une certaine part d'indéterminisme dans leur cause. Quand, en effet, une cause régulière agit sur les mouvements moléculaires, et sur les oscillations de l'éther, ils deviennent dans une certaine mesure ordonnés, orientés, et acquièrent une direction déterminée. Tel est le résultat de l'influence du magnétisme ou de l'électricité sur la matière radiante, de l'influence du pouvoir polarisant sur les vibrations lumineuses, de l'influence des vibrations régulières des corps sonores sur les vibrations de l'air, et des ondes sonores aériennes sur l'orientation des poussières. A une cause régulière et déterminée d'impulsions succèdent des vibrations ou des mouvements réguliers et déterminés. L'existence de vibrations à directions variant sans règle et sans déterminisme apparent amène naturellement à conclure à l'existence de quelques conditions d'indéterminisme dans la cause de ces vibrations [1].

1. Le lecteur trouvera, dans les 10e et 11e *Essais* de ce volume, des considérations de date plus récente (1902-1903) sur ces questions spéciales.

Un certain degré d'indéterminisme pourrait donc résider dans la direction, dans l'orientation des mouvements des molécules, c'est-à-dire des éléments dont l'agglomération constitue la masse et la nature des corps matériels. Nous avons vu également que des agrégations de molécules de très petit volume sans doute, mais déjà visibles au microscope, sont animées de mouvements qui paraissent indéterminés d'avance dans leur direction ; mais il est peut-être encore permis de se demander si les masses plus considérables ne présentent point dans leurs mouvements généraux qui paraissent déterminés et qui semblent obéir à des lois prévues, ne présentent point, dis-je, des oscillations d'une très faible amplitude, qui se perdraient dans le mouvement général. En d'autres termes, sommes-nous bien assurés qu'un corps lancé dans une direction déterminée suive rigoureusement une ligne *simple* et ne se meuve point au contraire suivant une ligne qui nous *paraît simple,* mais qui se compose d'une suite plus ou moins irrégulière d'ondulations dont le sinus extrêmement faible échappe à nos moyens les plus précis d'observation.

De ce que ces oscillations ne sont point accessibles à nos procédés de constatation, on n'a rigoureusement pas le droit de conclure qu'elles n'existent pas absolument. Une comparaison me permettra de l'établir. Supposons un observateur placé au pied du Mont-Blanc et observant les déplacements d'un corps lumineux situé au sommet de cette montagne ; il est certain que s'il observe d'abord à l'œil nu, des déplacements très étendus du corps lumineux pourront ne pas échapper à son observation. Mais, en diminuant l'étendue du déplacement on arrivera à un écart tel que l'œil de l'observateur ne pourra plus le constater. Alors encore, l'aide d'une bonne lunette permettra la constatation du mouvement Mais l'écart pourra être réduit jusqu'à un point-limite tel qu'il sera insensible même pour nos instruments les plus perfectionnés. Et cependant le déplacement n'en aura pas moins eu lieu. On comprend encore qu'à une grande distance le mouvement général d'un corps puisse être suivi, tandis que les petites oscillations qu'il éprouve dans ce transport en masse, puissent passer entièrement inaperçues. Peut-être sommes-nous ainsi vis-à-vis des corps inanimés dans la situation de cet observateur éloigné qui peut croire avoir suivi avec une rigoureuse exactitude la ligne parcourue par un corps en mouvement, tandis qu'il n'a saisi en réalité que la direction générale, et pour ainsi dire la résultante d'une série de petits mouvements oscillatoires dont le détail lui a complètement échappé.

Les vues que je formule là ne sont à la vérité qu'une pure hypothèse, mais une hypothèse qui n'est peut-être pas entièrement dépourvue de logique ; car il serait possible que l'indéterminisme des mouvements moléculaires provoquât un certain degré d'indéterminisme dans les mouvements des masses. J'ajoute cependant qu'il est possible aussi et même probable que les mouvements des molécules d'une masse se produisant à la fois dans une infinité de directions contraires, s'annulent réciproquement et aboutissent à une résultante nulle ou presque nulle.

Peut-être quelques lecteurs seront-ils surpris de me voir rechercher les traces de l'indéterminisme de la matière dans des phénomènes moléculaires et dans les infiniments petits. Plusieurs pourront même penser que je m'efforce ainsi de dissimuler dans l'inconnu et dans l'inaccessible, l'embarras de ma situation et les impossibilités de ma thèse.

Je les prie de réfléchir que si la recherche des propriétés intimes et des caractères de la matière minérale doit être placée quelque part, ce n'est pas dans la contemplation des masses, mais dans l'étude pénétrante des éléments et dans les profondeurs des tissus. Ce n'est pas, en effet, par l'observation superficielle des gros cristaux ou des blocs de matières minérales, que le chimiste prétend parvenir à la connaissance de la constitution et des propriétés fondamentales des corps, mais c'est en s'efforçant de pénétrer dans l'intimité des combinaisons et des affinités moléculaires qui leur ont donné naissance, c'est en poussant la décomposition et l'analyse jusqu'aux éléments les plus ténus et les moins perceptibles. C'est dans les conditions intimes de cette vie atomique

que réside le secret des propriétés et de la nature des corps minéraux et c'est là seulement qu'il est utile d'en poursuivre la recherche.

Il n'en est du reste pas autrement pour la matière vivante. Les biologistes savent bien que la clef de la connaissance du monde vivant se trouve enfouie au sein de la cellule, où ils la cherchent encore ; et ils savent encore mieux, s'il est possible, que quand ils auront scruté et analysé la cellule, considérée en elle-même comme un organisme complet, il faudra, pour approcher du but, fouiller dans les profondeurs mêmes de cette cellule, pourtant si petite, pour se mettre en présence d'une simple molécule du protoplasme qui la compose, et que, cette dernière contemplée en elle-même, il restera à la décomposer pour connaître les relations exactes de ses éléments atomiques, et que, ces relations une fois connues, il faudra encore descendre dans de bien plus incroyables profondeurs, pour qu'une lumière suffisante soit jetée sur les caractères et la nature de la matière vivante. C'est dans les éléments, et dans les éléments des éléments qu'est enfouie la lumière, et le mineur sagace et patient doit la chercher là et non ailleurs. Est-il donc étonnant que les manifestations si rudimentaires et si infimes de la liberté dans la matière minérale, ne se laissent apercevoir que dans les profondeurs de celle-ci ? et n'est-il pas, au contraire, naturel de penser que plus on pénétrera dans ces profondeurs, plus il sera donné de saisir des traces de l'indéterminisme des mouvements élémentaires [1] ?

Les considérations qui précèdent pourraient provoquer

1. Je dois informer le lecteur qu'il trouvera dans un des Essais suivants : *Matière et énergie* (1902), des remarques nouvelles sur le mouvement brownien, et sur les libelles. Il verra là que la science actuelle est encore obligée de considérer ces phénomènes mystérieux comme échappant aux lois fondamentales de la thermodynamique (principe de Carnot); et il pourra trouver dans ce fait une sorte de confirmation des vues que j'avais déjà formulées dans le présent Essai : *Évolution et liberté*, qui date de 1885. J'en dis autant pour l'Essai : *Sur l'Éternité de l'Univers matériel*, où l'indéterminisme relatif des phénomènes de la physique est pour ainsi dire reconnu comme possible par les physiciens eux-mêmes.

la question suivante : s'il y a de l'indéterminisme jusque dans la matière minérale, que deviennent la précision et la rigueur des sciences physiques ? Cette précision et cette rigueur n'en subsistent pas moins : mais on ne saurait dans aucun cas les considérer comme absolues. En voici la raison :

Les résultats des observations scientifiques dans tous les domaines ne sont, en effet, que d'une exactitude relative, et ne représentent la vérité qu'avec un degré d'approximation qui peut tenir à deux causes, l'imperfection de nos moyens d'observation, et l'amplitude des variations contingentes dans le sens et l'étendue des mouvements. L'importance relative de chacune de ces deux causes présente des différences susceptibles de produire des fluctuations notables dans le degré d'approximation qu'il est possible d'atteindre.

Dans le monde minéral, l'instrumentation très perfectionnée a certainement permis de parvenir à un degré d'approximation considérable ; mais ce qui donne aux résultats obtenus dans l'ordre des sciences physiques une précision remarquable, c'est la faiblesse excessive des variations contingentes, et le champ extrêmement borné de l'indéterminisme. Les variations de faible amplitude échappent à nos moyens d'investigation, et nous enregistrons en définitive des *moyennes* peu variables que, faute de précision suffisante dans les constatations et dans les mesures, nous regardons comme des *constantes* obtenues directement.

Il nous arrive alors ce qui se produit quand nous regardons deux rayons d'une même étoile de deux lieux même assez distants. Nous considérons ces rayons comme parallèles et nous les prenons pour tels dans nos mesures et dans nos calculs, quoique nous soyons logiquement certains qu'ils forment un angle. Mais nos instruments, quelques perfectionnés qu'ils soient, ne peuvent mesurer un angle d'une si faible ouverture. Imperfection des moyens d'observation, faible ouverture de l'angle contribuent à rendre insensible pour nous une différence de direction qui, se comportant comme si elle n'existait pas, cesse d'exister pour notre esprit et pour la science. Cette erreur négligeable, puisque nous ne pouvons que l'admettre logiquement sans la constater, constitue un degré d'exactitude suffisant ; et elle ne saurait d'ailleurs modifier les résultats scientifiques que d'une manière proportionnée à elle et par conséquent négligeable comme elle.

Je citerai comme application de ce fait le calcul de la latitude d'un lieu par la mesure de la hauteur de l'étoile polaire, mesure prise sur plusieurs points de ce lieu peu éloignés les uns des autres. Quoique, théoriquement et en réalité, les angles, mesurés aux différents lieux, aient entre eux une différence, il n'en est pas moins vrai que nous ne parvenons pas à la constater, et que les instruments, même les plus perfectionnés, donnent des mesures identiques.

Nous savons également, avec une entière certitude, que le temps employé par la lumière pour franchir des espaces de 100, 200, 300 mètres varie suivant la distance à parcourir. Cependant, nos instruments sont incapables d'enregistrer des différences aussi petites, et nous les considérons comme nulles dans nos calculs. Ces différences n'en existent pas moins, et nous n'avons pas le droit de les nier, parce que nous ne pouvons pas les compter et les traduire en quantités sensibles pour nous.

Ainsi donc, dans les sciences physiques, approximation très considérable et constante dans les résultats qu'il est en notre pouvoir d'obtenir.

Si le degré de rigueur et de constance dont les sciences physiques sont susceptibles est considérable, par suite surtout de l'infime amplitude des variations contingentes, il est aisé de comprendre que l'amplitude de ces variations atteignant dans le monde physiologique ou vital une plus grande étendue, le degré d'approximation doit être moindre et la constance des résultats moins assurée.

Tout biologiste sera obligé de reconnaître qu'il ne peut prétendre à retrouver, dans ses observations et dans ses expériences, cette précision rigoureuse, cette certitude sur laquelle le physicien et le chimiste peuvent compter. Ici les écarts sont d'une importance notable ; et il n'est permis de prédire un résultat, un fait physiologique, qu'avec une certaine réserve.

Cela tient-il exclusivement à une complication bien plus grande, à l'augmentation du nombre des facteurs, et à la difficulté qu'il y a nécessairement à prévoir, parmi les combinaisons très nombreuses possibles, celle qui se produira ? J'ai déjà dit que cette explication ne devait pas être entièrement repoussée. Mais de là à la trouver complètement suffisante, il y a de la distance ; et si l'on veut bien se rappeler que bien des chimistes et des physiciens soutiennent sérieusement l'assimilation complète des phénomènes physiques et des phénomènes biologiques, on sera en droit d'être surpris qu'il y ait entre ces deux ordres de sciences une différence si marquée dans la constance et dans la régularité des résultats.

On discute depuis bien longtemps sur la ressemblance ou la différence des phénomènes de l'ordre purement physique et des phénomènes vitaux. Ceux qui ont été le plus frappés de leur différence n'ont pu s'empêcher d'en voir la cause dans l'existence d'une force propre aux êtres vivants et dont l'action imprimait des allures tout à fait spéciales aux phénomènes de la vie. A l'action de cette force vitale devait être rapportée la contingence des faits vitaux.

L'admission d'une force spéciale aux êtres vivants a rencontré de graves objections. Aussi y a-t-il aujourd'hui bien peu de biologistes qui acceptent cette entité dynamique particulière. Les progrès de la physique et de la chimie [1], n'ont pas peu contribué à la faire considérer par le plus grand nombre comme une hypothèse inutile. Mais, pour être impartial, il faut convenir que ces sciences, tout en démontrant que les forces qui sont de leur ressort jouent un rôle important dans les phénomènes de la vie, ne sont cependant pas parvenues à expliquer les différences évidentes qui séparent parfois très nettement les phénomènes de la vie des phénomènes purement physiques. Le point de vue que je

---

1. Il faut y ajouter les progrès de la physiologie et de la psychologie.

développe ici me paraît de nature à jeter quelque lumière sur la solution de cette question.

Il pourrait, en effet, se faire que la variation dans l'amplitude des déviations contingentes des molécules eût une certaine part, et peut-être une part importante, dans les différenees qui caractérisent les deux ordres de phénomènes physiques et vitaux. L'acquisition d'un degré plus prononcé d'indéterminisme, et d'une plus grande amplitude des angles de variation libre entreraient ainsi comme facteur important dans le passage de la matière inorganique à la dignité de matière organique et vivante. Comment se ferait cette acquisition et cette évolution? C'est ce que nous ignorons absolument ; mais l'ignorance du *comment* d'un phénomène n'implique certes pas la nullité de ce dernier ; et, dans le cas actuel, ce serait déjà un progrès incontestable que de parvenir même à une simple constatation du fait.

Il y aurait là un terrain de conciliation entre les prétentions des physiciens et celles des vitalistes, les uns voulant identifier les phénomènes de la vie aux phénomènes physiques, et les autres prétendant qu'il existe une différence réelle entre ces deux ordres de phénomènes[1].

Si, du monde organique et vivant, nous passons maintenant au monde psychique, au monde de la pensée et de la volonté, qui est si fortement uni à la matière vivante que nous ne le connaissons pas directement à l'état de séparation et d'isolement, nous nous trouvons en présence de variations libres infiniment plus étendues, plus variées, en présence de la liberté morale, sur la réalité de laquelle je ne crois pas avoir à revenir. Ici, le domaine de la certitude et de la rigueur appliquées à chaque fait particulier est remplacé par celui de la présomption et de la probabilité. Il n'est plus permis de prévoir avec exactitude, non seulement la quantité, mais

---

1. Je renvoie le lecteur pour l'examen de ce sujet à mon *Essai sur la Vie et la Mort* (Bibliothèque évolutioniste, t. IV); Paris, 1892, Vigot frères, et aux Essais suivants: *Instinct, Conscience, Matière et énergie*, renfermés dans le présent volume.

encore la qualité des impulsions psychiques ; et l'on est réduit à des conjectures qui remplacent les certitudes des observations de l'ordre physique, aussi bien que les résultats
très probables et très approximatifs des sciences physiologiques. Ici se rencontre très souvent l'imprévu, l'inattendu et
l'inexplicable. Néanmoins les mouvements de l'esprit sont
susceptibles d'être classés et enveloppés dans des formules
ou lois aussi bien que les phénomènes biologiques et que
les phénomènes de l'ordre physique. Mais il y a une différence notable à signaler, et voici en quoi elle consiste : dans
le domaine physique ou minéral chaque fait particulier peut
rentrer avec une grande exactitude dans le cadre d'une loi
précise et d'une formule relativement étroite. Dans le monde
biologique, les lois générales ne s'appliquent qu'avec des
écarts notables, et n'acquièrent une certaine précision que
lorsqu'elles embrassent un nombre de faits suffisants pour
que les variations particulières soient compensées réciproquement, de manière à fournir une moyenne satisfaisante.
Dans les sciences psychologiques ou morales les lois sont
l'expression de moyennes reposant sur un nombre encore
plus considérable de faits, car les variations libres étant susceptibles d'écarts plus grands n'ont chance de trouver une
compensation suffisante qu'avec une somme plus importante
de faits particuliers.

Il est donc possible de formuler des lois pour tous les
phénomènes naturels ; ces lois représentent partout des
moyennes, mais il y a entre elles les différences suivantes :
dans le monde physique, ces moyennes sont l'expression
exacte pour nous de chaque fait particulier, les variations
libres étant si petites qu'elles sont négligeables, ou même
nous échappent entièrement ; dans le monde biologique les
moyennes ne sont vraies qu'en tant qu'elles résument un
nombre notable de faits ; dans le monde moral, les moyennes
ne sauraient reposer que sur une quantité de faits bien plus
importante encore.

Ainsi donc, la substance générale qui constitue le fonds de
la création semble se présenter à nous comme susceptible de
plusieurs degrés d'indéterminisme. L'indéterminisme dans

la matière minérale serait réduit à des rudiments si infimes qu'il ne s'y trouverait pour ainsi dire qu'en puissance, et qu'il ne pourrait être entrevu que dans les phénomènes moléculaires et réduit à des déviations infiniment petites. L'indéterminisme deviendrait plus évident, quoique encore d'une manière assez restreinte, dans la matière physiologique qui est pour ainsi dire le second état de la substance ; enfin, dans cet état supérieur de la substance que nous désignons sous le nom d'esprit (sans savoir ce qu'il est au fond), l'indéterminisme devenu libre arbitre se montre d'une manière bien plus remarquable encore, et s'offre à nous comme représentant le caractère le plus élevé du développement moral, car il est incontestable que l'être le plus libre, c'est-à-dire le plus dégagé de l'influence de ce qui est plus déterminé que lui, est aussi celui qui a acquis la plus haute personnalité et la plus haute valeur conciliable avec sa nature.

Les trois états de la substance correspondraient donc à des degrés plus ou moins différents d'indéterminisme[1].

Mais il est une observation sur laquelle j'insiste partienlièrement, c'est que, si nous pouvons nous faire des mouvements de la substance que nous appelons matière (sans savoir le moins du monde ce qu'elle est) une certaine idée relative aux notions d'espace et de temps ; nous sommes loin d'être aussi bien renseignés sur la nature des mouvements de ce que nous appelons esprit (sans savoir davantage ce qu'il est). Nous saisissons très vaguement et très imparfaitement qu'il peut y avoir une relation entre ces deux ordres de mouvements ; et dans tous les cas nous établissons entre eux dans notre pensée une comparaison destinée à nous permettre de raisonner ; mais au fond nous ne comprenons pas plus le rapport réel qu'il y a entre eux, que nous ne saisissons celui qu'il y a entre la matière et l'esprit.

Toutefois, nous savons que ce dernier rapport existe (l'observation de la nature humaine le prouve surabondamment) ; nous savons que ces deux états de la substance ont des con-

---

1. Voir ce que je dis des trois formes de l'énergie dans l'Essai : *Matière et énergie.*

nexions profondes quoique mystérieuses, et nous pouvons penser par analogie que cette notion commune de mouvement et de variations libres dans la direction des impulsions n'est pas sans un certain fondement, quelque imparfaitement connu et quelque obscur que soit ce dernier[1].

Nous ne pouvons douter en effet qu'il n'est pas un seul mouvement de la pensée, une seule impulsion psychique qui ne soient accompagnés de mouvements correspondants dans la matière des centres nerveux, et que réciproquement tout changement matériel dans l'état de ces organes centraux á son contre-coup dans une manifestation de l'activité mentale. « Trop et trop peu de vin, a dit Pascal ; ne lui en donnez pas, il ne peut trouver la vérité ; donnez-lui en trop, de même. » De plus, nous savons que ces mouvements de la matière cérébrale qui ont avec les mouvements de l'esprit une si merveilleuse correspondance sont en réalité des mouvements moléculaires, des mouvements dont le siège est dans l'intimité même des tissus vivants et non des mouvements de la masse. N'y a-t-il pas là de quoi nous révéler entre les mouvements psychiques et les mouvements moléculaires de la matière des relations dont l'intimité peut bien nous étonner, dont la nature nous échappe, mais qui ne sauraient être niées ? Nous sommes d'ailleurs bien obligés d'admettre que l'esprit ne peut se passer de la matière pour son existence objective et contingente, et que l'union nécessaire (ici-bas tout au moins, et même dans la vie future d'après saint Paul) de ces deux formes de la substance comporte l'association de modes parallèles et comparables de manifestations.

De ce que nous ne pouvons comprendre la relation qui existe entre l'indéterminisme des mouvements de la matière et la liberté de l'esprit, on n'est donc certes pas autorisé à la nier ; et il est permis de considérer ces deux termes comme des formes différentes de la liberté adaptées à des états différents de la substance.

De même que chacun de ses états a ses manifestations spé-

1. Voir les Essais : *Matière et énergie, Éternité de l'Univers matériel.*

ciales de sensibilité et de vie, de même aussi chacun a sa forme spéciale de manifestations libres. L'indéterminisme ne saurait avoir dans la matière des manifestations identiques à celles de l'esprit. Chacun de ses états de la substance ne peut manifester sa liberté relative que par des signes conformes à sa nature et à ses moyens, la matière par des mouvements sensibles et liés à des conditions d'espace et de temps, l'esprit par des impulsions libres et volontaires.

La liberté se trouverait donc répandue dans la création tout entière, soit à l'état de germe obscur et d'embryon presque méconnaissable, soit parvenue à des degrés plus ou moins élevés d'un développement qui poursuit sa marche.

Je conçois ce qu'une semblable proposition peut présenter de paradoxal pour bien des esprits. Mais elle paraîtra peut-être moins étonnante à ceux qui auront prêté quelque attention aux considérations suivantes.

On dit avec raison que l'artiste se retrouve dans son œuvre, qu'il y traduit son émotion, sa pensée, ses inclinations, ses qualités et ses défauts, qu'il y met son âme, qu'il s'y met lui-même. Le style c'est l'homme, a dit Buffon. L'œuvre c'est l'artiste, peut-on dire dans un sens plus général. Si l'artiste est fort, emporté, fougueux, l'œuvre présentera des caractères de vigueur et de fougue ; s'il est doux; sensible, il y aura dans sa création des qualités de charme, de grâce et de sensibilité ; et l'œuvre entière d'un artiste vraiment digne de l'art ne sera qu'une série de productions où éclatera nettement l'épanouissement de sa nature intellectuelle et morale.

Plus un artiste est vraiment artiste, plus il imprime à son œuvre un cachet que l'on qualifie très heureusement de *personnel,* et qui, pour l'observateur attentif, permet de reconstruire le caractère du créateur. La comparaison des œuvres de Raphaël et de Michel-Ange est d'une signification lumineuse à cet égard.

Toute œuvre d'art porte l'empreinte de son auteur, et sans cette condition il n'y a que des productions vulgaires et sans caractère, c'est-à-dire sans valeur.

N'est-il pas logique d'affirmer que l'Artiste par excellence, le Créateur inimitable, Celui dont les manifestations n'ont pu être bornées et trahies par l'impuissance, Dieu en un mot (qui d'ailleurs crée les artistes *à son image*) a projeté un reflet de sa nature sur toute son œuvre, et que l'on doit retrouver dans cette dernière l'empreinte de son Auteur?

L'œuvre de Dieu se présente à nos regards comme engagée dès le début dans une voie ascendante qui la rapproche incessamment et progressivement du Créateur.

De l'état minéral, elle s'est élevée à l'état de vie physiologique; plus tard elle a gagné les hauteurs de la vie psychique, et finalement elle a étendu son vol jusqu'aux régions incomparables de la vie morale. Ce merveilleux épanouissement n'a certainement pas atteint ici-bas son terme suprême. Le chrétien ne saurait en douter, car il attend de *nouveaux cieux* et une *nouvelle terre*, une *gloire à venir qui doit être manifestée*, et une *transformation de gloire en gloire*, c'est-à-dire une longue évolution. « Or nous savons, dit saint Paul avec une profondeur de pensée admirable, or nous savons que, jusqu'à ce jour la création tout entière gémit et souffre les douleurs de l'enfantement. » La création n'est point terminée sans doute; elle est loin d'être bornée à ce que nous connaissons et à ce grain de poussière que nous habitons. Les douleurs de l'enfantement continuent. Au-dessus de nous existeront probablement et existent même déjà des êtres qui nous sont supérieurs, et qui sont plus rapprochés que nous de la nature divine. L'œuvre divine est en voie d'évolution, et elle tend de plus en plus vers son éternel Auteur.

Nous ne connaissons qu'une des phases de cette transformation; mais nous avons le droit de penser que dans ce rudiment, comme dans l'œuf, se trouvent renfermés et répandus les germes de ce qui fera sa grandeur future. Or la liberté est un des plus nécessaires parmi les attributs de Dieu; car un Dieu qui ne serait pas libre, ne serait pas Dieu; il ferait partie de la nature, mais il ne saurait en être l'Auteur. Qui dit création, dit liberté et volonté. Qui considère Dieu comme déterminé dit panthéisme, c'est-à-dire au fond athéisme.

Mais pour ceux qui ne peuvent se résigner à chasser Dieu de ce monde, et qui le considèrent comme l'Artiste libre et conscient de cette œuvre admirable, il est logique de penser qu'il a reflété dans toute son œuvre les traits essentiels de sa personne, et que créant cette œuvre par voie d'évolution, il a déposé dans ses premiers germes les rudiments virtuels ou réels de ses attributs.

La trace de l'action divine doit se retrouver partout jusque dans les commencements les plus humbles en apparence, et s'il est vrai que l'image du Créateur n'ait acquis une précision suffisante que dans la raison et dans la conscience morale de l'homme, les autres degrés de la création n'en possèdent pas moins une esquisse fidèle, malgré les voiles qui l'enveloppent.

Il faut donc voir dans toute la création le reflet de tout ce qui fait le caractère de Dieu, et nous avons quelque droit de l'y chercher, quoiqu'il ne nous soit pas toujours facile ou même possible de l'y découvrir.

Un monde appelé à être le théâtre du développement de la liberté a donc pu seul sortir des mains d'un Dieu libre ; et le germe a dû, comme tout germe, contenir en puissance ou à l'état de rudiment les facultés de l'être futur. C'est dans ce sens qu'il convient d'interpréter les remarquables paroles prononcées au congrès de Belfast par l'éminent physicien Tyndall[1] : « Mettant bas tout déguisement, voici l'aveu que je crois devoir faire devant vous : quand je jette un regard en arrière sur les limites de la science expérimentale, je discerne au sein de cette matière (que dans *notre ignorance* et tout en proclamant *notre respect* pour son *Créateur,* nous avons jusqu'ici couverte d'*opprobre*) la promesse et la puissance de toutes les formes et de toutes les qualités de la vie. »

J'ajoute que s'il est un caractère qui ressorte toujours avec plus d'évidence de la colossale enquête que la science a ouverte sur l'œuvre de la création, c'est bien celui de son unité. Partout se découvrent des affinités, des liens étroits et profonds qu'un regard superficiel avait ignorés. Partout les dissemblances font peu à peu place aux ressemblances, par-

1. Congrès de l'Association britannique pour l'avancement des sciences, 1874.

tout les différences s'atténuent, partout les distances dé-
croissent, partout les hiatus disparaissent et les abîmes se
comblent ; et l'on est toujours plus frappé de ce qu'il a fallu
de puissance et de grandeur pour faire jaillir l'infinie variété,
qui nous trouble et nous éblouit, de ce qui a été l'unique et
simple point de départ.

Je ne veux point entrer plus avant dans cet ordre de considérations. Je ne pourrais développer entièrement ma pensée
sur ce point qu'en donnant à cet article une étendue hors de
proportion avec l'espace qui m'a été gracieusement accordé.

Me voici arrivé au terme de cet Essai sur l'évolution et la
liberté. Ce que je me suis surtout efforcé d'établir, c'est que
la substance de l'univers sous toutes les formes qui nous sont
connues, pourrait bien être susceptible à des degrés divers
de variations contingentes et indéterminées dans la direction
des mouvements. En d'autres termes, j'ai tenté de démontrer
qu'il pouvait toujours y avoir pour la substance, dans des
proportions différentes, non seulement une possibilité, mais
une réalité de mouvements indéterminés et libres. A ceux
qui concluent du déterminisme physique au déterminisme
moral, j'ai cru pouvoir répondre en concluant de l'indéterminisme moral à l'indéterminisme physique, et je me suis
efforcé d'établir tout au moins que la preuve d'un déterminisme absolu restait encore à faire *aussi bien* dans le monde
physique que dans le monde moral.

Peut-être des esprits bienveillants jugeront-ils qu'ils y a
dans cette tentative quelques données heureuses et quelque
fondement.

TROISIÈME ESSAI

ÉVOLUTION ET SOCIALISME[1]

I

L'évolutionisme est aussi une cause célèbre qui a compté des partisans et des adversaires passionnés. Les adversaires (je ne parle que de ceux qui ont le droit d'émettre un avis), les adversaires décidés et sans réserve se font bien rares aujourd'hui ; et peut-être ne faudrait-il pas, pour les compter, parcourir tous les doigts de la main. Les naturalistes sont aujourd'hui plus ou moins évolutionistes, en donnant à ce terme un sens très général. Mais si l'évolutionisme ne représente plus un champ de bataille, sur lequel on lutte pour l'affirmative ou pour la négative, pour le *to be or not to be,* il n'en est pas moins resté un terrain de manœuvres, une zone militaire sur laquelle on escarmouche de ci de là, à propos de cause, de mécanisme, de fin, etc., etc.

L'idée darwinienne de la sélection naturelle résultant de la lutte pour l'existence n'est certes plus, pour la plupart des naturalistes, la grande et unique explication des transformations qui se sont opérées et qui s'opèrent dans les êtres vivants, créant ainsi de nouvelles formes, de nouvelles espèces, filles des espèces qui les ont précédées. A cette théorie de la sélection naturelle il a paru rationnel d'en substituer un certain nombre d'autres qui prêtaient moins le flanc à la critique, et qui paraissaient plus d'accord avec les faits.

Je ne songe pas, dans cette Revue qui, sans être fermée à l'examen des questions scientifiques, n'est pas proprement

1. *La Foi et la Vie,* 1er mars, 16 mars et 1er avril 1899.

une revue de science, je ne songe pas, dis-je, à faire un exposé et une critique de toutes ces théories. Je désire me borner à l'examen de deux points de vue généraux auxquels se sont placés quelques partisans de l'évolution, et dégager de cette étude une notion plus générale encore, et plus synthétique des facteurs et du mécanisme qui me paraissent présider à la réalisation du mouvement évolutif.

Il s'agit de savoir, en effet, si, comme le veut Darwin, c'est par la concurrence vitale et par la lutte qui en est le corollaire que se réalise le progrès évolutif, ou si, comme d'autres le pensent, c'est dans l'accord harmonieux, l'appui mutuel, l'association, qu'il faut chercher le vrai facteur du progrès. D'un côté on invoque le combat pour l'existence, l'opposition des efforts, la lutte fratricide ; de l'autre, la convergence des efforts, le concours fraternel. D'une part, les antagonismes ; d'autre part, l'association ; d'une part, la suprématie de la force ; de l'autre, le régime de la fraternité et de l'amour. Où est la vérité ? C'est ce que je me propose d'examiner en quelques pages.

Si les lecteurs de *La Foi et la Vie* étaient tous versés dans la connaissance des sciences naturelles, laissant de côté l'exposition des systèmes, je me bornerais à les critiquer, à les comparer et à peser la valeur de leurs prétentions. Mais peut-être devrai-je, pour la plupart d'entre eux, faire une courte et claire analyse des systèmes, et les présenter en quelques formules précises et nettes.

La théorie darwinienne de la sélection naturelle repose sur trois conditions : 1° la variation ; 2° la lutte pour l'existence ou concurrence vitale, et 3° l'hérédité.

Voici quel serait d'après Darwin le rôle respectif de ces trois conditions.

Les êtres vivants sont éminemment variables, c'est-à-dire que les descendants diffèrent toujours plus ou moins de leurs parents. Ces variations, dont la cause générale reste d'ailleurs inconnue, sont en général de peu d'importance, et tendent à s'effacer et à disparaître dans les générations ultérieures, soit par un retour atavique, soit par l'effet compensateur des croisements, de telle sorte que l'espèce reviendrait toujours à son type, et toute transformation durable de l'espèce serait impossible, si la lutte pour l'existence n'assurait la durée des formes nouvelles dues à la variation. Or, cette lutte est capable non seulement de sauvegarder les variétés, mais encore de les accentuer et de les fixer pour en faire des espèces nouvelles.

Comment agit la lutte pour l'existence dans cette création des formes dérivées ?

Parmi les variations, il en est de plus ou moins favorables aux individus, et qui leur donnent une situation plus ou moins privilégiée et supérieure à celle de leurs congénères. Les individus affectés d'infériorité vis-à-vis de leurs semblables pour l'acquisition des conditions nécessaires à la vie, ne peuvent soutenir la lutte, et succombent dans le combat que leur livrent les plus forts et les mieux armés. Les conséquences meurtrières de cette lutte inégale sont nécessairement d'autant plus assurées et d'autant plus fatales que le milieu ou les conditions de la vie commune sont plus circonscrits et plus limités, et (remarque digne d'attention) que les formes sont moins éloignées les unes des autres. Il est clair, en effet, que, dans ces conditions, si les formes ont faiblement varié, les besoins et les aspirations sont restés les mêmes, et que leur satisfaction nécessaire devient l'objet d'une lutte plus acharnée. Les petites variations sont donc éminemment propres à engendrer la lutte. Il n'y a, en effet, de pires ennemis que les frères ennemis.

Les conditions inégales de la lutte assurent donc la survivance des mieux armés, des plus aptes, des plus forts, et la disparition des moins favorisés. Les croisements entre les faibles et les forts deviennent d'abord rares, plus tard impossibles, et les alliances ne se contractent qu'entre les représentants des mieux armés, des types supérieurs. Mais par hérédité ceux-ci transmettent à leur progéniture les caractères de leur supériorité, qui conservés et fixés ainsi par voie de succession, font de ces héritiers des espèces nouvelles chez lesquelles l'usage accentue encore les caractères dominants, et assure le progrès.

Voilà, dans ses traits généraux et dans ses lignes essentielles, quelle est la théorie de la sélection naturelle. Darwin l'a appuyée sur un nombre très considérable de faits, et sur des interprétations très ingénieuses qui lui ont valu, dès son apparition, un très grand succès parmi les naturalistes.

Je dois dire que si le transformisme, considéré comme doctrine générale de la formation des espèces nouvelles, a dès le début conquis un très grand nombre d'adhésions, la théorie de la sélection naturelle par laquelle on avait la prétention d'en donner une explication exclusive a cependant éveillé dans bien des esprits des résistances et des doutes sérieux. Il y avait pour cela non seulement des raisons d'ordre purement scientifique, attendu que l'hérédité ne paraissait pas à tous clairement suffisante pour rendre permanents et ineffaçables les caractères nouvellement dessinés, attendu que la lutte ne semblait pas toujours nécessaire pour expliquer l'apparition et la fixation des formes supérieures, etc., etc. ; mais encore à ces raisons d'un ordre proprement biologique venaient s'ajouter des répugnances morales, même chez ceux qui acceptaient très nettement et très largement l'idée transformiste. Il est clair en effet que le darwinisme donne du gouvernement de ce monde une idée peu flatteuse au point de vue moral, qui est, après tout et sans aucun doute, celui qui importe le plus. Cette domination brutale et féroce de la force, cet anéantissement fatal du faible, cette négation des droits antérieurs et de la justice, cet appel à la violence, justifiés par la nécessité du progrès, cette idée enfin qu'il n'y a dans la nature que lutte acharnée, que combats impitoyables, que meurtre et spoliation, que la vie et le progrès ne sont possibles qu'à ces conditions, toutes ces considérations en un mot qui représenteraient la direction de ce monde comme appartenant à la force et non à la justice et à l'amour, ne sont que très difficilement compatibles avec l'idée d'un Créateur et Législateur, sage, juste et bon. Était-il possible que les idées de progrès, de perfectionnement qui ont en réalité un caractère de moralité, ne pussent trouver leur réalisation que dans des conditions de la plus évidente immoralité ? Il était bien difficile de l'admettre ; et cette pensée seule suffisait pour créer dans l'esprit de transformistes con-

vaincus, une sorte d'éloignement et même de répulsion vis-
à-vis de la théorie de la sélection naturelle. Cette dernière
ne pouvait devenir acceptable que si l'on en modifiait considérablement la conception première ; et dans le cas où l'on
ne parviendrait pas à lui donner un caractère compatible à
la fois avec la raison et la morale, il fallait chercher une
explication de la transformation des espèces dans une voie
différente qui ne jurât ni avec la permanence, ni avec la
suprématie de l'idée morale, c'est-à dire de la justice et de
la bonté.

Ces répugnances devaient logiquement se manifester avec
une vivacité toute particulière dans les milieux où est culti-
vée l'idée socialiste basée sur des tendances égalitaires, sur
les désirs d'abolition de classes et de castes privilégiées et,
sur des notions de solidarité étroite et imposée. Il est clair
en effet que la sélection naturelle considérée comme cause
générale et nécessaire du progrès, constitue un vrai plaidoyer
en faveur des castes privilégiées et des aristocraties basées
sur la possession de toutes les formes de la puissance (force,
fortune, intelligence, science, etc.).

C'est pour obéir à ces sentiments de révolte contre l'idée
darwinienne appliquée aux sociétés humaines, que M. Désiré
Descamps a publié dans les numéros 161, 162 et 163 de la
Revue socialiste de 1898, une série d'articles ayant pour
titre : *La lutte pour l'existence et l'association.* Je vais m'appliquer à en indiquer le sens général, et à formuler quelques
critiques :

« La théorie de la sélection naturelle par la lutte pour
l'existence, dit M. Descamps, n'a aucune valeur scientifique. »

« Appliquée à la minéralité, à la végétabilité, et à l'animalité, elle est fausse. »

« Appliquée à l'homme, elle est absurde et crimi-
nelle. »

Pour appuyer ces appréciations, l'auteur passe en revue
toutes les formes de la nature depuis les minéraux jusqu'à
l'homme.

La concurrence vitale n'assure ni la survivance des individus les plus robustes seulement, ni le progrès continu des survivants. Aux supériorités de leurs rivaux, les plus faibles opposent leurs défauts mêmes : petitesse de taille, exiguïté des besoins, reproduction rapide, etc., et souvent ils triomphent. Et quand ils succombent, chez leurs superbes vainqueurs la victoire et la sécurité endorment la vigilance, le bien-être favorise la paresse ; tandis que les vaincus se livrent, pour se relever, à un travail opiniâtre qui les fait progresser et les dote d'un perfectionnement organique transmissible par hérédité.

La concurrence vitale est nuisible aux végétaux et aux animaux. Elle aboutit à leur dégénération ; au contraire l'association leur est très utile ; la pratique de la solidarité les protège, et facilite leur développement. D'ailleurs, la lutte pour l'existence n'est pas aussi universelle que se plaisent à le proclamer certains darwinistes. Inconnue des espèces qui prospèrent, elle est chez les autres la cause de maux incalculables et un facteur de régression organique. Partout où règne la concurrence vitale il y a faiblesse et dégénérescence. Partout où domine l'association, il y a force et progrès.

Ce qui est vrai des végétaux et des animaux, l'est également de l'homme. La guerre a toujours été un fléau ; et la sélection guerrière est régressive, car elle affaiblit, corrompt et tue l'homme. Elle dévore la richesse, stérilise le travail, détruit la civilisation, enfante la tyrannie, et développe l'exploitation des masses populaires par des minorités privilégiées.

La lutte industrielle, la lutte pour la richesse et toutes les luttes destinées à provoquer, à réaliser et à favoriser des inégalités parmi les hommes constituent des sources d'affaiblissement, de recul, de dégénération et de destruction. La lutte pour l'existence n'a jamais été favorable au progrès des espèces animales et végétales. C'est à l'association, à la coopération qu'il faut attribuer une bonne part des immenses progrès réalisés au sein des mers et sur les continents par notre faune et notre flore.

Et, comme conclusion dernière, vers laquelle convergent toute l'érudition et toute l'argumentation de M. Descamps :

« Il faut vivre, il faut progresser. Le progrès est le fruit de l'association. — L'*égalité* est le *but* du progrès, et le *socialisme intégral* est une conséquence de la connaissance vraiment scientifique de la nature. »

Voilà, résumé en quelques propositions presque textuelles, ce mémoire touffu et un peu confus, où les faits abondent, où des idées vraies et des considérations heureuses et justifiées trouvent çà et là leur place, à côté d'appréciations parfois assez imparfaites des faits. On y pourrait désirer une exposition plus méthodique, et un sens critique plus sévère.

Entrer dans les détails et appuyer par des exemples la justesse des appréciations que je viens de formuler, dépasserait les limites imposées à cet article. Je me bornerai à quelques remarques générales.

Les faits ne sont pas aussi simples que l'auteur paraît le croire, et il faut leur appliquer une analyse sérieuse. Ainsi l'auteur ne distingue pas assez les cas de lutte ou d'association s'exerçant entre plantes et animaux de même espèce ou d'espèces voisines; des cas où, au contraire, c'est entre des types très différents que s'ouvre la lutte ou que s'établit l'association. Ces cas, quoique différents, sont relatés en bloc, et confondus dans l'ensemble parfois un peu incohérent des preuves et des démonstrations. Et cependant, combien les faits sont complexes ! Combien ils exigent une sévère analyse ! Et combien les effets de la lutte ou de l'association peuvent différer ! Les arbres de haute futaie d'une forêt, et les arbustes, les herbes, les mousses qui vivent sous leur dôme de feuillage, sont-ils associés, ou sont-ils en lutte ? Les grands arbres sont évidemment à la fois associés et rivaux. Ils sont associés puisqu'ils vivent en société, qu'ils sont groupés, qu'ils exercent des fonctions communes, que leurs feuillages se marient pour projeter une ombre plus ou moins continue, qu'ils se protègent naturellement contre l'excès des vents, contre l'ardeur du soleil, contre la dessiccation du sol, etc. Mais ils sont aussi en lutte pour l'existence, puisqu'ils cherchent à puiser le carbone, l'oxygène et l'azote dont ils ont besoin, dans la même masse d'air, et puis que leurs racines plongent dans le même sol pour y emprunter l'eau et les matières minérales ou organiques nécessaires à la construction de leurs organes, etc. Il y a là des conditions différentes et même contraires et opposées dont il faut savoir démêler et mesurer l'influence sur les progrès de l'organisme.

Et dans le cas de cohabitation des grands arbres de la forêt avec les petits arbustes et les plantes modestes qui en couvrent le sol, il peut y avoir association bienfaisante, comme dans le cas mis en avant par M. Descamps, des mousses et des violettes qui ont besoin d'ombre et d'humidité pour prospérer. Mais qu'adviendrait-il, et qu'est-il advenu même, des graines apportées sur ce sol à l'ombre de la haute futaie, soit par le vent, soit par les eaux, soit par les animaux ou par l'homme, graines destinées à donner des arbustes ou des herbes amoureux des rayons solaires, et ne se complaisant que dans un sol relativement sec ? Que devient alors l'association ? Ne cède-t-elle pas la place à la lutte pour l'existence, à la concurrence vitale ? Et si ces plantes peu élevées au-dessus du sol sont pourvues de racines pénétrant profondément, comme la luzerne par exemple, et disputant aux racines des grands arbres les éléments nutritifs, n'y aura-t-il pas encore lutte plus accentuée ? et ne devrait-il pas y avoir des victimes ? et la survivance, la victoire des plus aptes ne seront-elles pas assurées ? Tout cela demande un examen plus approfondi, une discussion plus serrée, et une analyse plus exacte ; et il ressort clairement du travail de M. Descamps qu'il a eu surtout en vue une thèse à soutenir, et que l'objectif socialiste l'a hypnotisé et lui a masqué bien des côtés du problème.

Les influences sociales et les influences antagonistes peuvent varier d'importance suivant les cas. Les influences sociales peuvent l'emporter ; et ce sera par exemple dans le cas où les arbres seront assez rapprochés pour se protéger réciproquement, et pas trop pour gêner l'extension des racines, produire l'appauvrissement du sol, empêcher un renouvellement suffisant de l'atmosphère, dans le cas encore où le sol sera très riche et très humecté et pourra nourrir une abondante population végétale. Dans ces conditions la

lutte sera très faible ou même nulle, et tous les arbres pourront prospérer et progresser. Mais le cas contraire peut se
présenter et il se présente le plus souvent. Il y a concurrence
pour la vie entre les végétaux occupant le même sol. Les
parts de terrain, de nourriture, d'air, leur sont parcimonieusement mesurées ; et il est évident qu'il y a lutte pour l'existence. La lutte peut fort bien, ainsi que le prétend M. Descamps, être pour tous une condition défavorable ; mais elle
peut aussi donner finalement la victoire aux arbres les plus
forts, les mieux constitués, les mieux pourvus d'organes de
la nutrition ; et il ne saurait, me semble-t-il, être nié d'une
manière absolue que cette survivance des plus aptes, des
mieux armés ne soit de nature à constituer des reproducteurs
d'élite et des descendants supérieurs.

Ce sont là des considérations qui ont leur valeur et dont
ne semble pas s'être suffisamment préoccupé M. Descamps.
Il mérite le reproche d'être trop simpliste dans l'appréciation
des faits, de ne pas assez reconnaître leur nature parfois très
complexe, et la réserve qu'il faut apporter dans les conclusions que l'on en tire.

J'ai pris pour texte de mes critiques un fait emprunté
par M. Descamps lui-même au règne végétal, parce qu'il était
plus facile d'établir à son propos une discussion. Mais il en
est des animaux et de l'homme, individus et peuples, comme
des plantes. Ils vivent côte à côte en harmonie, et ils se
développent en paix jusqu'à ce que les besoins croissants
ou les convoitises naissantes aient suscité entre eux des
motifs de haine et de combat. Mais un moment vient où
les races fortes et bien armées travaillent à consommer la
ruine des faibles ; et si l'association pacifique première a pu
favoriser leurs progrès, la survenance de la lutte pour l'existence est capable de donner aux plus forts, aux plus intelligents, aux mieux outillés, une domination incontestable qui
assure leur survivance aux dépens des faibles et des vaincus.

Toutefois chez l'homme et chez les races supérieures
surtout, le développement du côté moral de l'être apporte
dans les conséquences plus ou moins tardives de la lutte pour
l'existence une condition d'une importance capitale. L'his-

toire des individus aussi bien que celle des peuples démontre en effet que ce n'est pas en vain que le plus fort méconnaît la loi morale et foule aux pieds la justice et l'humanité. Dans ces conditions la victoire présente porte avec elle un virus funeste dont l'influence mortelle peut bien être tardive, mais n'en est pas moins assurée. Si le succès grandit en apparence le vainqueur, et lui donne tous les dehors de la supériorité et de la force, il ne manquera pas d'encourager le développement des impulsions d'ordre inférieur, des sentiments de convoitise, d'orgueil, de cruauté et d'injustice qui ont poussé le plus fort à ouvrir le combat ; et si cette déviation morale peut se concilier pendant une plus ou moins longue durée avec les manifestations extérieures de la puissance, il n'en est pas moins vrai que, pour l'avenir, elle entraînera une déchéance morale capable d'abaisser le vainqueur et de préparer sa ruine. C'est là ce que nous enseigne l'histoire des hommes et des peuples conquérants et oppresseurs.

Le progrès par la sélection naturelle, par la lutte pour l'existence ne peut dans l'espèce humaine être réalisé qu'à condition que la lutte se transporte du domaine matériel et intellectuel sur le terrain moral. Ce n'est que par les efforts dépensés en vue d'un but moral, en vue de la bonté et de la justice, que l'homme soit comme individu, soit comme groupements nationaux ou autres, peut conquérir une supériorité réelle et durable. Dans ce champ de travail l'homme rencontre à la fois des concurrents et des ennemis. Les concurrents sont ses semblables qui s'engagent dans la même voie de progrès moral et qui cherchent comme lui l'amélioration de l'être humain et de la société humaine dans ce qu'ils ont de plus respectable, de plus aimable, de plus élevé, dans le développement des sentiments de bonté, de fraternité, de solidarité, de justice. Mais il faut convenir que sur ce terrain, le combat n'a rien de cruel ni de meurtrier. C'est d'ailleurs moins une lutte qu'une louable émulation, qu'une fraternelle concurrence ; et il est difficile de distinguer des rivaux et des alliés dans ces lutteurs dont les efforts convergent vers une victoire qui n'a pour but que le salut simultané de tous les combattants.

Quant aux ennemis que l'homme moral rencontre pour lui ravir la palme de la victoire, il n'en existe réellement qu'un, mais très redoutable ; et cet ennemi c'est lui-même. Le caractère de cette lutte dont le cœur de l'homme est le théâtre a été éloquemment formulé par saint Paul dans un langage aussi ferme et précis que laconique : « Je ne fais pas le bien que je veux, et je fais le mal que je ne veux pas. Et si je fais ce que je ne veux pas, ce n'est plus moi qui le fais, c'est le péché qui habite en moi. Je trouve donc en moi cette loi : quand je veux faire le bien, le mal est attaché à moi : car je prends plaisir à la loi de Dieu, selon l'homme intérieur ; mais je vois dans mes membres une autre loi, qui lutte contre la loi de mon intelligence, et qui me rend captif de la loi du péché qui est dans mes membres. »

Ainsi donc la lutte est affirmée ; et les deux adversaires en présence, ce sont d'une part l'homme intérieur, c'est-à-dire l'homme qui prend plaisir à la loi divine, et d'autre part l'homme charnel qui prend plaisir à la loi du mal ; d'une part l'homme divin, c'est-à-dire celui que l'aspiration évolutive appelle vers Dieu, et d'autre part l'homme terrestre, c'est-à-dire l'homme bestial qui se souvient des animaux ses ancêtres ; d'une part l'homme de l'avenir, de l'autre part l'homme du souvenir ; d'une part l'homme de la fin évolutive, d'autre part l'homme de l'hérédité atavique. C'est en effet entre les souvenirs héréditaires de la brutalité ancestrale et les aspirations de ce qu'il y a de divin en lui que progresse l'être humain, tantôt attiré vers les uns, tantôt entraîné vers les autres, tantôt, comme le dit saint Paul, esclave par l'esprit de la loi de Dieu, tantôt par la chair esclave de la loi du péché.

La réalité de la lutte n'est donc pas douteuse, elle ne saurait être niée ; et je ne puis m'empêcher de faire remarquer que le prix de la lutte est encore ici l'existence, oui l'existence, la survivance de l'être moral et la destruction de l'être bestial.

Il convient encore de noter que la lutte est la condition nécessaire du progrès évolutif. L'homme qui dans ce cas ne lutte pas, ne saurait vaincre ; il sera nécessairement

vaincu, et disparaîtra comme être moral. Cette considération
sur laquelle j'insiste est, à elle seule, de nature à réfuter le
jugement de M. Deschamps sur le rôle *toujours* funeste de
la lutte pour la réalisation du progrès.

La lutte pour l'existence a certainement une place dans le
mécanisme du progrès évolutif. L'esprit d'association et
l'association ont aussi la leur. Mais encore faut-il distinguer les associations d'après le but qu'elles se sont proposé.

Il y a des associations pour le bien ! Il y en a aussi pour
le mal. La guerre comporte aussi des associations, car les
armées sont bien des groupes d'associés. « On ne s'associe
pas pour mourir » dit M. Espinas ; mais on s'associe, pour
faire mourir, ce qui ne vaut certes pas mieux. Les associations dont la fin est conforme à la saine nature de chose, et,
pour parler de l'homme, les associations dont le principe est
d'accord avec l'obligation morale, sont favorables à l'évolution progressive, et en assurent la marche. Il en est tout
autrement des associations qui ont en vue des fins contraires
à la morale.

Ce qui vient d'être dit de l'asssociation peut également
s'appliquer à la lutte pour l'existence.

La défense légitime de la famille, de la patrie, de la justice, appartiennent à cet ordre, et sont de nature à rehausser
ceux qui (vainqueurs ou vaincus) combattent pour ces nobles causes. Mais il y a aussi une lutte inspirée par l'égoïsme,
et dont la fin est la domination, l'injustice, la cruauté, l'oppression des corps et des consciences ; et cette lutte ne peut
qu'abaisser les vainqueurs et les engager dans une voie régressive.

Ce n'est donc d'une manière absolue, ni l'association, ni
la lutte qui peuvent en elles-mêmes être considérées comme
les processus naturels, logiques et nécessaires du progrès ou
de la dégénération. C'est dans la valeur physiologique ou
morale du but proposé à l'association ou à la lutte que réside
leur valeur comme promoteurs de l'évolution progressive
ou régressive. Voilà ce qu'il est logique et sage de penser.

Les réflexions qui précèdent ont, je l'espère, mis en évidence quelques-unes des critiques que j'adresse à M. Descamps. Mais je ne saurais m'arrêter dans cette étude sans avoir discuté la légitimité de ses conclusions. Elles me paraissent, en effet, dépasser notablement le contenu des prémisses. Que l'association puisse devenir dans biens des cas un facteur du progrès évolutif des espèces animales et végétales, on a le droit de le conclure des exemples accumulés dans le mémoire de M. Descamps. Mais l'auteur étend plus loin ses prétentions : Les faits ont parlé, dit-il ; il se sont prononcés en faveur de l'*égalité* et de la solidarité entre les hommes, c'est-à-dire contre l'individualisme, contre la lutte pour l'existence.

A ces prétentions les arguments de l'auteur ne nous obligent certes pas à souscrire. Est-il vrai, comme le veut M. Gautier cité par M. Descamps, que qui dit communauté d'intérêts, dit solidarité, dit aussi *égalité* ! Est-il vrai que suivant les paroles de Milton, *amongst unequal no society* — entre des êtres inégaux il n'y a pas d'association concevable ? Est-il vrai encore que « nos descendants seront heureux parce qu'ils seront égaux » ?

Non ! tout n'est pas vrai dans ces propositions. Ce qui a trait à la solidarité ne saurait être nié ! Mais pourquoi la communauté d'intérêt serait-elle en corrélation nécessaire avec l'égalité ? Pourquoi entre des êtres inégaux l'association ne pourrait-elle être conçue ? Pourquoi des hommes inégaux de force physique, de tempéramment, de puissance intellectuelle, de fortune, de situation, ne pourraient-ils former des associations, de vraies sociétés ? Et la société telle qu'elle est, et l'on peut dire, telle qu'elle a été, est-elle autre chose que cette coopération des efforts des inégaux ? Mais le mémoire de M. Descamps fourmille d'exemples d'associations entre des forts et des faibles, des grands et des petits, pour le plus grand bonheur et le plus grand progrès des uns des autres. Certes les mousses et les violettes dont « *les géants des forêts recherchent la société* » (p. 567) sont loin d'être les égaux de ces derniers, et cependant M. Descamps constate avec raison que ceux-ci, les géants, donnent à ces plantes sensibles et délicates l'abri dont elles ont besoin contre les rayons du soleil et contre la dessiccation du sol. Mais par contre les plantes protectrices des violettes et des mousses trouvent leur propre avantage dans l'abri qu'elles fournissent à ces dernières. Les violettes, en effet, forment à leur pied une sorte de tapis verdoyant qui ralentit l'évaporation de l'eau contenue dans le sol, et entretient ainsi une humidité favorable à la croissance des protégés et des protecteurs. « Entre ces deux ordres de plantes, reconnaît M. Descamps, l'aide est réciproque ; les plus faibles rendent aux plus forts les services qu'elles en reçoivent. »

A la bonne heure ! et il est donc vrai que dans la nature l'association et ses fruits ne sont pas inconcevables parce que les associés sont inégaux.

Ce qui est plus inconcevable, c'est l'*intimité* entre des êtres inégaux ; mais l'association n'est pas l'intimité, car elle est un rapprochement des intérêts, plutôt qu'une fusion des sentiments profonds et des affections intimes. Et d'ailleurs l'association des inégaux n'est-elle pas rationnelle ?

L'inégalité dans les aspirations et dans les besoins terrestres est une condition par excellence de l'harmonie et de la paix : car la quantité des objets capables de satisfaire ces aspirations et ces besoins n'est certes pas illimitée ; et l'inégalité des besoins supprime ou restreint la lutte pour la possession de ce qui est appelé à leur donner satisfaction. Et pourquoi l'égalité serait-elle la condition infaillible du bonheur ? Ne saurait-on concevoir une égalité dans la souffrance, dans le dénûment, dans la douleur ? Hélas ! cette égalité n'est pas seulement concevable, mais elle n'est que trop réalisée à certains égards dans la pauvre humanité. Car si parmi les hommes, il y a des parts trop inégales de fortune, de puissance, de succès, il y a aussi de poignantes égalités devant le deuil, les séparations, la souffrance, et surtout devant la mort.

Mais est-il bien légitime de considérer l'égalité comme la fin du progrès évolutif ? Oui et non, suivant la hauteur à laquelle on élève son point de vue. S'il s'agit de l'évolution du monde terrestre, c'est-à-dire de ce fragment minuscule de la substance universelle sur lequel et par lequel ont pris

naissance et se sont épanouis les règnes végétal et animal, il
me parait singulièrement paradoxal de considérer l'évolution
ainsi délimitée comme un travail pour réaliser l'égalité. Elle
nous apparaît en effet comme la diversification du semblable,
comme le passage incessant de l'homogène à l'hétérogène.
Ayant pour point de départ très probable une substance première, unique, uniforme et homogène, d'une composition et
d'une constitution partout identiques, elle a poussé ce premier rudiment vers les formes les plus différentes, vers les
combinaisons les plus dissemblables, vers les productions
d'êtres infiniment variés et inégaux, vers les manifestations
en apparence si inattendues et si capricieuses de la vie. En
fait d'inégalité, la vie, qui est par excellence le domaine de
l'évolution, a été jusqu'à l'extrême limite ; car on n'a pas su
trouver dans le monde vivant deux feuilles, deux organes,
deux cellules, deux molécules qui pussent rigoureusement
être dites identiques, ni pour la forme extérieure, ni pour la
structure intime, ni pour la fonction. Y a-t-il lieu de voir
dans cette irradiation si divergente, dans cette explosion si
centrifuge de la force évolutive une indication probante que
la fin de l'évolution terrestre est l'*égalité*? L'esprit recule, me
semble-t-il, devant un si flagrant paradoxe.

Mais l'évolution terrestre n'est pas toute l'évolution ; elle
n'en est qu'une phase, qu'une très courte phase. L'évolution
en effet, n'embrasse pas seulement la durée nécessairement
très limitée, et l'espace colossalement restreint de la vie de
notre petite planète, humble grain de sable, et phénomène
fugace dans l'espace infini et dans le temps infini. Elle
embrasse l'universalité des choses, considérée dans l'immensité des temps passés et futurs, et dans l'infinité de
l'étendue.

Il est possible, il est concevable (et je le crois volontiers),
que les phases ultra-terrestres de l'évolution soient marquées par une convergence des conditions et des caractères
des êtres vers une égalité de plus en plus parfaite. Il ne me
parait pas irrationnel de penser que le but, le rôle, la fin de
la phase terrestre de l'évolution ont été la constitution progressive de l'être moral, de la personnalité morale, à travers

des degrés innombrables, et par des poussées dans les sens les plus variés et les plus étranges en apparence, poussées qui ont abouti à la production des formes animales et végétales si multiples, qui ont couvert et qui couvrent le globe terrestre. La phase terrestre de l'évolution, et celle des autres terres qui ont eu la même destinée et joué le même rôle que la nôtre, est le temps et le lieu de la formation des entités psychiques, de la construction progressive des âmes par l'agglomération et l'organisation de l'élément psychique déposé par le Créateur dans le germe de l'Univers. Car l'âme humaine, pas plus que les âmes des animaux, n'est un bloc indivisible, une unité indécomposable, mais une construction, un édifice élevé progressivement par la puissance évolutive à l'aide de matériaux puisés dans l'élément psychique de l'Univers, matériaux habilement travaillés, harmonieusement coordonnés et solidement cimentés. Le couronnement de cette phase a été donc l'apparition d'âmes capables de connaitre le vrai sens de la vie, c'est-à-dire l'effort et la marche vers le bien moral, désireuses de poursuivre cette marche dans des conditions meilleures et dignes par cela même de faire leur entrée dans les phases de l'immortalité.

Il est clair que dans cette marche vers le bien, dans cette convergence intense et voulue vers l'Être qui en est la personnification parfaite, les inégalités et les différences sont appelées à s'effacer. Car le but est un, le modèle est permanent et invariable, et le résultat des efforts pour en atteindre la hauteur doit être d'éliminer dans les êtres les conditions morales étrangères au bien, pour laisser dominer les traits de ressemblance avec le modèle proposé à tous. De là doit certainement résulter une égalité croissante et de plus en plus parfaite entre les êtres moraux susceptibles de subir une évolution d'un ordre si supérieur ; et à ce point de vue, l'égalité est la fin de l'évolution et la condition du bonheur. Mais c'est là un idéal qui n'est réalisable que dans une autre économie ; et si l'Evangile le propose à ceux dont les pieds foulent encore cette terre, il faut reconnaître qu'il n'y a que l'élite morale de l'humanité qui réponde dignement à cet appel. Or, cet élite est et sera toujours bien exceptionnelle ;

et elle constitue en définitive le groupe d'hommes qui, dès ici-bas, veulent anticiper sur la phase ultérieure de l'évolution et faire leurs débuts comme citoyens des cieux. Mais ce n'est certes pas à ce point de vue que se place M. Descamps dans ses revendications en faveur de l'égalité. Sans dédaigner ou repousser expressément cette égalité dans la hauteur morale, il est clair cependant que l'égalité dans la possession du pouvoir, de la fortune, de la science, des avantages matériels et sociaux enfin, est son véritable objectif ; et sur ce terrain je ne saurais reconnaître avec lui que les lois de l'évolution terrestre des êtres organisés, « se prononcent en faveur de l'égalité ». La coopération des efforts dont il vante avec raison la puissante influence ne comporte nécessairement ni l'égalité, ni le collectivisme socialiste.

II

La première partie de cet essai a voulu établir que les théories qui, comme le darwinisme ou le socialisme collectiviste de M. Descamps s'appuyent exclusivement sur les effets de la lutte pour l'existence ou sur les bienfaits de l'association, sont incapables de donner des explications satisfaisantes de l'évolution progressive.

Mais d'ailleurs ces théories se trompent en considérant la lutte ou l'association comme les promoteurs du progrès. Ces deux processus ne sont que des moyens d'exécution, des mécanismes secondaires, qui ont au fond une sorte de neutralité quant à la direction progressive ou régressive de l'évolution. Il faut être aveuglé par une idée préconçue pour nier que la lutte pour l'existence ne puisse, dans certains cas, assurer le progrès, et que l'association ne soit capable d'en faire autant dans des cas différents. La concurrence, ou mieux l'émulation qui est aussi une concurrence, sont des formes de la lutte ; et nous savons combien d'améliorations et de progrès doivent leur être rapportés dans la vie des peuples comme dans celle des individus. Est-il nécessaire de dire aussi que l'union et le concours des volontés et des efforts

peuvent être à leur tour de puissants auxiliaires du progrès ?
Lutte et association peuvent, selon les circonstances, provoquer et accélérer l'évolution ; et ce pouvoir commun, elles
le doivent à ce qu'elles exigent l'une et l'autre, ou plutôt à
ce qu'elles mettent en jeu l'une et l'autre, un phénomène qui
est bien la cause prochaine de la réalisation du progrès, je
veux dire *l'effort*. C'est parce qu'elles comportent l'une et
l'autre l'effort, parce qu'il faut faire effort pour vaincre l'adversaire, aussi bien que pour engager comme associés une
action commune, c'est, dis-je, parce qu'il y a, dans les deux
cas, un effort nécessaire que la lutte et l'association sont des
sources du progrès. Toute la biologie, et toute la psychologie, c'est-à-dire l'histoire sous toutes ses formes, sont là pour
le démontrer.

Mais la lutte pour l'existence et l'association ne sont pas
les seules occasions d'effort. Il en est d'autres et en particulier
l'adaptation de l'être vivant au milieu dans lequel il vient
à être placé, et la nécessité pour lui de satisfaire aux besoins
de son organisme. Ce sont encore des stimulants de l'effort ;
et notre grand naturaliste Lamarck les a mis dans sa *Philosophie zoologique* à la base de l'explication de la transformation des espèces animales. Avec bon nombre de naturalistes,
je considère ces influences comme bien plus puissantes et
plus générales que la lutte pour l'existence et que l'association. Tout organisme tend à répondre aux actions du milieu
par des réactions appropriées ; les animaux appelés à vivre
dans de rudes climats se recouvrent d'une épaisse fourrure ;
les mammifères aquatiques appelés à vivre dans l'eau transforment leurs membres en nageoires ; les herbivores et les
carnivores transforment leur dentition pour la rendre capable
de broyer les végétaux ou de déchirer et trancher les chairs ;
les animaux aquatiques développent pour respirer des bran-
chies capables d'assurer la respiration au contact de l'eau ;
les organismes aériens se construisent des poumons et des
trachées propres aux échanges respiratoires au sein de
l'atmosphère, les oiseaux destinés à nager ont des pattes
palmées qui jouent le rôle de rames ; ceux qui vivent dans les
marécages et sur les eaux peu profondes sont montés sur de

longues pattes qui les maintiennent hors de l'eau et en font
des échassiers, etc. Ce sont là des transformations qui ont
exigé de la part de l'organisme un travail plus ou moins in-
ténse et par conséquent un effort.

L'effort est donc le facteur nécessaire et supérieur de toute
transformation. Tout ce qui provoque l'effort, tout ce qui
exige un effort devient cause de changement et peut être
cause de progrès. Mais par contre la suppression ou même
l'insuffisance de l'effort conduisent fatalement à la stagnation
et plus encore au recul, à la régression. Le monde social et
les règnes animal et végétal fourmillent de faits probants ;
et on les rencontre surtout nombreux et démonstratifs dans
la catégorie des parasites, c'est-à-dire de ceux qui ont tendu
à réduire au minimum la quantité d'efforts à faire pour acquérir les moyens de vivre. Il est clair que l'un des meilleurs
moyens de parvenir à ce résultat consiste à se placer dans une
situation telle que le premier besoin physiologique, c'est-à-
dire celui de la nutrition, puisse être satisfait par des aliments
acquis, élaborés et même digérés par un autre être, le por-
teur du parasite. Par là tout travail de recherche, de prépa-
ration de l'aliment est évité pour le parasite. Mais la fonction
étant supprimée, les organes eux-mêmes se suppriment, et la
dégradation devient une conséquence naturelle de cette oisi-
veté physiologique. On sait jusqu'à quel point une dégradation semblable atteint dans les sociétés humaines les représentants de la paresse corporelle et de l'inactivité intellectuelle.

C'est donc l'effort qui est le promoteur des transformations.
Ni la lutte pour l'existence, ni l'association, ni l'adaptation,
ni d'autres mécanismes encore, ne sauraient être considérés
par eux-mêmes, comme la cause supérieure de l'évolution
progressive. Leur rôle dans la marche du progrès est entièrement subordonné à l'effort dont elles sont l'occasion, et dont
elles exigent le déploiement. L'effort est donc le facteur
nécessaire, et sans effort il n'y a pas d'évolution.

Mais si l'insuffisance ou la suppression de l'effort peut
conduire à une dégradation, on doit penser qu'une mauvaise
direction de l'effort peut et doit conduire à une déviation,
c'est-à-dire à une constitution vicieuse de l'être, à une orga-

nisation mal combinée, mal équilibrée, et par là même impropre à préparer la marche en avant. Et alors se pose une grave question : si l'effort par sa suppression ou par sa malheureuse orientation peut compromettre le progrès évolutif, comment se fait-il que l'évolution considérée dans son ensemble se soit cependant réalisée dans le sens d'un perfectionnement non douteux et que la marche générale de l'évolution se soit montrée progressive, malgré les oscillations partielles et momentanées qui ne doivent pas surprendre dans une œuvre si complexe, si colossale et qu'il est si difficile d'apprécier exactement dans ses détails infinis d'exécution ? Pourquoi l'évolution a-t-elle été et est-elle progressive ? C'est la question à laquelle je vais m'efforcer de répondre en prenant pour bases les conceptions générales que j'ai exposées et défendues dans quelques essais antérieurs : *Évolution et liberté*; *Essai d'un naturaliste transformiste sur quelques questions actuelles*; *Essai sur la vie et la mort*; *De l'orientation de la méthode en évolutionisme*; *Essai sur l'Immortalité au point de vue du naturalisme évolutioniste.*

L'effort est évidemment un mouvement de la volonté et de l'activité dans une direction donnée, vers un but déterminé. La nature du résultat de l'effort dépendra nécessairement de cette direction, de ce but. Mais la direction, de quoi dépendra-t-elle ? D'une disposition interne, d'une préférence intime, d'une inclination, d'une aspiration préexistant dans le sein même du sujet qui s'efforce, c'est-à-dire qui veut et qui agit dans le sens de la chose désirée et préférée, dans le sens de la tendance. C'est là, me semble-t-il, la seule réponse possible à la question.

Eh bien, je crois fermement que si d'une manière générale l'évolution a suivi une marche progressive, c'est qu'il y a au sein de la nature une aspiration, une préférence, une tendance qui la pousse et l'attire vers un but meilleur, vers une fin supérieure. Il y a dans la nature ce que j'appellerais volontiers une *inquiétude biologique*, c'est-à-dire le sentiment d'un malaise actuel, et le pressentiment d'un bien-être supérieur ; et c'est pour répondre à ce malaise, pour l'effacer, que la nature cherche, se met en travail, s'efforce de revêtir de nouvelles formes, de créer des combinaisons nouvelles, n'étant jamais lassée, parce qu'elle n'est jamais satisfaite.

Telle me paraît être la cause de l'effort évolutif et de son orientation. La nature cherche, et cherchant passionnément, elle fait dans tous les sens des tentatives énergiques pour acquérir des conditions meilleures ; et cette irradiation de l'effort est peut-être capable de fournir une raison suffisante de la variabilité illimitée et des variations innombrables des êtres, variabilité et variations dont on n'a pu encore donner une suffisante explication. La réalité et la valeur des efforts correspond certainement à la réalité et à la valeur des aspirations de la nature. Car l'effort n'est pas désintéressé, en ce sens que l'effort n'existe pas pour soi, qu'il n'y a pas d'effort pour l'effort, et que la nature ne fait pas effort dans l'unique but d'avoir fait effort. L'effort est destiné à satisfaire une aspiration, une volonté qui est placée en dehors de lui et au-dessus de lui.

Mais l'existence dans la nature de l'aspiration qui provoque l'effort, et l'existence de l'effort lui-même, supposent nécessairement que la nature est le domaine de la volonté et de la liberté, c'est-à-dire le domaine de l'esprit qui est sensibilité, pensée, volonté et liberté : c'est là une conception que je ne puis songer à développer ici ; je l'ai déjà fait ailleurs, et surtout dans mon Essai : *De l'orientation de la méthode en évolutionisme,* et je ne puis y revenir longuement. Je me borne à dire combien la présence indéniable de la finalité dans la nature, et combien cette constatation que les fonctions organiques et le développement des organes sont régis par une logique et une prévoyance surprenantes, viennent à l'appui de cette pensée que la nature n'est point un mécanisme aveugle et fatal, mais un organisme qui sent, qui pense, qui veut et qui agit.

La nature est donc le domaine du progrès par la liberté ; et la liberté se manifeste par la variabilité. La variation, surtout manifeste dans le monde vivant, mais qui existe certainement aussi, dans le monde inorganisé quoique dans des proportions parfois insaisissables pour nous, la variation dis-je, est, à mon sens, une manifestation inconsciente mais réelle de la liberté. La variabilité, c'est-à-dire le pouvoir relatif pour l'être de donner à l'évolution de son organisme une direction quelconque et non fatalement déterminée par les antécédents, est au monde biologique ce qu'est au monde psychologique la liberté morale, c'est-à-dire la faculté d'imprimer à la volonté une direction non imposée.

Mais dans le monde moral la liberté a un point de mire, un phare permanent, capable d'indiquer la bonne voie, d'éclairer la marche et de préserver des chutes. C'est l'*obligation morale*. La *tendance évolutive* est à la biologie ce que l'obligation est à la morale. L'une et l'autre sont destinées dans leurs domaines respectifs à solliciter l'effort dans un certain sens, dans le sens du progrès. L'une et l'autre adressent des appels à la volonté consciente ou inconsciente. L'une et l'autre poussent la création dans la voie du progrès et du perfectionnement incessant. Il faut voir en eux deux facteurs parallèles, deux influences similaires, qui (notez-le bien) diffèrent plus par la qualité des domaines sur lesquels ils agissent que par le fond même de leur nature. L'une et l'autre en effet ne sont que des manifestations de l'esprit qui anime le monde, et les témoins de ce souffle puissant projeté dans son sein par le Créateur en vue d'élever progressivement vers Lui la création qui est sa fille, et pour laquelle il éprouve une dilection toute paternelle.

———

QUATRIÈME ESSAI

LA *PRIÈRE*

INTRODUCTION

Le titre de cet Essai est certainement appelé à provoquer dès l'abord, chez les lecteurs de ce Recueil, des sentiments très divers. Les uns en souriront; d'autres y verront une occasion de satisfaire leur curiosité de dilettante à propos d'une question qui semblerait devoir être réservée aux théologiens; d'autres enfin voudront y chercher avec émotion une réponse à des préoccupations qui les hantent et qui les troublent.

Examinons la manière dont chacun de ces groupes de lecteurs semble devoir, après réflexion, considérer l'Essai dont je lui propose la lecture.

Ceux chez lesquels l'examen de la question de la prière entrepris par un homme de science qui demande aux faits et à la raison des lumières et des solutions, ceux, dis-je, chez lesquels cet examen éveillera d'abord un sourire sceptique et même négateur, sont-ils bien sûrs d'être clairvoyants et justes dans leur hâtive appréciation? Le fait de la prière, aussi général et aussi universel que celui de la religion, doit-il être passé sous silence, et regardé comme dénué de tout intérêt, et de toute signification dans l'histoire de l'humanité? Son universalité dans l'espèce humaine, depuis les types inférieurs jusqu'aux représentants les plus élevés, depuis les âges préhistoriques jusqu'à l'époque contemporaine, n'est-elle pas une indication significative qu'elle correspond à un besoin de l'âme humaine, c'est-à-dire à la structure, à la constitution de cette âme? Car le besoin de l'être et la constitution de l'être s'embrassent intimement et sont inséparables. Le fait que la prière a tenu une place très importante dans la vie de très grands esprits, tels que Newton, Pascal, Tycho-Brahé, Kepler, Faraday, etc., et dans celle de très grands acteurs de la vie humaine tels que Vincent de Paul, François d'Assise, Livingstone, Félix Neff, etc., indique clairement qu'on peut parler d'elle avec sérieux et respect, et qu'il convient tout au moins d'examiner si la pratique de ce *mouvement de l'âme* constitue un acte rationnel, ou une mesure vaine et inconséquente chez des hommes de si haute raison. La réponse à semblable question vaut la peine d'être cherchée, car elle peut fournir soit des indications précieuses, en encourageant l'imitation de tels exemples, soit des documents importants pour la statistique des illusions auxquelles sont exposés même les plus grands esprits, et les natures les plus puissantes. Il y a là une question de confiance ou de méfiance dont la solution importe fort à ceux dont l'attention est attirée vers tout ce qui touche à leur vie morale, et au rôle qu'ils sont appelés à jouer dans le mécanisme de l'univers.

Peut-être nos rieurs seront-ils touchés par la valeur de telles considérations, et consentiront-ils à donner à leur humeur des allures de bienveillance qui les rendront attentifs, et les feront rentrer dans la seconde catégorie de nos lecteurs.

L'attention de ces derniers sera certainement d'une conquête plus facile. Envisageant en dilettante la question posée, ils comprendront aisément qu'elle puisse présenter quelque intérêt, et devenir l'objet des méditations non seulement d'un philosophe, mais même d'un homme attaché à l'étude des sciences d'observation. Nous osons espérer même que l'impassibilité sereine de certains d'entre eux pourra recevoir quelques atteintes dans le cours de notre étude, et que leur attention, excitée et émue, parviendra à les ranger dans la troisième catégorie.

Cette dernière comprend les hommes travaillés par la préoccupation de l'au-delà, et qui, se refusant à croire que leurs regards embrassent tout ce qui est et atteignent aux derniers confins de l'Univers, cherchent avec anxiété à percer l'obscurité des horizons lointains. Nous savons que leur intérêt ne nous fera pas défaut. Mais il ne suffit pas de les intéresser ; il convient aussi de les aider à apaiser dans les profondeurs de leur vie intérieure le conflit si redoutable entre les aspirations du cœur et de la conscience et les exigences de la raison.

Si l'œuvre n'est point aisée, elle n'est pourtant pas inabordable. Et quoique je n'ai pas la prétention d'y suffire, je veux essayer cependant (car ce n'est ici qu'un Essai) d'esquisser une série de données capables de fournir une base rationnelle à la solution de la question de la prière.

Il faut reconnaître tout d'abord qu'il est une circonstance spéciale qui aggrave beaucoup les difficultés de la recherche et les lacunes de la méthode. C'est que l'efficacité de la prière dont la démonstration semble, au premier coup d'œil, passible de la méthode expérimentale et de l'observation, échappe au fond d'une manière à peu près complète au contrôle de ces méthodes par la nature même du sujet et de l'objet de l'expérience.

Les objets d'observation et d'expérience sont ici d'une nature si intime, si propre au sujet qui expérimente ou qui observe, qu'ils cessent d'être accessibles à toute appréciation objective, et à tout contrôle neutre et impartial. Les résultats ne sont pour ainsi dire valables que pour l'expérimentateur lui-même. Ils ne sauraient entraîner la conviction des autres que dans des cas très exceptionnels, et encore toujours très discutables, et très répudiables. Comment, dans ces conditions songer à une démonstration expérimentale rigoureuse ?

Les hommes qui portent des jugements sur la prière peuvent être rangés en deux catégories bien distinctes : ceux qui prient et ceux qui ne prient pas. Les premiers croient au pouvoir de la prière. Ils parlent, disent-ils, au nom de l'expérience ; mais il convient d'ajouter qu'ils parlent aussi au nom de la foi. On peut donc suspecter leur impartialité, sans toutefois avoir le droit de suspecter leur sincérité. On peut les accuser d'illusion, de naïveté ; mais on n'a pas cependant le droit de récuser absolument leur compétence, puisqu'ils observent et expérimentent. On peut, il est vrai, penser qu'ils observent mal, et expérimentent de même ; mais c'est là une accusation tout au moins téméraire ou gratuite, puisqu'elle vient de ceux qui ne prient pas, et qui par conséquent n'expérimentent pas. On peut, en outre, invoquer en faveur de ceux qui croient à l'efficacité de la prière le fait que le nombre des expériences réalisées est extrêmement considérable, car tous ceux qui prient (et ils sont nombreux) le font parce qu'ils sont convaincus du pouvoir de la prière, sans quoi ils ne prieraient pas, et tous ceux qui croient à cette puissance ont plus ou moins recours à elle, car il est inadmissible que des hommes ayant cette conviction renoncent à ce moyen de délivrance ou de salut, alors que le cours de la vie leur donne de si fréquentes occasions de désirer plus et mieux que leur part actuelle de bonheur.

D'autre part, ceux qui ne prient pas ne croient pas à l'efficacité de la prière. Ils peuvent être dans le vrai, mais il faut reconnaître que leur jugement est à bon droit suspect ; car il vient d'hommes qui non seulement n'expérimentent pas, mais qui même sont incapables d'expérimenter. L'élément essentiel de toute expérimentation valable sur la prière, c'est la prière elle-même, c'est-à dire une vraie prière. Or il n'y a prière que là où il y a la foi. Ceux qui ne prient pas, manquent de cette condition essentielle de la prière ; et si (ce qui est possible) ils ont autrefois cru et prié, on peut sans trop de sévérité leur mesurer parcimonieusement la confiance, car leur infidélité et leur versatilité justifient jusqu'à un certain point des présomptions de tiédeur dans leur foi première et de relâchement dans la méthode.

Telle est donc la situation des deux opinions opposées vis-à-vis d'un contrôle expérimental de l'efficacité de la prière. Il en ressort que l'autorité de l'expérience ne saurait être invoquée en faveur d'une certitude soit dans le sens de l'affirmation soit dans celui de la négation.

Mais si la méthode expérimentale ne peut être mise en œuvre pour résoudre la question générale de l'efficacité de la prière, à plus forte raison cette méthode est-elle impuissante à fournir une juste appréciation de la relation qu'il pourrait y avoir entre la valeur de la demande et celle de la réponse dans le cas où cette réponse serait considérée comme réelle. Comment en effet, faire dans un événement le départ exact entre ce qui résulte effectivement d'un appel à une intervention spéciale de la source supérieure de l'énergie qui est Dieu, et ce qui est le fait de l'enchaînement général et logique des causes naturelles et de leurs effets ? Pour parvenir à un résultat incontestable dans une expérience de cet ordre, il ne suffit pas du témoignage d'un seul des deux acteurs qui concourrent à l'œuvre et d'une enquête unilatétérale. Le témoignage de l'homme qui prie pourrait à la rigueur être accepté comme indication et comme mesure de la valeur intrinsèque de l'oraison, de l'ardeur et de l'intensité de l'acte personnel et volontaire. Mais est-il nécessaire de dire que le témoignage de Dieu lui-même sur l'importance et la valeur de sa réponse et sur la mesure de son intervention serait indispensable pour l'appréciation exacte de l'efficacité de la prière ? Mais ce témoignage auguste et infaillible n'est pas de l'ordre de ceux que l'expérience et la science aient le pouvoir d'invoquer. Dieu est un témoin qui ne peut intervenir dans une enquête scientifique.

La méthode expérimentale ne peut donc fournir une démonstration ni de la réalité d'une réponse à la prière, ni de la valeur relative de cette réponse. Elle ne saurait à elle seule forcer une conviction ; mais on ne saurait affirmer qu'elle n'est pas capable de confirmer et d'asseoir une conviction déjà née, ou mieux une croyance enfantée par les raisons du cœur ou par tout autre moyen que l'expérience. Cette méthode n'a en définitive dans le cas de la prière qu'une valeur limitée au domaine de la personne qui prie. Elle n'a pour ainsi dire qu'une valeur tout individuelle.

Voilà une appréciation qui me paraît juste et vraie pour le présent, et qui restera telle, tant que l'on ne concevra la prière que comme un appel à l'intervention directe de Dieu, et l'action de Dieu que comme une réponse à cet appel. Mais il n'est certes pas interdit d'ajouter à cette conception universellement admise et que nous considérons comme vraie dans bien des cas, une conception différente, et dans laquelle la personne humaine constituerait le facteur principal, l'action divine restant circonscrite à un rôle général de créateur et de législateur, exclusif *parfois* d'une intervention directe et spéciale.

Le cours de cette étude donnera de cette assertion un éclaircissement suffisant, et permettra, je l'espère, de comprendre que le problème ainsi posé fait rentrer le phénomène de la prière (*dans certains cas du moins*) dans le domaine psychologique proprement dit. Dans ces conditions, la prière devient justiciable de la méthode expérimentale dans la mesure plus ou moins imprécise que comportent les faits psychologiques.

C'est là, je l'avoue, pour le présent un point de vue plutôt théorique que pratique dans le sujet qui nous intéresse. La mesure d'énergie ou plutôt la mesure des énergies dont le groupement et le concours constituent l'âme humaine, ne comporte pas encore très clairement une application pratique du système métrique. Mais je ne voudrais pas affirmer qu'il en sera toujours ainsi, et m'exposer à un démenti plus ou moins prochain de la part de la psychologie expérimentale. Bien des progrès ont été faits dans cette voie, et notamment pour la mesure du temps exigé pour les opérations mentales et pour la transmission de la pensée, de la volonté, etc. Mais il faut reconnaître que le moment n'est pas venu de donner l'équivalent de l'énergie psychique en kilogrammètres ; et nous devons admettre que la solution de la question de la prière n'est pas encore du ressort de la méthode expérimentale rigoureuse.

S'il en est ainsi, ce n'est point en nous appuyant directement sur cette méthode, que nous pourrons tenter d'édifier un examen critique de la valeur de la prière. Il faudra recontrir à d'autres méthodes.

Celle que je me propose de suivre emprunte des moyens de recherche à l'analogie. Ne pouvant atteindre directement l'objet à connaître, elle le rapproche d'objets qui lui sont comparables, mais plus susceptibles d'être observés et éprouvés par la méthode expérimentale ; et de cette comparaison elle déduit des analogies rationnelles. La prière est au fond, *selon moi*, un déploiement de l'énergie psychique de celui qui prie en vue de provoquer l'action et le concours d'énergies plus grandes encore, et empruntées soit à l'énergie générale, soit au centre et maître souverain de l'énergie. *La prière est un emprunt d'énergie fait dans un but déterminé à des sources étrangères à celui qui prie.* En prenant pour point de départ cette conception de la prière, je tourne mes regards vers ce que nous pouvons savoir des mouvements, des relations, du transport, des transformations, des accumulations, etc., de l'énergie, et je demande à cet ensemble de connaissances des lumières pour expliquer ce qui, dans la prière peut être accepté rationnellement comme possible, probable, ou réel, en vertu même des notions générales sur l'énergie qui sont le fruit de l'expérience ou de l'observation.

Il est bien clair que cet appel inévitable aux ressources de l'analogie ne comporte pas une démonstration directe et une certitude ; car il pourrait y avoir dans le fait de la prière, telle condition obscure, cachée, échappant à nos regards et qui pourrait rendre caduque toute analogie. Nous ne pourrions donc prétendre, et nous ne prétendons pas donner au problème une solution ferme qui commande l'adhésion. La seule ambition qui nous tente et qui ne nous paraît pas exagérée, c'est d'établir que telle ou telle conception des effets de la prière se présente comme conforme à des faits observés dans d'autres domaines, et n'est donc pas contraire aux données acquises et acceptées comme rationnelles.

La question que nous nous posons peut donc être ainsi formulée : la croyance à l'efficacité de la prière est-elle ou n'est-elle pas rationnelle ? De quelle manière et dans quelle mesure cette croyance est-elle compatible avec les faits généraux et avec la raison ?

Telle est la question à laquelle nous allons nous efforcer de répondre.

I. — PROLÉGOMÈNES.

Avant d'aborder directement le problème de la prière, je sens le besoin de faire un exposé succinct, mais suffisant, des données générales qui serviront de bases à nos discussions et appréciations ultérieures. Les propositions contenues dans ces lignes préliminaires ne constituent pas des idées banales faisant partie du programme plus ou moins irraisonné, accepté sans discussion par les hommes peu préoccupés de ce qu'il y a au-dessous des apparences et de la surface des phénomènes.

Je n'espère pas que les vues émises ici sur l'énergie et sur ses relations avec ce que l'on appelle matière, reçoivent l'assentiment de tout le monde, mais je persiste à croire que ces vues auront pour elles l'assentiment de l'avenir, et que les progrès à faire dans les sciences en général et dans les conceptions philosophiques en particulier leur seront plus favorables que contraires. Aussi n'hésité-je pas à m'appuyer sur ces idées pour édifier cette étude de la nature et des effets de la prière.

Je ne me laisserai pas aller à exposer les considérations de divers ordres qui militent en faveur de ces conceptions du rôle et des relations de la force et de la matière. J'ai eu l'occasion de les exposer et de les développer ailleurs[1] et je renvoie le lecteur aux diverses publications où je me suis occupé de cette question.

Je recommanderai aussi vivement la lecture d'une œuvre de Bourdeau (*Le problème de la vie*[2]), œuvre posthume très remarquable, où bien des idées que j'avais précédemment émises ont été développées avec une clarté, une richesse de bon aloi, et une élévation de vues auxquelles je me plais à rendre hommage.

Il y a dans l'univers une masse colossale d'énergie répandue partout et pénétrant partout, si bien qu'il est vrai de dire que le *monde est énergie* !

Les découvertes les plus récentes des physiciens tendent à faire penser que la nature de cette énergie est *une* mais qu'elle revêt des formes très variées que l'on désigne comme forces physiques, mécaniques ou cosmiques.

1. Voir les Essais : *Matière et énergie* ; *L'Univers matériel-est-il éternel ?*
2. Bourdeau, *Le Problème de la vie* ; Paris, F. Alcan, 1901.

Avec bon nombre de philosophes et de savants, je crois qu'il ne faut pas exclure de cette unique énergie, la force dite psychique, *l'esprit*. Il y a lieu de penser que l'énergie physique n'est qu'une forme inférieure, et que l'énergie psychique est une forme supérieure de l'énergie. On ne saurait douter de cette relation quant à la dignité de ces deux états de l'énergie ; mais il n'y a pas entre les deux formes de l'énergie une différence absolue : et l'on peut trouver entre ces deux extrêmes des formes intermédiaires de l'énergie ; telle est la forme biologique ou physiologique de l'énergie. Elle participe à la fois du déterminisme (absolu en apparence) de la forme mécanique et de l'indéterminisme raisonnant de la forme psychique. L'esprit, c'est-à-dire la finalité intelligente, rationnelle et voulue, se manifeste dans le monde de la vie bien plus que dans le monde mécanique, mais moins que dans le domaine de la pensée.

L'énergie ne se sépare guère pour nous, actuellement du moins, c'est-à-dire pour notre manière actuelle de connaître, d'une forme sensible à laquelle on donne le nom de matière. Bien des raisons concourrent à faire penser que la matière ne saurait être foncièrement distinguée de l'énergie. Quand on serre de près la matière, on n'y trouve que l'énergie. La matière est donc un mode d'être, un état spécial de l'énergie. C'est de l'énergie devenue sensible, de l'énergie adaptée à notre mode de sentir. C'est une figure de l'énergie, ou de l'énergie figurée. Cet état sensible de l'esprit peut n'exister que relativement à nous, êtres pourvus de sens et qui connaissons par nos sens, c'est-à-dire plus généralement par notre faculté de sentir.

Rien ne permet d'affirmer que d'autres êtres pourvus d'une manière de sentir autre que la nôtre, eussent comme nous la notion de matière, ou la même notion de matière.

La forme matérielle, ou plutôt l'état matériel de l'énergie et de l'esprit peut donc n'être qu'une adaptation de l'énergie à une situation spéciale, c'est-à-dire à l'existence d'êtres sensibles comme nous, d'êtres pourvus de nos sens et appelés à connaître par ces sens.

La sensibilité peut d'ailleurs être elle-même considérée

comme la voie, le moyen par lequel l'énergie diffuse pourra se coordonner et se condenser en centres particuliers qui finiront par aboutir à la formation des individus et des personnalités de divers degrés.

On peut donc concevoir un état de l'esprit autre que la forme matérielle ; et l'on peut supposer que l'esprit puisse abandonner un jour son état matériel, sa forme matérielle, pour devenir sans forme, sans figure et revêtir l'état d'esprit pur ou l'état de force pure.

Ce ne serait pas là au sens propre du mot une séparation de l'esprit et de la matière ; la matière n'étant qu'un état, qu'une forme de l'esprit, ce serait un simple changement d'état. Il pourrait se produire, quand le rôle de l'état matière étant épuisé, sa fin aurait été réalisée.

Cette fin de l'état matière de l'énergie, semble être la constitution de la personnalité spirituelle en un groupement solidement lié, indécomposable, indestructible, immortel, capable de reprendre sa place comme être distinct dans le sein de la source suprême de l'énergie, c'est-à-dire dans le sein de Dieu.

Dans le monde que nous pouvons observer, et qui est pour nous le champ de l'évolution ouvert à nos recherches, la forme psychique de l'énergie est en réalité un terme de passage, une forme intermédiaire, un degré ascensionnel entre la forme matière et la forme esprit pur. Elle est encore liée, quoique d'une manière et à des degrés qui nous sont profondément inconnus jusqu'ici, aux manifestations sensibles de l'énergie. Aussi est-il logique de penser, que le mode d'activité, le genre d'influence de la force psychique ne diffèrent pas sensiblement de ce que l'on observe dans les manifestations de l'énergie matière et que ces deux formes d'énergie loin de rester étrangères et indifférentes l'une à l'autre, peuvent et doivent s'associer, s'influencer réciproquement, qu'elles doivent entrer en coopération, combiner leurs influences pour aboutir à des résultats communs, à des résultantes.

C'est là d'ailleurs ce que les faits observés commencent à établir largement, à l'encontre de ce qu'on avait longtemps pensé, alors que l'on considérait l'énergie psychique et l'énergie matérielle comme entièrement étrangères l'une à l'autre, soit comme nature, soit comme activité.

Les faits de télépathie dont il est à peine permis de douter sont en effet de nature à établir entre le transport de l'énergie psychique et celui de l'énergie matérielle (lumière, chaleur, magnétisme, électricité, son, etc.), des analogies très propres à atténuer la différence profonde et absolue qu'on avait affirmée entre les forces psychiques et les forces matérielles. Les rayons X sont venus encore apporter de nouvelles présomptions en faveur de ce rapprochement, en révélant des vibrations de l'éther bien plus rapides que celles de la lumière ordinaire, si bien que le grand physicien Croockes ne considère pas comme absurde de supposer qu'à la transmission de la pensée peuvent correspondre des vibrations plus rapides encore[1].

La découverte de la télégraphie sans fil vient encore apporter un nouveau terme de rapprochement et d'assimilation entre le transport de la pensée et celui des ondes hertziennes.

L'influence de la volonté sur les mouvements des corps matériels à distance tels que les faits qu'a observés Croockes et que nous, avec d'autres, avons observés sur *Eusapia Paladino,* viennent à leur tour établir entre les agents ou forces matérielles et les forces psychiques, un rapprochement bien remarquable.

Et d'ailleurs, l'influence des signes, de la parole, des phénomènes et des faits extérieurs sur la pensée, sur l'état et les phénomènes psychiques, montrent des relations évidentes qui ne sauraient se produire s'il n'y avait des relations de nature entre les phénomènes physiques et les phénomènes psychiques, et s'ils étaient absolument d'essence différente. Dans le monde physique, les relations et les successions de phénomènes reliés entre eux par des rapports de cause à effet, étaient autrefois constatées, mais on n'en comprenait

---

1. Sir William Crookes, Discours présidentiel prononcé devant la *Société pour les Recherches psychiques,* 29 janvier 1897.

pas le mécanisme et la nature. Ces phénomènes et ces énergies étaient considérés comme de natures différentes et sans relation foncière entre eux. On constatait leurs liens, leur succession, les relations de cause à effet, mais on était dans l'ignorance la plus absolue sur ce qu'il y avait au fond de ces relations et de ces successions.

La découverte de la conservation de l'énergie et des équivalents mécaniques des énergies de divers ordres (chaleur, électricité, lumière, cinétique) ont conduit à la conception des transformations de la force, et surtout à cette conception grandiose de l'unité des forces physiques de l'univers. On a cru généralement devoir s'arrêter là : mais il convient, je crois, d'aller plus loin, et de faire rentrer l'énergie psychique dans cette grande unification. Les forces physiques sont, je le crois fermement, des formes inférieures, des formes rudimentaires, des états initiaux des forces psychiques et, s'il en est ainsi, il convient de penser que dans le domaine des énergies psychiques on doit retrouver ces phénomènes généraux, ces lois générales qui constituent le domaine commun des forces physiques, ou pour mieux dire, de la force unique ou énergie générale [1].

· Sans prétendre ici passer en revue toutes ces lois générales, tous ces phénomènes communs et généraux, examinons quelques-unes de ces conditions de l'énergie, et voyons si elles ne se retrouvent pas dans les deux domaines.

Il n'est pas douteux, par exemple, que l'énergie physique ou cosmique puisse se présenter à des degrés très variés d'intensité, de puissance, et qu'il ne soit possible de réaliser ces degrés par des accumulations de l'énergie. Une petite force électrique, c'est-à-dire une petite quantité de force électrique, peut être transformée en une force plus ou moins grande de même nature par l'addition de nouvelles quantités d'électricité. C'est ainsi que nous comprenons la charge progressive du condensateur électrique, de la Bouteille de Leyde, et de ces accumulateurs électriques de puissance très

---

1. Je renvoie le lecteur au 1er Essai : *De l'Orientation de la méthode en évolutionisme.*

variée que la science et l'industrie mettent à profit aujourd'hui.

A une quantité de lumière peut être ajoutée une nouvelle quantité, donnant ainsi une lumière plus éclatante. La puissance d'une machine à vapeur peut être accrue par un accroissement de combustible donnant plus de chaleur, ou par un perfectionnement de ses organes producteurs de la chaleur et du mouvement.

Une force incapable de produire un effet donné, peut être accrue par de nouveaux apports de la même force et devenir capable de produire cet effet. Il est de règle qu'une quantité d'énergie physique venant s'ajouter à une quantité d'énergie de même forme, concourt avec cette dernière, à engendrer des résultats, à produire des effets que celle-ci était, ou bien incapable de produire, ou ne produisait qu'en moindre quantité. Bien plus, il est de règle que la quantité d'énergie ajoutée à la quantité primitive accroît les effets de cette dernière dans la proportion même où se trouve la quantité ajoutée par rapport à la première. Si la quantité primitive d'énergie donne un effet égal à 1, et que la quantité ajoutée soit ou égale, ou le double, ou le triple, ou le quadruple de la quantité ajoutée, l'effet total sera égal à 2 ou à 3, ou à 4, ou à 5, à condition toutefois que le mode d'application de l'énergie ne vienne pas modifier et perturber l'effet visible ou son travail utile.

Voilà bien ce qui se passe dans le domaine des énergies physiques. Ne peut-on trouver rien de comparable dans le domaine des énergies psychiques? Dans cet ordre de recherches, les constatations et les mesures ne sauraient prétendre à une précision que l'état de nos connaissances est loin de nous permettre. On ne possède pas encore de dynamomètre marquant sur un cadran ou une échelle les degrés d'intensité de la force psychique, de la volonté, de la pensée, de la sensibilité. Nous sommes sur ce terrain obligés de nous contenter d'appréciations vagues et peu précises, où l'équation personnelle tient sans doute une place très importante. Mais néanmoins des présomptions sérieuses peuvent être invoquées et peuvent servir de base à une conception des variations de quantité de la force psychique.

Ces variations ne peuvent être utilement recherchées que chez l'homme, car la psychologie animale nous livre ses secrets bien difficilement par suite de l'état rudimentaire des moyens d'expression et de l'impossibilité presque absolue où nous sommes d'interroger les animaux et d'obtenir d'eux des renseignements exacts et précis sur leur état psychique, sur leurs volontés, leurs efforts, leurs succès où leurs insuccès dans l'effort.

Néanmoins, si comme je le pense, l'âme des bêtes aussi bien que l'âme humaine est le résultat de l'accumulation et de l'organisation par la matière vivante, et plus particulièrement par les centres nerveux et surtout cérébraux, de l'énergie psychique répandue à l'état diffus dans l'univers, et constituant même la substance essentielle et fondamentale de l'univers, on est bien forcé de reconnaître que ces faisceaux de force psychique qui constituent les individus psychiques, représentent des quantités très différentes suivant les types d'êtres vivants et même suivant les individus d'un même type. Il y aurait donc ici comme dans le domaine des énergies physiques, une énergie pouvant se présenter en groupements de quantités diverses et variables, et pouvant être renforcés par de nouvelles acquisitions à l'aide d'accumulateurs.

La comparaison, même simplement approximative des quantités relatives d'énergie psychique qui composent les âmes d'un groupe d'hommes, est certainement d'une difficulté insurmontable pour le présent ; mais tout homme qui s'observe lui-même peut constater qu'il n'est certes pas toujours en possession de la même quantité d'énergie psychique. Les variations sont plus ou moins fréquentes ; elles peuvent l'être beaucoup ; et les oscillations dans la quantité du groupement psychique peuvent avoir des amplitudes très étendues. Au fond, on est plus près de la vérité en considérant l'âme humaine comme une quantité en état d'incessante variation, que comme une quantité fixe et constante.

Les variations de l'âme humaine peuvent tenir tout au moins à trois causes : 1° la quantité d'énergie psychique ; 2° le mode de cohésion, d'union de cette énergie, c'est-à-

dire son mode de groupement, son organisation en un faisceau plus ou moins cohérent et ordonné et en vue d'une
synergie favorable aux résultats de l'effort ; 3° la qualité
même de cette énergie, c'est-à-dire son activité *dominante*
soit comme pensée, comme sensibilité, comme volonté. Une
âme peut être petite ; elle peut grandir ; elle peut gagner ou
perdre en sensibilité, en pensée, en raison, en volonté, et
cela soit pour chacune de ces manifestations isolément, soit
en bloc et pour toutes simultanément. Il y a des âmes qui
ont paru faibles, débiles, chancelantes, et qui, les circonstances le faisant, se sont haussées à une grandeur d'énergie
extraordinaire et imprévue.

Comment se font ces acquisitions, ces croissances de l'âme ?
Où en sont puisés les éléments ? Comment ces gains sont-ils
acquis, et quel est l'agent où les agents de cette croissance ?

Ce sont là des questions bien difficiles à résoudre et pour
lesquelles les lumières nous font grandement défaut. Essayons
toutefois et sans prétendre à des réponses irréfutables, de
trouver quelques explications. Il en est une qui n'est pas
niable. L'âme humaine s'accroît et se fortifie comme le font
nos organes et nos énergies organiques, par le travail, par
l'exercice, par l'effort, par une sorte de gymnastique. Il y
a là une analogie intéressante et très suggestive entre les
processus d'acquisition d'énergies physiologiques et d'énergies psychiques. Dans l'un comme dans l'autre cas, l'usage
rationnel de l'énergie perfectionne le condensateur, qui à
son tour accroît la somme d'énergie. L'habitude de la pensée donne au pouvoir de penser plus d'intensité. L'exercice
de la volonté rend plus puissante la faculté de vouloir. La
sensibilité bien éduquée et bien appliquée s'affine et acquiert
plus de délicatesse.

Le travail interne de la personne humaine élargit donc le
domaine de cette dernière et l'enrichit de nouvelles énergies.
Mais ce n'est certes pas la cause unique des acquisitions
et nous verrons qu'il en est d'autres.

Mais quelle est la source d'énergie psychique, quel est le
champ d'énergie auxquels sont empruntées ou ravies ces quantités additionnelles que l'effort et l'exercice viennent ajouter

à l'âme humaine. L'énergie ne se crée point ; et si nous la voyons apparaître quelque part, où elle n'était point, ou si elle se montre en quelque endroit en quantité supérieure à celle qui y était précédemment, c'est qu'elle vient d'une source d'énergie déjà existante.

Or, il est un vaste champ d'énergie psychique qui est certes à la portée de l'âme humaine. Ce champ c'est l'univers où l'énergie psychique répandue partout constitue la force motrice et organisatrice de la marche évolutive. C'est à cette masse colossale de matériaux, que l'âme humaine peut emprunter les éléments de sa croissance et de son exaltation. Plongée dans cet océan d'énergie psychique, l'âme peut se désaltérer, se nourrir, se fortifier et se donner une grande stature. C'est ce qu'elle a fait d'ailleurs dans sa constitution rudimentaire, dans ses phases normales de développement, et c'est ce qu'elle pourra faire, nous semble-t-il logiquement dans ses exaltations.

Par l'usage judicieux, persévérant de ses sens, de ses organes, l'homme s'empare de cette énergie psychique qui l'environne, et il l'emmagasine dans ses centres nerveux accumulateurs, qui à leur tour la coordonnent, l'organisent, et en font des éléments nouveaux de la personnalité spirituelle. C'est là le résultat de l'effort.

L'âme humaine peut néanmoins recevoir du dehors, et pour ainsi dire à son insu, des éléments d'énergie qu'elle n'a pas cherchés, et qui viennent, sans qu'elle en ait conscience, prendre place à côté des parties antérieures du faisceau psychique.

Ces apports d'énergie psychique contribuent certainement à la constitution et au développement du faisceau d'énergie psychique qui est l'essence de l'âme. Mais il serait bien irrationnel d'admettre que ce soit par cette voie lente et progressive que s'accomplissent les accroissements brusques et rapides, les paroxysmes momentanés, dirai-je, de l'énergie psychique de la personnalité. A ceux-ci, il faut pour cause de puissants efforts de la pensée, de profondes secousses de la sensibilité, de grandes occasions de vouloir.

Ces puissantes commotions semblent éveiller et surexciter

le travail d'accumulation pour ajouter à l'âme une nouvelle somme d'énergie psychique dont la forme peut varier suivant l'espèce de stimulation qui a mis en activité l'énergie déjà accumulée et son accumulateur. Nous savons bien peu ce que c'est au fond que l'énergie psychique, mais à la juger par ses effets (la seule chose que nous puissions faire), elle n'est pas uniforme et revêt des apparences bien différentes. La pensée n'est ni la sensibilité ni la volonté ; il y a là tout au moins trois formes qui, sans être absolument différentes et séparées, n'en sont pas moins suffisamment distinctes pour notre jugement.

Si nous nous représentons l'énergie psychique comme susceptible de revêtir, de même que la lumière, la chaleur, l'électricité, la forme de vibrations de l'éther, l'analogie nous fournira quelques points de comparaison qui pourront, sinon nous éclairer complètement, du moins donner quelque satisfaction à notre besoin de connaître. Il est possible, en effet, que l'énergie psychique possède, comme l'énergie lumineuse, des ondulations de dimensions, de rapidités, d'amplitudes différentes, qui seraient aux manifestations de l'âme ce que sont par exemple les ondulations différentes des couleurs du spectre.

Le faisceau psychique individuel serait une synthèse de ces ondulations différentes comme l'est la lumière blanche du soleil par rapport aux couleurs du spectre[1].

Les vibrations sonores de l'air nous fourniraient également un point intéressant de comparaison en ce sens que les vibrations multiples et diverses d'un concert constituent des vibrations complexes et synthétiques dont les rouleaux du graphophone nous permettent d'étudier la forme et les combinaisons[2]. L'âme est une symphonie où se rencontrent et

1. Les différences entre les âmes tiennent certainement autant à la qualité qu'à la quantité des énergies psychiques qui les composent. Les différences dans la qualité, dans les proportions des ondulations composantes, peuvent concurremment avec les différences dans les relations et le mode d'association, servir à expliquer ces différences des âmes.

2. Une symphonie diffère d'une autre par les timbres des instruments, par la qualité et les rapports des sons et par la science harmonique qui a réalisé leur coopération, comme expression d'une idée ou d'un sentiment.

s'allient des vibrations diverses en un système plus ou moins heureux, et où les timbres instrumentaux peuvent être savamment équilibrés ou présenter des dominantes plus ou moins puissantes. C'est l'une ou l'autre de ces dominantes que l'effort, l'exercice, les stimulations efficaces venant du milieu extérieur peuvent mettre en évidence d'une manière plus ou moins saillante.

Mais l'âme humaine ne peut-elle recevoir d'une autre âme, d'une autre personnalité de constitution analogue à la sienne, consciemment ou inconsciemment, des éléments d'énergie qui viennent accroître son domaine énergétique? C'est là une question que l'on aurait à peine songé à poser il y a quelques années, mais qu'il n'est pas aujourd'hui possible de passer sous silence.

La communication par la parole ou par signe d'une pensée, d'un sentiment, d'une volonté et d'un mouvement psychique quelconque d'une âme à l'autre, *avec ou sans l'agrément de l'âme qui reçoit,* est un phénomène d'influence réciproque des âmes qui constitue un des éléments les plus fréquents et les plus ordinaires de la vie sociale. Personne ne songe à émettre le moindre doute à propos de l'influence que la parole et l'exemple exercent sur la pensée ou sur la conduite des hommes. Ce sont là des faits universellement reconnus comme vrais.

Ce qui est à peine un peu moins du domaine public, c'est la reconnaissance de ce fait qu'une personne puisse à son insu, et dans un état passager ou plus ou moins durable d'inconscience ou de subconscience, recevoir des communications à elle adressées par la parole d'un autre ou par signe sous forme de suggestion. Le fait est cependant réel ; il n'est pas de savant qui en doute. Dans cet état d'inconscience, l'âme reçoit et accepte à son insu les pensées, les sensations, les volontés d'une autre. Il semble que les vibrations de l'une éveillent des vibrations synchrones dans l'âme de l'autre, et que la parole ou les signes sensibles jouent le rôle d'instruments de transmission. Ce sont, semble-t-il, deux postes télégraphiques reliés par le fil de la parole ou par des signes extérieurs perceptibles par les sens.

Mais, de même qu'il y a une télégraphie sans fil (on le sait aujourd'hui, après avoir longtemps douté de sa possibilité), de même il y a aussi une transmission directe d'âme à âme, sans paroles ou signes servant de fil conducteur de transmission. C'est là le fait des communications ou sugges-, tions mentales ou de la télépathie.

Des faits nombreux, observés, avec toute la rigueur de la science et même expérimentés par des savants avec toutes les précautions qu'exigent des recherches si délicates, peuvent légitimement servir de base à une conviction sérieuse à cet égard ; et je me borne ici à mentionner le fait général pour en déduire les conséquences qui me paraîtront en découler.

Les faits de cet ordre se présentent au premier abord comme des exceptions tenant à ce que la constitution de certaines personnalités leur donne une réceptivité tout exceptionnelle et en particulier vis-à-vis d'autres personnalités plus capables que d'autres de projeter en elles leurs mouvements psychiques. Mais l'examen plus approfondi de ces phénomènes tend au contraire à établir leur généralité. Ces phénomènes, réduits il est vrai à des proportions modestes qui les masquent à la foule, sont en réalité mêlés au tissu de la vie sociale dans des mesures considérables et peuvent utilement servir à l'explication de faits très connus et qui contribuent très probablement à l'établissement des sociétés humaines par l'échange tacite et par la fusion inconsciente des pensées et des volontés. Qui sait même si ce ne sont pas les degrés divers de cette faculté d'échanges *muets* et de fusion inconsciente des mentalités, qui constituent surtout les aptitudes, et mesurent les tendances à la vie sociale chez des animaux de divers groupes ?

Pour l'espèce humaine où la sociabilité a atteint un degré supérieur, il ne me paraît pas douteux que chaque individu est un centre incessant et plus ou moins puissant de rayonnement et de réception, et que par là s'expliquent mieux que par toute autre considération les courants d'idées, les tendances communes à un groupe d'hommes, les engouements, les répulsions générales, les paniques, etc... qui se

manifestent parfois avec une intensité et une soudaineté
qu'on ne peut expliquer. Par là aussi s'établit et s'organise
certainement cette constitution psychique des masses humaines qui distinguent si bien les races, les peuples, les nations, et qui permet de parler avec juste raison de l'*âme des
peuples*, c'est-à-dire de la constitution caractérisée de leurs
pensées et de leurs morales en un faisceau cohérent et pour
ainsi dire personnel en un système de forces psychiques.

On conçoit que ces échanges, ces transmissions incessantes
de la vie journalière et uniforme, ces vibrations psychiques
d'intensité faible ou modérée ne modifient que faiblement
l'importance du groupe psychique personnel. Mais on conçoit aussi qu'une puissante et riche personnalité puisse par
les impulsions énergiques d'une forte volonté, produire chez
une autre personnalité un ébranlement remarquable par la
projection d'une somme importante d'énergie psychique. Il
y a là pour cette dernière personnalité une acquisition d'énergie qui peut augmenter la somme de ses propres énergies et
procurer à l'âme un accroissement durable ou momentané.
Ce sont là, me semble-t-il, des vues rationnelles et des
résultats très probables.

La conséquence générale que je tire, pour le moment, de
cet ordre de considérations, c'est que l'énergie psychique
peut se transmettre à distance comme l'énergie matérielle ou
physique.

Il y a longtemps déjà que j'ai dit et écrit que l'espace qui
nous entoure, au sein duquel nous nous mouvons, est certainement le lieu d'un colossal enchevêtrement et entre-croise-
ment de rayons, de courants et d'influences que nous ignorons complètement, parce que nos sens sont incapables de
les saisir, et que parmi ces courants, ces forces, ces souffles
projetés dans tous les sens se trouvaient certainement des
mouvements d'ordre psychique, des vibrations mentales
pour ainsi dire, établissant entre les hommes des communications mentales ignorées et méconnues.

Je ne puis oublier les étonnements protecteurs, les sourires d'incrédulité ou les gestes négateurs qui ont longtemps
accueilli l'expression de ma pensée. Aussi est-ce avec une

vive satisfaction que je constate combien les tendances et l'attitude des savants sur ce point se sont modifiées. Des découvertes frappantes, celles des rayons X et des ondes hertziennes (le télégraphe sans fil) en particulier, ont donné à penser qu'il y avait dans l'espace bien d'autres mouvements et d'autres forces que ceux que nos sens étaient capables de constater, et qu'un immense inconnu nous échappait parce que les réactifs propres à le déceler et à le rendre sensible faisaient encore défaut.

Je me plais à citer ici, à cause de la haute autorité scientifique de celui qui les a prononcées, quelques parties d'une conférence très suggestive faite sous le titre de *Opinions d'un profane* par M. Duclaux, l'éminent directeur de l'Institut Pasteur, à la séance d'inauguration de l'Institut psychologique international, le 31 janvier 1901. «..... Comme vous le voyez, dit-il, la science est l'élargissement de la sensation. Toutes les fois qu'elle fait un progrès, elle ramène au niveau de nos organes imparfaits quelque chose d'existant en dehors de ces organes et que jusqu'à ce moment nous n'avions pas aperçu. Comment comprendre dès lors que le savant qui assiste tous les jours à des éclosions pareilles, n'incline pas naturellement à croire qu'en dehors de ce qu'il voit, il y a une infinité de choses qu'il ne voit pas, que ses successeurs nous apprendront à connaître, et à admettre que le monde qui nous environne n'est pas limité aux forces qui agissent sur nos sens, et qu'il en contient probablement des milliers d'autres.

« Peu à peu, cependant, dit un peu plus loin M. Duclaux — (et les deux dernières découvertes dont je viens de parler, à savoir celles des rayons X et des ondes hertziennes, y ont été pour beaucoup) — peu à peu l'esprit des savants s'est élargi et a fini par s'ouvrir à cette idée que le monde est immense, que les forces qui y circulent sont en nombre immense aussi, que celles que nous ignorons sont en nombre bien plus considérable que celles que nous connaissons. Si bien, qu'avec cette conception, le monde dans lequel nous vivons nous apparaît comme quelque chose de plus en plus compliqué. Nous savons, en effet, qu'il n'y a pas nécessairement de repos réel là où on voit le repos apparent, que plusieurs forces peuvent se réduire mutuellement au repos sans cesser d'être. Nous sommes sûrs par quelques exemples, qu'il y a sans cesse circulant autour de nous une masse de forces que nous ignorons et ignorerons pendant longtemps, des choses auxquelles d'autres êtres que nous peuvent être parfaitement sensibles, car c'est ici que nous retrouvons cette imperfection de nos sens qui ne nous permet pas de conclure de nous aux êtres qui nous entourent. »

« Par exemple, ici dans cette salle, il circule une quantité énorme de fluides invisibles, insensibles jusqu'ici : ils entrent par toutes les portes, par toutes les fenêtres, à travers tous les murs, et rien ne nous dit que parmi ces forces il n'y ait pas des ondes hertziennes parties de Chicago, absolument comme il y a un écho affaibli des coups de canon qui se tirent à la pointe de l'Afrique. Il y a cela, et il y a bien d'autres choses encore. De sorte que dans ces conditions, cette salle où nous croyons être seuls ne renferme pas que nous. Je crois être seul à m'y faire entendre, mais d'autres voix y pénètrent provenant un peu de toutes les directions, voix faibles, voix confuses, mais que l'on saisira un jour et dans lesquelles nous réussirons à nous débrouiller. »

Et plus loin encore : « On peut admettre qu'il se produira quelque jour une oreille naturelle ou artificielle qui sera précisément assez délicate pour être sensible à ces influences que nous n'appelons aujourd'hui occultes que parce que nous les ignorons, qui pourra les décomposer en leurs éléments composants, et percevoir au milieu de ce silence apparent dans lequel nous vivons, les éléments de ces silences… »

« Eh bien, je ne sais si vous êtes comme moi, mais ce monde peuplé d'influences que nous subissons sans les connaître, pénétré de ce *quid divinum* que nous devinons sans en avoir le détail, eh bien ! ce monde est un monde plus intéressant que celui dans lequel s'est jusqu'ici confinée notre pensée. Tâchons de l'ouvrir à nos recherches : il y a là d'immenses découvertes à faire dont profitera l'humanité. »

Quelque longues que soient ces citations, je n'éprouve

nullement le besoin de m'en excuser auprès du lecteur, car elles sont une confirmation éclatante, partant d'une bouche très autorisée, de la réalité de ces influences cachées, de ces courants ignorés qui déversent silencieusement dans les âmes des forces provenant soit du monde qui nous enveloppe, soit d'autres âmes comme la nôtre.

C'est là un fait très important et duquel nous tirerons des considérations de grande valeur pour le sujet qui nous occupe.

L'application des forces dites matérielles ou de l'énergie matière, obéit à une loi très générale qui a trait à l'action de plusieurs forces ou quantités de force agissant simultanément sur un même point d'application. Cette loi de la mécanique veut que l'objet sur lequel agissent les forces et qui ne peut évidemment suivre simultanément des directions différentes et avec des puissances et des vitesses différentes, obéisse à ce qu'on appelle la *résultante* des forces *composantes*. Cette résultante est indiquée précisément par ce que l'on appelle le parallélogramme des forces et est représentée par la diagonale de ce parallélogramme reliant l'angle de rencontre des directions des forces sur le point d'application avec l'angle opposé. Il est aisé de comprendre que plus l'angle des directions des forces est aigu, plus est longue la résultante. Plus une des forces est puissante par rapport à l'autre, plus la résultante tend à être en longueur, égale à la première force, et plus aussi elle se rapproche de la direction de cette dernière. Ainsi donc, toute force, toute quantité d'énergie venant s'appliquer à un objet, influe sur le mouvement de cet objet dans une proportion et suivant une direction qui seront en relation précise avec la quantité relative de cette énergie et avec sa direction.

Dans le domaine des énergies psychiques nous ne sommes pas (pour le moment, du moins) en mesure de formuler avec une précision mathématique les conditions de la résultante des énergies ou des influences psychiques qui viennent concourir à la vie mentale des individus. Mais l'analogie est certainement non seulement permise, mais très probable et très légitime. Nous pourrons nous rendre compte dans bien des cas que nos pensées, nos sentiments, nos volontés sont les résultantes de certaines influences qu'il nous est possible d'indiquer et même parfois de mesurer approximativement. La tâche des philosophes et surtout des moralistes est de retrouver les composantes de nos opinions, de nos affections, de nos déterminations. La tâche des historiens philosophes est de démêler dans les apports d'influence les parts dues au milieu, aux hommes, aux circonstances qui peuvent contribuer à expliquer les actes des conducteurs de peuples, des hommes de l'histoire, apports d'influences qui ont façonné non seulement l'âme des rois, mais aussi celle des peuples. Il y a là des résultantes dont les composantes sont souvent très complexes, très nombreuses, très difficiles à discerner, à démêler et à peser, et d'autant plus que parmi ces composantes il faut toujours compter l'autonomie personnelle assise sur la liberté, et dont l'apppréciation exacte nous échappe presque toujours.

Il y a donc dans le monde psychique, comme dans le monde dit matériel, un parallélogramme des forces avec ses composantes et sa résultante, malgré que le monde psychique ne nous permette pas encore, pour bien des raisons, le discernement parfait et la mensuration exacte de toutes les composantes, d'une part, et l'appréciation rigoureuse de la résultante d'autre part. Mais néanmoins une analogie satisfaisante peut être établie et démontrer combien la distinction absolue entre ces deux mondes est loin d'être justifiée.

J'arrête là cette comparaison des énergies psychiques et des énergies physiques. Les ressemblances que j'ai exposées, à elles seules, sont déjà suffisantes pour démontrer que c'est bien à tort que l'on a voulu établir entre ces deux formes de l'énergie une séparation complète et une différence de nature.

D'autres ressemblances pourraient facilement être signalées, et l'avenir se chargera très probablement de démontrer qu'il est moins facile d'établir ce qui distingue ces deux formes de l'énergie que ce qui les confond.

Mon but, en faisant l'examen qui précède, était d'établir des données rationnelles et scientifiques à la lumière desquelles on pourrait établir ce qu'il faut penser de la prière et de son efficacité. La prière, en effet, n'est au fond qu'un recours à la force, un appel à l'énergie pour obtenir l'accomplissement d'une volonté, d'un désir. Il convient donc d'examiner si les données de la science sur l'énergie permettent de croire que, en dehors de toute action miraculeuse (et par là j'entends toute action contraire ou même étrangère à la nature et à ses lois), la prière puisse être suivie d'exaucement. C'est là la question que nous devons discuter, et pour placer la discussion sur un terrain précis et en dehors de l'équivoque, cherchons ce qu'est la prière, et non seulement ce qu'elle est pour la plupart des chrétiens, mais ce qu'elle pourrait être, en un mot les manières dont elle est comprise et celles aussi dont on pourrait la comprendre.

Laissant de côté la notion générale de prière, c'est-à-dire de demande, de supplique adressée avec ardeur à une personne dont on sollicite une faveur que l'on n'attend que de sa bonne volonté, nous nous occuperons de la prière dans le sens proprement religieux de ce mot.

II. — LA PRIÈRE ET L'HOMME.

D'une manière très générale, la prière est un acte par lequel l'homme s'adresse avec confiance à la divinité pour obtenir de sa puissance, une protection, une délivrance, une faveur, un don quelconque auquel il attache un grand prix. C'est là le sens que l'on donne généralement au mot prière. Ainsi comprise, la prière comporte la mise en action de deux personnes, l'homme qui prie, et la divinité qui est priée. Elle comporte également deux phases ou actes successifs, l'invocation, qui est la part de celui qui prie, et l'exaucement qui dépend du dieu à qui s'adresse la prière. Tout homme qui prie, et toute prière a donc pour condition *sine qua non*, pour condition indispensable, la croyance en un dieu qui entend la demande et qui est capable d'y répondre. A ce point de vue l'athée ne saurait prier : athéisme et prière sont deux termes inconciliables et contradictoires.

La prière ainsi comprise se compose de deux éléments, l'un subjectif, relatif à celui qui prie, et l'autre objectif par rapport à ce dernier, c'est-à-dire la divinité qui agit en dehors de lui. Cet élément objectif de la prière distingue la prière dite d'intercession, qui comporte une intervention active de Dieu, de la prière d'édification ou d'élévation qui peut être limitée à l'acte purement subjectif. Il est en effet possible de croire en Dieu, mais en le considérant comme ayant fait son œuvre une fois pour toutes, et comme n'intervenant plus dans la marche de la création. Dans cette situation qui est le plus souvent celle des déistes purs, la prière n'est qu'une exaltation de l'âme cherchant à s'approcher de Dieu, exaltation capable de l'élever et de la rendre meilleure. La prière en elle-même et ses conséquences sont donc alors purement subjectives.

Cette dernière notion de la prière paraît supprimer des difficultés qui semblent très graves dans la conception des relations de la créature et du Créateur. Elle se présente par rapport à l'autre notion comme une grande simplification.

Il est, pour beaucoup d'esprits, difficile, sinon impossible, de croire que Dieu intervienne dans les phémonèmes et les faits de l'univers créé, et qu'il en modifie le cours et la tournure au gré des désirs d'une infime et impuissante créature. La sagesse divine a tout organisé, tout réglé d'avance dans la marche et le mécanisme de l'univers, et les modifications même passagères que l'homme lui demanderait d'y introduire, ne sauraient être que de misérables perturbations auxquelles la grandeur et la science divines ne sauraient se prêter. Telle est la manière de voir de ceux qui croient à la valeur purement subjective de la prière. Elle paraît simple et suffisante ; mais il s'agirait de savoir si elle est d'accord avec la réalité, et si elle est capable de réduire à néant la conviction de ceux qui, au nom de leur expérience aussi bien qu'en vertu du témoignage de la conscience, croient fermement que les demandes adressées à Dieu avec foi, reçoivent souvent de lui une réponse, et que Dieu sait, quand il le juge bon, intervenir, dans les événements de ce monde.

Il est certain qu'entre ces deux points de vue il ne peut être question d'un jugement humain qui serait sans appel. Il y a ici, comme dans tout ce qui a trait au domaine de la conscience et de la foi, des raisons que la raison ne connaît pas ; et le témoignage intérieur de chaque homme devient pour lui cause suffisante d'accepter tel ou tel point de vue. Je ne prétends donc pas prononcer un jugement ferme que chacun resterait libre d'accepter ou de repousser. Mon seul objectif est de rechercher si les données scientifiques et rationnelles constituent des objections sérieuses à la prière d'intercession, ou si même elles permettent avec quelque raison de la comprendre et d'en accepter la réalité.

Pour procéder avec méthode et pour soumettre à l'appréciation et à la critique tous les éléments de la question, nous croyons devoir diviser notre examen en deux parties. La première concernera celui qui prie, l'homme, et la seconde celui qui est sollicité d'exaucer, Dieu.

L'homme qui prie dans le sens chrétien du mot, croit à l'existence d'un Dieu personnel et libre, capable de juger, de choisir, de vouloir et d'agir, d'un dieu accessible et paternel qui peut connaître les désirs des hommes et qui peut entendre leurs prières. Tout homme qui n'a pas cette croyance ne songe pas à prier, et nous n'avons pas à nous en occuper.

Que fait l'homme qui prie ? Quel est son état mental ? Quelle est sa situation morale ? Quel est l'essence même de son état de prière ? C'est ce qu'il convient d'analyser.

Il est bien entendu qu'il n'est pas ici question des formules marmottées ou des redites automatiques qui n'engagent que l'habitude inconsciente, et où les reflexes ont bien plus de part que la réflexion. Ce ne sont pas là des prières ; ce sont des gestes, des attitudes, et nous ne nous en occenperons pas.

L'homme qui prie le fait sous la poussée d'un désir profond ; il veut fortement ce qu'il demande, et sa demande révêt en conséquence une ardeur singulière. Cette demande, il l'adresse non à son inférieur ou à son semblable, mais à un être dont il dépend entièrement, et dont la grandeur, la puissance, la sagesse sont incommensurables par rapport à lui. Il y a donc à la fois ardeur et intensité maximum dans la demande, il y a solennité incomparable dans cette *audience* demandée au Roi des Rois, et au Souverain maître de toutes choses. Il y a donc exaltation considérable de la faculté de vouloir, et élan puissant de l'âme pour atteindre ce Souverain dispensateur de toutes choses. Mais il y a aussi exaltation de la faculté de sentir et d'aimer dans cette foi vive et profonde en la bonté divine, dans cette explosion de confiance et d'abandon à la paternité de Dieu.

Il est impossible qu'un tel déploiement de l'énergie psychique sous ses formes les plus élevées ne soit pas accompagnée d'un accroissement de puissance, d'une *extension domaniale* de l'âme. On a dit que la prière était la respiration de l'âme. C'est vrai en ce sens que la respiration est la condition par excellence et indispensable de la faculté de vivre et de la force corporelle et musculaire en particulier, si bien que chez les animaux à mouvements puissants correspond toujours une puissance proportionnelle de respiration. Parmi les vertébrés, les oiseaux, et surtout les oiseaux de haut vol, ont un appareil respiratoire d'une structure supérieure et une fonction respiratoire d'un activité très considérable. La respiration apporte à l'organisme le premier et le plus indispensable des aliments : l'oxygène.

Mais la prière est encore pour l'âme une gymnastique merveilleuse qui accroît puissamment la somme de ses énergies, et lui permet d'accomplir de grandes choses.

Comme l'alpiniste qui en gravissant les hauts sommets voit grandir sa puissance musculaire et l'activité fonctionnelle de tout l'organisme, l'homme qui, en priant, fait effort extraordinaire de toutes les puissances de son âme pour s'approcher de Dieu, puise certainement, dans ces ascensions, de nouvelles énergies qui la grandissent et la fortifient. Mais de même aussi que l'alpiniste n'acquiert pas seulement de nouvelles forces, mais voit ses énergies se mieux associer, se mieux coordonner pour donner aux mouvements plus d'adresse, plus de souplesse, plus d'énergie, plus d'aptitude à produire un travail utile ; de même aussi l'homme de prière acquiert dans ces facultés psychiques plus d'équilibre, plus de solidité, plus de persévérance, plus de volonté, et finalement plus de capacité et de puissance.

Mais si l'énergie psychique s'accroît ainsi par la prière, qu'elle est la source où elle puise les éléments de sa croissance ?

Sans empiéter sur ce que j'aurai à dire à propos du rôle possible de Dieu dans la prière, je me borne à répéter ici que l'énergie psychique, que l'âme s'agrège, elle la trouve et la puise dans l'énergie diffuse dans l'univers, dans ce milieu psychique qui anime la création, qui préside à son évolution, et qui est un héritage direct du Créateur qui est esprit. Je ne puis m'arrêter à développer ce que j'ai dit ailleurs à ce sujet, et ce que j'aurai probablement l'occasion de redire. Je pense que l'esprit est partout, qu'il est l'énergie par·excellence, l'énergie des énergies, celle dont peut-être toutes les autres, c'est-à-dire les forces dites physiologiques et physiques, ne sont que des états autres et inférieurs, que les âmes des animaux et de l'homme ne sont que des centres d'accumulation de ces énergies, accumulations constituées et organisées en systèmes d'une manière toute spéciale par les centres nerveux.

Si telle est l'origine et la nature de l'âme, qu'y a-t-il d'étonnant que son noyau déjà formé puisse dans certaines conditions s'accroître d'accumulations nouvelles provoquées par un surcroît de son activité qui ne se sépare pas de l'activité de son accumulateur, le cerveau ? La prière n'est donc pas seulement un mouvement puissant de l'âme, mais elle est encore la cause déterminante d'un emprunt d'énergie fait à la masse de l'énergie psychique universelle. La volonté humaine provoque et favorise cet emprunt ; mais, je le dis d'avance, nous aurons à examiner si la volonté divine ne pourrait pas jouer un rôle important dans sa réalisation.

Par cet emprunt, l'âme agrandie et fortifiée représente déjà pour un temps une phase ultérieure de son évolution.

Elle est momentanément *plus grande que nature* et elle est devenue capable de réaliser des œuvres supérieures à ses pouvoirs ordinaires, des œuvres que la vie quotidienne ne nous offre que comme de rares exceptions, des œuvres qu'on pourrait qualifier de *surnaturelles*.

Ces œuvres, fruit de la prière peuvent produire très probablement plus d'effet que nous n'osons le supposer, et s'étendre à des domaines que nous considérons volontiers comme leur étant tout à fait étrangers.

Et cependant, si les considérations que nous avons présentées dans la première partie de cet Essai, méritent quelque créance, l'énergie psychique peut étendre son influence dans des directions très diverses. Concrétons notre pensée en prenant quelques cas particuliers l

Un homme prie pour un de ses semblables. Il demande ardemment pour lui le progrès moral et religieux, un état du cœur plus conforme à la loi divine, une vie plus sanctifiée, une conscience plus droite, une humeur plus joyeuse et plus bienveillante, des dispositions plus charitables, etc., etc.

Ne saurait-on concevoir et croire que l'impulsion puissante qui part de cette âme exaltée, fortifiée et agrandie par la·prière, soit capable de retentir secrètement sur l'âme de celui qui en est l'objet et l'occasion, ne puisse imprimer à ses sentiments, à sa volonté, à son jugement même une orientation conforme à celle que l'âme qui prie a si ardemment désirée pour lui ? *A priori,* s'il est vrai que les mouvements psychiques puissent se transmettre d'âme à âme sans signes extérieurs, on ne saurait nier la possibilité d'un semblable effet de la prière.

Cet effet est rationnel et conforme à ce que tend à établir l'observation.

L'homme peut donc prier avec foi pour l'âme de son semblable, pour ses dispositions intérieures, pour la·direction de sa volonté ; il n'y a là au fond que des relations d'âme à âme qui entrent aujourd'hui dans le domaine des faits acceptés par la science.

Mais un homme peut-il influer par la prière sur le corps, sur la santé par exemple de l'un de ses semblables. Peut-on demander, avec quelque confiance d'être exaucé, la guérison d'un malade, le soulagement d'une infirmité ou d'une souffrance physique? Le cas est certainement plus délicat, mais il peut cependant être envisagé avec quelque fruit.

Il n'est personne qui ne soit prêt à reconnaître qu'entre l'âme et le corps d'un homme il n'y ait de profondes relations. Ces relations sont si intimes, et l'union entre ces deux éléments de la personne humaine paraît si profonde, qu'on ne peut, dans bien des cas, distinguer ce qui, dans les manifestations de la vie, est du domaine de la physiologie de ce qui est le fait de l'action psychique. Union profonde, relations mystérieuses mais incessantes, influence considérable et réciproque de l'un sur l'autre de ces deux éléments, c'est là ce que tout homme est appelé à reconnaître comme faits indiscutables.

L'influence de la volonté, des passions, des habitudes de penser, sur les attitudes corporelles, sur la manière d'être, sur l'expression de la physionomie, sur la santé, sont des constatations de tous les jours. On sait que la volonté est capable d'enrayer certaines affections, et que, comme le dit si bien l'auteur des *Proverbes, le contentement d'esprit est un bon remède* ; on va même jusqu'à penser, avec quelque raison, que la volonté peut retarder de quelques moments l'heure de la mort.

Ces faits admis, on ne peut se refuser absolument à admettre que l'énergie psychique de l'homme qui prie, exerçant son influence sur l'âme de celui pour lequel on prie, peut par là même, et d'une manière indirecte, agir aussi sur son corps. Un ébranlement considérable, une impulsion puissante de celui qui prie, émeut et oriente les énergies psychiques de celui qui est l'objet de la prière et peut imprimer par là à son organisme une impulsion salutaire.

Cette opinion est d'autant plus facile à accepter qu'elle rencontre un puissant appui dans le fait de la suggestion par la parole ou par le signe. La volonté de celui qui exerce la suggestion est, on ne saurait en douter, capable de supprimer la douleur, de réduire des contractures, de donner des sensations déterminées, c'est-à-dire d'imprimer à l'organisme du sujet une impulsion et une orientation particulières. L'âme du suggestionneur agit donc sur le corps du suggestionné, sur l'organisme du suggestionné en prenant pour intermédiaire l'âme de ce dernier.

N'est-ce pas là ce qui se passerait dans la prière, avec cette différence seulement que dans un cas il y a suggestion par la parole, et dans l'autre suggestion mentale ou par télépathie. Mais cette différence ne saurait apporter entre les deux cas une différence essentielle. Elle se réduit à une différence de conditions.

Il ne semble donc pas irrationnel d'admettre que par la prière on puisse avoir quelque influence sur la santé ou les habitudes corporelles de celui en faveur de qui est faite la prière.

C'est entendu, dira-t-on, la prière peut influer sur l'élément corporel de celui pour qui l'on prie. Les relations intimes et l'union profonde, l'unité même de l'âme et du corps de ce dernier permettent de le concevoir. Mais la prière peut-elle avoir quelque influence sur la nature, sur la matière non vivante, sur ce qui est soumis à des lois si précises qu'elles ne sauraient laisser place à l'action d'une volonté humaine, et qu'elles engendrent un enchaînement inéluctable de phénomènes et d'événements? Peut-on croire rationnellement à l'influence de la prière sur la matière dite brute? Voilà la question dans toute sa crudité et avec toutes ses difficultés.

Nous avons donc à examiner, quant au rôle de celui qui prie, si la prière peut rationnellement avoir une influence, une action sur le monde matériel. En d'autres termes, l'homme qui prie peut-il modifier en quelque mesure les phénomènes d'ordre purement physiques?

La question paraît au premier abord bien paradoxale et peu digne d'une discussion sérieuse. Mais il ne faut pas se hâter de céder à de pareilles impressions. Et d'abord il convient de repousser la pensée que les phénomènes psychiques puissent altérer les lois qui régissent la matière et modifier les lois du monde physique. C'est là un point de vue qu'il faut écarter d'une manière expresse et avec un soin extrême. Si la force psychique introduit dans les phénomènes du monde physique des modifications, ce n'est pas qu'elle modifie les lois du monde physique ; elle se borne à associer à l'action des forces dites matérielles l'action d'autres forces dont l'influence s'ajoutant à celle des premières et se combinant avec elles, produira une résultante nouvelle sans annuler et modifier la première résultante, attendu que celle-ci deviendra une des forces composantes de la nouvelle résultante.

Un exemple expliquera clairement ma pensée. La force de la pesanteur entraîne les corps matériels vers le centre de la terre. C'est là une influence à laquelle aucune portion de matière terrestre ne semble pouvoir être soustraite. Supposons une boule d'acier obéissant à cette loi, et tombant d'une certaine hauteur ; avant d'arriver au point terminus, c'est-à-dire à la surface du sol, la boule d'acier rencontre un aimant, c'est-à-dire une masse de fer chargée de force magnétique, qui l'attire au passage et l'arrête avant la fin de sa course. La boule d'acier cesse-t-elle par là, à ce moment, d'obéir à la force de la pesanteur ? Nullement, la force agit toujours sur elle, suivant la même direction, suivant les mêmes lois ; mais son influence, au lieu d'entraîner la boule vers la terre, est employée à contrebalancer une partie correspondante de la force magnétique qui la retient à une certaine distance du sol. La pesanteur n'est pas annulée, elle est seulement contrebalancée et dominée par la force magnétique ; et l'effet de cette dernière est d'apporter dans la chute de la boule des modifications proportionnées à sa puissance relative.

C'est là un cas qui rentre dans cette proposition déjà citée de la conférence de Duclaux : nous savons qu'il n'y a pas nécessairement du repos réel là où l'on voit le repos apparent, que plusieurs forces peuvent se réduire mutuellement au repos sans cesser d'être. Et, en effet, la gravitation est ici réduite au repos par la force magnétique, mais elle n'est certes pas supprimée. Son action est permanente, les lois de cette action sont respectées. Mais le mouvement de chute qu'elle devait produire est empêché par une autre force qui conserve aussi sa valeur et ses lois, la force magnétique.

Ce que la force magnétique fait dans cette circonstance, ne peut-il pas être fait par la force psychique? C'est-à-dire cette dernière ne peut-elle apporter des modifications non dans la force de la pesanteur et dans ses lois, mais dans ses manifestations par l'adjonction dans le phénomène d'un facteur nouveau? C'est là la question qu'il conviendra ici d'examiner.

A priori, rien ne s'oppose à ce que l'on admette que la force psychique peut agir sur la matière.

D'abord cela ne saurait être nié dans les limites de l'individu, dans l'étendue de l'individu humain ; nul ne s'avisera de nier que les mouvements de l'âme ont une influence considérable sur la production et la forme des phénomènes physiques et physiologiques du corps qu'elle anime, sur les mouvements du corps.

Nous nous sommes suffisamment expliqué à cet égard dans quelques-unes des pages qui précèdent.

Mais en outre, si l'on veut bien admettre avec nous [1] et avec un nombre toujours croissant de savants, de philosophes, de physiciens, de biologistes même, que la vie est représentée partout avec des degrés différents d'intensité, qu'elle existe aussi réellement, quoique avec des manifestations moins éclatantes, dans la matière dite brute que dans la matière dite vivante, que la vie est le fruit ou le fait de l'esprit, c'est-à-dire d'une force qui discerne, qui choisit, qui tend vers une fin et qui la réalise, si l'on est conduit, comme cela nous semble logique, par ces considérations, à regarder les forces générales comme des formes inférieures et rudimentaires de l'esprit, et à voir l'esprit répandu partout comme la force créatrice, organisatrice et directrice de l'univers, si, en somme, on considère les diverses forces répandues dans l'univers à nous connu, comme des manifestations différentes d'une *force unique,* on ne saurait se refuser à considérer, non seulement comme possible, mais comme très probable que l'action d'une de ces formes de la force puisse influer sur les autres formes. Et d'ailleurs, n'est-il pas vrai que l'action de la lumière, de l'électricité, de la chaleur, en un mot l'action des formes

---

1. A. Sabatier, *Essai sur la vie et la mort,* déjà cité.

dites matérielles de l'énergie a une répercussion très certaine et très marquée sur la forme psychique de l'énergie. L'état mental d'un homme varie certainement suivant que ces formes matérielles de l'énergie exercent sur lui leur influence (froid, chaud, lumière, obscurité). Pourquoi se refuserait-on à penser que la forme supérieure de la force, c'est-à-dire la forme psychique reste sans influence sur les formes inférieures ? C'est certainement du côté de cette négation que se trouve le défaut de logique et le paradoxe.

On m'objectera peut-être que la lumière, la chaleur, etc., n'agissent pas directement sur l'âme, et ne sont pas des modificateurs directs de la force psychique, que ces forces matérielles n'influencent l'âme que parce que, transmises par les vibrations de l'éther, elles sont venues impressionner la matière nerveuse (organes sensibles et centres nerveux) ; qu'il y a donc entre les deux ordres de forces, la matière des centres nerveux comme agent de transmission et de transition, tandis qu'on ne saurait invoquer un pareil intermédiaire entre la force psychique et les forces physiques, alors que la première agirait sur les secondes.

C'est là une objection qui a pu avoir autrefois une grande valeur, mais avec laquelle on peut en user librement aujourd'hui, car si l'on est de par les faits autorisé à penser que l'impulsion psychique se transmet à distance sans signes visibles extérieurs qui mettraient en jeu les organes sensibles, il n'est certes pas absurde de présumer que s'il y a un milieu ou des milieux vibrants, un fluide ou des fluides impondérables, des éthers, qui sont les véhicules de la chaleur, de la lumière, du magnétisme, de l'électricité, etc., un véhicule de même ordre est peut-être aussi celui de l'action psychique. C'est là la pensée de Crookes et de bien d'autres.

Il en résulterait que la force psychique fait sentir son influence aux forces matérielles en dirigeant ses vibrations spéciales vers les portions de matière qui servent de forme, de substratum à ces forces matérielles, et qui leur permettent d'être perceptibles pour nous (qui les rendent perceptibles). Si donc les forces matérielles ont une influence certaine sur la force psychique, il n'est pas illogique de penser que la

force psychique peut à son tour influer sur les forces matérielles. Mais les faits, l'observation, l'expérience permettent-ils
de constater cette influence de la force psychique sur les forces
matérielles ? Je ne crains pas de l'affirmer pour ce qui a trait
du moins à la gravitation, à la force de la pesanteur. Il est
loisible aux personnes qui pensent que tout est connu et que
tout est dit, qu'il n'y a plus de forces nouvelles et de phénomènes nouveaux à découvrir, de sourire d'une telle affirmation. Il y a encore malheureusement trop de savants que la
découverte des rayons Rœntgen n'ont ni instruits, ni corrigés,
et qui croient fermé pour jamais le cercle des objets à connaître. Rappelons-nous cette grande et sage parole d'Hamlet
affirmant qu'il y a dans le ciel et sur la terre incomparablement plus de choses inconnues que de choses connues de
nous, et n'imitons pas ceux qui ont traité Galvani de *maître
de danse des grenouilles* et qui ont ri de la découverte de la
matière dite radiante.

Le grand physicien Crookes, un des expérimentateurs les
plus sagaces et les plus originaux, a décrit avec grand soin
une série d'expériences faites par lui, sur un sujet spécial dit
médium, dans des conditions de contrôle propres à inspirer
toute confiance. Dans ces expériences, à la volonté du médium et sans contact direct, des mouvements se produisaient
dans des instruments divers tels que accordéon, balances, etc...
Crookes a été considéré à ce propos comme un illuminé, et
ce n'est pas sans quelque amertume, et j'ajouterai sans quelque raison, qu'il s'est plaint de ce qu'aucun de ses collègues
de la Société royale de Londres n'ait consenti, malgré ses
demandes pressantes et réitérées, à venir constater les faits
observés et ajouter son contrôle et son témoignage aux siens.
Crookes a désigné la force agissant dans ces circonstances
comme une force psychique. On peut sur ce point n'être pas
d'accord avec lui ; mais tout ce que l'on a pensé et dit jusqu'à ce jour sur la nature de cette force n'est que conjectures et hypothèses.

Quelle que soit la théorie que l'on adopte à cet égard, quel
que soit le mécanisme que l'on suppose à la production de
ces manifestations étonnantes, il convient de retenir ce fait

que la volonté du sujet, et même une dépense considérable de volonté, c'est-à-dire une intervention de l'énergie psychique est le fait initial et fondamental de ces phénomènes, et qu'ils établissent comme certain que l'énergie psychique peut, sans intermédiaire apparent, sans contact matériel sensible, modifier le monde matériel.

Les expériences de Crookes, quoique restant à l'état de fait unique et isolé, devaient, à cause même de la valeur exceptionnelle de l'observateur, être un sujet sérieux de préoccupation, même pour les incrédules ; mais il faut convenir qu'elles ne pouvaient entraîner à elles seules une conviction ferme chez ceux qui n'avaient pas été leurs témoins. Les résultats en étaient trop extraordinaires pour qu'un témoignage isolé leur donnat un crédit suffisant. L'hésitation si légitime des savants sur ce sujet a trouvé depuis lors l'occasion de faire place à plus de certitude du moins pour un nombre assez important d'observateurs, dont quelques-uns ont une valeur scientifique incontestable. Je veux parler des phénomènes produits par Eusapia Paladino, en présence d'un nombre important de commissions formées de savants et de philosophes et qui ont successivement été les témoins avertis et précautionnés de ces faits surprenants. On sait en effet qu'en présence de ces commissions qui comptaient des hommes comme Lombroso, Ochorowicz, Charles Richet, Lodge, Sciaparelli, de Rochas, etc., etc. Eusapia en état de transe, ou même en dehors de cet état de subconscience, a pu par une application intense de sa volonté, imprimer des mouvements assez étendus à des corps matériels lourds, en dehors de toute intervention corporelle et même de tout contact (tables soulevées, armoires s'ouvrant et se fermant à volonté, transport de clés, jeu de piano, soulèvement violent de rideaux lourds, mise en marche de fauteuils de grands poids, sensation de coups ou de pression sur des spectateurs que le sujet ne pouvait atteindre, etc., etc.). Ces faits consignés dans des rapports, et notamment dans les *Annales des Sciences psychiques* du Dʳ Dariex, ont établi chez la grande majorité de ceux qui les ont observés, la conviction très sérieuse que l'impulsion seule de la volonté pouvait par l'intermédiaire ou le jeu d'un mécanisme insaisissable, et dans tous les cas entièrement inconnu jusqu'à présent, agir sur les corps matériels considérés comme masse pesante et les déplacer, leur imprimer un mouvement. J'ai eu le privilège de participer à une série de ces expériences faites à Lagnelas chez le colonel de Rochas[1], et après les contrôles très rigoureux et très variés que nous avions soigneusement exercés, après les précautions très minutieuses prises, il n'est resté dans l'esprit d'aucun des observateurs de doute sur la possibilité et sur la réalité de ces phénomènes. Le fait seul que dans une expérience tout à fait improvisée, en pleine lumière éclatante fournie par une grande lampe à pétrole, sous les yeux braqués et attentifs de cinq observateurs dont plusieurs étaient des hommes de science habitués à l'expérimentation, le fait seul dis-je que Eusapia a pu, à l'état tout à fait normal et conscient, imprimer à une balance pèse-lettres, par sa seule volonté, sans contact, alors que je *tenais chacune de ses mains* dans l'*une des miennes,* des mouvements oscillatoires extrêmes d'élévation et d'abaissement de la balance qui suivaient exactement les mouvements d'élévation et de descente de ses mains tenues cependant à la distance de 3 ou 4 centimètres, ce fait seul, dis-je, couronnant cinq jours de longues expériences qui avaient fait successivement tomber nos préventions et nos doutes, ce fait seul, dis-je, serait-il isolé, me permettrait d'affirmer que (toute interprétation théorique réservée) il y a là des phénomènes positifs, indéniables, et dignes d'être médités. Il me semble en ressortir que, soit directement, soit indirectement (mais en dehors de tout contact observable) l'énergie psychique sous sa forme de volition est capable d'agir sur la matière brute considérée comme masse pesante et de lui imprimer des mouvements.

C'est là un fait positif, à mon avis suffisamment entouré de preuves et de témoignages. Ce qui est moins établi, c'est la généralité, la fréquence de ce fait, la généralité de ces phéno-

---

1. *Annales des Sciences psychiques*, VIe année, 1896, n° 1.

mènes dans l'espèce humaine. Il est certain que les sujets qui en sont les instruments à ce degré paraissent extrêmement rares. Mais peut-être le sont-ils moins qu'il le paraît.

On peut en effet supposer que des phénomènes de cet ordre, d'une signification et d'un caractère si remarquable, ne sauraient être le propre d'un très petit nombre de sujets et être absolument étrangers aux autres hommes. Des faits de cet ordre en effet ne sont pas de simples modalités des fonctions psychiques, mais ils révèlent une relation étonnante, singulière, très caractérisée entre les mouvements, les impulsions de la volonté et les mouvements de la matière considérée comme masse.

On peut donc soupçonner à bon droit que ces relations sont un fait général, mais qui se dérobe dans l'immense majorité des cas à nos moyens de constatation, soit parce que nos sens sont imparfaits, soit surtout parce que ces phénomènes atteignent presque toujours des proportions si minimes qu'ils nous échappent, soit aussi que notre attention n'étant pas éveillée à leur sujet, nous les laissions passer sans les remarquer. Chez quelques natures plus ou moins rares, le pouvoir de l'énergie psychique, et surtout un certain pouvoir de la volonté donnent à ces phénomènes des proportions assez grandes pour qu'ils frappent l'attention et deviennent objets d'observation ou d'expérience. Le nombre de sujets sur lesquels ils ont été constatés sont rares en effet ; mais qui dira combien d'hommes capables de les produire passent inaperçus à cet égard, parce que des circonstances diverses les ont placés en dehors des conditions où ils auraient pu être remarqués et observés ?

Si l'action de l'énergie psychique peut s'exercer efficacement et sans intermédiaire sensible sur la matière brute considérée comme masse, si en outre cette action est un fait général qui ne varie chez les hommes que par des degrés d'intensité, n'est-on pas en droit de penser que par la prière l'âme se haussant dans l'échelle de l'énergie et de la puissance, peut parvenir, dans certains cas, à donner à cette action des proportions susceptibles d'être constatées, ou dans tous les cas plus qu'ordinaires? Je ne vois pour ma part aucune objection sérieuse à faire à cette manière de voir.

Mais nous devons envisager la question de l'influence de la prière sur la matière brute sous un aspect plus intime, dirai-je.

La volonté peut-elle introduire des modifications durables ou temporaires dans la vie moléculaire, dans la vie intime de la matière?

Nous pouvons envisager cette question de l'influence possible du psychique, du mental sur les mouvements ou la vie intime de la matière brute, à un point de vue que nous avons déjà indiqué dans les pages précédentes.

Si nous pensons en effet, que l'esprit est présent partout, que partout dans la matière brute, comme dans la matière vivante, réside un élément de vie et de mentalité, très obscur sans doute dans la matière brute, plus ou moins évident et conscient dans la matière organisée et vivante, si, comme je le pense, la matière n'est au fond que la figure, la forme de la vie et de l'esprit, si la matière n'est que de l'esprit devenu plus ou moins sensible, quoi d'étonnant que l'esprit capable de volonté consciente puisse agir sur l'esprit inférieur et obscur qui se laisse soupçonner plus que démontrer dans la vie intérieure de la matière brute, et à plus forte raison sur l'esprit qui anime la matière organisée et qui est la source de la vie physiologique. Cette action du semblable sur le semblable, d'une forme de l'énergie sur la même forme, de l'esprit sur l'esprit, n'a rien qui se présente à l'entendement comme impossible et paradoxal.

A cette conception on opposera certainement le déterminisme des phénomènes matériels; mais l'objection est spécieuse, elle manque de solidité. Je ne nie pas *absolument* le déterminisme; mais il y a déterminisme et déterminisme. Ce qu'on peut et doit se refuser à admettre, c'est le déterminisme mécanique absolu, exclusif et aveugle, celui qui conduit à la fatalité des phénomènes et à leur fatalité absolue, si bien qu'il n'est pas même permis de considérer en eux la variation comme possible et indépendante d'un pur méca-

nisme. Dans les phénomènes naturels, quels qu'ils soient, il
y a autre chose que le mécanisme exclusif; car si l'esprit est
partout, s'il y a partout une mentalité plus ou moins
obscure, nous devons croire que cet élément d'activité qui
est au fond volonté et intelligence, qui ne se résout pas à
l'inaction et à la servitude, exerce aussi sa part d'influence
dans les phénomènes naturels, part très variable sans doute
et par la puissance et par la qualité, mais part incontestable
certainement, quoique échappant bien souvent à toute
constatation.

C'est là un élément qui, précisément à cause de son
obscurité, de son humilité extrêmes dirai-je, dans les états
inférieurs de la vie de la matière, échappe si bien à l'observation qu'on croit pouvoir conclure à la domination absolue
du mécanisme et du déterminisme mécanique. Mais c'est là
une erreur ; à côté de la nécessité mécanique agit l'impulsion
d'une volonté plus ou moins sourde, plus ou moins puissante et manifeste, et le règne de l'esprit s'étend jusque sur
les domaines où notre œil ne peut clairement l'apercevoir[1].

1. Dans mon Essai *Évolution et Liberté,* reproduit dans ce volume, j'ai
sous une autre forme exprimé des idées analogues, en faisant remarquer
qu'il y avait très probablement dans la matière brute des variations et des
mouvements indépendants du mécanisme pur, et qui par leur faible amplitude échappaient à l'observation. A mesure que l'on s'élève de la matière
brute à la vie physiologique et de celles-ci à la vie psychique proprement
dite, l'amplitude de ces mouvements ou variations croît rapidement pour
aboutir dans l'âme humaine aux phénomènes de liberté morale proprement dite. Mais à mesure que l'amplitude croît, à mesure aussi se révèlent
à l'observation ces variations indépendantes de la nécessité mécanique,
qui deviennent ainsi de plus en plus objet d'observation. A ces mouvements libres correspondent des excitations d'ordre mental, c'est à-dire
intelligentes et volontaires. C'est là le domaine de l'indéterminé sans
doute, mais de l'indéterminé par rapport aux fatalités du pur mécanisme.
Dans les phénomènes physiques, les oscillations sont d'une amplitude si
faible, qu'elles sont insaisissables et correspondent à des décimales que
nos moyens de recherches sont incapables d'atteindre.

Les sciences physiques n'enregistrent que des moyennes qu'elles
prennent pour des constantes directes ; et c'est pourquoi les phénomènes
physiques sont considérés à tort comme obéissant à une absolue nécessité et à un pur mécanisme.

Telles sont les données principales du mémoire que je résume. Qu'il
me soit permis de rapprocher des idées que j'y ai formulées, le passage

Or, qui dit esprit, dit liberté, dit choix rationnel, discuté et voulu ; qui dit esprit dit le contraire de déterminisme aveugle et de fatale nécessité. Comme l'a fort bien écrit M. Fouillée (« La Philosophie et son histoire », *Revue de métaphysique et de morale,* novembre 1901) : « Aucune forme de détermination ou de déterminisme n'égale les déterminations réelles ; par conséquent, le mécanisme et le mathématisme, avec leurs déterminations purement quantitatives n'épuisent pas le réel, et laissent place à d'autres déterminations, à d'autres raisons et causes plus profondes et plus intimes, de nature psychique et morale. .... A vrai dire ce qu'on entrevoit sous les formes mathématiques, c'est la vie, et, sous la vie même, c'est l'appétition et la sensation, c'est-à-dire la force du mental. »

Il y a donc un déterminisme idéaliste qui est le déterminisme de la liberté, et dans lequel les causes des phénomènes sont non des causes mécaniques, mais des *raisons ;* et ce déterminisme idéaliste n'exclut certes pas *à priori* la possibilité d'une influence de la prière sur la vie intérieure de

suivant du discours de M. Poincaré au Congrès international de physique réuni à Paris en 1900 (*Les relations entre la Physique expérimentale et la Physique mathématique ;* Rapports présentés au Congrès international de physique ; Paris, Gauthier-Villars, 1900).

« Il n'est pas sûr que la nature soit simple... Ceux qui ne croient pas que les lois naturelles doivent être simples sont encore obligés souvent de faire comme s'ils le croyaient. Ils ne pourraient se soustraire entièrement à cette nécessité sans rendre impossible toute généralisation et par conséquent toute science. Si nous étudions l'histoire de la science, nous voyons se produire deux phénomènes pour ainsi dire inverses : tantôt c'est la simplicité qui se cache sous des apparences complexes, tantôt c'est au contraire la simplicité qui est apparente et qui dissimule des réalités extrêmement compliquées. Quoi de plus compliqué que les mouvements troublés des planètes, quoi de plus simple que la loi de Newton ? Là, la nature se jouant, comme disait Fresnel, des difficultés analytiques, n'emploie que des moyens simples, et engendre, par leur combinaison, je ne sais quel écheveau inextricable. C'est là la simplicité cachée, celle qu'il faut découvrir.

« Les exemples du contraire abondent. Dans la théorie cinétique des gaz, on envisage des molécules animées de grandes vitesses, dont les trajectoires, déformées par des chocs incessants, ont les formes les plus capricieuses, et sillonnent l'espace dans tous les sens. Le résultat observable est la loi simple de Mariotte ; chaque fait individuel était comla matière vivante, et même sur celle de la matière brute. Mais nous sommes conduits, d'autre part, à penser que le rôle de l'élément mental dans la matière brute, étant particulièrement faible et obscur, l'influence exercée sur lui dans la plupart des cas, peut être soupçonnée et théoriquement admise, plutôt encore qu'observée et constatée.

Ne serait-ce pas à l'actif de ce déterminisme rationnel et idéaliste qu'il faudrait rapporter un fait qui frappe et étonne les physiciens de nos jours. Tandis, en effet, comme le remarque M. Poincaré dans son beau discours présidentiel (Congrès international de Physique, 1900), que la science tend à réduire à l'unité les forces physiques de la nature, les lois et les phénomènes physiques ne se présentent pas avec plus de simplicité, mais au contraire, avec plus de complication. Des lois que l'on considérait comme simples, très générales et invariables, la loi de Mariotte par exemple, se présentent à nos moyens plus précis d'étude comme compliquées, variables, et ne permettant pour le moment des

pliqué ; la loi des grands nombres a rétabli la simplicité dans la moyenne. Ici la simplicité n'est qu'apparente et la grossièreté de nos sens nous empêche seule d'apercevoir la complexité.

« Bien des phénomènes obéissent à une loi de proportionnalité ; mais la loi de proportionnalité n'est qu'apparente.

« Et la loi de Newton elle-même ? Sa simplicité, si longtemps cachée, n'est peut-être qu'apparente. Qui sait si elle n'est pas due à quelque mécanisme compliqué, au choc de quelque matière subtile animée de *mouvements irréguliers,* et si elle n'est devenue simple que par le jeu *des moyennes et des grands nombres* ?

« Et enfin, si la simplicité était réelle et profonde, elle résisterait à la précision croissante de nos moyens de mesure ; si donc nous croyons la nature simple, nous devrions conclure d'une simplicité approchée à une simplicité rigoureuse. C'est ce qu'on faisait autrefois ; c'est ce que nous n'avons plus le droit de faire.

« Dans les phénomènes connus eux-mêmes, où nos sens grossiers nous montraient l'uniformité, nous apercevons des détails de jour en jour plus variés ; ce que croyions simple redevient complexe, et la science paraît marcher vers la variété et la complication. »

J'arrête là ces citations. Elles me paraissent suggestives, et il s'en dégage, me semble-t-il, une sorte de présomption que tant de complication, et tant de difficultés d'approcher de la simplicité et de la constance pourraient bien avoir leur source, même pour les phénomènes physiques, dans l'intervention relative, dans le caractère relatif d'un élément mental, modeste et obscur sans doute, mais réel et effectif.

résultats numériques concordants que jusqu'à telle ou telle décimale.

Faut-il attribuer les différences représentées par les décimales variables à l'imperfection de nos moyens de recherche? Cela est soutenable ; mais, ne serait-il pas possible aussi d'y voir, pour une partie tout au moins, l'influence de l'élément mental immanent aux corps matériels qui font l'objet de la physique?

Les constatations dans cet ordre de recherches seront certainement d'une difficulté insurmontable. Mait peut-être certains faits viendront-ils apporter indirectement des indications précieuses. Cela paraît s'être produit dans le cas d'un savant, Freindler, qui, dans ses conclusions à un petit livre de stéréochimie, dont le dernier chapitre est consacré à la tautomérie, réclame impérieusement une conception dynamiste de l'atome; une *spontanéité* de l'atome chimique lui étant nécessaire pour l'interprétation des faits exposés dans ce chapitre (Marin, « L'origine des espèces », *Revue scientifique,* 9 novembre 1901).

Si l'avenir apportait de nouveaux indices favorables à ces conceptions, le moment viendrait de penser sérieusement ce qu'il nous est actuellement permis seulement de soupçonner, c'est-à-dire que la volonté de l'âme humaine, les impulsions de l'esprit sont capables d'agir dans une mesure quelconque, extrêmement faible très probablement, sur la vie moléculaire, sur les mouvements intimes et profonds de la manière brute, et que par conséquent on peut croire *a priori* que ce dernier domaine n'est pas absolument en dehors des atteintes de la prière.

Mais s'il est logique de penser que tels sont les faits, il n'en faut pas moins reconnaître pour rester fidèle à l'impartialité et à la vérité, que dans ce domaine, le pouvoir de la prière est bien circonscrit et limité, et que, dans l'état actuel de la constitution et de la puissance de l'être psychique humain, c'est là plutôt un pouvoir théorique et logique que réel et effectif. C'est là une restriction nécessaire, que la loyauté commande ; mais tout en la faisant sincèrement, il nous reste le droit de penser que si l'état actuel de l'être psychique humain permet à peine de compter sur une influence efficace de l'oraison et de la volonté sur la masse ou même sur la vie moléculaire de la matière, il pourrait dans un avenir quelconque en être autrement, si l'âme humaine parvenait un jour à grandir en énergie et à acquérir par une évolution progressive une plus haute et plus puissante stature.

Je borne là l'examen du rôle de celui qui désirant vivement une chose, la demande avec ardeur, de celui qui fait une vraie prière.

De cette étude il semble résulter, à mon avis, que l'homme qui prie donne à son être psychique un accroissement momentané de grandeur et de puissance; qu'il appelle à lui des forces psychiques répandues autour de lui et appartenant à l'âme de la création; qu'il enrichit son âme propre de nouvelles énergies et la hausse à une stature supérieure à sa stature ordinaire; qu'ainsi grandi, il peut produire autour de lui, et dans des directions qu'il choisit lui-même, des impulsions qui s'ajoutent aux impulsions déjà existantes en dehors de lui, et peuvent ainsi les accroître, les diminuer ou les modifier; et qu'ainsi se manifestent dans l'oraison des influences et des effets qui restant faibles et insaisissables dans l'état équilibré et quiescent de l'âme, atteignent dans la prière des proportions révélatrices dues à l'accroissement de la cause agissante, c'est-à-dire du faisceau d'énergie psychique qui constitue l'âme humaine.

L'expérience ayant démontré que les mouvements de l'âme d'un homme peuvent être communiqués à un autre homme sans signes extérieurs, que la force psychique d'un homme peut agir sur l'organisme d'un autre homme, que cette même force psychique peut influer sur les mouvements de la matière brute, l'âme exaltée de celui qui prie semble devoir manifester ces influences diverses d'une manière plus sensible et donner à la prière une réponse réelle et effective. Mais l'expérience ayant également établi que l'influence de l'énergie psychique d'un homme s'exerce sur l'âme de ses semblables, sur leur organisme et sur la matière brute dans des proportions très inégales et rapidement décroissantes, l'in-

fluence de la prière semble devoir obéir à ces mêmes conditions, et c'est surtout vers l'âme de ses semblables que l'homme peut projeter les impulsions de son âme, accrue et exaltée
par l'état d'oraison.

J'ai dit que par la prière, l'âme faisait un emprunt à l'énergie psychique diffusée dans l'univers, énergie qu'elle agré-
geait à sa propre énergie. Mais la prière ne représente pas
dans la pensée de ceux qui prient un acte unilatéral ; il y a
un autre facteur qui d'après eux y jouerait le principal rôle
et en serait le grand moteur ; ce facteur c'est Dieu.

Dans une seconde partie de cet essai nous allons examiner
et rechercher ce qu'il peut y avoir de rationnel ou d'irrationnel dans cette intervention divine, et quelle peut être l'importance et la portée du rôle de Dieu.

III. — LA PRIÈRE ET DIEU.

L'homme qui prie, s'adresse à Dieu, c'est-à-dire à Celui
qui est pour lui l'être tout puissant, capable de réaliser les
désirs exprimés. La prière suppose donc un Dieu personnel
qui entend ceux qui lui parlent, qui juge et apprécie, qui
peut vouloir et qui veut, qui peut intervenir dans le cours
des choses et qui intervient en effet, qui peut modifier dans
tel ou tel sens le cours des événements. Un Dieu qui
serait dépourvu de ces conditions ne saurait en effet être
invoqué.

Le Dieu impersonnel du panthéisme, pas plus que le Dieu
indifférent et glacé du déisme ne peuvent être les dieux de
la prière. Mais le Dieu du théisme qui, créateur du monde,
dirige celui-ci vers une fin de justice et de sainteté est un
Dieu que l'on peut prier.

Le Dieu de la prière est par excellence le Dieu du christianisme, c'est-à-dire le Dieu créateur et père, le Dieu qui
aime sa créature et qui la veut bonne et heureuse. C'est de lui
surtout qu'il sera question ici.

Il ne s'agit pas évidemment pour nous de démontrer que
ce Dieu existe ; Dieu n'est pas matière à démonstration ; ils

est senti par la conscience; et c'est là un ordre d'argument et de constatation qui pour n'être pas celui des sciences proprement dites, n'en a pas moins sa valeur. Le mot de Pascal : « Le cœur a ses raisons que la raison ne connaît pas » restera toujours un mot vrai, profondément vrai. Ceux dont la conscience, ce sens intérieur, a senti Dieu, ont le droit irrécusable de parler de leur certitude. Celle-ci n'est pas la certitude mathématique, ni la certitude scientifique, qui résulte de l'induction expérimentale, mais elle est la certitude morale qui a sa méthode d'observation et de démonstration au même titre que les autres sciences quoique opérant avec des sens différents.

Il est clair que cette certitude n'est pas le résultat d'un mode de démonstration exactement comparable à celui dont usent les sciences dites exactes. Quoique l'expérience y ait sa place, et je veux désigner par là l'expérience intérieure telle que l'organise la conscience morale, la nature des preuves et leurs relations avec le résultat n'ont pas exactement le caractère des preuves sensibles qui servent à établir les faits proprement dits de la science. Ces dernières sont susceptibles pour un fait donné, pour une loi naturelle par exemple, d'être soumises à une vérification, à une subordination logique qui deviendront les mêmes pour tous les chercheurs, et qui établiront entre elles une échelle d'importance et de valeur qui sera acceptée de tous.

Il n'en est certes pas de même pour les preuves qui déterminent chez les hommes la certitude de l'existence de Dieu et la croyance à tels ou tels de ses attributs. Pour les uns, la preuve capitale, la preuve déterminante est l'ordre qui règne dans la création, puisqu'il révèle un ordonnateur ; pour d'autres, c'est le désordre qui appelle un correcteur et un régulateur ; pour les uns c'est le bonheur dont ils jouissent puisqu'il révèle un bienfaiteur ; pour d'autres c'est le malheur qui les frappe, car il rend nécessaire le réparateur ; pour les uns c'est la justice immanente des choses qui prouve l'existence d'un *juste juge* ; pour d'autres, c'est l'injustice dominante car elle réclame un justicier ; pour les uns c'est la réduction du monde à une grande machine aveugle et mue par une force fatale et brutale qui ne saurait être tout dans l'univers ; pour d'autres, c'est la finalité évidente et l'influence non douteuse d'une volonté dirigeante et régulatrice.

Tandis que dans le domaine de la science la classification des preuves emprunte ses caractères à l'importance, à la valeur intrinsèque de la preuve ; dans les preuves de l'existence de Dieu, la valeur relative de la preuve est subordonnée à l'état d'âme du chercheur et à l'orientation de sa conscience.

Il y a là évidemment des différences remarquables qui séparent les deux ordres de connaissances et qui attribuent à l'une et à l'autre des certitudes de caractères différents.

Quoi qu'il en soit, l'homme peut croire à l'existence de Dieu ; il peut aussi ne pas y croire ; et l'une et l'autre attitude ne sauraient être louées ou blâmées au nom de la science, car la méthode de démonstration est essentiellement personnelle, et nul n'est obligé de considérer comme valables les arguments de son prochain. Mais ce qui est bien certain, c'est que la prière, la vraie prière est le bien propre et exclusif de celui qui considère Dieu comme un être réel et personnel. Il est bien certain aussi que le degré d'élévation et de haute signification de la prière sera (toutes choses égales d'ailleurs) en corrélation directe avec la valeur de la notion du Dieu à qui elle est adressée. La prière du chrétien, de l'homme qui s'adresse à un Dieu de justice et d'amour, ne saurait avoir même valeur morale et même signification que la prière d'un Louis XI ou du brigand calabrais suppliant la madone de les favoriser dans la consommation d'un dernier crime. C'est là une réflexion que je fais en passant, mais sur laquelle je devrai revenir, quand je chercherai à mesurer les effets possibles de la prière en général.

A ce point de vue du rapport de la signification de la prière avec la conception de Dieu qu'a celui qui prie, il ne paraîtra pas téméraire d'affirmer que le Dieu du christianisme (c'est-à-dire l'idée de Dieu que se font les chrétiens) est par excellence le Dieu de la prière. L'âme qui s'adresse à lui, en s'efforçant d'harmoniser ses pensées et ses désirs avec la stature parfaite et sublime qu'elle Lui reconnaît, d'une part est capable plus que tout autre de réaliser en elle les conditions d'accroissement et d'exaltation qui sont les conditions de son pouvoir personnel ; et d'autre part, si Dieu est réellement ce que pense le chrétien, Il doit plus que tout autre Dieu, être assez puissant pour agir conformément aux souhaits, et assez paternel pour prêter l'oreille aux désirs et aux souffrances de ses enfants. C'est là ce que pense le chrétien qui prie.

Nous devons maintenant examiner non pas si les faits justifient cette conviction, (je me suis expliqué plus haut sur l'impossibilité d'apporter quelque rigueur dans cette recherche expérimentale), mais comment (l'idée chrétienne de Dieu étant acceptée), comment, dis-je, peut se comprendre et se justifier aux yeux de la raison l'intervention divine provoquée par la prière, et surtout s'il est concevable qu'une intervention incessante et incessamment provoquée soit conciliable avec la marche régulière de l'univers et le respect des lois naturelles.

Une première question doit être posée, car sa solution négative supprimerait toutes les autres.

Nous nous plaçons toujours sans doute au point de vue de la croyance à l'existence de Dieu ; c'est là notre postulat. Mais l'idée chrétienne de Dieu, c'est-à-dire d'un Dieu amour, en même temps que justice, d'un Dieu père qui demande aux hommes de se tenir constamment en relation avec lui, qui écoute leurs appels, qui accueille leurs prières, qui entend et qui répond, est-elle aisément acceptable ? Est-elle rationnelle ? N'y a-t-il pas quelque contradiction dans cette conception de l'être infiniment grand, tout sagesse et tout science qui non seulement consent, mais aspire à être en communication constance avec l'être fini, débile, ignorant et imparfait qu'est l'homme ? N'est-il pas plus aisé de concevoir le Créateur enfermé dans sa grandeur inaccessible. et qui, ayant daigné donner au monde l'être et l'impulsion initiale, le livre, l'abandonne à l'influence de ses forces, au jeu de son mécanisme et à l'épanouissement de ses virtualités ?

Il est clair que l'idée de prière qui est une conséquence naturelle de la première notion, c'est-à-dire de la notion chrétienne, est exclue de toute possibilité, et perd tout caractère pratique dans le cas où la seconde notion s'imposerait à la raison. Examinons donc quelle est celle des deux notions de Dieu qui est la plus conformé non seulement aux données de la raison, mais aux analogies que suggèrent nos connaissance de la nature. L'une et l'autre notion de Dieu comportent l'idée de création ; c'est-à-dire attribuent à la nature des relations d'origine vis-à-vis de Dieu.

Quelle peut être rationnellement la nature de ces relations ? Comment pouvons-nous concevoir l'œuvre créatrice ? La réponse à ses questions est plus que toute autre propre à projeter quelques lueurs sur les relations permanentes du Créateur et de la créature. Aussi allons-nous rechercher celle qui nous paraîtra la plus rationnelle.

Un commun proverbe qui ne manque pas de justesse dit que l'on connaît l'arbre à ses fruits et l'artisan à son œuvre. Si Dien a été l'artisan du monde, le monde pourra nous donner quelques lumières sur son Créateur. Le monde, et par là j'entends tout ce qui compose l'univers, est dans une certaine mesure le seul laboratoire qui puisse nous donner indirectement quelques notions sur Dieu, puisque Dieu lui-même est hors de l'atteinte de nos moyens directs d'étude. Prétendre, comme le fond certains, que Dieu est tellement hors de notre portée que nous ne pouvons avoir de lui aucune connaissance, et que nous devons renoncer à raisonner sur lui, ne me paraît paraît pas justifié. Si Dieu a mis sous nos yeux son œuvre, sa grande œuvre, s'il nous a doté du désir et des moyens de connaître, notre droit comme notre devoir sont de chercher à tirer de l'étude de son œuvre une connaissance, même plus ou moins imparfaite de l'auteur.

Dieu ne saurait être soupçonné de fantaisie et de caprice. Ces dispositions mentales défectueuses ne sauraient s'allier qu'avec la faiblesse et avec un défaut de logique et d'équilibre que ne peuvent s'accorder avec la notion de Dieu. S'il a voulu créer quelque chose qui ne fût pas lui, il n'a pu songer à créer quelque chose qui lui fût contraire ou opposé et qui ne portât pas dans son sein le cachet de son origine.

Comment d'ailleurs pouvons-nous concevoir l'œuvre créatrice de Dieu ? Quelle est, en dehors de tout dogme imposé, ou de toute idée aveuglément acceptée, le rôle qu'a pu jouer Dieu dans la création ? On ne peut imaginer que deux solutions : ou Dieu a tiré la création du néant ou il l'a tirée de ce qui existait précédemment. Tirer quelque chose du néant, faire naître quelque chose de rien est un processus tout à fait en dehors de ce que notre raison nous indique, et de ce que l'expérience nous démontre. Nous ne connaissons pas de création dans le sens absolu du mot, nous ne voyons que des transformations, des changements d'état ou de lieu, des modifications qui font varier la figure, l'aspect, la forme ou la constitution des choses, et en font des choses dites nouvelles. Avant donc d'accepter la création *ex nihilo,* c'est-à-dire du néant, nous aurons le devoir d'examiner, s'il n'y a pas une solution plus conforme aux données de notre expérience et de notre raison.

La seconde solution est plus rationnelle. Dieu aurait tiré le monde de ce qui existait déjà, C'est là le mode de création dont la nature nous fournit tous les jours des exemples. La manifestation du pouvoir créateur s'observe à un degré déjà assez élevé chez les êtres vivants ; et chez eux la création, c'est-à-dire la production d'un être nouveau, a pour point de départ et pour processus essentiel le détachement d'un fragment de l'être qui crée, portion qui évoluera à l'état de créature. Les êtres vivants ont pour point de départ une parcelle d'un autre être vivant qui en est le créateur ; et cette parcelle se sépare ou se distingue du premier pour former un germe. Le germe est donc un fragment qui s'est détaché du parent. La marche qu'a suivi le pouvoir créateur dans la voie évolutive a de plus en plus consisté à faire produire le semblable par le semblable, c'est-à-dire par le détachement d'un fragment, d'un germe provenant du semblable. Plus l'individualité du parent s'est accentuée, plus la tendance vers la personnalité s'est dessinée, plus aussi l'être créé a eu pour origine exclusive un fragment du semblable.

C'est la loi que le Créateur a établie dans la création à nous connue. Il n'y a pas de raison évidente pour que cette

loi ne soit pas générale et qu'elle ne s'affirme pas toujours
plus, à mesure que l'on s'élève vers les sommet de l'œuvre
créée. Y a-t-il quelque raison pour supposer que Dieu ait
imposé à son œuvre, à la créature, une loi différente de celle
qu'il avait jugée bonne et qu'il suivait lui-même en créant ?
N'est-il pas plus rationnel de penser que cette loi, bonne dans
la nature et répandue en elle d'une manière si générale, n'est
qu'une extension et une répétition de celle à laquelle le
Créateur s'est lui-même conformé ?

Et d'ailleurs, si Dieu a tiré la création de quelque chose,
qui était avant elle, quel peut bien être cet antécédent, si ce
n'est Dieu lui-même ? Lui seul a précédé toute création. La
nature créée serait donc la fille de Dieu, puisqu'elle provien-
drait d'un germe détaché de Dieu, et le Dieu serait à la fois
créateur et père dans le sens précis que nous attachons à ce
mot. La paternité de Dieu me semble donc la façon la plus
rationnelle et la plus conforme à ce que nous enseigne la
nature, de comprendre l'origine du monde et le caractère
des relations qui le rattachent au Créateur.

Mais de là peut se déduire une solution rationnelle de la
question que nous nous sommes posée. Si Dieu est père de
la création, il est à présumer qu'il a pour elle des sentiments
de père et vis-à-vis d'elle l'attitude et la conduite d'un père.

Le sentiment de la paternité dans l'espèce humaine et
chez les êtres vivants supérieurs n'est certes pas l'effet du
hasard. Il répond à une finalité trop évidente, trop utile et
même trop nécessaire, pour que j'aie à insister plus longuement à cet égard. Le père est l'éducateur physique et moral
de sa progéniture. Il la nourrit, il protège sa faiblesse, il
favorise en elle le développement des facultés et des moyens
de s'élever qui doivent lui permettre d'atteindre à la stature
normale de son espèce. La paternité, comme la création du
semblable par un germe détaché du semblable, a progressé
dans la série animale avec l'élévation et le progrès des espèces. Plus l'être s'est perfectionné, plus lui ont été assurées la
protection et la direction paternelles dans les débuts de son
existence et pendant les périodes de la vie où il ne pouvait
se suffire à lui-même.

C'est là encore une loi que le Créateur a imprimée dans la création. Y a-t-il quelque raison pour supposer que Dieu ne l'ait pas observée pour lui-même et pour son œuvre? et ne vaut-il pas mieux penser que cette loi qu'il a jugée bonne n'est que l'extension de celle qu'il a suivie et qu'il suit lui-même?

La création est un germe qui évolue, et qui tend vers la stature paternelle en obéissant à l'impulsion interne qui, comme celle de tout germe, entraîne et provoque le développement de la progéniture. La création évolue vers le développement et le perfectionnement de l'esprit ; et elle le fait dans des conditions de liberté et d'incapacité relatives qui rendent indispensable une tutelle paternelle qui protège, qui redresse, qui soutient, qui encourage et qui, en définitive, assure le résultat.

Cette tutelle inestimable que la conscience clairvoyante de l'humanité a appelée *Providence* ne saurait agir efficacement si elle ne veille attentivement sur son œuvre et si elle ne conserve avec elle des relations importantes et incessantes.

Mais avec quelle partie de cette œuvre ces relations peuvent-elles atteindre une activité, une profondeur, un caractère d'intimité même, si ce n'est avec le domaine où l'esprit s'est groupé, organisé, perfectionné en faisceaux personnels capables comme le Créateur d'une pensée, d'une sensibilité et d'une volonté conscientes, personnalités commençant à présenter la ressemblance du père, et constituant dans l'œuvre créée un premier degré évident de l'hérédité divine? L'homme, ce *Dieu en espérance,* cette *créature en marche vers la divinité,* devient l'interlocuteur naturel de Celui qui étant esprit proportionne son intervention et l'effet de son influence au degré d'évolution de l'esprit qui se rapproche le plus de lui, et chez lequel sans contredit cette intervention et cette influence peuvent atteindre les résultats les plus considérables.

Si je ne me trompe, il ressort de ces considérations que l'homme pour s'adresser avec confiance à Dieu père, n'a rien à sacrifier de sa raison et de son cœur. Voilà ma réponse à la première question.

D'autres questions restent à examiner. Si Dieu répond à la prière, s'il intervient, quelle peut être la nature de son intervention?

On peut concevoir rationnellement deux formes pour le concours que Dieu pourrait prêter à l'homme qui s'adresse à lui et qui implore son aide.

1° L'homme grandissant son âme dans la prière, par l'accroissement de ses énergies, par un emprunt fait aux sources d'énergies psychiques qui l'environnent, Dieu, créateur et maître souverain de ces énergies, peut favoriser cet emprunt et la concentration momentanée et même définitive de ces énergies dans l'âme de celui qui prie.

2° En outre Dieu, source de l'énergie, ne permettrait-il pas à l'homme pour cet accroissement de l'âme de puiser l'énergie à sa source suprême et de recevoir de Dieu lui-même une part des énergies qu'il demande?

3° Enfin Dieu qui entend les vœux et qui connaît les désirs pourrait, s'il le juge à propos, intervenir directement dans le jeu des événements soit moraux, soit extérieurs et en modifier le cours dans le sens désiré par celui qui l'invoque.

Voilà les trois manières dont à notre avis pourrait se réaliser la réponse de Dieu à la prière.

Examinons pour chacune de ces hypothèses quelles sont les considérations rationnelles qui plaident soit contre elle, soit en sa faveur.

Dans le premier cas, l'homme se grandit grâce à l'emprunt qu'il fait aux énergies du milieu. Y a-t-il quelque objection sérieuse à faire à la pensée que Dieu sollicité favorise cet accroissement alors qu'il le juge conforme au bien?

Que Dieu saisisse les mouvements de l'âme humaine et que des relations spirituelles s'établissent entre l'homme et Dieu, est une pensée qui n'a certes rien d'irrationnel. Si les hommes peuvent établir entre eux des communications purement mentales, si les esprits peuvent être reliés entre eux par des liens invisibles, comme les phénomènes de sympathie, de suggestion mentale et de télépathie permettent de l'affirmer, il serait plutôt étrange que l'esprit divin, c'est-à-dire

l'esprit incomparablement le plus capable de sentir, le plus
capable de connaître, celui dont la présence est partout et
qui peut agir partout, dût rester toujours étranger aux impulsions, aux mouvements des autres esprits. Il y aurait là
quelque chose de bien illogique ; et d'autant plus que les
autres esprits ayant été créés par Lui, étant issues de Lui par
voie de progéniture sont très probablement, de par l'hérédité,
non certes de même stature, mais du moins de même
nature que Lui, et qu'ils peuvent être le lieu de mouvements comparables à ceux qui se produisent en Lui. Nous
ne saurions refuser à Dieu la faculté de sentir, d'aimer, de
penser, de vouloir, que nous accordons à l'homme.

Que Dieu ainsi informé des désirs de celui qui le supplie,
et jugeant que ces désirs sont conformes au bien, c'est-à-dire
à la marche évolutive ascendante, favorise l'accroissement
de l'âme qui l'implore, en l'aidant à ravir à son profit les
énergies psychiques du milieu, n'est certes pas impossible,
car nous ne saurions affirmer que Dieu ne reste pas dans une
mesure quelconque maître des énergies qu'il a créées, et
qu'il n'est pas en son pouvoir d'influer sur leur orientation
et sur leur distribution.

S'il était vrai que Dieu eût placé parmi les pouvoirs de l'âme
humaine celui de s'accroître par emprunt d'énergies nouvelles,
il n'y aurait certes rien de surprenant et d'impossible à ce que
Dieu voulût dans certains cas influer sur le succès et le
degré de cet emprunt. Il faut bien se dire que cet agrandissement de l'âme humaine par l'effort vers Dieu, n'est au fond
qu'une des manifestations les plus hautes, que dis-je ? la plus
haute et la plus puissante de la tendance évolutive. Si l'évolution consiste dans une ascencion plus ou moins grande ou
accélérée de la créature vers son Créateur, il faut reconnaître
que la prière, la vraie prière représente un puissant et
vigoureux élan dans cette marche ascendante.

Si l'effort est le levier de l'évolution, la prière est certes le
plus grand des efforts. L'homme qui répond à sa fin, qui se
conforme aux desseins du Créateur, cherche à gravir par
l'effort la longue distance qui le sépare de la stature divine.
Les prières représentent dans cette marche des élans plus ou

moins répétés qui le rapprocheront d'autant plus rapidement du sommet qu'ils seront plus vigoureux et plus souvent renouvelés. Or, si Dieu a voulu que la chose créée s'élevât progressivement, et obéît à une impulsion ascendante qui la rapprochât de lui, il est à croire qu'une fin si sublime, qu'un dessein si grandiose sont restés les objets de sa puissante influence et de ses favorables volontés. On peut, sans risquer de déraisonner, concevoir son oreille ouverte et son concours assuré à tout ce qui, respectant la somme de liberté dévolue à l'être créé, tend à l'engager dans la voie ascendante évolutive. Or ce serait agir ainsi de la part de Dieu que de favoriser ces agrandissements de l'âme dus à la prière, agrandissements qui, pour ne pas être permanents, peuvent cependant contribuer par leur répétition à donner à l'âme une stature supérieure et à lui faire franchir une étape vers le divin.

Les considérations qui précèdent me dispenseront de consacrer de longues pages à la deuxième manière dont on peut concevoir l'action de Dieu dans la prière. La plupart d'entre elles s'appliquent aussi à cette seconde conception hypothétique de l'action divine. Peut-on rationnellement penser, en effet, que Dieu octroie à l'homme qui l'appelle à son aide un surcroît d'énergie psychique puisé dans son sein même? Au point de vue des ressources du pouvoir de Dieu, cela est incontestable. Dieu est la source même de l'énergie. Il ne saurait connaitre l'insuffisance et l'épuisement. Dieu dispose donc de sommes d'énergie qu'il pourrait octroyer à l'homme qui les désire ardemment et sincèrement.

Mais cette énergie dont il est si riche, y a-t-il quelque raison pour croire qu'il peut en disposer en faveur de l'homme, et pour que nous pensions qu'il le fait en réalité? Oui, il y a des raisons pour cela ; car si Dieu ne pouvait disposer en faveur de l'homme de quantités variables de son énergie, et s'il n'en disposait pas, il serait en cela inférieur à l'homme, puisque celui-ci est capable de communiquer à l'homme, c'est-à-dire à son semblable, ses impulsions psychiques, et de lui céder une partie de ses énergies.

Ce n'est pas, en effet, sans une perte sensible d'énergie,

sans dépense et sans fatigue que l'homme suggestionne son
semblable, et s'il est vrai que les natures les plus énergiques,
les volontés les plus fermes et les plus puissantes sont les
plus capables d'exercer sur leurs semblables de telles influences, c'est qu'elles représentent des sources d'énergie
moins sujettes à l'épuisement. Ce que l'homme peut faire,
et fait vis-à-vis de l'homme, on peut rationnellement supposer que Dieu peut aussi le faire et le fait en réalité. L'affirmative est certainement plus aisée à soutenir que la négative,
car l'analogie parle clairement en faveur de la première ; et
je ne vois pour appuyer la négative que la considération de la
différence colossale de grandeur entre Dieu et l'homme. Mais
si cette différence peut apporter quelques difficultés (quoique
non insurmontables certes) à l'établissement d'une influence
exercée par l'homme sur Dieu, c'est-à-dire par l'infime sur
le sublime, par le fini sur l'infini, elle est loin de jouer le
même rôle quand il s'agit d'admettre et de concevoir une
influence du *plus grand* sur le *plus petit*. Et si l'on prend
pour point de départ d'une conception du rôle de la prière
la notion d'un Dieu qui est puissance et bonté, et plus encore
d'un Dieu qui est *père* et qui comme tel est *protecteur* et
éducateur, rien ne s'oppose sérieusement à ce qu'on admette
non seulement la possibilité mais la réalité de son rôle dans
la prière, comme dispensateur de ses ressources inépuisables
d'énergie en faveur de ceux qui les lui demandent.

Reste à examiner la troisième conception de l'action
divine, celle de son intervention directe et sans l'intermédiaire de l'homme dans le jeu des forces naturelles et dans
les événements de ce monde.

N'y a-t-il pas de graves objections à faire à cette croyance
que Dieu modifie à son gré les lois naturelles, et apporte
par là des perturbations accidentelles dans la marche de la
nature ? Mais d'autre part avons-nous le droit de limiter la
puissance de Dieu, et d'imposer des bornes à l'action de
Celui qui, ayant créé la nature, en reste le maître et le souverain ?

La question demande à être bien posée. Rien ne nous autorise certainement à circonscrire et à limiter la puissance divine. Mais il faut bien remarquer qu'il ne s'agit nullement ici de la puissance divine, mais bien des déterminations de la volonté divine. Nous pouvons certes penser que Dieu peut tout ce qu'il veut ; mais veut-il tout ce qu'il pourrait ? Voilà la question. Dieu saurait-il vouloir autrement qu'il a voulu, et saurait-il modifier ses volontés ?

Les lois naturelles, l'enchaînement et la succession des phénomènes ont été voulus par sa toute science et sa toute sagesse. Abroger, ne serait-ce que pour un instant, une de ces lois, c'est faire l'aveu qu'elle a besoin d'être amendée, que la sagesse et la prévoyance du législateur se sont trouvées en défaut, et qu'il leur a manqué la prévision de toutes les possibilités et de toutes les exigences de l'avenir.

Ce sont là des imperfections, des faiblesses propres aux lois humaines ; elles ne sauraient se retrouver dans les Pandectes divines.

Mais d'autre part si l'influence de la volonté de l'homme retentit même dans la nature, pourquoi celle de Dieu n'y ferait-elle pas entendre sa voix ? Je déclare que ma raison se refuse à accepter cette abstention divine qui serait passible d'un jugement de déchéance paternelle. Seulement je crois devoir concevoir l'intervention divine sous la réserve de quelques considérations que voici :

Oui, je crois fermement à l'intervention divine, mais je ne crois pas qu'elle s'exerce à l'encontre des lois naturelles, de ces lois qui sont l'œuvre de Dieu lui-même. Il est permis à Dieu comme à l'homme de faire concourir à l'accomplissement de sa volonté les forces naturelles agissant conformément à leurs lois propres.

Jusqu'où peut aller, ou mieux jusqu'où s'étend cette influence divine ? C'est ce qu'il est impossible à notre ignorance d'apprécier, même dans une faible mesure. Nous ne pouvons dans la profondeur mystérieuse des mobiles et des moteurs cachés qui provoquent les phénomènes, discerner en aucune mesure, la part exclusive de la nature, et la part du Créateur. Il n'y a pour nous qu'obscurité et profonde obsenrité dans le départ à faire de ces influences. En présence de

certains faits qui les étonnent, et qui échappent à leur explication, les uns parlent d'intervention directe de Dieu, et même
de miracle. Qui dira où est la limite exacte, précise entre les
faits naturels et les miracles? Pour prononcer sur un pareil
sujet un jugement autorisé, il faudra être sûr que le fait surprenant n'est pas et ne sera jamais explicable par le concours
des lois naturelles. Personne ne peut prétendre à une science
si profonde. Tel fait peut passer pour miraculeux, qui cesse
d'être ainsi qualifié le jour où la science en donne une explication suffisante. Il y a cent ans que les communications
téléphoniques, que la suggestion mentale, que la télégraphie
sans fil, que la télépathie, etc., eussent été classées dans le
chapitre des faits miraculeux; ils en sont bien exclus
aujourd'hui. Il faut donc être dans ces jugements et dans
ces affirmations d'une extrême réserve.

Mais il faut être aussi très réservé dans des affirmations de
sens contraire. Pouvons-nous affirmer que dans tel fait étrange,
inattendu, surprenant, que dans tel événement de l'histoire,
que dans tel fait qui touche de près aux nôtres ou à nous-
même, il n'y a pas eu place pour le doigt de Dieu? Qui est
en droit de prononcer là-dessus un jugement sans appel?
Dieu a certainement pour faire concourir les forces naturelles
à l'accomplissement de ses volontés des moyens que nous ne
pouvons soupçonner. Que de forces à nous inconnues! Que
de phénomènes pour nous insaisissables! Que savons-nous,
pauvres et infimes créatures que nous sommes, de l'outillage
puissant et mystérieux dont est armé le laboratoire divin?

Les considérations qui précèdent et qui ont leur valeur
incontestable n'interdisent certes pas de croire à une intervention directe de Dieu dans les événements matériels de ce
monde; et si telle est la conclusion qu'il nous est permis
d'en tirer, ceux qui tournent leurs regards vers Lui dans la
prière peuvent rationnellement espérer une réponse de sa
part.

Néanmoins, tout en croyant à la possibilité d'une intervention directe de Dieu dans l'accomplissement des vœux de
ceux qui l'invoquent, je vois quelques raisons sérieuses de
penser que c'est surtout par l'intermédiaire de l'homme et

en lui déléguant ses pouvoirs sous forme d'énergie spirituelle que Dieu assure l'exaucement des prières.

Si le rôle de l'*effort* dans les progrès de la nature créée, et surtout dans l'exhaltation de l'âme humaine, a l'importance capitale que nous lui prêtons, il faut penser que Dieu a réservé à l'exercice de l'effort une place spéciale dans la répartition des énergies, et qu'il lui a octroyé une part prépondérante de ces dernières. L'homme qui prie reçoit de Dieu la mission et le pouvoir de réaliser ce qu'il désire ; et il est l'exécuteur de sa propre volonté, que par la prière il a transformée en volonté divine.

C'est là une conception qui ne rabaisse certes pas la dignité humaine, et qui manifeste à la fois la puissance et la bonté divines. Je m'y rattache volontiers.

Voilà, me semble-t-il, comment on peut envisager, sans faire le sacrifice de sa raison, les relations que la prière peut établir entre Dieu et l'homme, et le rôle que Dieu peut jouer à côté de l'homme en collaborant avec lui à la réalisation des désirs de l'âme qui sollicite son concours par un élan vigoureux de confiance et de volonté. Voilà des manières de penser, dont j'ai établi suffisamment, me semble-t-il, le caractère rationnel. Il y a pourtant une objection qui pourrait leur être faite, et que je ne veux pas laisser sans réponse. L'intervention de Dieu, soit pour aider l'âme à s'agréger de nouvelles énergies puisées dans les énergies du monde, soit pour lui octroyer directement des parcelles de sa propre énergie, constitue aussi bien que l'intervention directe de Dieu dans les phénomènes naturels, constitue, dis-je, l'introduction dans l'univers d'énergies nouvelles, et un nouvel apport d'énergie de la part de Dieu à son œuvre.

C'est là une circonstance qui mérite notre attention, car elle paraît nettement en contradiction avec le premier principe de la thermodynamique connu sous la désignation de principe de la conservation de l'énergie, et qui peut se formuler ainsi : La somme des énergies diverses est constante pour un système qui n'est pas soumis à une influence extérieure. L'énergie ne se perd pas ; elle est impérissable, elle ne s'annule pas, elle se transforme.

Si donc nous devions considérer l'univers, le monde comme un système isolé, non soumis à une influence extérieure, nous serions certainement autorisés à croire que ses énergies se conservent, et ne s'annulent pas ; mais nous ne pourrions admettre qu'elles augmentent, qu'elles reçoivent de nouveaux apports.

Or, il faut reconnaître que l'étude des forces cosmiques, des forces dites du monde matériel n'a pas révélé d'une manière suffisamment claire, l'introduction de forces précédemment absentes, et dont l'origine devrait être forcément recherchée dans une source d'énergies cosmiques extérieure à l'univers. On ne pourrait donc penser à une intervention divine dans le domaine des faits d'ordre physique directs. Mais il convient d'examiner si nous devons attacher au principe de la conservation de l'énergie, même dans le domaine des forces cosmiques, une précision et une rigueur si absolue que même la plus faible intervention divine ne puisse trouver place dans les mailles d'un réseau si serré.

Dans l'essai *Évolution et liberté,* et dans une note du présent essai, j'ai exposé assez longuement ce que je croyais devoir penser et ce que d'autres pensent aussi de la contingence des lois de la nature. J'ai insisté sur cette considération que même le monde matériel, le monde des forces cosmiques paraissait être le siège d'un certain degré d'indéterminisme et de contingence qui se traduisait par des variations de très faible importance, produisant ainsi dans le jeu des lois de la nature des oscillations contingentes assez petites pour échapper dans l'immense majorité à l'observation directe, mais qui dans certains cas se manifestent par une sorte de spontanéité.

Je ne veux certes pas imiter l'exemple de certains naturalistes philosophes qui, lorsqu'ils sont embarrassés dans leurs spéculations par une loi naturelle, ne trouvent rien de mieux que de la couvrir d'une négation purement gratuite. Jusqu'à ce que la loi de la conservation de l'énergie ait été contredite par la science et par l'expérience, je veux donc fermement en tenir compte. Mais je tiens aussi et avec raison à ne lui prêter que le degré de rigueur et d'exactitude précise qui est en harmonie avec la nature des choses.

Or s'il est une loi qui puisse être considérée comme le résultat d'une moyenne, et non comme l'expression d'une quantité directement constante, c'est bien la loi de la conservation de l'énergie. La formule de cette loi est le résultat de l'extension théorique à tous les phénomènes de l'univers, d'observations et d'expériences très partielles, très localisées, et dont nous avons même le devoir de penser que leurs détails intimes, leurs conditions profondes et fondamentales échappent à notre perspicacité. La loi de la conservation de l'énergie dans le monde matériel, est donc une loi d'approximation, et sous ce rapport elle est dans le cas, on peut le dire, de toutes les lois de la physique.

S'il en est ainsi, elle n'exclut pas des interventions cachées, peu sensibles, peu observables pour nous, d'énergies venant de l'extérieur, et par conséquent de l'énergie divine, de l'énergie venant de la source suprême de l'énergie.

J'ai d'ailleurs à propos de cette intervention insisté dans les pages qui précèdent sur les limites réservées, où nous pensons que Dieu lui-même a cru devoir la renfermer puisque c'est lui qui a fait le monde ; et l'exception irrationnelle ne saurait trouver place dans l'œuvre d'un tel architecte. Mais quant à l'intervention de Dieu dans le monde de l'esprit, nous pouvons la concevoir comme très large et très importante, car aucune loi connue et vérifiée n'est encore venue apporter dans le domaine spirituel des restrictions et des limitations d'influence qui seraient imposées par les lois de la thermodynamique. Et si, comme nous le verrons dans l'essai : *Énergie et matière,* si, dis-je, il est vrai que même certaines formes de l'énergie cosmique se montrent à nous comme émancipées à divers degrés des lois de la thermodynamique, nous n'avons certes aucune raison pour refuser ces privilèges de la liberté, cette manifestation libre d'activité et de spontanéité à l'énergie libre et spontanée, c'est-à-dire à l'énergie-esprit ; et chacun reste autorisé à penser que dans telle ou telle circonstance, il a reçu dans son âme de la source suprême de l'énergie un concours direct et un apport réel. Il y a des consciences très élevées et des esprits très puissants qui ont le sentiment profond qu'il en est ainsi ; et rien dans l'état de la science ne s'oppose à ce qu'ils restent fidèles à cette intuition qu'ils considèrent comme appuyée sur l'expérience du cœur.

Pour clore ces considérations sur la possibilité de l'intervention divine dans l'univers, et sur la réserve que la science elle-même commande aux tendances négatives, je soumets à la méditation du lecteur cette belle page du grand physicien W. Crookes [1].

« L'univers entier, tel que nous le percevons, est le résultat du mouvement moléculaire. Les mouvements moléculaires se conforment strictement à la loi de la conservation de l'énergie, mais ce que nous appelons *loi* est simplement une expression de la direction suivant laquelle agit une forme de l'énergie, ce n'est pas cette forme de l'énergie elle-même. Nous pouvons expliquer les mouvements moléculaires comme ceux des masses, nous pouvons découvrir toutes les lois physiques du mouvement, nous n'en serons pas moins aussi éloignés que jamais de la solution du problème de beaucoup le plus important ; quelle sorte de volonté et de pensée peut bien se trouver derrière les mouvements des molécules, forçant celles-ci à suivre un sentier tracé d'avance ? Quelle est la cause déterminante qui agit dans la coulisse ? Quelle combinaison de volonté et de pensée guide, en dehors de nos lois physiques, l'agitation purement mécanique des atomes, de manière à leur faire former ce monde matériel où nous vivons ?

« Dans ces dernières phrases, c'est avec intention que je me suis servi de mots à signification large, que j'ai parlé de direction le long de sentiers tracés. Être vague en pareil sujet, c'est être sage, car nous ne pouvons absolument pas dire si en telle circonstance un pouvoir extérieur ne peut pas produire un changement dans le système actuel des forces terrestres. Nous ne pouvons pas plus en être sûrs que, voyageant dans un train-express, je puis être sûr qu'aucun aiguilleur n'a appuyé sur une poignée pour diriger le train

---

1. Sir W. Crookes, Discours prononcé devant la *Société pour les Recherches psychiques*, le 29 janvier 1897 ; trad. par M. Sage.

sur telle ou telle voie. Je puis calculer exactement la quantité de charbon brûlée par kilomètre, de manière à pouvoir dire à chaque minute combien de kilomètres nous avons couverts ; mais à moins que je ne puisse voir sans interruption les aiguilles de la voie, je ne puis pas dire si elles ont été manœuvrées ou non, avant le passage du train.

« Un être tout puissant pourrait régler le cours de cet univers, sans qu'aucun de nous pût jamais en découvrir les ressorts cachés. Il n'aurait pas besoin pour cela d'arrêter le soleil au-dessus de Gibéon. Il pourrait faire tout ce qu'il voudrait par une dépense infinitésimale de force produisant des modifications ultra-microscopiques sur le genre humain. »

IV. — Considérations générales et conclusions.

Quelques idées générales me paraissent découler de l'ensemble des considérations qui précèdent ; et ces idées les voici :

Toute impulsion puissante de la volonté pour demander ardemment la satisfaction d'un désir exprimé à un être que l'on croit capable de le réaliser, est l'occasion et la cause de l'agrandissement ou de l'exaltation à des degrés divers de l'âme humaine, qui devient par là plus capable d'opérer elle-même la réalisation de ce désir.

La conclusion qui ressort de cette première idée, c'est que toute prière, toute vraie prière, c'est-à-dire toute expression énergique de la volonté est suivie d'un effet positif et réel : l'accroissement de l'énergie psychique et l'exaltation de l'âme de celui qui prie. Aucune forme de foi religieuse n'a donc à ce point de vue le monopole de la prière. L'efficacité de la prière est donc un fait général, qui tient sa place dans les influences générales qui sont en jeu dans l'univers.

Il faudrait donc penser que les prières, même dictées par des notions très imparfaites de la divinité, adressées à des dieux supposés tels, et auxquels on prête à tort des pouvoirs qu'ils n'ont pas, il faudrait, dis-je, penser que ces prières sont suivies d'un effet réel, ont une influence réelle? Oui, mais dans des mesures et dans des proportions variables qu'il convient de discerner.

Et d'abord, il est logique de penser que l'effet de la prière considérée ainsi au point de vue du rôle personnel joué par celui qui prie, il est, dis-je, logique de penser, que l'effet de la prière sera proportionné à l'élan, à l'ardeur, à l'effort ascensionnel de celui qui prie. Les paroles marmottées et les vaines redites qui restent étrangères au centre accumulateur des énergies psychiques, n'ont d'autre effet que de provoquer dans l'air ambiant des vibrations plus ou moins sonores. Les prières émues, les élans puissants de l'âme retentiront au contraire comme des causes modificatrices dans le centre psychique, accroîtront son énergie et lui permettront d'exercer des influences réelles et d'intervenir dans une certaine mesure dans les événements de ce monde.

Mais un second élément semble devoir intervenir dans la mesure de l'efficacité de la prière, toujours considérée au point de vue de l'action personnelle de celui qui prie. C'est la conception que se fait de la divinité celui qui a recours à elle.

L'homme qui adresse ses vœux et ses prières à un fétiche, à une idole, ne peut évidemment puiser dans cette notion inférieure de la divinité un accroissement de la pensée et de la volonté, comparable à celui qui devient le bénéfice de l'homme qui élève son âme vers un être sublime, représentant pour lui la raison parfaite, la sagesse sans défaillance, la bonté invariable parce qu'elle est parfaitement éclairée.

L'homme qui attend l'exaucement d'un Dieu méchant, terrible, vindicatif, et dont l'âme en prière est en proie à la terreur, ne saurait atteindre les degrés d'exaltation de l'âme qui s'adressant à une bonté divine inépuisable, est portée sur les ailes de la confiance et de la reconnaissance.

Cela est tout à fait rationnel. Ainsi donc, même dans le rôle que joue l'homme qui prie, comme centre personnel d'énergie, l'idée qu'il a de Dieu influe fortement sur l'efficacité de la prière. On comprend donc que soit la ferveur de celui qui prie, soit la valeur de sa conception de Dieu, créent ainsi des variations nombreuses et des différences très accentuées dans l'efficacité. Mais, ces variations et ces différences acceptées, on peut concevoir que des prières sincères émanant même de masses peu éclairées, prières orientées vers un même but, vers la réalisation d'un même désir, puissent produire une somme d'influences qui ne soient pas négligeables. Et peut-être alors ne faut-il pas considérer comme une illusion pure cette foi des peuples païens, foi qui a été partout très générale, dans l'efficacité de leurs prières et surtout des prières publiques.

Mais il y a encore un autre élément de la prière qui doit certainement influer sur son efficacité et sur ses conséquences c'est la nature de l'objet de la prière. La question peut être posée de la façon suivante :

La nature, la qualité de l'objet de la prière n'ont-elles aucune influence sur son efficacité? Pour un même effort de prière, pour une même ferveur déployée par celui qui prie, est-il indifférent, en vue des conséquences de la prière, que l'objet demandé soit plus ou moins conforme à la loi morale, ou soit même contraire à cette loi?

La question mérite d'être posée et examinée, car il faut bien reconnaître que les prières des hommes ne se rattachent pas toujours à des préoccupations très nobles et très élevées. L'égoïsme, l'ambition, la sensualité, l'injustice, la rapacité, la cruauté même, les intérêts les plus inférieurs dictent bien des prières, alors qu'il semblerait naturel que l'homme qui veut entrer en conversation avec Dieu, c'est-à dire avec l'idéal moral, et qui ose solliciter sa collaboration, devrait avoir pour première préoccupation, le soin de mettre son âme et ses désirs en harmonie avec la noblesse et la hauteur du divin interlocuteur.

A ce point de vue, il convient de faire remarquer que la valeur morale des prières, c'est-à-dire la valeur morale de l'objet des prières, se mesure d'une manière consciente ou inconsciente, à la valeur morale ou au niveau moral que l'homme prête au Dieu qu'il invoque.

Incontestablement celui qui ose demander à son Dieu de

favoriser une conduite injuste, sensuelle ou cruelle, croit
implicitement que l'injustice, la sensualité ou la cruauté ne
sont point pour ce Dieu des objets d'une absolue répulsion. Les
âmes droites, affamées de justice et de vérité, imprégnées de
bonté et d'amour, savent seules faire monter leurs pensées et
leurs vœux vers le Dieu de justice, de vérité et d'amour. En
sorte que la question ici posée trouve déjà un élément important de solution dans les considérations déjà présentées
sur l'importance qu'a la conception personnelle de l'idée de
Dieu, pour l'exaucement de la prière.

La conception de Dieu, ou si l'on veut, la mesure de
l'idéal dans chacun des hommes est aussi la mesure de la
valeur morale des prières que chacun se croit autorisé à lui
adresser. Elle est donc aussi la mesure de l'exaltation relative de l'énergie à laquelle peut atteindre chacun de ceux
qui prient.

Mais il y a peut-être une raison plus générale d'attribuer
aux prières une efficacité proportionnée à la noblesse même
de l'objet désiré.

Les prières sont au fond de puissantes impulsions de
l'énergie, des efforts de la volonté, des élans vigoureux pour
atteindre un but. S'il était reconnu que dans l'univers il y a
une tendance générale de l'énergie vers un but précis, que,
à travers les fluctuations apparentes, malgré des reculs momentanés et partiels, l'ensemble des mouvements et des impulsions s'achemine dans une direction précise, et qu'il y a
en définitive une impulsion générale et une marche en
avant destinées à conduire l'univers vers la réalisation d'une
fin, si, dis-je, cela était reconnu, il ne serait certes pas difficile de comprendre que toute impulsion partielle qui se produira dans le sens de ce courant, sera non seulement suivie
d'un effet proportionné à son intensité, mais sera encore favo-
risée et accrue par l'impulsion générale qui ajoute son action à la
sienne. Il y aura dans ce cas accord, harmonie et synergie des
impulsions et par conséquent des mouvements et des effets.

Mais il en sera tout autrement si l'impulsion partielle
a une direction différente, ou même contraire à l'impulsion
générale. Ces deux impulsions se combattront réciproque-

ment, et l'impulsion générale s'opposera à l'effet de l'impulsion partielle circonscrite et pourra même la rendre impuissante et stérile.

C'est là ce que nous pourrons rationnellement concevoir si nous croyons à l'évolution progressive de l'univers, si nous pensons que le Créateur a déposé dans son germe une virtualité d'élévation, de grandeur et de perfection morales, qui a pour source naturelle la puissance du Père de l'univers, comme les qualités de l'homme futur dérivent de virtualités déposées par les parents dans l'œuf humain. Si nous avons une telle conception de l'évolution générale de l'univers (et il est certes permis de l'avoir), il nous sera relativement facile de comprendre que l'efficacité de la prière sera fonction (pour employer le langage des mathématiciens) sera fonction de la valeur morale de son objet; et que, s'il y a une échelle dans l'ordre moral, cette échelle est aussi celle à laquelle peuvent être mesurés (toutes choses égales d'ailleurs) les effets de la prière.

Ces pensées qui, à maintes reprises, me reviennent à l'esprit, y ramènent toujours le souvenir d'une réponse que fit à une de mes questions le fameux violon Sivori, l'élève favori de Paganini. Ce virtuose hors de pair, dont l'archet restera célèbre par la pureté et la justesse des sons qu'il savait tirer de son instrument, nous avait émerveillés par des sons filés d'une pureté parfaite et qui, malgré leur finesse et leur pianissimo avaient su atteindre les confins éloignés d'une vaste salle. Comme je lui exprimais mon étonnement d'une telle puissance attachée à tant de faiblesse, Sivori me répondit avec un accent italien qui ajoutait du pittoresque à son langage : « Les sons, quelque faibles qu'ils soient, atteignent le fin fond de la salle quand ils sont justes. Mais les sons faux s'évanouissent non loin de l'exécutant. » Cette explication, qui repose du reste sur les relations des vibrations sonores, s'applique très bien à notre sujet. Les vibrations harmonieuses s'associent et se renforcent mutuellement. Les vibrations inharmoniques se contrarient, se choquent et s'affaiblissent ou même s'annulent réciproquement. Les prières qui ont le caractère pur et harmonieux de la valeur morale

portent loin leurs impulsions et manifestent leur puissance.
Les prières qui ont pour fin les désirs imparfaits et discor-
dants du désordre moral restent sans effet et sans force.

Nous venons d'examiner quelles paraissent être les conditions de l'efficacité de la prière qui peuvent dépendre de
celui qui prie ; il nous reste à examiner quelles sont les conditions de cette efficacité qui sembleraient dépendre de Celui
à qui s'adressent les prières, c'est-à-dire de Dieu. Il semblerait évident qu'il ne peut être ici question que d'un Dieu
qui est capable d'entendre et d'agir. Ni les dieux du féti-
chisme, ni ceux de l'idolâtrie d'un ordre plus élevé, du paganisme antique par exemple, ne sembleraient être faits pour
connaître les vœux, les souhaits qui leur sont adressés, pas
plus que pour agir en vue de leur réalisation.

Et cependant là n'est pas, je crois, la vérité, toute la
vérité. L'homme qui prie s'adresse à un être plus puissant
que lui, et capable de faire ce dont il est lui-même incapable. Cet être est pour lui un être dominateur et puissant,
maître de la destinée de celui qui l'invoque, et dont le pouvoir égale la volonté ; c'est donc une divinité, un dieu quelconque, un être auquel il rattache l'idée d'un Dieu dont la
conception reste en lui plus ou moins rudimentaire et imparfaite. S'il s'adresse à ce Dieu inférieur et incomplet, c'est
qu'il n'en connaît pas d'autre. Ses vœux et ses prières se
portent vers la plus haute conception de Dieu à laquelle
il puisse atteindre. Mais remarquons que, à des degrés
divers, c'est là la situation de tout homme qui prie. L'être
borné et impuissant qu'est l'homme même le plus élevé en
intelligence, ne peut certes prétendre à se faire de Dieu une
conception adéquate à Dieu lui-même. Le fini ne peut comprendre l'infini que d'une manière très imparfaite ; et dans
toute conception de ce genre née dans un cerveau humain se
trouvent certainement des lacunes colossales. Assurément
entre les conceptions diverses de Dieu qui hantent les têtes
humaines, il y a bien moins de distance qu'entre la conception humaine la plus haute sur ce point et la réalité.

A ce point de vue il n'y a donc pas une différence absolue

de situation entre l'homme, qui pour obtenir la même faveur s'adresse à une divinité inférieure, et celui qui tourne ses regards vers le Dieu qui est esprit, vérité et amour. Tel est le point de vue auquel il me semble qu'il convient de se placer pour ce qui regarde l'homme qui prie. Mais du côté de Dieu aussi, la situation nous paraît en parfaite harmonie avec ce que nous venons de dire. Dans toute idée de la divinité, quelque imparfaite qu'elle soit, Dieu doit logiquement reconnaître l'effort d'une âme qui le cherche ; et dans toute prière sincère adressée à une divinité même inférieure, un témoignage de soumission et de confiance qui est un acte réel d'adoration.

L'humanité provoquée par un instinct spécial et par des besoins moraux, s'est mise à la recherche d'une notion de Dieu, et est parvenue sur ce point à des réponses très inégales ; mais Dieu, le Dieu réel, est comme le point central vers lequel convergent toutes ces notions, et il les synthétise tout en les dépassant grandement.

Si Dieu est amour, s'il est bon (et il serait injuste de le concevoir autrement), il doit avoir pitié de notre imbécillité et de notre ignorance, source de toutes ces imperfections dans la conception de ce qu'il est, et il tient surtout compte de nos volontés et de leur orientation. Or il y a une orientation qui peut être commune pour ceux qui prient, quelle que soit la divinité à laquelle ils s'adressent. Un païen idolâtre peut adresser à son Dieu de pierre, telle prière aussi louable dans son objet que celle d'un Socrate, d'un Marc-Aurèle ou d'un chrétien. Ce n'est pas le Dieu de pierre qui entendra et exaucera cette prière ; mais le Dieu qui est esprit et vie recueillera certainement cette impulsion qui, quoique provenant d'une force ignorante et inhabile, n'en est pas moins orientée vers lui.

Mais faut-il conclure de là que Dieu semble devoir accorder à toutes les prières ayant un même objet le même exaucement, à quelque Dieu qu'elles s'adressent dans la pensée de celui qui prie ? Il y aurait sur ce point bien des considérations diverses à développer.

Mais je me borne à rappeler ce que j'ai déjà dit sur l'influence qu'a sur l'efficacité de la prière la conception que se fait de Dieu celui qui prie. L'âme qui s'adresse à un Dieu inférieur, ne saurait, en principe, être un accumulateur d'énergie égal en puissance à l'âme dont le domaine est déjà assez agrandi et élevé pour se faire de Dieu une idée plus conforme à la nature même de Dieu.

Toutes les considérations qui précèdent me paraissent inspirer cette conclusion que ce que nous savons déjà, et ce qui peut être présumé et attendu comme devant faire partie de la science de demain, non seulement nous autorise, mais même nous conduit à affirmer que toutes, choses égales d'ailleurs, c'est-à-dire l'intelligence, le cœur, la situation, la santé, l'activité, etc..., étant égales, l'homme qui prie exerce sur ce qui l'entoure, et même sur les événements plus ou moins prochains ou éloignés, une influence et une action supérieures à celles de l'homme qui ne prie pas.

S'il y a à cet égard une supériorité dont il n'est pas permis de douter entre l'individu qui prie et celui qui ne prie pas, il est facile de comprendre de quelle force, de quelle influence est capable la prière d'une masse d'hommes, d'un peuple, d'une race emportés dans l'élan de la prière.

Des faits passés et des faits actuels, que les esprits les plus froids et les plus disposés au scepticisme ne peuvent considérer sans étonnement et sans admiration, trouvent, je le crois, et en partie du moins, leur explication dans cette action générale de la prière.

La résistance inouïe de nos huguenots persécutés par le grand roi, et de ce petit peuple du Sud de l'Afrique contre une des nations les plus puissantes du monde, ne sont-elles pas en partie explicables par la foi et l'ardeur religieuse des combattants, et par la ferveur des prières par lesquelles ils ravissent pour les accumuler en eux, soit des sommes extraordinaires de l'énergie générale répandue dans le monde, soit des énergies dues au concours direct du Maître même de l'énergie. Que dans le peuple envahisseur actuel il y ait aussi des âmes qui prient, cela n'est pas douteux ; et il serait irrationnel de penser que ce peuple conquérant ne bénéficie pas lui aussi dans une certaine mesure de l'influence accumulatrice de la volonté et de l'amplification de l'énergie qui est la conséquence personnelle de la prière faite par les siens. Mais on peut présumer que pour un nombre égal, dans les camps opposés, de ceux qui font appel aux sources de l'énergie, la supériorité des ressources acquises par la voie de la prière se trouve du côté de ceux dont les efforts vers la réalisation de la justice et du droit, vers le désir noble et légitime de sauver leur indépendance et leur patrie, bénéficient d'une conformité de direction et d'impulsion avec la tendance générale évolutive et avec la volonté libre et secourable de Celui qui est à la fois l'idéal de la justice et la source supérieure de l'énergie.

Mais est-ce à dire que la victoire finale doive consacrer cette supériorité[1], et que s'il n'en est pas ainsi, il sera démontré que l'influence de la prière n'est qu'une illusion. Ce serait là une manière de raisonner qui ne serait légitime, que si, en dehors de cette influence, toutes les conditions étaient absolument égales dans les deux camps opposés (ressources financières, nombre, armements, résistance corporelle, éducation militaire, capacité des chefs, etc., etc.). Mais qui oserait tenter pareille comparaison et la clore par une affirmation de quelque valeur dans le sens de l'égalité absolue? Que de choses connues et inconnues devraient être recueillies pour pareille enquête ! Que d'éléments qui échappent et qui échapperont toujours à notre appréciation même approximative dans les conditions extérieures ou intérieures d'une nation qui lutte et d'une armée qui combat?

Qui donc pourra tenir compte de toutes ces causes de succès ou de revers, qui constituent assurément une somme notable d'influences et une somme capable, dans bien des cas, de contrebalancer ou même de primer les amplifications voulues de l'énergie? Ces amplifications, en effet, ne sont ni indéfinies ni infinies ; elles ont des limites, variables et relatives il est vrai, mais enfin des limites ; et de ce qu'elles n'ont pas

1. Cet Essai était écrit et déjà lu sous forme de conférences à la Faculté de théologie protestante de Paris bien avant la fin de la guerre du Sud de l'Afrique.

abouti à la réalisation de la fin voulue, il est tout à fait illégitime de conclure à leur inanité et à leur impuissance. Tout
au plus peut-on dire qu'elles n'ont pas été suffisantes pour
surmonter les influences contraires et qu'elles ont dû leur
céder le pas.

Si la prière des foules, si la prière des peuples est une
puissance, une force digne d'attention et capable d'exercer
une influence notable sur le cours des événements de ce
monde, il en ressort pour les peuples et pour leurs conducteurs des indications certaines. Il n'est donc pas indifférent
qu'un peuple prie ou qu'il ne prie pas, qu'il prie bien ou qu'il
prie mal, c'est-à-dire qu'il dirige dans le sens le plus rapproché
possible de l'évolution voulue par le Maître de l'énergie, les
efforts de son âme, pour accumuler en elle l'énergie et lui
donner une amplification de ce qu'il y a de divin en elle. Les
conducteurs des peuples ont sans doute pour devoir de détourner ceux-ci de la superstition et de l'idolâtrie ; mais ils doivent se garder avec le plus grand soin de confondre ces
dernières avec l'élévation voulue et active de l'âme pour ravir
le feu du ciel par un effort aussi noble que rationnel.

Le devoir des conducteurs de peuples n'est pas de détourner les hommes de la prière, mais de leur enseigner ce qu'est
la vraie prière, et quel est le point de l'horizon vers lequel
celui qui prie doit résolument fixer ses regards. Ce n'est pas
en tournant les yeux vers des êtres débiles et infirmes, vers
des idoles impuissantes et grossières, ce n'est pas en nourris-
sant son âme de notions fausses et dégradantes, en abaissant
l'idéal du bien et du vrai pour le faire reposer sur des êtres
indignes et caducs, que l'on donnera à l'âme humaine l'essor
nécessaire pour engager dans son orbite l'énergie psychique
qui l'environne, ou pour s'élever vers la source supérieure de
l'énergie et obtenir d'elle l'accroissement désiré. Les conducteurs des peuples ont le devoir de les détourner de semblables
prières et de leur en montrer l'imperfection et l'inanité relatives. Mais c'est là un devoir négatif auquel doit correspondre un devoir positif, celui de donner aux peuples l'éducation
vraie, celle qui en formant des âmes saines leur dispense la
lumière à la fois intellectuelle et morale, leur montre la voie

ascendante qui doit les élever vers la vie morale, vers le vrai et le bien, et leur donner de ce monde une idée capable de les faire grandir. Les directeurs des peuples ne créeront des volontés, des caractères, c'est-à-dire des êtres vraiment forts que quand, enseignant aux peuples où est la vraie source de l'énergie, ils leur auront enseigné aussi quels sont les moyens de puiser à cette source, et leur auront montré que le recours énergique à cette source, c'est-à-dire la prière, est le plus efficace de ces moyens.

Je clos là ces considérations sur la prière. A certains elles paraîtront bien inutiles, et pour des raisons opposées. Les uns, adhérents conscients ou inconscients de l'athéisme trouveront qu'on a mieux à faire que de discuter sur des hypothèses qui ne peuvent répondre à aucune réalité. D'autres au contraire pleins de foi, et usant largement et avec une entière confiance de la prière, penseront qu'il n'est certes pas nécessaire de discuter longuement sur des faits dont la certitude n'est pas contestable.

Ce n'est ni pour l'une ni pour l'autre de ces catégories de lecteurs que j'ai voulu écrire ces lignes. Leur lecture aurait eu grande chance de rester auprès d'eux sans effet utile. Pour les uns la porte est murée ; et pour les autres elle est largement ouverte. Dans ces conditions il n'y avait pas lieu de chercher à l'enfoncer.

J'ai voulu m'adresser à un groupe de lecteurs tenant pour ainsi dire le milieu entre ces deux groupes extrêmes. Il y a en effet un très grand nombre d'hommes qui sans être très profondément préoccupés de l'idée de Dieu et de ses relations avec le monde et avec l'homme en particulier, se demandent parfois cependant, quand les circonstances les y poussent et les réveillent de leur léthargie (deuils, épreuves, maladies, injustices, infortunes), s'il ne serait pas vrai qu'il y eût un Créateur et Maître de qui dépend le gouvernement de ce monde, et si cet Être, si supérieur à nous qu'il dépasse nos conceptions, ne consentirait pas à franchir la distance colossale qui nous sépare de lui pour entendre nos appels et pour y répondre.

A ces âmes très dignes d'intérêt et souvent même de pitié, qui souhaiteraient ardemment pouvoir trouver auprès de Dieu un tribunal d'appel contre l'injustice et la méchanceté des hommes, un appui contre l'infortune et une consolation pour les grandes douleurs, mais qui reculent découragées par l'impossibilité apparente de ce recours, à ces âmes, dis-je, j'ai voulu apporter, non certes une *démonstration,* mais des raisons de ne pas désespérer. L'efficacité de la prière pas plus que l'existence de Dieu dont elle est en quelque sorte le corollaire ne se démontrent comme vérités scientifiques par l'usage de l'observation, de l'expérience et de la raison tel qu'on le conçoit dans l'édification de sciences dites positives. Ce sont des vérités qui ont pour elles l'éloquence du sentiment et de la nature dont parle Pascal et qui sont perçues par le cœur plutôt que par la raison.

Les âmes dont je parle ont entendu à maintes reprises, quoique souvent d'une oreille distraite, ces suggestions du sentiment et de la nature ; mais ce sont des inspirations qui ne parviennent pas à conquérir toute leur confiance, parce qu'elles paraissent contredites par la raison.

Au fond, les situations morales de cette espèce sont très fréquentes et probablement même les plus fréquentes. Il y a, je crois, bien peu d'athées vrais, d'*athées réfléchis,* et dont l'athéisme est le résultat d'un sérieux examen. La plupart des athées le sont plutôt pratiquement que rationnellement. Ce sont des gens qui ne pensent pas à Dieu, plutôt que des négateurs irréductibles de son existence. D'autre part, les hommes dont la foi ne demande rien à la raison, et qui sont sérieusement disposés à croire *quia absurdum* ne sont pas les plus nombreux. Le nombre, je crois, est du côté de ceux qui ont des velléités de croire, mais auxquels la raison semble interdire cet abandon auquel ils seraient heureux de céder.

C'est à ceux-là que s'adressent ces pages. Mon but n'a pas été de leur démontrer l'objet de la foi, d'établir la dialectique du *credo,* mais de leur montrer que ce qu'ils seraient désireux de croire n'est pas contraire à la raison, et qu'ils peuvent sans rien sacrifier des droits de cette dernière, se livrer à l'impulsion de leur instinct et de leur cœur.

Je serais d'autant plus heureux d'y avoir réussi dans une mesure quelconque, que ce groupe des croyants qui raisonnent me paraît représenter la situation normale de l'homme.

Ce sont ceux qui dans les questions mystérieuses qui touchent à leurs intérêts vitaux veulent entendre à la fois la voix du cœur et la voix de la raison ; et leur prétention ne me paraît en rien *subversive* et *illégitime*, puisqu'ils demandent à saisir la vérité par ce qui constitue tout l'homme. Ce n'est jamais sans étonnement et sans tristesse que je pense à Pascal (ce génie si puissant et si pénétrant) conseillant à l'homme de « s'abêtir » pour arriver à la foi. Ce conseil que je ne m'explique que par l'empreinte d'une éducation familiale trop dévote, par l'influence d'un milieu bigot, ou par une aberration de la logique imposée par une mentalité partiellement troublée, ce conseil, dis-je, me paraît en contradiction flagrante avec ce que l'on peut savoir de la nature de l'homme et de sa destinée. La raison ne lui a pas été donnée pour qu'il lui impose silence dans la recherche de ce qui intéresse ses intérêts les plus élevés. Ce n'est pas en s'abêtissant qu'il parviendra à gravir les sommets que l'évolution a fixés comme buts de son développement ; mais c'est en donnant à son cœur et à sa raison une ampleur toujours croissante, et en maintenant ces facultés dans une sage harmonie et dans un équilibre puissant qui, loin d'étouffer l'une d'elles sous la domination exclusive de l'autre, les grandissent et les fortifient dans une heureuse coopération.

CINQUIÈME ESSAI

DIEU ET LE MONDE. — PANTHÉISME.
MONISME MATÉRIALISTE. — THÉISME.

Les considérations générales présentées dans l'*Essai sur la prière* susciteront certainement des appréciations et des objections qui m'ont été déjà faites après certaines de mes publications, et notamment après mes *Essais sur la vie et la mort et sur l'immortalité*. Je saisis donc cette occasion pour m'expliquer nettement et pour dissiper une équivoque ou un malentendu par un exposé sincère de mes convictions sur un sujet dont on ne saurait méconnaître l'importance. Mes assertions sur la vie universelle et sur la présence partout d'un esprit animateur et directeur m'ont valu l'accusation de panthéisme, ou tout au moins le soupçon de tendances panthéistes. Cette intelligence directrice, présente partout, présidant à la vie et à l'évolution de l'univers, suivant un ordre voulu et rationnel, a paru à quelques-uns, peut-être même à beaucoup, supprimer, et remplacer, consciemment ou inconsciemment dans ma pensée, l'auteur personnel de toutes choses, la personne divine existant en dehors et indépendamment de son œuvre, quoique exerçant sur elle une influence puissante en vue de sa conservation et de son évolution. Quelque souci que j'aie eu de prévenir ce jugement, et quelque soin que j'aie pris de distinguer le Créateur de la chose créée, je n'ai point évité la qualification de panthéiste. On a prétendu en effet qu'un homme qui voyait dans tout l'univers, dans tous les éléments de cet ensemble incommensurable, la pensée et la vie, ne pouvait être qu'un panthéiste, ou volontaire, ou sans le savoir. Je tiens à donner à cet égard toute ma pensée et à présenter des considérations qui justifient mon attitude et réfutent cette accusation.

Mon premier soin doit être de rechercher avec beaucoup d'attention jusqu'à quel point est juste et rationnelle cette assertion, que l'affirmation d'une vie universelle et surtout d'un psychisme universel (ce qui au fond est une même chose) équivaut à la reconnaissance de l'immanence divine dans la nature, et à l'exclusion de la transcendance. Une fois cette question étudiée, discutée, et, je l'espère, résolue, il me restera à envisager une dernière question, et à exposer pour quelles raisons, malgré les séductions et les entraînements d'un panthéisme même mystique et même religieux, vers lequel l'évolutionisme semblerait devoir logiquement nous conduire sous la forme du moderne monisme, je continue à rester fidèle à la croyance en un Dieu personnel et créateur, supérieur au monde, mais régulateur de la marche évolutive de l'univers et se mêlant par conséquent à la vie de ce dernier pour exercer une attraction salutaire destinée à le rapprocher de lui et à l'élever jusqu'à lui.

La première question se ramène à ceci : Y a-t-il contradiction entre l'existence d'un Dieu personnel et créateur, et l'existence d'un monde créé où se trouveraient partout répandues une vie d'intensité variable et une mentalité directrice plus ou moins développée ? Voilà la question nettement posée. Il est certain que pour bien des esprits, la réponse à faire est affirmative. Il y a pour eux contradiction, parce qu'un monde qui est lui-même vie, intelligence, volonté n'a que faire d'un Créateur et d'un Directeur chargé d'intervenir dans ses destinées. Mais c'est là un déplacement de la question, et une pétition de principe qui suppose résolue la seconde question que nous aurons à examiner. Il ne s'agit pas en effet de savoir s'il y a convenance, s'il y a adaptation, s'il y a nécessité dans l'existence simultanée d'un monde vivant et pensant, et d'un Dieu qui est aussi esprit et vie. La question est de savoir s'il y a contradiction. Nous ne nous demandons pas actuellement s'il y a des raisons plus ou moins sérieuses *en faveur* de la coexistence de Dieu et du monde conçu comme nous l'avons dit, mais s'il y a des raisons concluantes *contre* cette coexistence.

A la question ainsi posée, une réponse négative me paraît seule rationnelle : Non, cette coexistence n'a rien d'impossible. Et non seulement cette réponse ne nous paraît comporter aucune impossibilité absolue, mais c'est dans les solutions contraires que me paraissent résider et se grouper les vraies difficultés.

On peut *a priori* admettre que le monde n'a pas été créé, qu'il est entièrement autonome, et représente lui-même l'être, *tout* l'être, *l'Un-tout,* selon l'expression des panthéistes. C'est là une conception qui peut être discutée, et que nous discuterons. Mais si, la repoussant, on voit dans l'univers un Dieu créateur et un monde créé, il ne saurait passer pour inadmissible et contradictoire, que le monde créé, c'est-à-dire l'œuvre, l'enfant du Créateur, participe des qualités et de la nature de celui-ci. Je me suis expliqué précédemment sur la manière dont, pour un biologiste, peut rationnellement être comprise l'œuvre créatrice. La création *ex nihilo,* la provenance d'un être du néant ne pouvant en aucune façon être admise par le savant, par la logique de l'observation et de l'analogie, la créature ne saurait être à son origine qu'une parcelle détachée du Créateur lui-même et appelée par cela même à un développement ultérieur et à une existence plus ou moins indépendante. Le naturaliste ne connaît que cette manière de créer ; et il ne voit pas de raison pour que le Créateur qui l'a établie dans la nature n'ait vu en elle le meilleur processus de création et n'en ait fait usage pour son propre compte. Est-il nécessaire de faire remarquer que cette conception, que le savant a tous les droits et presque le devoir logique d'accepter, comportant pour la chose créée une conformité de nature entre le Créateur et le créé, ce n'est pas la présence de la vie et de l'esprit dans toutes les parties de l'univers créé qui pourrait constituer un élément embarrassant de contradiction, mais bien plutôt leur absence, ou même leur présence délimitée à certaines portions de l'univers ; car il reste alors à expliquer comment une œuvre qui émane d'un germe qui de sa nature était *tout entier* et *essentiellement* esprit et vie, a pu faire surgir de lui-même des éléments morts et sans esprit. C'est là que réside en effet la difficulté ; et il n'y a réellement aucune difficulté à admettre la coexistence d'un Créateur et d'une créature, qui sont l'un et l'autre esprit et vie.

Je repousse donc aisément toute imputation de panthéisme ou de monisme *nécessaire* appliquée aux conceptions que j'expose ici, et auxquelles je donne mon adhésion.

La seconde question qu'il me reste à examiner est toute autre, ainsi que nous l'avons vu précédemment. Elle se résume en ceci. L'univers étant un immense organisme doué de vie et d'esprit, ne se suffit-il pas à lui-même ? Ne représente-t-il pas tout l'être, autonome et éternel, en dehors de toute création et de tout créateur ? S'il est vrai que le psychisme universel ne soit pas en contradiction avec l'existence d'un créateur distinct de la créature, il convient cependant de reconnaître avec franchise que cette conception qui fait de la nature entière un organisme vivant, source (en apparence du moins) d'une énergie capable de présider à son évolution rationnelle en manifestant partout la vie, la volonté et la raison, il convient, dis-je, de reconnaître que cette manière de voir est *propre* à nous faire concevoir la nature comme un vaste ensemble autonome, embrassant toutes choses, possédant en lui-même des énergies qui assurent la vie éternelle et universelle et pour lequel l'intervention d'un Dieu créateur et directeur peut paraître superflue et inutile. Un si magnifique édifice, doué d'un dynamisme si puissant, si intelligent, si varié dans ses manifestations, pouvant évoluer vers les hauteurs les plus sublimes de la mentalité, n'est-il pas capable de se suffire, de représenter tout l'être, et de répondre à ce besoin de causalité supérieure qui a engendré dans l'esprit humain l'idée d'un Dieu personnel, intelligence, sagesse, volonté et puissance, vers lequel ont convergé et convergent les formes diverses des aspirations religieuses de l'humanité ? A l'ordre, à l'harmonie admirables qui règnent dans l'univers il faut sans doute une explication rationnelle et une cause ordonnatrice intelligente et puissante ; mais est-il nécessaire d'en chercher une autre que cette

puissance éternelle qui se manifesterait incessamment, sans-
s'épuiser, sous les formes les plus variées et qui suffirait à
toutes les manifestations de la nature depuis les phénomènes en apparence les plus humbles de la matière
jusqu'aux créations les plus merveilleuses de l'esprit.

Il est certain que le spectacle est éblouissant, et que
l'esprit de l'homme se sent parfois en sa présence comme
emporté dans un tourbillon vertigineux qui trouble son
regard et lui masque toute autre cause. « Dans l'univers, dit
Tyndall, la puissance en circulation est éternellement la
même ; elle y roule en flots d'harmonie à travers les âges ;
et toutes les énergies de la terre, toutes les manifestations de
l'air aussi bien que le déplacement des phénomènes, ne
sont que des modulations et des variations de la même
mélodie céleste ».

« Comme tout se meut, dit Faust, pour l'œuvre universelle ! Comme toutes les activités travaillent et vivent l'une
dans l'autre ! Comme les forces célestes montent et descendent
et se passent en main les sceaux d'or, et, sur leurs ailes d'où
la bénédiction s'exhale, du ciel à la terre incessamment
portées, remplissent l'univers d'harmonie !... »

« Dans les flots de la vie, répond l'Esprit, dans les tourbillons de faits, j'ondule de haut en bas, je me meus en tous
sens. Naissance et tombe, océan éternel, tissu changeant,
vie ardente ! Je travaille sur le bruyant métier du temps
pour tisser le vêtement riant de la divinité » (*Faust,* 1re partie : La Nuit).

Images magnifiques et formules grandioses qui englobent
la puissance divine dans l'universelle nature ; et qui la
montrent confondue avec elle, indistincte et identique, et
« produisant dans le double infini de l'espace et de la durée,
tous les ordres de réalités » (Bourdeau, *Le problème de
la vie,* p. 291).

Il est d'ailleurs impossible de nier (ou de méconnaître)
combien la doctrine évolutioniste est venue apporter à cette
confusion de Dieu et de la nature une source de présomptions favorables et un regain de faveur. Cette production
permanente et progressive des formes et des phénomènes

naturels au sein d'un substratum primitif, capable de s'élever ainsi à travers une série infinie de transformations vers des hauteurs auxquelles nous ne saurions fixer des limites, cette production, dis-je, permet de prévoir dans l'avenir infini de cette mère nature, l'apparition de formes de plus en plus rapprochées de la divinité, c'est-à-dire de l'être sachant, voulant, et pouvant de façon supérieure, et réalisant ainsi non seulement une vague et inconsciente divinité, mais encore le Dieu conscient et personnel, réalité embrassant tout l'univers, animée par l'âme du monde émancipée et épanouie, et ayant la nature pour organisme. « L'âme de l'univers cosmique, dit Bourdeau (*Probl.*, p. 224), n'est, à vrai dire, qu'un principe d'activité d'où tout découle, et qui contient à l'état virtuel tous les développements ultérieurs du psychisme particulier. Les étoiles sont des accumulateurs et des distributeurs d'énergie. Par elles s'organise un dynamisme mécanique, physique et chimique qui vivifie et anime les séries de mondes assujetis. Cette grande fonction créatrice, qui constitue la vie de l'univers stellaire, est inséparable d'un principe d'animation, d'un *nisus* intellectuel, dont les forces et leurs lois seraient l'expression transcendante, et qui dans une phase chaotique a fait sortir le monde coordonné des étoiles, des planètes et des satellites, théâtre splendide de la vie universelle où la pensée et la raison arrivent à se faire jour. Puisque l'activité du système stellaire consiste en agglomération d'éléments épars, transformation et répartition de puissance, on pourrait voir, dans ce premier débrouillement de la matière, dont tout le reste dépend, l'idée initiale qui, dès le principe, traçait la voie où se développeraient les séries de genèses futures. Le psychisme intersidéral s'éclairant ensuite par degrés, serait-il incapable de *prendre conscience de lui-même, de jouir de son activité générale,* et, comme le démiurge de la genèse s'approuvant dans son œuvre, de trouver que cela est bien ? »

Voilà des conceptions qu'on peut, sans exagération, qualifier de grandioses et séduisantes. Elles le sont surtout pour tout penseur qui considère l'évolution, la marche évolutive comme la voie qui conduit la substance primitive, le germe du monde à travers toutes les phases par où s'est déployée et se déploie sa virtualité. Et néanmoins je n'hésite pas à dire que ces conceptions ne satisfont ni mon esprit, ni surtout mon cœur, et qu'il y a en elles des lacunes graves et des difficultés sérieuses qui m'obligent à chercher ailleurs une réponse à mes préoccupations sur l'idée de Dieu et sur ses relations avec cette grande nature, qui m'intéresse au plus haut degré, puisque j'en fais partie. Dans une question qui touche de si près aux exigences de la raison et aux aspirations légitimes de la sensibilité et de la morale, on a le droit et le devoir de ne point se laisser entraîner par une solution qui ne donnerait satisfaction qu'à l'un de ces deux côtés de l'âme humaine ; car si bien souvent l'esprit c'est-à-dire la raison est la dupe du cœur, il est certes bien des cas aussi où le cœur peut être dupe de l'esprit, c'est-à-dire de la raison.

C'est là une vérité qu'il importe d'avoir constamment devant les yeux dans la recherche d'une solution à ces questions qui touchent à l'homme tout entier, et aux profondeurs de sa vie morale.

Si un fait était de nature à nous convaincre de la justesse de ce point de vue, c'est la netteté avec laquelle il a été embrassé par un homme auquel on ne saurait certes reprocher d'avoir fait à l'intellectualisme une place trop mesurée dans son labeur philosophique. Ce n'est pas sans un étonnement mêlé de satisfaction que l'on peut lire dans le dernier ouvrage d'Herbert Spencer, ouvrage qu'il considère comme résumant les réflexions et les commentaires intimes de sa longue carrière philosophique : « *Facts and Comments* », ce n'est pas, dis-je, sans étonnement qu'on lit cet aveu et cette déclaration :

« Nous avons attribué à la pensée une importance qu'elle est loin d'avoir dans notre vie intérieure, et nous avons tout subordonné au culte de la raison, qui en réalité ne joue et ne peut jouer qu'un rôle secondaire. L'élément essentiel, dans la vie, n'est pas la raison, mais le sentiment dans son double rôle de sensation et d'émotion. »

Et, comme développement et corollaire à cette pensée,

Spencer, contrairement à Huxley, trouve que la raison n'est que la servante du sentiment, que le sentiment lui seul peut nous donner la vraie connaissance du monde et de nous-même, que lui seul nous pousse à agir, et nous donne la conscience de la vie.

De telles indications dictées par une si haute expérience ne sauraient être méconnues, et nous devons leur faire une place importante dans la méthode qui doit dominer l'étude que nous poursuivons.

Bien que les conceptions panthéistiques que nous avons analysées aient été approuvées et défendues par des naturalistes éminents, je les trouve passibles au point de vue même des sciences de la nature, d'objections sérieuses que je vais m'appliquer à exposer.

Si Dieu est confondu avec la nature, s'il est l'âme du monde, c'est-à-dire le principe animateur immanent et dépendant de l'univers dit matériel, s'il fait partie intégrante de l'univers, il en résulte quelques conséquences dont la légitimité me semble ne pouvoir être niée. La science actuelle (et nous ne pouvons raisonner que d'après elle) nous présente l'univers comme le lieu de transformations incessantes, de développements continus, en un mot d'une évolution progressive qui l'a conduit de degrés en degrés des formes chaotiques, homogènes, confuses et inférieures aux formes hétérogènes, complexes, plus élevées et plus parfaites qui ne représentent elles-mêmes que des degrés conduisant à de nouvelles ascensions. La vie informe, obscure et sourde de la matière cosmique primitive a fait place aux différenciations minérales, aux apparitions végétales et animales qui sont couronnées actuellement, sur notre planète, par les manifestations brillantes de l'esprit humain, manifestations si brillantes et si grandement supérieures aux fonctions minérales, végétales et animales proprement dites, que le nombre a été très minime jusqu'ici des philosophes qui ont su reconnaître les relations génétiques et la parenté réelle entre ces manifestations de l'esprit et les effets des forces qui président à la vie végétative et *a fortiori* à la vie minérale.

Sans faire du géocentrisme ou du géomorphisme, on est autorisé à penser que ces vues qui résultent clairement de ce qu'il a été donné de constater dans l'étude de notre planète, peuvent être étendues à tout le reste du monde stellaire, puisque les innombrables corps qui le composent sont considérés par la science comme résultant de morcellements et de condensations multiples d'un ensemble primitif dont la composition était homogène et continue. L'évolution dont notre planète a été le siège peut donc être considérée comme représentant, sauf modifications secondaires résultant de circonstances diverses, les lignes générales de l'évolution de l'univers stellaire ; il est logique de penser que ce dernier est au même titre que la terre, le siège d'une évolution continue.

La conception panthéiste de l'univers envisagée du point de vue de la doctrine évolutioniste, et affirmant la confusion parfaite, l'identité de Dieu et du monde, conduit forcément à cette conclusion que l'âme de ce grand corps, c'est-à-dire Dieu, a dû subir elle-même ces transformations dont l'univers a été le théâtre et quelle a été soumise aux conditions de développement et d'évolution progressive, dont la nature elle-même nous offre le spectacle. Si Dieu est réellement l'âme de l'univers et n'est pas autre chose, Dieu a donc été le lieu d'une évolution. Dieu a évolué, Dieu évolue et comme tout être qui évolue, et comme le grand tout de l'univers dans son évolution, il a été et est le lieu d'une marche ascendante. Et, comme pour le panthéisme l'univers est éternel, et son âme avec lui, la période embryonnaire et rudimentaire de cette âme doit se prolonger dans l'infini du passé en une série infiniment décroissante qui la rapetisse et la rabaisse incessamment suivant une ligne descendante qui tend vers la ligne des zéros.

Cet abaissement de grandeur, de puissance, cette imperfection considérable dans le passé de l'âme du monde, c'est-à-dire du Dieu du panthéisme évolutioniste jure fortement, à mon sens, avec la conception de l'être infini en qui se résument toutes les énergies de l'univers. Quoi qu'on puisse dire, un être qui a dû connaître les phases rudimentaires et

humbles des commencements embryonnaires ne saurait
correspondre dans la logique de l'esprit à ce que l'on appelle
avec quelque emphase le Grand-Tout. Quoi qu'on puisse dire
encore, l'idée d'un germe et d'un embryon placés à l'origine de Dieu, éveilleront logiquement dans l'esprit le besoin
de la recherche d'une origine paternelle et d'une filiation
qui ne sauraient être trouvées que dans un être antérieur et
supérieur, auteur lui-même du germe, et source des énergies qui président à son évolution.

Quoi qu'on puisse dire encore, la logique des faits observés, c'est-à-dire la logique de l'analogie se posera la question
de la source de tant de science, de tant de sagesse, de tant
de logique, de tant de puissance dans la direction d'un
développement, dont le sujet humble et rudimentaire à ses
débuts n'a pu avoir recours qu'à lui-même, et n'a pu puiser
dans les ressources d'une ascendance en possession de toutes
les facultés qui devront se manifester dans sa créature.

Et s'il y a une source où le Dieu immanent a trouvé les
matériaux de sa réalisation progressive, cette source n'est-
elle pas le Dieu transcendant, cause première ayant représenté dès l'éternité l'être suprême, l'être complet et parfait,
l'être infini, celui qui étant l'Être a donné naissance à tous
les êtres ?

Mais, dira-t-on sans doute, si le germe, si le rudiment
originel du Dieu-univers postule une puissance créatrice
l'ayant précédé, pourquoi la croyance en un Dieu transcendant et parfait ne comporterait-elle pas les mêmes exigences ?
La question, je le reconnais, peut en effet être posée, et
nous verrons qu'elle l'a été par l'auteur du *Monisme* et des
Énigmes de l'Univers [1]. Mais nous pensons fermement que
ces deux questions à résoudre ne se présentent pas devant
la raison et devant la logique intuitive dans des conditions
identiques. Ce que j'en dirai dans la suite me semble propre
à le faire penser ; et sans y insister pour le présent, je me
borne à formuler, je ne dirai pas cette affirmation, mais cette

---

1. Hæckel, *Les Énigmes de l'Univers*, traduction française de Camille
Bos ; Paris, Schleicher, 1902.

impression, que l'esprit accepte plus aisément la pensée de l'autonomie d'un être parfait qui n'a pu connaître l'infirmité, que celle d'un être dont le passé, qui à son heure a été humble et rudimentaire, semble réclamer une sollicitude paternelle.

Je sais bien que ce sont là des impressions et des intuitions plus encore que des raisons et des preuves ; mais je ne sache pas que dans cet ordre de recherches, nous puissions avoir recours à d'autres sources pour approcher de la vérité ; et je fais appel à leur concours sans prétendre leur attribuer plus d'autorité qu'elles n'en méritent.

Mais à côté de ce panthéisme où la place de Dieu semble conservée, et où sa présence au sein de l'univers, comme celle de l'insecte parfait sous l'enveloppe de la larve ou de la nymphe, ou mieux encore comme la matière d'un cristal dans une dissolution avant sa cristallisation, c'est-à-dire comme une essence sans personnalité, mais pourtant comme une essence divine, à côté dis-je de ce panthéisme pour ainsi dire mystique, où l'âme humaine peut encore dans ses aspirations élever les yeux vers un idéal plus ou moins voilé et inconscient mais aspirant à la lumière et à la conscience, il existe d'autres formes du panthéisme qui, malgré la désinence étymologique de leur appellation, ne font pas réellement une place à ce quelque chose qui dans notre conception correspond à la notion propre de divinité.

Parmi ces systèmes, qui ont néanmoins la prétention de faire une part au sentiment religieux, tout en « démolissant les trois grands dogmes centraux de la philosophie dualiste, admise jusqu'à ce jour ; le Dieu personnel, l'immortalité de l'âme et le libre arbitre » je me borne à signaler, parce qu'il a fait grand bruit, le monisme d'Haeckel, tel que ce naturaliste éminent plus que philosophe impartial et pondéré l'a exposé sous ce titre étonnant : *Le Monisme, trait d'union entre la religion et la science,* et dont il a présenté longuement tout le système dans son volume : *Les Énigmes de l'univers*[1]. Dans ce système qui, tout en prétendant s'in-

---

1. Hæckel, *Les Énigmes de l'Univers,* trad. franç. de Camille Bos ; Paris, Schleicher, 1902.

spirer du panthéisme de Spinoza, présente cependant avec lui
de graves différences, puisque Spinoza croyait à l'immortalité individuelle des âmes [1], l'auteur supprimant dans l'univers toute chose autre que ce qu'il appelle les substances,
c'est-à-dire la matière et la force qui sont éternelles, infinies,
et indissolublement unies, considère que tous les phénomènes
de l'univers sont le produit de ce qu'il appelle *la loi de substance,* c'est-à-dire la loi de la conservation de la matière et
de la conservation de l'énergie.

Pour lui l'univers (c'est-à-dire tout ce qui *est*) n'est qu'un
immense mécanisme se suffisant à lui-même, ayant son origine en lui-même, et étant régi par ce qu'il désigne avec
Goethe comme « les grandes lois d'airain éternelles ». Dans
une pareille conception, il n'y a pas place pour la personne
divine, créatrice et directrice ; et ce n'est certes pas la
calomnier que de la considérer comme un pur athéisme et
un matérialisme parfait. Je n'aurais donc pas logiquement à
défendre mes conceptions contre des affinités réelles et
sérieuses avec lui, puisque je considère Dieu comme ayant
une place distincte et prépondérante dans une conception
rationnelle de l'univers. Mais toutefois je désire faire remarquer en passant que ce monisme, malgré les affirmations téméraires de son prôneur, le proclamant comme l'expression de
« l'Unité de Dieu et du monde » appelée à donner de toutes les
énigmes de l'Univers une explication suffisante, que ce monisme, dis-je, se trouve remarquablement impuissant en
face du *problème moral,* c'est-à-dire du problème qui par
excellence réclame pour sa solution l'intervention d'une
intelligence, d'une raison, et d'une volonté suprêmes.

Pour l'idéal de vérité, pour la vérité éternelle, il n'y a
d'autre chemin, dit Haeckel, que la connaissance de la nature, que l'étude empirique des faits, et la connaissance
conforme à la raison de leurs causes efficientes. Mais pour
l'idéal de vertu, pour le divin idéal du bien éternel, pour la
notion du bien, Haeckel est bien obligé de convenir qu'il
n'en saurait être de même, et que l'interrogation de la seule

---

1. Brochard, *Revue de métaphysique et de morale,* novembre 1901.

étude de la nature n'est pas le seul moyen d'arriver à la connaissance de l'idéal de vertu, et que ce qu'il appelle vertu coïncide dans sa religion moniste *presque entièrement avec la vertu chrétienne.* C'est là une reconnaissance que l'auteur essaye vainement d'atténuer par des restrictions et des distinctions dont il est aisé de faire justice.

Cet aveu de l'auteur des *Énigmes de l'Univers* a plus de portée qu'il n'a l'air de le croire. Des conséquences inattendues pour lui en découlent logiquement. Ce fait même que ce qu'il appelle la loi fondamentale éthique, ou la *loi d'or de la morale* (tu aimeras ton prochain comme toi-même); « loi par laquelle l'éthique moniste concorde absolument avec la morale chrétienne » n'a pas eu besoin de l'étude et de la *connaissance moniste* de la nature pour venir au cœur de l'homme ; ce fait, dis-je, indique suffisamment qu'il peut y avoir et qu'il a même certainement d'autres sources de la connaissance que l'étude de la nature et que la méthode empirique, et que soutenir que « la vérité pure ne se peut trouver que dans le temple de la connaissance de la nature », est un vrai paradoxe, puisque la loi d'or de la morale qui est aussi une vérité, qui fait partie de la vérité, s'est révélée, de l'aveu d'Haeckel lui-même, non seulement au Christ, mais à Pittakus de Mytilène, l'un des sept sages de la Grèce, 620 ans avant Jésus-Christ, à Confucius 500 ans avant Jésus-Christ, à Thalès, Socrate, Aristippe, Sextus, plusieurs siècles avant le Christ, etc., etc.; et cependant à ces dates reculées, ni le télescope ni le microscope n'avaient révélé à aucun de ces sages les *secrets du monde infiniment grand des étoiles et du monde cellulaire infiniment petit,* et ils n'avaient pas certainement goûté aux splendides fruits de l'*arbre de la connaissance* et *reçu le gain inappréciable d'une claire conception unitaire de l'Univers* (*Énigmes,* p. 385).

Et d'ailleurs quelle relation logiquement nécessaire peut-il y avoir entre un pur mécanisme où règnent les « grandes et éternelles lois d'airain », d'où la liberté est par conséquent exclue, et la conception d'une morale et d'une vertu ?

Il ne saurait y en avoir ; et la morale du monisme, je veux dire la morale qui logiquement lui appartient et qui découle de son principe, n'est qu'une équation de mécanique rationnelle plus ou moins correctement résolue. Nous ne saurions appeler cela une morale et une vertu.

Je suis trop naturaliste et trop admirateur de la nature pour ne pas voir dans son sein, dans son labeur, dans ses opérations, dans ses efforts, des rudiments de morale, de vraies tendances morales, et des actes dictés par la recherche du progrès et du mieux. Mais ce n'est certes pas dans un pur mécanisme, dans l'obéissance aveugle à d'éternelles lois d'airain qu'il me paraît possible d'en trouver l'explication. Cette dernière se trouve aisément, au contraire, dans l'élément mental, dans l'esprit qui a dû être déposé dans l'univers par un Être qui disposait librement de cette forme de l'énergie, et qui par conséquent est lui-même une source puissante de cette force supérieure, qui est Lui-même esprit, c'est-à dire puissance de discerner le bien et de le vouloir, bien plus, la puissance même du bien, le bien lui-même qu'Il a pu semer largement dans son œuvre. Voilà l'explication rationnelle et satisfaisante, à mon avis, de la morale de la nature, car il y a une morale dans la nature.

L'étude de la nature peut bien nous montrer que, chez les *vertébrés sociables,* le maintien et la bonne direction de la société dépendent de deux sortes d'actions, les unes qui regardent d'abord l'individu, et les autres qui intéressent la société à laquelle il appartient. Ces notions s'appliquent certainement aussi à l'homme qui est lui-même un vertébré sociable ; et par là l'étude de la nature peut bien fournir des indications précieuses pour l'édification d'une morale de l'intérêt ; elle peut bien montrer que l'*intérêt* bien entendu de l'individu veut que ses actes et sa vie soient ordonnés de telle ou telle manière, orientés dans tel ou tel sens ; mais ce que l'étude de la nature telle que la comprend l'auteur du *Monisme* ne saurait démontrer, c'est qu'un pur mécanisme aveugle préside à la fixation de cette orientation et encore moins qu'un pur mécanisme puisse être dans l'homme le point de départ et la cause du sentiment de l'*obligation,* du sentiment que cette orientation doit être recherchée et suivie quoi qu'il en puisse résulter, et qu'un effort doit être fait pour cela.

Un pur mécanisme ne saurait inciter à la lutte morale, au choix de ce qui bien souvent est repoussé par le désir, au choix de ce qui est moins aimé, et dans tous les cas au choix de ce qui paraît moins aimable. Au mécanisme qui peut éclairer dans une certaine mesure pour la recherche des conditions de bien-être, et dans la fuite du malaise, il faut ajouter une impulsion d'origine supérieure, une influence du « persuasif suprême », selon l'heureuse expression de M. A. Fouillée, quelque chose qui ne saurait dépendre exclusivement du sujet moral, quelque chose qui n'est pas avant tout et surtout la voix de l'intérêt ou du plaisir, mais qui est la voix du devoir, l'ordre pour l'être moral d'agir même contre son gré, quelque chose en un mot qui donnant ou des ordres, ou si l'on veut des invitations réelles et pressantes indépendantes de l'être moral, doit être situé en dehors de lui, et au-dessus de lui. Autant vaut dire Dieu, l'auteur de la conscience et le juge de la loi morale.

Que si en naturaliste, en admirateur et chercheur de la nature, nous voulons examiner ce qu'il y a de vrai dans cette assertion d'Haeckel que la connaissance de la nature est le seul chemin qui conduise à la vérité, nous arriverons à cette conclusion que la proposition d'Haeckel est acceptable, à condition seulement que sa conception générale de la nature soit profondément modifiée. Il y a à la base de cette conception une énorme pétition de principe et une bien grande erreur. La nature y est en effet opposée à la notion de conscience morale, de gouvernement du monde par l'esprit par l'énergie pensante et par la volonté, à la notion d'intuition de ce qui échappe aux sens, et aux prétentions légitimes de la voix intérieure, voix de la conscience et voix du cœur. Ce sont là des lacunes purement arbitraires, lacunes très graves, et dont nous ne saurions accepter le maintien. Haeckel a la prétention de placer la nature sur le piédestal le plus grandiose et le plus élevé qui lui ait été dressé. A nos yeux, il la rabaisse, car il lui arrache comme de vains fantômes les provinces les plus belles de son domaine.

Ni la conscience morale, ni la voix du cœur, ni les aspirations vers un idéal de vertu et d'immortalité, ni les éléva-

tions de l'âme vers un être suprême ne sont *hors de la
nature* ; et tout homme qui pense a le droit de les considérer
comme des phénomènes naturels, comme des processus
ayant leur place légitime, leur influence réelle dans la nature.

La nature n'est pas le lieu et le domaine seulement des
phénomènes qui comportent l'usage de la balance, et du
microscope. Il y a en elle de vastes étendues, les plus vastes
même, où d'autres moyens de connaître doivent être mis en
jeu, et où l'observation se fait légitimement quoique par
d'autres voies que dans les sciences dites physiques. C'est
l'étude de la nature ainsi comprise, et non telle que la conçoit Haeckel, qui est vraiment « le seul moyen d'arriver à
saisir la vérité, et à progresser vers l'idéal de vérité ».

Et enfin, à quoi a abouti cette prétention de tout connaître
et de tout expliquer par le mécanisme imperturbable et
brutal régi par la *loi de substance* ? Elle a abouti à un aveu
d'impuissance et d'ignorance. Le lecteur peut en juger par
ces quelques lignes empruntées aux considérations finales du
livre des *Énigmes* (p. 433).

« Qu'est donc proprement, au plus profond de son essence,
cette toute-puissante merveille de l'Univers que le naturaliste
réaliste glorifie sous le nom de *nature* ou d'Univers, le philosophe idéaliste en tant que *substance* ou cosmos, et le dévot
croyant comme créateur ou *Dieu*?... Nous accordons tout
de suite que, quant à l'essence intime de la nature, elle nous
est aussi étrangère, nous demeure aussi incompréhensible
qu'elle pouvait l'être à *Anaximandre* ou *Empédocle* il y a
deux mille quatre cents ans, à Spinoza ou Newton il y a
deux cents ans, à Kant ou Goethe il y a cent ans. Bien plus,
nous *devons même avouer* que cette essence propre de la
substance nous apparaît de plus en plus *merveilleuse* et
énigmatique, à mesure que nous pénétrons plus avant dans
la connaissance de ces attributs, la matière et l'énergie, à
mesure que nous apprenons à connaître ses innombrables
phénomènes et leur évolution. Quelle est la *chose en soi*
qui est cachée derrière ces phénomènes connaissables, nous
ne le savons pas encore aujourd'hui. Mais que nous importe
cette mystique *chose en soi,* puisque nous n'avons *aucun*

moyen de la connaître, puisque nous ne savons *pas même au juste* si elle existe ? »

Voilà certes des aveux d'ignorance et d'impuissance. Ils sont dénués d'artifice ; mais il est bien difficile de les concilier avec les négations absolues et sans appel de l'existence d'un Dieu personnel formulées avec tant d'assurance presque à chacune des pages du livre.

Comment l'auteur n'a-t-il pas vu que sa négation absolue de Dieu, et sa reconnaissance du merveilleux, de l'énigmatique et de l'inconnaissable juraient de se trouver côte à côte ? Comment n'a-t-il pas compris que « la chose en soi » dont son esprit a pu concevoir la réalité, ou du moins la possibilité, puisqu'il en parle comme d'une chose en soi cachée derrière les phénomènes, pourrait bien être ce Dieu, créateur, maître et source de l'énergie, et que, si la démonstration par le fait et le microscope ne permettait pas de l'atteindre, il y a dans l'homme d'autres moyens de connaissance que l'empirisme.

S'il y a un monde supérieur à ce que nous montrent les sens (et tout homme qui le nierait serait incomparablement absurde), il est naturel de penser que l'homme peut l'atteindre dans une certaine mesure par ce qui en lui est supérieur aux sens, c'est-à-dire par la raison, par le génie intuitif éclairé par la science de l'âme et par l'aspiration interne du cœur. Ce sont là des aperçus que ne saurait repousser tout homme qui raisonne avec logique et impartialité.

Le monisme d'Haeckel, qui prétend ne s'appuyer que sur des preuves empiriques, mais qui est parfois, à l'insu de l'auteur, un échafaudage édifié sur l'imagination la plus abondante, sur la fantaisie la plus libre et sur l'affirmation la plus téméraire, le monisme d'Haeckel, dis-je, n'est qu'un pur athéisme qui sous prétexte de libération et d'émancipation de la pensée a des allures très intolérantes, dogmatiques et sectaires. A lui s'appliquent parfaitement les appréciations suivantes provenant d'hommes appartenant à des tendances les plus diverses :

« Le monisme n'est pas un système philosophique très robuste ; c'est moins le produit de méditations profondes et originales que le résultat d'une tendance contemporaine. Ce n'est pas la conséquence inévitable d'un système logique, parce qu'il omet la conscience, mais plutôt le résultat incident d'une impulsion intellectuelle... La doctrine paraîtrait plus forte, si elle était moins défendue comme une foi : les partisans sectaires sont de piètres philosophes. »

Tel est le jugement du naturaliste américain Sedwick-Minot.

« Le panthéisme n'est qu'un athéisme poli..... La propositiou panthéiste : « Dieu et le monde ne font qu'un », est un détour poli pour signifier au seigneur Dieu son congé. »

Tel est l'avis de Schopenhauer.

« Le panthéisme, affirme Vinet, n'est qu'un athéisme emphatique et solennel. »

Voilà qui est bien dit ; et je crois inutile d'insister.

Examinons maintenant si dans la conception d'un Dieu transcendant et créateur les exigences de la raison ne trouveront pas une satisfaction moins douteuse. Prétendre supprimer toutes les difficultés qui touchent à la question posée, et ignorer qu'elles tiennent de l'inaccessible et de l'inconnaissable, ce serait stupidité et folie. Nous n'allons certes pas jusque-là. Nous cherchons la solution qui s'adapte le mieux à notre raison, et qui la laisse en face de moins d'obscurités et d'impossibilités. A cet égard la conception d'un Dieu transcendant, indépendant et père de l'univers, être personnel, éternel, conscience, lumière, puissance et bonté, me semble le plus propre à satisfaire la raison.

Je ne prétends pas apporter ici et développer tous les arguments qui ont été invoqués pour démontrer l'existence de ce Dieu indépendant du monde, et supérieur au monde. Je reconnais d'ailleurs qu'on ne saurait produire des preuves démonstratives et scientifiques de cette existence. Dieu est en dehors et au-dessus de ce que notre observation peut atteindre. Il n'appartient pas proprement au domaine de l'induction. L'existence de Dieu peut dans une certaine mesure être déduite de considérations et de faits observés, mais il ne saurait être question de déductions rigoureuses, et compara-

bles à celles sur lesquelles s'édifient les vérités mathématiques. Les déductions qui conduisent à l'admission de l'existence de la divinité laissent toujours dans l'ombre un côté
de la démonstration, et c'est la foi, l'adhésion volontaire et
libre, la voix de la conscience et du cœur qui peuvent seules
apporter dans ce compartiment mystérieux les lumières
capables d'imposer au doute un silence plus ou moins complet.

Mais puisque je me suis proposé de rendre compte des
conceptions auxquelles je crois devoir donner mon adhésion, en m'appuyant sur les données qui me viennent de la
science et sans oublier en rien les droits de ma raison, je
tiens à dire sur quels fondements rationnels s'appuie ma
croyance de naturaliste en un Dieu créateur et distinct de
l'univers.

Réservant pour une autre partie de cet essai les raisons du
cœur qui militent en faveur de l'existence de Dieu, je me
borne ici à développer quelques considérations qui peuvent
être groupées autour d'un petit nombre de chefs principaux.
D'une part, l'universalité de l'obligation, et d'autre part,
l'aspiration générale, la tendance, l'effort de la nature vers
le meilleur, se manifestant sous forme des finalités et des instincts : tels sont les points principaux sur lesquels surtout
je tiens à établir les bases de ma croyance à l'existence de
Dieu, puisée dans l'observation même de la nature.

Les critiques que je viens de formuler contre le Monisme
d'Haeckel, renferment déjà quelques-unes des considérations qui vont suivre ; mais je tiens à les développer encore
à cause même de l'importance qui s'y attache.

La conscience morale, le sentiment de l'obligation, est
pour l'être moral le plus élevé que nous connaissions, c'est-
à-dire pour l'homme une voix souvent si incommode, si
déplaisante, si contraire à ses désirs et à ses aspirations, que
je ne saurais en placer l'origine dans l'homme lui-même,
et a fortiori dans cette partie de la nature qui nous environne
et qui est l'inférieure et la servante de l'homme. Des ordres,
des volontés, des remords imposés à l'homme avec cette

importunité si souvent éprouvée, ne sauraient émaner que d'une autorité plus haute, d'un maître plus puissant, d'un ordonnateur indépendant et autre. Quelque opinion qu'on puisse avoir sur l'origine et le mode de développement de la conscience morale dans le monde animal et dans l'homme, il n'en reste pas moins vrai qu'il y a une voix qui a la prétention de dominer nos préférences et nos passions, et que, si nous parvenons parfois à lui imposer silence, ce silence est momentané, et bientôt suivi de confusion et de regrets. L'humanité entend cette voix dont la signification est toujours la même quels qu'en soient les accents.

Les races, les époques, les latitudes, les circonstances historiques, les climats, etc., peuvent établir des différences considérables dans les articles spéciaux du code de la morale ; mais ce qui subsiste partout chez l'homme, c'est le sentiment qu'il *doit* quelque chose, qu'il a des devoirs, qu'il est responsable vis-à-vis de quelque chose ou de quelqu'un, ou tout au moins qu'il y a un idéal plus ou moins élevé à réaliser, et que ne pas le faire entraîne pour lui une culpabilité ou une déchéance. Où est la source, quel est le point de départ de cet instinct du mieux, de cette voix qui ordonne, et qui sait punir la désobéissance par le remords? Faut-il les trouver dans un prétendu mécanisme de la nature, dans un dynamisme aveugle «aux grandes et éternelles lois d'airain»? Je ne saurais y consentir. Faut-il trouver l'explication de la conscience morale de l'humanité dans les lois qui régissent les sociétés animales, dans les mœurs ingénieuses et admirables de ces groupements animaux et même végétaux qui manifestent étonnamment l'intelligence claire et presque infaillible des intérêts de l'association et du bien des membres qui ont mis en commun leurs besoins, les moyens de les satisfaire et les ressources nécessaires à leur défense? Je le veux certainement ; et je suis tout disposé à y voir des rudiments plus ou moins humbles ou importants du sentiment de ce que tout être vivant se doit à lui-même, et de ce qu'il doit aux autres. Je suis très convaincu, par exemple, que la conscience morale, que le sentiment du devoir existent, et parfois à un degré étonnant, chez ces êtres, dans l'âme desquels nous infusons quelque chose de notre propre âme, que nous appelons avec raison *animaux domestiques*, parce qu'ils font en effet partie de notre maison, et qu'ils participent en quelque mesure à nos relations et à nos obligations morales et sociales. Mais quelque haut qu'on veuille remonter dans la constatation de ces rudiments de devoirs et d'obligations dans les groupes d'êtres vivants, il restera à en trouver l'explication et la raison, à en faire connaître la cause et le point de départ. Or c'est se faire illusion que de penser, comme le font les évolutionistes athées, que l'explication de ces faits, de ces instincts, de ces aspirations, empruntée à ce que l'on désigne comme lois naturelles proprement dites, que cette explication dis-je sera d'autant plus aisée et plus simple qu'elle aura poùr objet les habitudes sociales et les mœurs d'êtres plus humbles dans la hiérarchie des psychismes. Il y aurait là une source d'erreur et d'illusion, car si la psychologie compliquée et perfectionnée de l'être humain peut lui permettre dans une certaine mesure de construire rationnellement un ensemble d'ordonnances et d'obligations constituant un code de la morale, on comprend d'autant moins cette faculté, ce pouvoir codificateur, cette savante réglementation chez les êtres inférieurs. Chez ceux-ci en effet, l'impulsion interne ou l'appétition naturelle forment la partie dominante presque exclusive du psychisme. Je déclare pour ma part que ces lois merveilleuses qui régissent les rapports et les devoirs de membres des sociétés animales me paraissent avoir surtout, et presque exclusivement, leur cause première, leur origine, dans une influence supérieure du Créateur et ordonnateur suprême, du maître par excellence de la morale, de celui qui, en définitive, a insufflé dans toute son œuvre cet esprit d'évolution ascendante qui ne saurait se réaliser qu'en conformité de l'idéal moral. Dans l'idée plus ou moins consciente de devoir et d'obligation chez les êtres inférieurs aussi bien que chez l'homme, je n'hésite pas à reconnaître des rayons provenant d'une source lumineuse supérieure qui ne saurait être autre qu'un soleil de justice.

On voit donc que, loin de cousidérer l'évolution comme

une objection de quelque valeur contre l'existence de Dieu et contre la nécessité de son intervention dans l'élaboration de l'univers, j'y trouve au contraire des raisons sérieuses d'affirmer cette existence d'un être supérieur qui crée, qui anime sa créature d'un souffle de vie et qui lui communique son élan moral.

Je prie d'ailleurs le lecteur de remarquer que l'existence d'un monde où ne régneraient pas les lois de l'évolution, d'un monde où toutes choses auraient eu et conserveraient éternellement la même valeur, le même rôle, la même situation relative, un monde stable et n'évoluant pas en un mot, paraît pouvoir se passer de toute intervention divine, bien plus aisément qu'un monde où se dépense de mille manières la puissance évolutive dans un sens déterminé de perfectionnement et d'amélioration.

Il y aurait certainement toujours une difficulté très sérieuse à expliquer l'établissement et la conservation de l'ordre merveilleux dans une machine aussi colossale et aussi compliquée que l'univers. Mais il serait néanmoins possible de penser que le monde, édifice permanent et immuable, se trouve dans des conditions invariables de stabilité qui pourraient trouver leur explication dans le jeu d'un pur mécanisme, d'un mécanisme aveugle, convenablement réglé une fois pour toutes par un hasard non moins aveugle. Mais il ne saurait en être de même, quand on envisage le monde comme obéissant à des lois extrêmement complexes et sagement ordonnées en vue d'un acheminement vers un état meilleur, vers une plus haute organisation, vers le déploiement d'un psychisme de plus en plus accentué et d'une conscience morale toujours plus claire et plus parfaite. Il y a là, semble-t-il, la nécessité de l'intervention d'une sagesse et d'une direction durables dont l'influence incessante exclut très logiquement le rôle du hasard.

Les aspirations vers un idéal supérieur, les efforts de la nature pour gravir péniblement les degrés qui la séparent de ce sommet qu'elle désire atteindre, correspondent certainement à quelque chose d'autre qu'un pur mécanisme ; et on a le droit de considérer cet appel vers l'*excelsior* comme l'écho d'une voix puissante qui n'est pas une force aveugle et brutale, mais qui est l'esprit suprême, l'esprit lui-même, le Dieu esprit agissant incessamment.

Voilà deux considérations rationnelles sur lesquelles s'appuie ma foi de naturaliste en l'existence d'un Dieu personnel et créateur.

Il est un troisième ordre de considérations qui contribue chaque jour de plus en plus à me confirmer dans cette conviction. Je veux dire l'évidence de la finalité. Son étude fera le sujet de l'Essai suivant.

SIXIÈME ESSAI

FINALISME

Prétendre développer ici cette grosse question de la finalité, ce serait introduire dans ces Essais une partie composante
ou une digression, dont l'étendue dépasserait celle du corps
principal.

On sait ce qu'il faut entendre sous ce terme très impropre
de *causes finales*. S'il n'y a pas de causes finales, c'est-à-dire
une force créatrice et directrice se conformant à un *plan,*
agissant en vue d'une *fin,* l'univers n'est qu'un mécanisme
aveugle et brutal, dans lequel le hasard joue un rôle prédo-
minant, et où, selon les termes empruntés à Haeckel, « les
dispositions conformes à une fin peuvent être produites
d'un manière *toute mécanique,* sans cause agissant en vue
d'une fin [1] ». Si au contraire il y a des causes finales, il
existe dans la nature une tendance intelligente, une direction
rationnelle qui domine la formation des organismes, et leur
imprime une orientation capable de produire des résultats
fonctionnels prévus et désirés. Dans le premier cas, l'existence d'un directeur, d'un ordonnateur est un parfait hors-
d'œuvre. Dans le second l'ordre et la direction sont le fait d'une
raison et d'une volonté suprêmes qui agissent efficacement.

L'école athée supprime les causes finales, cela va de
soi. Mais il est à mon sens plus juste de dire qu'elle les nie,
sans parvenir à les supprimer. C'est en vain, à mon sens
encore, et au sens de bien des naturalistes et des philosophes, que pour cela le monisme fait appel à la doctrine de

1. Hæckel, *Les Énigmes de l'Univers*, p. 302.

la sélection naturelle dans toute sa rigueur, et en lui prêtant plus de réalité absolue et exclusive que ne l'a fait
Darwin lui-même. Pour la majorité des naturalistes actuels,
la théorie darwinienne est loin d'être la représentation adéquate du dynamisme qui réalise l'évolution du monde organisé. La sélection naturelle n'est que le mécanisme et
même qu'une partie restreinte et limitée du mécanisme destiné à produire les transmutations des formes vivantes. Mais
elle n'en représente pas le dynamisme. Le mécanisme, c'est-
à-dire la suite d'actions et de réactions qui modifient les
formes, doit être bien distinguée du dynamisme, c'est-à-dire
de la force ou des forces qui mettent en mouvement la machine, le mécanisme. Cette force, n'est ni l'hérédité, ni
l'adaptation, ni même la variation, qui ne sont que des conditions, très importantes, il est vrai, de la possibilité des
transformations. Ces processus naturels sont les serviteurs
d'une force plus haute qui est l'instigateur suprême, le moteur intelligent et volontaire qui les emploie en vue d'une fin
prévue et précisée, en vue de la réalisation d'un fait ultérieur,
d'un fait futur dont l'utilité fonctionnelle est incontestable.

Non, on n'est pas parvenu, quoi qu'en dise Haeckel a expliquer « comment des dispositions *conformes à une fin* peuvent être produites d'une manière *toute mécanique* sans
cause agissant *en vue d'une fin* ». Non, « l'*autoformation fonctionnelle* de la structure conforme à une fin » n'explique pas
mécaniquement d'une manière satisfaisante les dispositions
les plus subtiles et les plus cachées des êtres organisés.
J'ai assez observé, assez cherché et assez réfléchi sur cette
question pour avoir le droit d'avoir une opinion ; et je main-
tiens fermement mon jugement à cet égard.

On peut mettre la sélection naturelle au défi d'expliquer
uniquement par le mécanisme, en dehors de toute direction
finaliste et par « l'autoformation fonctionnelle de la structure » la plupart, sinon toutes les dispositions anatomiques [1].

1. Je suis heureux de trouver une affirmation semblable à la mienne
dans le discours que M. Ch. Sedgwick-Minot, l'un des naturalistes philosophes les plus éminents, a prononcé en juin 1902 à Pittsbourg, comme
président du Congrès de l'Association américaine pour l'avancement des

Je tiens à éclairer cette proposition par un exemple, et je le choisis à dessin parmi les dispositions anatomiques les plus humbles et en apparence les plus simples, parce que la démonstration de la nécessité d'une direction finaliste pour

sciences. Dans ce discours remarquable sur *La Conscience au point de vue biologique*, et sur lequel j'aurai l'occasion de revenir, l'auteur soutient avec raison que la conscience est un problème strictement biologique. « La différence la plus frappante, dit-il, entre les processus des corps animés et ceux des corps inanimés, c'est que les premiers ont un but ; ils sont *téléologiques*. La distinction est si nette que le biologiste peut très souvent dire *pourquoi* telle structure existe, ou *pourquoi* telle fonction est accomplie, alors qu'il ne peut dire que très imparfaitement, et le plus souvent pas du tout, *comment* la structure existe, ou *comment* la fonction est accomplie. La conscience n'est qu'un exemple particulier de ce fait ; c'est du reste un exemple excellent de cette particularité des sciences biologiques : nous ne savons pas ce que c'est que la conscience, nous ne connaissons pas le *comment* de ses fonctions, mais nous savons *pourquoi* elle existe. La conscience n'est, du reste, pas seule à échapper à nos tentatives d'analyse ; tous les autres phénomènes de la vie sont finalement dans le même cas. »

Je crois trop à l'impossibilité d'établir une distinction radicale, une séparation entre la psychologie et la biologie pour ne pas applaudir aux considérations qui précèdent. Un point seul me paraît mériter de ma part les plus expresses réserves ; c'est celui de la différence que veut établir Minot entre les processus des corps animés et ceux des corps inanimés. Serait-il vrai que ces derniers n'ont pas de but et ne sont pas téléologiques ? Je ne le pense certes pas. Je reconnais que le *pourquoi* des processus inanimés nous apparaît bien moins clairement, dans la plupart des cas, que celui des processus animés. Mais est-ce là une raison pour déclarer que ce *pourquoi*, c'est-à-dire un *but* leur manque entièrement. Outre que cette proposition est très téméraire, en ce sens qu'elle sépare la nature en deux parts très différentes, l'une téléologique ayant un but, et l'autre atéléologique livrée au hasard aveugle et au mécanisme grossier (ce qu'il sera difficile de faire accepter par une saine logique), il faut encore et surtout ajouter que les processus des corps inanimés ont certainement leur but, leur fin, leur pourquoi, quelque difficile qu'il nous soit le plus souvent de l'apercevoir. L'affinité et la combinaison des acides et des bases est un fait trop général, trop universel pour qu'il soit l'effet d'un pur hasard et qu'il n'ait pas son pourquoi, son but, sa raison d'être. C'est là un processus dont je ne crains pas d'affirmer qu'il est téléologique. Sous ce rapport donc la différence des processus n'est pas dans l'existence ou l'absence d'un but, d'un pourquoi, mais dans l'évidence plus ou moins grande pour nous de ce pourquoi.

Allons d'ailleurs plus loin, et disons qu'il ne saurait y avoir, sous ce rapport, comme sous tous les autres, de différence radicale, absolue entre le monde dit animé et le monde dit inanimé, et qu'il n'y a entre les deux ordres de processus que des différences de degré, de complication, de perfectionnement, d'activité et que *partout est la vie*.

l'établissement d'une disposition relativement simple, ne saurait évidemment manquer d'acquérir une plus grande autorité vis-à-vis des structures et des dispositions organiques, savantes et compliquées.

L'autoformation fonctionnelle seule n'expliquera pas comment il se fait que, dans l'économie animale, un sphincter ou tout autre moyen de rétention soit établi à l'orifice de tout réservoir dans lequel il est visiblement utile, que le liquide soit temporairement conservé, soit parce qu'il faut qu'il y séjourne suffisamment pour y être mis à profit (aliments, secrétions utiles, venins offensifs et défensifs), soit parce que son écoulement continuel aurait des inconvénients plus ou moins sérieux pour les tissus voisins, ou pour l'hygiène générale de l'individu, ou même pour la simple commodité de l'animal (urines, substances odorantes, matières fécales, excréments quelconques). Voilà cependant une disposition constante à laquelle il n'y a peut-être pas une exception réelle et complète, tandis que les réservoirs dont les liquides peuvent se déverser constamment sans inconvénients conservent la liberté de l'orifice. On invoquera ici des causes mécaniques. Je les admets. On dira que les liquides qui exigent la présence d'un sphincter sont ordinairement des agents irritants qui provoquent au voisinage de l'orifice de sortie des stimulations capables de provoquer à leur tour des contractions musculaires, qui à leur tour aussi sont de nature à produire à l'orifice de sortie une hyperformation de fibres contractiles dans la couche des muscles circulaires du réservoir et de son conduit excréteur. Cette explication mécanique est admissible, quoique non sans réserves dans bien des cas. Mais cette explication mécanique admise, elle n'est certes pas suffisante pour répondre aux exigences d'une causalité rationnelle et allant au fond des choses. Il faut expliquer, encore et surtout, cette heureuse coïncidence, cette suite favorable de causes et d'effets, cet enchaînement logique qui fait que ces phénomènes mécaniques se produisent précisément là où ils sont utiles et nécessaires, et ce fait général qu'il a pu y avoir et qu'il y a eu surproduction de fibres et de contractions musculaires là même où il était important et très utile qu'elle eût lieu.

Pour atteindre cette fin, l'excitation produite par le liquide et l'effet de ce stimulus sur le développement des muscles jouent le rôle de rouages ou d'étapes intermédiaires ; mais il faut encore les expliquer. Pourquoi l'excitation aiguë ne se produit-elle qu'au voisinage de l'orifice du canal excréteur, et non dans tout le parcours de ce dernier ? Parce que, dira-t-on, a ce niveau la forme de l'épithélium qui recouvre la surface extérieure voisine est modifiée. L'épithélium du canal était, par adaptation, moins sensible à l'excitation du liquide, que l'épitéhlium de l'orifice lui-même, et il protégeait plus efficacement les terminaisons nerveuses sensitives. C'est très vrai ; l'épithélium du canal s'est adapté par un contact permament avec le liquide excitateur, et la sensibilité s'est émoussée. Mais pourquoi cette modification si bien localisée de l'épithélium au voisinage de l'orifice de sortie, modification appelée à produire de si utiles résultats ? Pourquoi pas en ce point un épithélium moins sensible aux conditions excitantes et altérantes du liquide rejeté ? Parce que, répondra-t-on, le rôle de cet épithélium étranger à la cavité du canal excréteur, ou situé sur ses confins, est d'être le plus souvent en rapport avec un autre milieu, liquide (eau, etc.) ou gazeux (air, etc.); et qu'étant par cela même moins adapté au contact du liquide déversé, il est plus facilement excité par ce dernier. L'épithélium transmet aux terminaisons nerveuses sensibles qui l'avoisinent une excitation qui provoque par action réflexe des contrations vives et répétées des muscles de la région et par là la formation d'une couche musculaire prohibitive sous forme de sphincter.

Voilà en effet une série d'actions mécaniques qui peuvent expliquer la formation de bien des sphincters. D'autres sont dus à des causes mécaniques différentes, le sphincter labial par exemple, le sphincter palpébral, le sphincter de l'iris ; ces sphincters sont appelés où à retenir dans les cavités des matières qui leur viennent du dehors (sphincter buccal), soit à protéger le globe oculaire et à étaler sur la conjonctive le liquide lacrymal qui la lubréfie (sphincter palpébral), soit à mesurer la quantité de lumière qui doit pénétrer dans l'œil, soit à remédier aux inconvénients de l'aberration de

sphéricité du cristallin dans l'adaptation de la vision au distances (sphincter de l'iris). Leur étude nous montrerait également des séries d'actions mécaniques se conditionnant successivement, comme pour les sphincters destinés à empêcher
l'écoulement continu des liquides des réservoirs, et de le
rendre intermittent.

Restons donc dans ces limites, et voyons si le mécanisme
dont nous venons de parcourir les divers processus exclut
d'une manière évidente toute recherche de la réalisation
d'une fin.

Un liquide sécrété d'une manière plus ou moins continue
est déversé dans un tube ou canal dont nous devons supposer
le calibre uniforme, car la dilatation ne saurait être que con-
sécutive à la rétention du liquide et par conséquent à l'établissement d'un sphincter. Ce liquide tend à s'écouler d'une
manière continue, au fur et à mesure de sa sécrétion. Cet
écoulement continu aurait pour l'organisme des inconvé-
nicuts sérieux. Il est donc utile et sage de les éviter.

Pour cela il faut rendre l'écoulement intermittent. Comment? En transformant le tube en réservoir dilaté où le
liquide puisse être accumulé pendant quelque temps, avant
d'être rejeté. Comment peut être provoquée cette dilatation ?

Par une constriction de l'orifice de sortie, constriction
capable de produire l'accumulation du liquide et la dilatation du canal qui en résulte, sous forme de réservoir, mais
capable aussi d'être vaincue à un moment donné, de manière
à permettre l'écoulement intermittent du liquide accumulé.
Comment produire une constriction à la fois permanente et
intermittente?

Par le développement, au niveau de l'orifice d'un anneau
composé d'éléments contractiles, sans doute, mais présentant une combinaison heureuse de contractilité et de tonicité. Car la contractilité sans tonicité suffisante ne produirait qu'une constriction temporaire, et suivie très souvent
de fatigue et de relâchement. Cet élément est une fibre
musculaire distincte, physiologiquement et anatomique-
ment, des fibres de la vie de relation, aussi bien que des fibres

de la vie végétative pure. Les muscles des sphincters sont certainement autres que les autres muscles, car il y a relation intime entre la forme et la fonction.

Mais, ces muscles annulaires spéciaux, qu'est-ce qui en provoquera la formation? Une excitation locale des nerfs sensibles du voisinage de l'orifice.

Pourquoi cette excitation se localisera-t-elle à ce niveau, ou dans son voisinage?

Parce qu'à ce niveau la forme de l'épithélium change ; et que l'épithélium du voisinage de l'orifice du canal plus sensible à la stimulation du liquide sécrété que celui du canal lui-même qui est toujours en contact avec lui, transmettra aux terminaisons nerveuses sensibles une impression, qui sera transmise aux centres nerveux sensitifs, lesquels répondrout par une excitation des centres moteurs.

Cette dernière provoquera au niveau de l'orifice une contraction musculaire active et souvent renouvelée, qui sera le point de départ d'une activité musculaire extraordinaire et, par suite, d'une hyperformation musculaire, c'est-à-dire d'un appareil musculaire capable de fermer l'orifice et d'y constituer un sphincter.

En outre enfin, ces impressions apportées par les nerfs centripètes aux centres nerveux correspondants, et les excitations motrices qui en résultent, déterminent dans ces centres des modifications de structure qui aboutissent à la constitution d'un centre nerveux spécial, d'une masse spéciale de neurones constituant un mécanisme organique destiné à assurer et à régler l'activité de l'anneau musculaire constricteur.

Voilà, me semble-t-il, la série des phénomènes qui peuvent expliquer la genèse des sphincters, dans la plupart des cas. Voilà, si l'on veut, pour employer la terminologie d'Haeckel, « une autoformation fonctionnelle de la structure conforme à une fin ». Mais cette autoformation est-elle absolument et nécessairement autonome? C'est-là ce qui est très contestable. Qu'y voyons-nous? Une fin à réaliser, c'est-à-dire l'établissement d'une structure correspondant à une fonction utile à l'organisme.

L'importance et le caractère *impératif,* dirai-je, de l'utilité de la fonction, c'est-à-dire de la fin à réaliser, manque
d'autant moins d'évidence que l'importance et la valeur de
la structure se montrent en relation directe avec la nécessité
et l'utilité de la fonction. Là, en effet, où les liquides peuvent avoir un écoulement continu sans préjudice pour l'animal, soit parce que le liquide est inutile et peut être rejeté
sans inconvénients directs ou indirects, soit parce que le milieu aquatique où vit l'animal est appelé à entraîner ce
liquide et à lui enlever sa nocivité etc., les constrictions
sphinctériques sont faibles ou même nulles à l'extrémité terminale du tube digestif, ou ailleurs. De simples valvules
membraneuses, où simplement la tonicité de la membrane
cutanée suffisent à clore l'orifice, et à protéger en même
temps la cavité du réservoir contre l'introduction des corps
extérieurs ou contre l'invasion de l'eau ou des liquides am-
biants. Dans d'autres cas où le séjour momentané des matières
dans les réservoirs est justifié par leur utilisation, le
sphincter peut également faire défaut; mais il est alors
remplacé par des dispositions qui ont rendu la formation
inutile. C'est ainsi que chez les oursins dont l'orifice anal
est entouré de plaques et d'une enveloppe cutanée plus ou
moins rigides qui le maintiennent fermé, tant que la poussée intestinale ne le dilate pas, le sphincter anal fait entièrement défaut. Il en est de même chez l'antédon. C'est ainsi
encore que les sphincters font défaut en général là où l'appareil moteur des liquides à expulser se réduit à des cils vibra-
tiles, qui peuvent bien assurer une progression lente du
liquide, mais qui ne sauraient provoquer une accumulation
rapide et une pression importante au voisinage de l'orifice de
sortie. Dans ces cas la résistance de l'appareil cutané ambiant suffit à retenir les liquides dans le réservoir jusqu'à ce
que l'accumulation ait atteint un degré suffisant. Les sphincters paraissent donc se développer en raison de leur utilité
et de l'importance de la fin qui leur est assignée pour les
besoins et l'intérêt de l'organisme.

Il y a donc là une série très remarquable et très ingénieuse de processus anatomiques, et physiologiques, s'enchaî-

nant avec une logique et une sagesse, dirai-je, qui n'excluent certes en rien l'intervention d'une intelligence et d'une volonté, c'est-à-dire d'une sorte de conscience biologique. Contre cette opinion arguera-t-on ce que ces processus sont des phénomènes généraux de la nature qui n'ont rien d'absolument spécial à la constitution des sphincters, et qui se retrouvent dans mille autres formations organiques différentes de celle-ci ? Je ne le nie certes pas.

Mais est-il nécessaire que toute formation nouvelle, que toute création d'organe ait pour moyens d'exécution, des processus et des mécanismes entièrement nouveaux et différents de tous les autres ? Cela est-il nécessaire pour qu'on soit autorisé à admettre une cause agissant en vue d'une fin ? Je le nie absolument. Est-il nécessaire encore que pour toute disposition organique ayant pour effet de répondre à une fin il faille invoquer une influence miraculeuse ? Je le nie également. Est-il encore nécessaire que, pour chaque cas particulier de la réalisation d'une disposition anatomo-physiologique, il y ait intervention directe de l'intelligence et de la volonté suprêmes, intervention personnelle du Créateur, et production d'une détermination spéciale de sa volonté ? Je le nie encore absolument.

Mais ce qui est nécessaire pour qu'il me soit démontré qu'il y a une cause agissant en vue d'une fin, c'est d'abord qu'une fin à réaliser soit évidente, (et par fin, j'entends ici une disposition, une organisation, une fonction nécessaires ou utiles à l'organisme); c'est ensuite que cette fin soit réalisée.

Le caractère d'une cause intelligente et volontaire n'est pas d'user pour la réalisation de chacune de ces œuvres de processus qui n'ont rien de commun avec d'autres processus employés par cette même cause dans la production d'autres œuvres. Le caractère d'une cause intelligente et volontaire, c'est d'avoir su, dans l'exécution d'une œuvre générale et grandiose, comme l'est l'univers, ou même comme l'est seulement la nature organisée, d'avoir su, dis-je, établir un ensemble merveilleux de moyens composés d'actions et de réactions, de formes et de structures, de pouvoirs et de propriétés, un ensemble, dis-je, si riche, si élastique, si souple, si puissant et si bien harmonisé, qu'il réponde par sa répétition, par son emploi renouvelé, par ses combinaisons diverses et innombrables, par ses adaptations si variées, qu'il réponde, dis-je, aux exigences de la construction de tous les organismes, à l'achèvement de tous les appareils nécessaires, au jeu de tous les mécanismes, à l'accomplissement de toutes les fonctions, à la satisfaction de tous les besoins, et pour tout dire à la réalisation de *toutes les fins* louables et utiles.

C'est dans cet ensemble de moyens, que peut être reconnu en effet un mécanisme dans lequel les forces générales de la matière ont leur place naturelle. Le Monisme qui reproche tant aux philosophes spiritualistes et théistes leur illusion, peut trouver là certainement l'explication de la sienne. Car dans chacun de ces moyens il est aisé de discerner encore des traces de mentalité. Mais où l'illusion est complète, à mon sens, c'est quand le matérialisme moniste veut cousidérer comme un pur mécanisme aveugle, comme une auto-formation sans finalité, les jeux très variés, les combinaisons innombrables, les harmonies merveilleuses qui se révèlent dans l'emploi de ces moyens, de ces processus, en vue des fins si diverses et si sages qui se laissent clairement discerner.

C'est là surtout, en effet, que se manifeste le caractère d'une cause intelligente et libre agissant en vue d'une fin, d'une puissance qui raisonne et qui veut, et qui a su déposer dans les matériaux primaires de l'édifice à construire des germes d'intelligence et de volonté, capables de mettre sagement ces matériaux en œuvre conformément à un plan sagement conçu.

« Que le mécanisme gouverne le monde, dit avec raison M. Charles Richet (*Le Problème des causes finales,* par Sully Prudhomme et Charles Richet, 2ᵉ édition, Paris, Alcan, 1903), cela n'est pas douteux. Mais rien n'est expliqué par le mécanisme. C'est une constatation, voilà tout. La formule de l'attraction n'est pas une théorie ; c'est l'énoncé d'un fait. »

Oui, le mécanisme du monde est un fait ; mais il n'est pas

une explication. Il y a à côté de lui le plan nécessaire pour
le constructeur; et il y a le moteur du mécanisme. Pour
Sedgwick-Minot, le moteur prochain, c'est-à-dire celui qui
paraît résider dans les choses mêmes, c'est la *conscience*,
c'est-à-dire une des deux choses fondamentalement différentes qui composent l'univers, la force et la conscience (*two
fundamentally different things in the universe, force and
consciousness*[1]).

Minot désigne sous le nom de *conscience,* ce que d'autres
(et moi notamment) appellent *esprit.* Il la considère comme
une cause véritable (*a true cause*), affectant directement le
cours des événements.

« La conscience, dit-il, est le pouvoir de changer la forme
d'énergie, et elle n'est ni une forme d'énergie, ni un état du
protoplasma, *Consciousness has the power to change the
form of energy, and is neither o form of energy nor o state
of protoplasm.* »

C'est donc une faculté douée d'intelligence, de volonté et
de liberté ; et c'est elle qui préside aux adaptations et aux
évolutions du monde animal et peut-être de toute vie. « Une
étude franche de la conscience, dit-il, doit convaincre tout
biologiste que c'est le phénomène fondamental de la vie animale au moins, sinon (comme cela est tout à fait possible)
de *toute vie.* » Et plus loin : « L'impression téléologique est
gravée sur toute la vie ; les fonctions vitales ont un but. Ce
but est toujours la conservation de l'individu ou de la race
dans son environnement (*in its environment*). L'évolution entière des *plantes* et des animaux est essentiellement l'évolution des moyens d'adaptation de l'organisme aux conditions
extérieures... La conscience est un facteur évident et pré-
pondérant des moyens d'adaptation chez les animaux. Sa
supériorité est si grande, qu'elle a été, pour ainsi dire, impa-
tiemment développée par la sélection naturelle et dotée
d'instruments constamment améliorés en vue de son œuvre ».

---

1. « The problem of conscionsness in its biological Aspects », *Science,*
N. S., vol. XVI, n° 392, 4 juillet 1902. Address of the President of
the American Association for the Advancement of Science (Pittsburg
Meeting, 1902).

Et plus loin encore : « Il me paraît inconcevable que l'évolution des animaux ait pu avoir lieu comme elle a lieu actuellement, à moins que la conscience ne soit un facteur réel et dominant. A mon avis, il n'est pas possible de se soustraire a cette conclusion : que la conscience se trouve en relation causale immédiate avec les processus physiologiques. »

La conception de Minot est donc franchement finaliste ; et au-dessus du mécanisme physique dont il reconnaît la réalité, ce naturaliste-penseur n'hésite pas à mettre comme cause prochaine des adaptations organiques et fonctionnelles, c'est-à-dire de l'évolution du monde animal et probablement aussi du monde végétal, l'esprit sous forme de conscience.

Mes convictions déjà énoncées bien des fois dans mes publications antérieures aussi bien que dans la publication présente, ont avec les convictions de Minot de très grandes affinités sur lesquelles je désire revenir dans un Essai spécial. Comme lui je crois que l'établissement des mécanismes et des fonctions dans le domaine de la vie est le fait d'une cause capable d'apprécier, de vouloir et d'introduire dans l'être vivant les modifications utiles à son évolution. La présence et les effets de cette cause je les retrouve dans l'analyse des mécanismes et des structures des constructions organiques en apparence les plus modestes, aussi bien que dans les édifices organiques les plus brillants.

Et cette cause intelligente et bienfaisante je n'hésite pas à la considérer comme émanant de la cause suprême chez laquelle la sagesse et la bonté sont à la hauteur de la puissance.

SEPTIÈME ESSAI

CONSCIENCE ET CONSCIENCE

Il y a entre les idées sur l'univers très récemment formulées par le naturaliste-philosophe américain Sedwick-Minot [1] et celles que je formule et développe depuis bon nombre d'années, de si frappantes analogies que je ne résiste pas au plaisir de les indiquer. Il y a, en effet, entre nous une conformité de vues dont je me réjouis, et qui a ceci de digne de remarque qu'elle résulte des observations et des méditations indépendantes de deux hommes qui les ont puisées à la même source, celle de l'étude des sciences naturelles et de la biologie en particulier.

Dans plusieurs de mes publications précédentes (*Essai sur Vie et la Mort, Essai sur l'Immortalité, Évolution et Socialisme, Essai sur la Prière,* etc.,) j'ai formulé une conception de l'univers comme composé d'une masse colossale d'énergie qui se présentait sous deux formes distinctes et différentes en apparence, l'*énergie-matière,* ou *énergie cosmique,* comprenant les forces du monde physique que la science actuelle tend fortement à réduire à une force unique susceptible de revêtir des formes diverses (chaleur, lumière, électricité, magnétisme, etc., etc.) et l'*énergie-esprit* ou *énergie psychique,* source des phénomènes de mentalité, tels que pensée, mémoire, volonté, sensibilité, conscience, etc. Malgré les différenees apparentes de ces deux groupes de forces je les ai considérées comme des états de la même énergie, les forces

---

1. Congrès de l'Association américaine pour l'avancement des sciences, Pittsbourg, juin 1902.

de la nature n'étant que des états inférieurs et rudimentaires
du mental.

Quant à la matière elle-même, telle qu'elle est généralement comprise comme quelque chose d'entièrement différent
et distinct de la force, j'ai toujours déclaré qu'elle n'était
qu'une figure de la force et qu'elle n'avait pas une existence
autonome. Ce que l'on comprend généralement sous le nom
de matière n'existe pas proprement et n'est qu'un mode
d'être, un état de l'énergie ; c'est de l'énergie capable d'être
sentie par nous, c'est le simple résultat de l'impression faite
sur nos sens par l'énergie dans ses diverses formes. La matière n'est donc qu'une impression produite par l'activité de
l'énergie sur nos sens.

A son tour Minot formule ainsi son hypothèse sur l'univers :

« Il y a deux choses foncièrement différentes dans l'Univers *(two fondamentally different things in Univers)* force
et conscience. Vous demandez pourquoi je ne dis pas trois,
et n'ajoute pas la matière ? Ma réponse c'est que nous
n'avons pas et n'avons jamais eu une preuve quelconque de
l'existence de la matière. Toutes nos sensations sont causées
par la force et par la force seulement, de sorte que le biologiste peut dire que nos sens ne nous apportent aucune évidence de la matière. Le concept « *matière* » est un transfert
irrationnel *(an irrational transfer)* au monde moléculaire des
informations fournies par les sens sur la masse matérielle. Il
y a longtemps que Faraday a démontré qu'il n'y a rien à
gagner et qu'il y a beaucoup à perdre par l'hypothèse de la
matérialité de l'atome ; et sa position me paraît inexpugnable. »

L'analogie entre les deux conceptions ci-dessus exposées
me paraît évidente ; et je crois pouvoir me borner à indiquer les divergences qu'il y a entre elles.

Exposons d'abord ce que Minot désigne comme conscience.

Le problème de la conscience, d'après lui, appartient à la
biologie et plus spécialement à ce département de la biologie qui constitue la psychologie expérimentale.

La conscience a une valeur téléologique incontestable. Sa fonction essentielle est de faire un choix parmi des sensations reçues en un même temps, et de combiner, d'associer des sensations reçues en des temps différents. Cette dissociation, et ce constant remaniement, cette recombinaison des sensations, ou des impressions résultant des sensations reçues, de telle sorte que leurs connexions dans le temps soient modifiées, semblent à Minot la caractéristique la plus fondamentale et essentielle que nous connaissions de la conscience.

La conscience a une très grande valeur pour l'organisme, car elle préside hautement aux adaptations ; et elle a été le facteur le plus important de l'évolution en séries animales. Il faut admettre qu'elle existe chez tous les animaux et s'étend d'un bout à l'autre du règne animal.

« La conscience est le phénomène fondamental de la vie animale *tout au moins, sinon de toute vie, comme cela est tout à fait possible.* »

La conscience n'est pas une fonction, un état, une condition du protoplasme. Elle est un pouvoir capable de modifier la forme de l'énergie, ce qui s'allie bien à la croyance au libre arbitre ; et les actes conscients dépendent réellement de la conscience et non du protoplasme.

L'hypothèse proposée par Minot se résume ainsi :

« La conscience a le pouvoir de changer la forme de l'énergie ; et elle n'est ni une forme d'énergie, ni un état du protoplasme.

L'univers *consiste en force et conscience.*

Que la conscience ne soit pas une fonction ni un état du protoplasme, je le crois certes bien avec Minot, puisque le protoplasme est un état des forces, une forme de l'énergie réalisée par ce que j'ai appelé esprit, et qui me paraît répondre à ce que Minot appelle conscience. Mais que la conscience ne soit pas une forme d'énergie, je ne saurais y souscrire. Un agent non matériel capable de dissocier et de recombiner les sensations ou leurs réactions et les impressions qui en résultent, capable aussi de changer la forme d'énergie ne saurait être qu'une force ! Et si nous ne savons au fond ce qu'il est, nous n'avons pas le droit logiquement de le séparer entièrement des autres agents que nous appelons forces parce qu'ils sont capables par eux-mêmes de produire des changements, des effets directs.

Je me trouve donc contraint par la logique de considérer la conscience comme une force ou comme une forme de l'énergie ; et reconnaissant entre la conscience ou l'esprit et les autres forces des relations qui les rapprochent et tendent à les assimiler, je pense que l'univers ne consiste pas en deux forces essentiellement différentes, la force et la conscience, mais en une seule et unique force dont toutes les autres ne sont que des modes ou des états, c'est-à-dire l'énergie ou mieux l'esprit ou, pour parler avec Minot, la conscience.

Toutefois, je crois devoir ajouter que ce terme de conscience appliqué aux phénomènes biologiques demande une explication qui n'enlèvera d'ailleurs rien à la valeur bionomique de la conscience telle que la conçoit Minot.

La conscience se présente en effet sous deux formes que nous allons retrouver en nous occupant de l'instinct. Il y a en effet une *conscience psychologique,* que est celle que l'on désigne généralement comme conscience proprement dite et qui est le caractère dominant de la personnalité, et une *conscience biologique* qui est celle que vise particulièrement Minot, et qui est le caractère dominant de l'individualité. Cette dernière joue dans les actes biologiques un rôle très important, et est la forme caractéristique de la vie. Ces deux consciences ne sont certes pas absolument différentes et étrangères l'une à l'autre, mais ce sont deux faces, deux aspects de la conscience générale, c'est-à-dire de l'énergie spirituelle qui est l'essence de l'univers.

Mais la conscience est-elle bien ce que dit Minot, et représente-t-elle en effet le pouvoir de dissocier les sensations contemporaines pour les rapprocher et les combiner avec d'autres sensations appartenant à une autre époque? Il y a quelque chose de cela dans la conscience biologique aussi bien que dans la conscience psychologique. Mais n'y a-t-il pas là proprement l'œuvre de la mémoire qui rapproche des sensations antérieures à des sensations présentes. La conscience proprement dite me paraît avoir pour caractère principal et essentiel le sentiment de la continuité de l'être comme sujet de sensations ou de phénomènes. On eût autrefois dit le sentiment de l'identité, mais l'identité n'est simplement qu'une illusion. Et à son tour le sentiment de la continuité de l'être résulte de l'activité de la mémoire. La mémoire devient une cause plus ou moins efficace de conscience selon qu'elle s'exerce dans des conditions de perfectionnement plus ou moins accentuées.

Elle donnera en effet le sentiment de la continuité quand elle tendra à éveiller et à rapprocher des sensations ou des impressions hétérochrones qui ont entre elles des affinités de nature et de qualité, en leur donnant la première place aux dépens des sensations ou impressions moins qualifiées.

Il y a d'ailleurs là, en quelque mesure, l'application d'une loi naturelle assez générale et qu'on peut formuler ainsi : le semblable appelle le semblable. La sensation d'une brûlure antérieure produite par un corps incandescent peut-être ainsi reliée par la mémoire à la sensation produite par l'impression résultant de la présence ultérieure du même corps incandescent ou d'un autre semblable. La sensation ultérieure éveille le souvenir d'une sensation antérieure semblable ou affine, en laissant dans l'ombre les sensations autres ou étrangères. Il y a là un véritable discernement de la mémoire, une sélection de la mémoire, qui est de nature à faire naître et à développer le sentiment de la continuité de l'être comme sujet de sensations ; et c'est ce sentiment de continuité, qui plus ou moins rudimentaire, ou plus ou moins perfectionné, constitue un des caractères essentiels de la conscience.

La conscience n'est donc pas une faculté de l'être mental entièrement spéciale, et qui ne se retrouve que dans les formes supérieures de l'évolution du mental.

Elle a ses états rudimentaires qui sont plus ou moins discernables dans les degrés inférieurs de la vie, et ses états élevés qui en éclairent les degrés supérieurs.

Elle n'est pas quelque chose qui soit plus hors de notre atteinte et de notre compréhension que les autres pouvoirs et formes de l'activité de l'âme. Elle résulte du perfectionnement de ces mêmes facultés et en particulier du degré de finesse et de sensibilité auquel peut s'élever ce que j'appelle le discernement de la mémoire. Elle n'est pas ce discernement même; mais elle est au fond le sentiment de la continuité de l'être sujet de sensations, sentiment qui doit son origine et son développement au discernement même de la mémoire.

D'autre part le sentiment de la continuité fondé sur le discernement de la mémoire engendre le sentiment de l'unité qui est aussi un des caractères principaux de la conscience. De là résulte l'assemblage et la liaison permanente d'images engendrées dans des conditions très variées de temps et de lieu. L'idée de l'origine de l'âme, c'est-à-dire de l'être psychique par voie d'agrégation d'énergies psychiques, et celle de son perfectionnement comme dû à une coordination heureuse et à une cohésion bien assurée de ces éléments, peut servir à comprendre ce mécanisme par lequel se sont établies la continuité et l'unité de la conscience.

Cette idée peut fournir également une explication satisfaisante de la faculté d'éprouver du plaisir et de la douleur, qui sont des caractères de la conscience. Le bien-être ou le malaise, la douleur et le plaisir étant les aiguillons et les stimulants de l'ascencion évolutive de l'être soit comme individu, soit comme espèce, on peut concevoir que le plaisir soit le critérium de la marche ascendante c'est-à-dire des progrès dans la cohésion et l'harmonie, ou mieux dans l'unité et la continuité, tandis que la douleur soit le lot de la marche rétrograde c'est-à-dire vers la désagrégation et l'incohérence.

Kant a appelé la conscience une *synthèse*; et le mot est juste à bien des titres.

La conscience est en effet une synthèse au point de vue psychique comme au point de vue organo-physiologique.

Il y a en elle synthèse des éléments divers d'activité empruntés à des dates diverses, à des sensations différentes de nature, à des pensées, à des volontés qui sont en elle rapprochées, reliées, ordonnées, combinées et nouées en faisceau plus ou moins serré et compact, mais il y a aussi synthèse organo-physiologique, en ce sens que des éléments organiques qui servent de base physique, de figuration à cette synthèse psychique se trouvent reliés entre eux soit dans l'intimité même de la cellule par la continuité du protoplasme et de ces filaments intra ou extra-cellulaires, soit par les prolongements enchevêtrés et très éparpillés des neurones qui représentent les accumulateurs et les ordonnateurs perfectionnés des éléments psychiques de la conscience dans les organismes où le système nerveux s'est vraiment différencié et a formé un appareil distinct, fortement organisé et solidarisé.

Ce serait une erreur que de prendre la conscience de l'homme comme le type de toutes les consciences et de vouloir reconnaître dans les degrés de l'animalité et même dans ses représentants inférieurs, une conscience clairvoyante, capable de s'observer elle-même, de compter ses éléments, de constater et de mesurer sa propre activité. A mesure que l'on descend les degrés de l'échelle, la conscience perd de sa clairvoyance et de sa capacité de tourner ce regard scrutateur sur elle-même et sur ses processus. Cette clairvoyance, la conscience est loin de la posséder d'une manière incessante même chez l'homme ; et les moments où s'exerce clairement l'activité consciente sont relativement plus rares que ceux où la conscience agit comme un pouvoir aveugle et silencieux.

S'il y a donc une conscience claivoyante et réfléchissante, il y a aussi une conscience plus ou moins obscure ou cachée dans les profondeurs de l'être. C'est cette dernière que l'on considère comme représentant l'inconscient. Mais, à rigoureusement parler, l'inconscient absolu n'existe pas. Il faut considérer ce que l'on désigne de ce nom, comme représentant des degrés plus ou moins inférieurs ou masqués de la conscience. A la conscience clairvoyante appartiennent tous les processus pensés, réfléchis, raisonnés, voulus et *saisis clairement par l'être dans leur existence et leur direction*[1]. A la conscience obscure et comme aveugle correspondent les processus ignorés par l'être conscient, situés

1. Voir Harald Höffding, *Esquisse d'une psychologie fondée sur l'expérience*, traduct. par Léon Poitevin ; Paris, F. Alcan, 1900.

pour ainsi dire dans un plan profond et obscur et que là lumière n'atteint pas.

Cette conscience obscure et profondément située, que l'on désigne à tort comme *inconscience,* puisque le défaut de connaissance de ses processus par l'être conscient n'annulle pas ce qu'il y a en elle de *synthèse* et d'*individualité,* cette conscience obscure, dis-je, qu'il vaut mieux appeler *sub-conscience,* préside à l'accomplissement de la plus grande partie, si ce n'est à la totalité, des actes de la vie et tout spécialement aux actes relatifs aux intérêts biologiques, à la bionomie, c'est-à-dire à l'économie de l'organisme vivant, considéré comme individu et comme espèce.

La vie est certainement répandue partout dans l'univers, et elle n'a été refusée à aucun des éléments qui entrent dans sa composition. Mais il faut reconnaître qu'elle est loin de se manifester partout avec une égale intensité et une égale évidence ; et c'est aux différences qui en résultent que doit être attribuée l'erreur qui consiste à distinguer dans la nature une matière morte d'une matière vivante, des corps inanimés et des êtres animés. Or, la vie doit être considérée, me semble-t-il, comme une mise des forces cosmiques ou physiques à la disposition et sous la direction de l'esprit, agissant comme conscience plus ou moins perfectionnée. C'est par la proportion entre ces deux états de l'énergie travaillant au sein d'un groupement matériel, que diffèrent essentiellement les êtres dits vivants ou non vivants. On a l'habitude d'appeler matière morte celle où l'élément mental reste obscur, sourd, et masqué, quoique vaguement révélé cependant par des mouvements, des appétitions et des tendances qui décèlent son existence modeste et son rôle parfois dissimulé.

Les êtres vivants ou mieux la matière vivante est celle où l'élément mental ordonnateur ou directeur des forces cosmiques a acquis les proportions d'une conscience manifeste et dont l'action se révèle clairement par l'éclat des résultats, par le caractère rationnel et logique des opérations, par une sagesse prévoyante agissant en vue d'une fin.

C'est donc du degré de prépondérance et de puissance de l'élément mental dans tout système de forces que dépend directement le degré de vie ; et l'on peut considérer la vie comme une combinaison de l'activité des forces physiques et de l'élément mental préposé à leur direction comme conscience, la conscience biologique.

Ce qu'il y a donc de spécifique dans la vie, c'est l'élément mental préposé aux actions physiques, de telle sorte qu'il est on ne peut plus juste de dire que vie et esprit sont même chose, et que la vie n'est qu'une forme, qu'une application spéciale de l'activité spirituelle.

Nous verrons dans l'essai suivant que l'activité de cette conscience biologique est proprement la source des instincts ; et que ces derniers ne sont par conséquent que les résultats de l'activité mentale biologique ; c'est-à-dire de la conscience cachée et enfouie dans les profondeurs de l'organisme. A ce point de vue d'ailleurs, la vie représente une suite incessante de manifestations instinctives.

La conscience embrasse donc à la fois le domaine psychologique et le domaine biologique ; et c'est une raison suffisante pour montrer combien serait artificielle et chimérique toute distinction radicale qu'on essaierait d'établir entre la psychologie et la biologie.

HUITIÈME ESSAI

L'INSTINCT

Tout le monde sait, ou du moins tout le monde croit savoir ce que l'on désigne comme actes instinctifs. Tout le monde rapporte en effet à une forme de l'activité de l'être appelée instinct un ensemble de phénomènes, qui tout en présentant des caractères remarquables de logique et d'utilité pour la vie de l'individu ou de l'espèce, paraissent cependant, et d'une manière étonnante, soustraits à la direction et à l'influence de l'intelligence et de la volonté conscientes. C'est à l'étude de ces phénomènes et surtout à la recherche très délicate et très difficile de leur nature et de leur cause que je vais m'appliquer ici.

Dans une lecture récemment faite à la séance générale des classes de l'Institut (1901), lecture où l'élégance de la forme le dispute à l'ingéniosité des aperçus, M. E. Perrier, d'accord en cela avec Romanes, s'est efforcé de démontrer que toute distinction, toute démarcation nette et tranchée entre l'intelligence et l'instinct était impossible à établir ; et que, même dans les cas où toute spontanéité, toute trace de volonté et de réflexion, tout indice d'intelligence libre et consciente semblaient devoir être rigoureusement exclus, c'est néanmoins à l'intelligence même qu'il fallait remonter comme cause et facteur réel, mais à une intelligence qui s'est exercée chez les ancêtres de l'animal en d'autres temps, dans un tout autre milieu, dans des conditions toutes différentes des conditions actuelles. Les actes que nous appelons instinctifs aujourd'hui ont donc été dans ce passé le résultat de véritables opérations intellectuelles.

L'intelligence était la forme initiale de la mentalité des insectes par exemple ; et leurs instincts d'aujourd'hui ne sont que les épaves, ou si l'on veut, les témoins de leur intelligence d'autrefois. Par là se sont créées des mœurs, des coutumes, des habitudes qui, devenant inconscientes, ont pris la forme que nous appelons instinct. Si bien que les instincts les plus merveilleux, les plus étonnants, les plus inexplicables sont le résultat de l'intelligence, de l'éducation, de l'imitation, ayant créé des mécanismes cérébraux qui se sont héréditairement transmis. Des considérations empruntées au refroidissement dont notre globe a été le siège depuis les temps géologiques les plus reculés donnent à cette thèse un appui très ingénieux, et lui fournissent des arguments très dignes d'être pris en considération. J'y reviendrai dans la suite de cet Essai.

Mais tout en acceptant la thèse de l'auteur pour certains des côtés de la question qu'il a envisagés, je crois cependant que tout n'a pas été dit là-dessus, qu'il y a dans cette conception de l'instinct des lacunes sérieuses et des méprises réelles, et qu'elle ne tient pas compte de faits instinctifs au premier chef, auxquels la théorie de l'auteur ne me paraît pas d'une application justifiée. J'y trouve une explication et une interprétation partielle des phénomènes que l'on désigne comme instinctifs, mais tout n'est certes pas là ; et je crois qu'il convient de creuser encore plus profondément pour trouver la véritable assise des phénomènes instinctifs.

Analysons donc les faits instinctifs proprement dits, ceux qui appartiennent normalement aux caractères des races, des espèces, des groupes animaux.

On peut dire qu'à la base de tout acte instinctif, il y a chez l'animal un besoin, une appétence, c'est-à-dire un sentiment particulier qui porte l'animal à rechercher ce qui peut satisfaire les besoins de son être (en comprenant dans ce dernier terme soit l'organisme proprement dit, soit les éléments psycho-dynamiques qui président à sa vie mentale).

Cette appétence constitue une première assise de l'instinct. C'est elle qui l'explique et le justifie, qui en est la cause fondamentale, le phénomène initial provocateur. Cette appétence est donc le sentiment éprouvé par l'être que pour remplir sa destinée, pour répondre à sa fin, il doit aller au-devant de quelque chose, se mouvoir vers quelque chose, et entrer en possession de quelque chose.

Au-dessous de l'appétence il y a donc l'intérêt de l'être ou la souffrance que l'appétence cherche à soulager. Le besoin ou la souffrance est donc le terrain sur lequel s'élève l'appétence ou première assise de l'édifice de l'instinct.

Aux ordres de l'appétence (sentiment, mode de sensibilité) répond l'appétition, ou l'action d'appéter, c'est-à-dire de rechercher la satisfaction à donner à l'appétence. L'appétition est donc la seconde assise de l'instinct. Ces trois facteurs, le besoin ou souffrance, l'appétence et l'appétition suffisent à eux trois pour constituer l'instinct dans ses parties essentielles.

L'instinct ainsi constitué et réduit à ces éléments nécessaires n'est pas réellement du domaine proprement dit de l'intelligence, c'est-à-dire de la faculté de discerner, de comprendre, de juger et de choisir. Il est inconscient, involontaire, irréfléchi et se rapproche d'un simple réflexe, sans n'être cependant, dans tous les cas, qu'un réflexe. Au fond en effet de cet acte instinctif, il y a non une intelligence, mais une dose plus ou moins mesurée de mentalité sourde et obscure vis-à-vis de laquelle le réflexe n'est qu'un acte de subordination et d'obéissance.

L'instinct ainsi conçu ne saurait être considéré comme le fruit de l'observation, de la mémoire, de l'éducation, de l'habitude, fruit conservé et transmis par l'hérédité. Il est primordial, car il est nécessaire ; et il est un des rouages insupprimables de la vie de l'être. La vie n'a pu le précéder. Il est venu avec elle comme une condition et une forme même de la vie.

Dans l'instinct ainsi compris se révèle une finalité d'autant plus facile à constater qu'elle se présente tout *énucléée*, dirai-je, et dégagée de toute enveloppe, de toute addition, qui pourraient en masquer la réalité ou en troubler la simplicité. Il y a dans l'être un besoin, une souffrance qui ne sauraient durer sans compromettre la vie de l'être. L'appétence provoquera l'appétition, et celle-ci travaillera à conjurer le danger. Voilà une succession de phénomènes liés entre eux par une puissante et impeccable logique, en vue d'un résultat, d'une fin, la satisfaction légitime de l'être, et sa conservation. Il y a bien là une finalité évidente, dont on peut considérer la conception et la réalisation comme remontant plus haut que l'activité voulue et intelligente de l'être, et qu'il est certes permis d'attribuer à la sollicitude créatrice primordiale.

Mais à cet instinct primordial, à cet instinct réduit à ses éléments essentiels peuvent venir et viennent souvent s'ajouter des éléments nouveaux qui ont une autre origine, et un autre caractère initial. L'instinct primaire agglutine autour de lui des éléments de source intellectuelle, et dresse ces édifices instinctifs si merveilleux dans leur complication et dans leur science qu'on ne peut, sans beaucoup de difficulté et de surprise, voir leur point de départ direct, dans l'intelligence même d'animaux de très petite taille, dont la structure générale et cérébrale ne semble pas comporter une telle complication de pensée et une telle capacité de conception et d'exécution. Autour de l'instinct primordial ou vrai noyau de l'instinct vient s'accumuler comme une pulpe savoureuse l'instinct supérieur ou parure de l'instinct. C'est cette parure qu'il convient de reconnaître dans ce que MM. Perrier et Romanes appellent instincts secondaires, et dont, avec raison, ils rapportent l'origine à l'intelligence même, avec tous ses moyens de connaître, d'observer, de progresser, de se souvenir et de se perpétuer par l'hérédité, et avec ses mécanismes cérébraux. L'instinct primordial ou noyau de l'instinct, c'est l'appétence inconsciente, aveugle, provoquant l'appétition. L'instinct secondaire ou parure de l'instinct a d'abord été désir senti et conscient, action volontaire et réfléchie venant recouvrir et compléter l'instinct primordial pour se fondre en lui et masquer sa simplicité primitive sous sa perfection relative, si bien que la distinction s'efface et disparaît à la surface.

Dans l'instinct primordial se manifeste une mentalité rudimentaire, obscure et inconsciente ; dans l'instinct secon-

daire se retrouvent les fruits et les clartés d'une intelligence
qui a travaillé pour perfectionner les moyens. Il a été dans
tous les cas précédé par l'instinct primordial ; et celui-ci est
toujours à la base du second.

L'examen de quelques actes instinctifs éclairera les considérations qui précèdent.

Il y a des actes instinctifs, dont le noyau persiste presque
à nu, où les ornements de l'instinct secondaire sont discrets
et transparents. Au premier rang de cet instinct on peut placer l'appétence et l'appétition qui portent le mammifère
nouveau-né à chercher la mamelle de la mère. Ici l'intérêt
et la souffrance de l'organisme correspondent à la nécessité
de la nutrition, l'appétence c'est la faim, l'appétition c'est
le mouvement de recherche et de succion. Voilà le noyau.
Peut-on le considérer comme résultant d'un travail intellectuel s'opérant chez le nouveau-né actuel ? Évidemment
non. Il y a là sans doute une mentalité sourde et subconsciente, sinon inconsciente, mais on ne peut appeler cela
proprement intelligence. Peut-on voir là les habitudes
créées chez les ancêtres lointains du mammifère par une activité intellectuelle déployée pendant la vie adulte de ces ancêtres, habitudes devenues héréditaires et inconscientes ? Je ne
me chargerai pas de l'établir. On ne saurait considérer la
souffrance de l'organisme et la faim qui l'accompagne comme
résultant de l'éducation, de l'imitation et de l'habitude. Ces
deux éléments du noyau de l'instinct, souffrance et appétence
sont des faits primordiaux, et aussi anciens que l'animalité et
même que la végétalité. Je crois qu'on peut en dire autant pour
l'appétition, c'est-à-dire pour le mouvement par lequel l'animal va à la recherche de ce qui peut calmer sa faim. Ce
mouvement peut varier, et varie selon les animaux ; et c'est
ici que se manifeste le modeste revêtement de l'instinct primaire, c'est-à-dire l'instinct secondaire. Cela dépend de l'espèce de nourriture dont le jeune animal se repaît. Le jeune
oiseau insectivore qui ne peut aller à la chasse, ouvre un
large bec pour recevoir la proie que lui apporte sa mère. Il
en est de même de l'oiseau pêcheur et plongeur. L'oiseau
granivore et herbivore, sorti de l'œuf plus avancé dans son

développement, picore les grains et se suffit à lui-même. Le jeune mammifère dépourvu de bec et de dents, ne pouvant ni mordre, ni mâcher, cherche à saisir avec la bouche une saillie molle et malléable pour en extraire par succion un liquide nutritif. Les larves d'insectes broient, ou piquent, ou sucent ou aspirent, suivant la conformation de leurs pièces buccales. L'attitude et le geste changent suivant le régime ; et ces différences peuvent bien, mais dans une certaine mesure seulement, tenir à l'éducation, à l'habitude, à l'imitation ayant produit des conformations, des mécanismes et des mouvements héréditaires. Je dis dans une certaine mesure seulement ; car il n'est pas douteux que la variation naturelle comprise comme Darwin, que l'adaptation résultant de l'influence du milieu comprise comme Lamark, ont eu leur part très importante dans ces modifications de l'appareil préhenseur des aliments ; et je ne pense pas qu'il soit possible de voir dans ces deux facteurs de l'évolution des manifestations directes ou indirectes de l'intelligence proprement dite des animaux.

On voit donc qu'ici la plus large part de l'instinct n'est pas due à l'intelligence ni des parents, ni des enfants, mais à un mouvement spontané de l'être tendant vers un but par des moyens heureux qui sont en relation étroite avec les conditions de l'organisme, et en harmonie avec ses nécessités. L'instinct semble donc résulter d'une évidente finalité.

Ces instincts primaires sont-ils purement des réflexes comme le pense M. Perrier ? Je ne le pense pas ; il y a dans la faim plus qu'un réflexe ou autre chose qu'un réflexe, et dans l'intérêt de l'organisme également. Le besoin d'alimentation est un mode de sentir et de souffrir qui atteint tout l'organisme, et l'appétence du nouveau-né est une sorte de volonté élémentaire et rudimentaire, c'est-à-dire un fait mental obscur et aveugle. Ce rudiment mental, l'éducation, l'imitation, l'habitude l'ont parfois recouvert d'un léger manteau de mentalité plus élevée, qui comporte des adaptations variées et des perfectionnements plus ou moins élevés. J'ai déjà dit et je répète que le réflexe n'est qu'un mécanisme dont le jeu est soumis à une vraie mentalité plus ou moins rudimentaire.

L'instinct sexuel et de la reproduction constitue comme la faim un instinct primordial, chez lequel les formes recouvrantes, le manteau élégant fourni par l'habitude l'imitation et l'éducation jouent certainement un rôle très réduit. Comme dans la faim, il y a pour terrain fondamental un malaise de l'être, une première assise, l'attraction d'un sexe vers l'autre sexe, et comme seconde assise l'acte sexuel lui-même.

L'instinct sexuel est de nécessité absolue, il est pour la conservation de l'espèce, ce que la faim est pour la conservation de l'individu. L'attraction sexuelle est fondamentale et date du jour où il y a eu différenciation sexuelle. Bien plus, l'instinct sexuel a précédé l'apparition, la constitution des êtres sexués. Il y a eu en effet une sexualité des éléments, et même des particules protoplasmiques avant qu'il y ait en des individus sexués. Et d'ailleurs la sexualité des individus n'est point primordiale et autonome ; elle résulte en définitive de la sexualité des éléments et même seulement de quelques éléments appartenant aux individus ; et la sexualité des éléments est aussi une conséquence et non un fait primordial, car elle résulte de la sexualité des molécules ; et si l'on veut être logique la sexualité des molécules est le fruit et la conséquence de la sexualité des atomes, car il est impossible, à mon avis, de ne pas reconnaître une forme de la sexualité, sinon l'essence même et le fait capital de la sexualité, dans l'affinité chimique qui fait que les atomes d'un élément chimique tendent à s'unir et s'unissent avec les atomes d'un autre élément. L'attraction sexuelle est donc un phénomène primordial aussi ancien que la matière, et peut-être même plus ancien qu'elle, car il semble un des caractères essentiels de l'énergie, qui seule est éternelle. L'attraction sexuelle n'est donc pas un fruit de l'intelligence, de l'être lui-même, de l'être créé. Elle n'est donc certes pas une acquisition de l'être, car elle est contemporaine non seulement de la différenciation sexuée des individus ; mais elle existe déjà aussi dans les éléments sexuels eux-mêmes, dans les cellules reproductives, le spermatozoïde et l'œuf, le spermatozoïde se précipitant vers l'œuf, se fixant à sa surface et s'efforçant de pénétrer au dedans de lui et y pénétrant en effet. Elle existe dans les molécules, elle existe dans les atomes dont est composé l'univers. Elle ne résulte donc pas d'une intelligence proprement dite individualisée et patente. Il faut d'ailleurs se rappeler que chez les plantes aussi se manifeste l'attraction sexuelle même entre individus (*Walisneria spiralis* par exemple), mais surtout entre les éléments sexuels. Et personne ne songera à attribuer ces faits à un vrai réflexe, à un réflexe bien caractérisé, et *à fortiori* à l'action d'une intelligence individualisée. Non ! l'appétence sexuelle et l'appétition même qui la suit sont des faits primordiaux tenant probablement à des appétences nutritives électives, l'élément sexuel ayant pour l'élément congénère et complémentaire une préférence, une prédilection à la fois organique et mentale, mais d'une mentalité sourde et rudimentaire.

L'instinct sexuel des individus n'est pas plus que celui des éléments un résultat, une faculté ou une tendance acquise par voie intellectuelle c'est une tendance primordiale, comme celle des éléments. Et il est logique de considérer cette dernière comme la source et la cause de cette première. En effet, quand l'élément sexuel est supprimé, l'attraction des sexes s'efface ; et je pense qu'il faut considérer la sexualité de l'individu comme une sexualité *induite*. Il y a induction ayant pour point de départ la sexualité de l'élément pour produire la sexualité de l'individu. C'est là, dis-je, le résultat d'une influence, et une sorte d'induction comparable à celle dont parlent les physiciens. Cette influence inductrice de l'élément sexuel sur l'individu sexué revêt chez certains êtres une forme bien remarquable et bien démonstrative puisqu'elle va jusqu'à produire non seulement le rapprochement des individus sexués mais même leur fusion corporelle, pendant que se prépare et s'accomplit la fusion des éléments sexuels mâle et femelle. C'est ainsi que chez les infusoires ciliés s'accomplit la conjugation ou fusion temporaire des individus pendant que se produit la fusion des *pronucleus* mâle et femelle. Il en est de même chez certains végétaux (Algues, etc.). L'induction des éléments et des individus produit donc une impulsion attractive qui aboutit à la fusion. Les deux conjoints rapprochés perdent bientôt leurs limites corporelles sur la face de contact, et confondent partiellement leur substance, jusqu'à ce que l'appétition sexuelle des éléments étant satisfaite, le stimulus inducteur ait disparu et cessé d'agir.

Mais l'instinct sexuel peut dans l'appétition se revêtir de
formes que l'intelligence a produites et perfectionnées par
voie d'imitation, de réflexion, de volonté. Les préliminaires
de l'appétition peuvent avoir été et ont été du domaine de
l'intelligence et de la volonté, et sont devenus des habitudes
fixées par l'hérédité. Les chants des oiseaux, des insectes,
les gestes galants du paon, du coq et des mammifères en
général peuvent appartenir à cette catégorie.

Mais cependant il y a même dans cet ordre des perfectionnements de l'appétition, des faits qui demandent une autre
explication. Je veux parler des parures de noce que l'on
remarque dans les mâles de tant d'animaux. Sont-ce là des faits
pouvant dépendre de l'éducation, de l'imitation ou de l'habitude? Aucun naturaliste ne l'a pensé et je suis de leur avis.
Mais faut-il n'y voir que le résultat de la variation fixée par la
sélection sexuelle, ainsi que l'a prétendu Darwin? Je ne le
pense pas non plus ; et je crois fermement que la volonté de
l'être, que son désir d'être beau et désirable, que l'exaltation
de l'amour ont été capables d'influer sur l'organisme pour le
pourvoir d'embellissements progressifs que l'hérédité a fixés
et que la sélection sexuelle a pu accumuler. C'est un acte où
l'intelligence et la volonté proprement dites n'ont certainement aucune part ; mais une mentalité instinctive spéciale
dépendant de l'ensemble de l'organisme se manifeste par un
effort interne qui aboutit à des réalisations organiques.

L'instinct maternel est aussi un instinct primordial, dont
les manifestations sont les soins donnés par la mère à sa
progéniture. Il est fait d'un mélange d'égoïsme et d'altruisme,
la mère regardant inconsciemment et traitant sa progéniture
comme continuant à faire partie d'elle-même. Il ne se développe pas toujours également, et semblerait manquer dans
bien des cas, et notamment dans les cas où la mère dépose
ses œufs et semble les abandonner sans soins ultérieurs. Mais
même là, il existe et peut être constaté, car la mère choisit toujours le lieu où elle doit déposer ses œufs et tient à
ce qu'ils y trouvent des conditions favorables de développe-

ment. Il y a là une aspiration affective, un attachement instinctif qui met en éveil et en activité l'appétition instinctive.
Cette appétition peut revêtir des caractères complexes et se
perfectionner ; et ce sont ces manifestation perfectionnées qui
donnent les nids des oiseaux, les loges des insectes, etc. Ces
derniers nids peuvent sans doute recevoir quelques perfectionnements de l'entendement, de l'expérience, de l'observation et par suite de l'intelligence ; mais l'instinct et ses premières manifestations ont été primordiaux et inconscients ; et
c'est à l'instinct qu'il faut rapporter véritablement ces phénomènes si remarquables.

Les animaux à métamorphoses déposent leurs œufs dans
des lieux où les larves trouveront des conditions favorables
d'alimentation, de température, de lumière, d'atmosphère et
pourront parcourir les phases de leur évolution. Les espèces
aériennes à l'état adulte, mais à larves aquatiques, les dépo-
seront dans l'eau. D'autres qui, à l'état adulte, ont une nourriture déterminée ou même se passent de nourriture, déposé-
ront leurs œufs sur les plantes qui devront fournir à leurs
larves une nourriture différente de la leur, mais qui seule
convient à ces larves. Les batraciens qui sont carnivores à
l'état adulte placent leurs œufs dans des eaux stagnantes où
les larves trouveront les végétaux capables de fournir l'alimentation nécessaire à leurs larves herbivores.

Sans doute il faut voir dans ces actes complexes et qui
sembleraient exiger l'intervention de connaissances acquises
et de raisonnements compliqués, des dispositions héréditaires, car il ne faut pas oublier que les états adultes actuels
sont des acquisitions ultimes des formes larvaires autrefois
permanentes et devenues actuellement transitoires. La forme
adulte actuelle a conservé le souvenir héréditaire des appétences et des appétitions de l'ancêtre, et elle y conforme sa manière d'agir d'une manière inconsciente et purement impul-
sive. Mais on peut se demander si ces actes primordiaux, de
même que les précautions protectrices de la progéniture,
les nids, les cocons, les loges, les cachettes plus ou moins ingénieuses, les terriers ont été réellement à l'origine des
actes réfléchis, consciemment combinés et résultant d'une

volonté libre, ou s'ils n'ont pas été le fruit d'une impulsion interne d'une nature mentale sans doute, mais
qui ne saurait être considérée comme ayant agi dans
des conditions de liberté et de spontanéité comparables à l'activité de l'esprit, à la vie intellectuelle proprement dite. Pour
ma part je suis disposé à voir à la base de ces manifestations
de l'instinct maternel, une impulsion inconsciente d'une
mentalité obscure et sourde dominée par les aspirations de
l'organisme, mentalité pour ainsi dire biologique plus encore que psychologique.

Et en définitive je crois qu'il faut considérer ces soins et
ces précautions maternelles chez les animaux comme des hé-
ritages d'instincts primordiaux auxquels sont venus s'ajouter
de nouvelles formes de l'instinct, quand l'évolution a produit
de nouvelles formes de l'espèce. La forme larvaire primitive
et permanente avait ses instincts, dont la forme actuelle plus
élevée a hérité, et auxquels elle a ajouté ses instincts nouveaux propres à la forme nouvelle.

Ce qui prouve que l'instinct proprement dit, ce que j'appelle le noyau primitif de l'instinct n'est pas proprement et
purement un réflexe, c'est qu'il existe chez des animaux ou
le système nerveux, siège même des réflexes, fait encore défaut,
et chez les végétaux et peut-être chez les minéraux. Les phénomènes que l'on comprend *proprement* sous le nom de réflexes
sont liés en effet à un mécanisme spécial appartenant à la
structure du système nerveux. Il y a là des phénomènes de
transmission des impressions sensitives à des neurones articulés ou continus par l'intermédiaire de leurs prolongements
centripètes et centrifuges de manière à transformer un phénomène de sensation en phénomène d'excitation motrice. Or les
protozoaires pas plus que les végétaux, et à fortiori les minéraux ne possèdent ce mécanisme plus ou moins compliqué
puisque le système nerveux n'y est en aucune façon différencié. Chez eux c'est le protoplasme général, qui seul est le
point de production et de manifestation des phénomènes instinctifs; et ces phénomènes se présentent clairement alors
comme des phénomènes primordiaux et nécessaires, comme
des conditions indispensables de la vie.

Les phénomènes de l'instinct dont les animaux inférieurs et les végétaux sont le siège, ne sont donc pas proprement des réflexes, mais des phénomènes d'association et de correspondance qui paraissent être des propriétés générales du protoplasme. Les petites masses protoplasmiques formant soit des molécules, soit des éléments cellulaires sont douées d'une faculté de communication réciproque, d'une conductibilité aigüe, d'une virtualité de sympathie, telles qu'il leur suffit d'un contact ou d'un étroit voisinage pour qu'une correspondance effective s'établisse immédiatement, et que les modifications d'une partie réagisse aussitôt sur les parties ambiantes ou associées. Cette réaction peut se propager à travers l'organisme et manifester son effet ultime et caractéristique sur telle ou telle portion plus ou moins éloignée de cet organisme. Ce n'est pas là l'action réflexe proprement dite, s'opérant par l'intermédiaire des neurones ou éléments nerveux, mais il n'est certes pas irrationnel de voir dans ces phénomènes un principe biologique d'influence, d'association et de correspondance, appartenant à l'organisme tout entier, au protoplasme général et qui se localise plus tard dans le système nerveux des animaux plus élevés, pour y constituer les réflexes proprement dits. Le mécanisme du réflexe, ou le le réflexe mécanisme, est le produit et le serviteur de la mentalité organique, mais n'en est pas le producteur et la cause.

Que les végétaux soient le siège de phénomènes instinctifs, j'en ai déjà donné des exemples à propos de l'impulsion attractive qui tend à l'union et à la fusion des éléments sexuels de l'anthérozoïde ou du pollen avec l'ovule chez les végétaux soit terrestres, soit aquatiques. L'exemple très remarquable de la Walisnerie apporte à cette démonstration une illustration spéciale, puisqu'elle nous montre clairement chez le végétal cette attraction induite de l'individu sexué, résultant de l'attraction même des éléments sexuels, attraction induite beaucoup plus généralement évidente chez les animaux que chez les plantes, mais réelle dans un cas comme dans l'autre.

. Le cas de la *Walisneria spiralis* est vraiment remarquable;

et l'on ne serait pas surpris de le retrouver dans un groupe d'animaux même assez élevés.

Les Walisneries sont des plantes aquatiques dites dioïques, c'est-à-dire chez lesquelles les sexes sont séparés, les fleurs mâles et femelles étant sur des individus différents, et placées au fond de l'eau. Les fleurs mâles sont portées sur de courts pédicelles, et retenues au fond de l'eau. Mais quand arrive le moment de la maturité et de la fécondation, ces fleurs rompent leur court pédicelle, et allégées par une bulle de gaz située au centre du bouton, elles montent comme de petits ballons à la surface de l'eau où elles s'épanouissent et où elles flottent librement, soutenues par trois petits sépales qui se renversent sous forme de trois petites nacelles convergentes. D'autre part et en même temps les fleurs femelles qui sont portées sur un long pédoncule enroulé en spirale à la façon d'un ressort à boudin, détendent cette hampe spiralée et viennent atteindre la surface de l'eau où elles s'épanouissent. Le pollen des fleurs mâles, bien plus nombreuses que les fleurs femelles, est porté sur ces dernières par l'air, le vent; et cette fécondation terminée, la fleur femelle contracte son pédoncule en une spirale à tours serrés, et se trouve ainsi ramenée au fond de l'eau où le fruit mûrira. La graine sera déposée dans la vase où elle trouve des conditions favorables à sa germination et à son évolution.

Voilà certes des phénomènes merveilleux qui représentent un flirtage passablement perfectionné, et qui seraient certainement à leur place dans un traité de biologie et de psychologie animales.

Faut-il y voir l'effet d'une simple coïncidence? Je n'aurai certes pas la hardiesse de le prétendre. Peut-on y reconnaître des faits initiaux de volonté consciente et de réflexion, devenus faits d'habitude héréditaires? Pas certes davantage. Doit-on y voir le résultat de la sélection naturelle? Pour ma part je recule devant toutes les difficultés et les merveilles de combinaisons et de rencontres que nécessiterait une pareille explication. Mais, à mon avis, il n'est pas irrationnel de mettre cet ensemble étonnant de phénomènes sur le compte d'un effort, d'une appétition inconsciente de l'organisme pour réaliser une fécondation nécessaire à la conservation de l'espèce, et pour échapper aux conditions éminemment défavorables à la fécondation, résultant d'une mise en liberté du pollen au sein de l'eau.

Mais il est chez les végétaux d'autres ordres de faits qui ne sont pas moins frappants et moins capables de démontrer l'influence d'une sorte de mentalité instinctive destinée à assurer à la plante des conditions d'existence compatibles avec sa forme, sa constitution, ses habitudes, etc., etc. Le très remarquable livre de Darwin sur *Les plantes grimpantes* apporte à cette idée la plus riche démonstration. Il vaut la peine de nous y arrêter.

Les plantes grimpantes sont des plantes dont la tige grêle, délicate, ne présente pas une rigidité suffisante pour qu'elles puissent s'élever vers l'air et la lumière (conditions nécessaires de végétation normale), et qui seraient condamnées à ramper dans l'obscurité à l'ombre des arbres érigés, et par conséquent à souffrir et à périr, si des dispositions spéciales ne venaient suppléer au défaut de résistance des tiges grêles de ces plantes. Mais la nature a paré à cet inconvénient, à ces conditions d'infériorité relative par diverses voies, aussi variées qu'ingénieuses et remarquables ; et l'étude de ces moyens révèle des tendances si logiques, des efforts si bien combinés pour atteindre le but désirable et utile, que l'on se croit parfois en présence, non de végétaux dépourvus, semble-t-il, de mentalité, mais d'animaux doués d'instincts conservateurs vraiment remarquables et ayant donné naissance à d'habiles mécanismes bien appropriés au but poursuivi. On en jugera par l'exposé suivant :

Les plantes grimpantes peuvent être divisées en quatre classes :

1° Les plantes volubiles s'enroulant en hélice autour d'un support ;

2° Celles douées d'organes sensibles qui en touchant un objet s'y cramponnent (feuilles, branches ou pédoncules floraux modifiés) ;

3° Celles qui grimpent à l'aide de crochets ;

4° Celles qui grimpent à l'aide de radicelles.

Ces deux dernières classes ne présentent pas de mouvements spéciaux et sont moins intéressantes. Occupons-nous surtout des plantes volubiles et des plantes à organes fixateurs sensibles ou plantes grimpantes.

Plantes volubiles. — C'est la subdivision la plus nombreuse.

Quand la tige s'élève du sol, les deux ou trois premiers articles, ou entre-nœuds, sont droits et restent stationnaires. Mais celui qui leur succède se courbe d'un côté pendant qu'il est très jeune ; et se dirige circulairement avec lenteur vers tous les points de l'horizon, avançant comme les aiguilles d'une montre avec le soleil. Le mouvement révolutif atteint bientôt la vitesse habituelle et continue aussi longtemps que l'accroissement de la plante ; mais chaque entre-nœud séparé cesse de se mouvoir en vieillissant. Par là la plante s'enroule constamment autour d'un tuteur, ce qui lui permet de s'élever à la recherche de l'air et du soleil.

Darwin, qui a fait une étude très attentive et très précise des mouvements de plusieurs de ces plantes, signale quelques particularités remarquables de ce processus d'enroulement qui lui donnent, à mon avis, une signification non douteuse de finalité et de mentalité obscure et appétitive. C'est ainsi que lorsque la tige grêle a dépassé l'extrémité supérieure de son support, elle se courbe après un certain temps, devient horizontale et présente un mouvement lent de balancement vraiment remarquable. C'est ainsi que chez l'*Hoya carnosa*, une tige pendante, sans feuille développée, ayant une longueur de 81ᶜ,3 et composée de sept entre-nœuds, se balançait d'un côté et de l'autre continuellement mais lentement dans une direction semi-circulaire, pendant que les entre-nœuds extrêmes accomplissaient des révolutions complètes.

Chez une Asclépiadacée (*Ceropegia Gardnerii*) le sommet de la tige, atteignant horizontalement une longueur de 79 centimètres, décrivit un cercle de plus de 1ᵐ,57 de diamètre et de 4ᵐ,88 de circonférence, marchant à raison de 81 à 84 centimètres par heure. « Le temps étant chaud, dit Darwin, je laissai la plante sur ma table de travail, et c'était un intéressant spectacle d'observer la longue tige décrivant ce grand cercle, nuit et jour, à la recherche de quelque objet autour duquel elle pourrait s'enrouler. »

Pour qui connaît la sobriété et la réserve de style du grand naturaliste, ce langage ne saurait manquer d'éloquence. Parlerait-on autrement d'un animal situé dans l'eau, un poulpe, ou une annélide, ou un mollusque ou même un poisson balançant ses tentacules, ou ses filaments, ou ses appendices quelconques à la recherche d'une proie ou d'une eau plus respirable ?

Mais non-seulement les plantes grimpantes s'enroulent pour s'élever, mais elles usent d'un procédé ingénieux pour donner à leur tige plus de rigidité, elles se tordent. On pourrait croire et on a cru que cette torsion était entièrement corrélative de leur enroulement. Mais Darwin a démontré le contraire, de sorte que la torsion de l'axe de la plante n'est pas absolument liée à l'enroulement, mais a une certaine relation avec les inégalités du tuteur et constitue un moyen pour la tige de gagner de la rigidité « d'après le même principe, dit Darwin, qu'une corde fortement tordue est plus raide qu'une corde qui l'est faiblement. Par là, la tige se trouve placée indirectement dans des conditions avantageuses pour passer sur des inégalités dans son ascension hélicoïde et pour porter son propre poids quand on la laisse s'enrouler libre- ment. »

En outre, chez beaucoup de plantes volubiles, l'extrémité de la tige a la forme d'un crochet ; or c'est là une disposition utile à la plante « car, dit Darwin, non-seulement le crochet ainsi formé sert quelquefois à saisir le support, mais (et ceci semble être beaucoup plus important) il force l'extrémité de la tige à embrasser bien plus étroitement le support qu'il ne l'aurait fait autrement, et peut ainsi préserver la tige contre le vent. »

La plupart des plantes volubiles sont disposées pour s'élever autour de supports d'une grosseur médiocre quoique variable, et ne peuvent grimper autour des arbres gros. C'est là le cas dans nos régions tempérées. Mais les plantes volu- biles des tropiques peuvent grimper le long de gros arbres. Or cette faculté leur est nécessaire ; car sans cela elles atteindraient difficilement la lumière. Dans nos pays tempérés elle serait nuisible aux plantes volubiles qui meurent annuellement, car elles ne pourraient s'accroître suffisamment dans une seule saison pour atteindre le sommet des grands arbres et gagner la lumière.

Des espèces qui ont été volubiles cessent de l'être quand les circonstances les font croître dans des milieux où elles ne sauraient trouver de support. Mais les circonstances venant à changer, la volubilité reparaît. Il y a là une faculté d'adaptation qui éveille très logiquement l'idée d'une finalité et par conséquent d'une mentalité.

Plantes grimpantes. — Les plantes grimpantes sont des plantes qui grimpent à l'aide d'organes irritables ou sensibles. Les unes grimpent à l'aide de leurs feuilles et d'autres sont pourvues de vrilles.

Les plantes qui grimpent à l'aide de leurs feuilles le font soit par leurs pétioles, soit par leurs nervures moyennes prolongées.

Les pétioles quand ils sont jeunes sont sensibles, et si on les frotte légèrement ils se recourbent du côté frotté. Beaucoup de ces plantes sont également volubiles. Quand par le balancement ou l'enroulement de la jeune tige les pétioles sont portés au contact d'un tuteur, le mouvement révolutif s'arrête ; mais les pétioles excités par le contact se replient autour du tuteur et le contournent. Ainsi le mouvement révolutif a pour principale utilité d'amener les pétioles au contact des objets voisins qui sont saisis lentement, mais sûrement. Puis le pétiole peut subir des changements remarquables. Ils se gonflent énormément au bout de peu de jours, et leur épaisseur double. La structure du pétiole se modifie ; ses cellules deviennent plus larges sur le bord qui est en contact avec le support ; mais en outre son tissu d'abord flexible et de rupture facile, devient d'une dureté, d'une rigidité, et d'une résistance considérables. Par là, il devient très durable et persistant : « La signification de ces changements, dit Darwin, est évidente ; les pétioles peuvent ainsi supporter la tige d'une manière sûre et durable. » Et il faut noter que les pétioles ainsi enroulés perdent leur sensibilité, et que ceux qui demeurent libres et ne saisissent pas d'objet restent non incurvés, sans enroulement et ne présentent ni la rigidité, ni la dureté, ni le poli de ceux qui se sont enroulés autour d'un objet. N'y a-t-il pas, dans cette réalisation simultanée de modifications heureuses tendant remarquablement vers un but déterminé, une évidence de finalité ?

Un fait remarquable observé par Darwin sur *Tropœolum tricolorum* mérite d'être noté. Les filaments et les pétioles des jeunes feuilles, s'ils ne se cramponnent à aucun objet, après être restés plusieurs jours dans leur position primitive, oscillent un peu d'un côté à l'autre d'une manière spontanée et lente ; ils se dirigent alors vers la tige et la saisissent. On dirait qu'elles cherchent dans ce dernier mouvement une satisfaction quoique imparfaite aux exigences de l'instinct. Ce phénomène n'est-il pas comparable à ces manifestations de l'instinct qui aboutissent à ce but de tromper la faim.

Chez le *Solanum jasminoïdes* une feuille entièrement développée est capable de saisir un bâton. Chez *Gloriosa Plantii* qui grimpe à l'aide des nervures médianes prolongées et recourbées en crochet, tant que la plante est jeune et de petite taille, c'est-à-dire qu'elle peut se soutenir sans appui, les feuilles au nombre de 4 ou 5 ont leurs extrémités molles et non sensibles et ne forment pas de crochets ; la tige ne s'enroule pas. « La faculté de grimper n'est pas nécessaire, dit Darwin, et par conséquent ne se développe pas. Il en est de même des feuilles placées au sommet d'une plante en fleur complètement développée et qui n'avait pas besoin de grimper plus haut. » Mais quand la plante s'élève, et a besoin de grimper, les feuilles s'allongent, deviennent sensibles à la face interne et se recourbent en crochet. « Nous voyons par là, dit Darwin, combien est parfaite l'économie de la nature. » N'y a-t-il pas là, dirons-nous, une évidence de finalité.

Il y a des plantes à vrilles. On sait que les vrilles sont des organes filamenteux, sensibles au contact et servant exclusivement à grimper. Les véritables vrilles sont le résultat de la modification des feuilles avec leurs pétioles, de celle des pédoncules floraux, des branches et peut-être des stipules.

Chez *Bignonia unguis* par exemple, chaque feuille se com-

pose d'un pétiole portant une paire de follioles et se termine
en une vrille formée par la modification de trois folioles qui
ressemble d'une manière curieuse, dit Darwin, à la jambe
et à la patte d'un petit oiseau, moins le doigt postérieur. Les
trois doigts se terminent par des griffes pointues et dures,
trés recourbées en bas comme celles de la patte d'un oiseau.
Le pétiole de la feuille est sensible au contact, et se courbe
du côté touché. Mais les pétioles secondaires des deux folioles
latérales ne sont pas sensibles. La vrille entière, c'est-à-dire
le tarse et les trois doigts sont également sensibles au contact, surtout à leurs surfaces inférieures. C'est-à-dire que la
sensibilité n'existe que là où elle peut être utile à la fixation
de la plante par ses vrilles. Quand une tige croît au milieu
de branches minces, les vrilles sont amenées au contact de
ces branches par le mouvement révolutif des entre-nœuds, et
alors un doigt de la vrille ou deux, ordinairement tous les
trois, se courbent et après plusieurs heures, saisissent solidement les petites branches comme un oiseau quand il se
perche. Ou bien si c'est le tarse qui arrive au contact du ra-
mean, il se courbe, entoure le rameau ; et les doigts portés
de l'autre côté vont saisir le rameau en passant de chaque
côté du tarse. Ou bien c'est le pétiole qui arrive au contact
avec un rameau ; il se contourne autour de celui-ci, portant
avec lui la vrille qui saisit son propre pétiole ou celui de la
feuille opposée.

Les pétioles se meuvent spontanément et comme ils sont
opposés, lorsqu'une tige *essaie,* dit Darwin, de s'enrouler
autour d'un bâton vertical, les pétioles des deux côtés arrivent au contact du bâton, se courbent l'un vers l'autre, l'embrassent, et les vrilles à forme de patte, se saisissent mutuellement ou saisissent leurs pétioles, et fixent la tige au
support avec une solidité étonnante.

Quelques plantes, la *Bignonia Tweedyana* par exemple,
possèdent quatre différents modes de grimper, ordinairement
répartis sur des plantes distinctes, à savoir : l'enroulement en
hélice, et la faculté de s'élever à l'aide de feuilles, de vrilles
et de radicules.

Certaines se hissent le long d'un bâton vertical, en s'enroulant en hélice, et en le saississant alternativement avec ses vrilles opposées, comme le ferait un matelot qui se hisse au haut d'un cordage soit main sur main, soit avec les deux mains élevées ensemble au-dessus de sa tête (*Bignonia littoralis*).

Les mouvements des vrilles dans cette espèce (*B. littoralis*) sont spontanés ; ils sont tout à fait indépendants pour les vrilles opposées, de sorte que lorsqu'on laisse toute la tige s'enrouler librement, la direction suivie par l'extrémité de chaque vrille est on ne peut plus embrouillée ; elle explore, dit Darwin, irrégulièrement un grand espace pour trouver un objet qu'elle puisse saisir. Enfin quelques jours après que les doigts ont saisi étroitement un tuteur, leurs extrémités mousses se développent en boules discoïdes qui deviennent fortement adhérentes au bois.

Chez *Bignonia speciosa* se passent des phénomènes très remarquables que Darwin décrit comme suit :

« L'extrémité de la vrille est presque toujours droite et pointue. Toute la portion terminale présente une singulière habitude que, *chez un animal, on appellerait instinct*, car elle cherche continuellement une petite crevasse ou un trou pour s'y introduire. J'avais deux jeunes plantes, et après avoir remarqué cette habitude, je plaçai près d'elles des poteaux qui avaient été perforés par des insectes ou fissurés par la sécheresse. Les vrilles par leur propre mouvement et par celui des entre-nœuds, se dirigeaient lentement sur la surface du bois, et quand le sommet arrivait à un trou ou à une fissure il s'y introduisait ; pour atteindre ce résultat, l'extrémité dans une longueur de $1^{cm},2$ ou de $0^{cm},6$ se courbait souvent à angle droit avec la portion basilaire. J'ai observé cette manœuvre de 20 à 30 fois. La même vrille se retirait fréquemment d'un trou et introduisait sa pointe dans un second trou. J'ai vu également une vrille maintenir sa pointe (dans un cas pendant 20 heures, et dans un autre pendant 36 heures) dans un petit trou et puis la retirer. Tandis que la pointe est ainsi introduite temporairement, la vrille opposée continue son mouvement révolutif ».

Parfois les vrilles saisissent et lâchent successivement le même tuteur, à plusieurs reprises. Elles semblent avoir du *dégoût* pour certains tuteurs, si bien qu'après les avoir saisis, elles s'en éloignent et se redressent. Si on leur donne un tuteur d'une autre nature, elles le saisissent et s'y accrochent solidement.

Le *Bignonia capreolata* appelé à grimper le long d'arbres ordinairement tapissés de lichens, de mousses, etc, a des feuilles qui se transforment en une vrille ramifiée qui fuit la lumière et qui par ses extrémités peut ou bien s'insinuer comme des racines dans des crevasses, ou saisir de petites pointes saillantes, ces extrémités formant ensuite des disques ou excroissances cellulaires qui sécrètent un ciment adhésif et enveloppent alors les fibres les plus fines des lichens, des mousses, des écorces, par suite de leur croissance continue. Ces disques ne se forment jamais si les extrémités crochues des vrilles ne touchent aucun objet.

Notons encore que les vrilles une fois fixées subissent dans bien des plantes une contraction hélicoïde qui les raccourcit et les rend élastiques comme des ressorts en spirale. Les vrilles libres peuvent aussi présenter cet contraction spiralée ; mais cette contraction est beaucoup plus lente que celle d'une vrille adhérente. La contraction hélicoïde est très utile à la plante. Elle l'élève en raccourcissant la vrille ; elle la rapproche du tuteur, tout en lui laissant une certaine liberté de mouvement et de position. Elle donne de l'élasticité aux vrilles, et leur fournit le moyen de résister au vent et aux efforts de traction. Chez la plupart des plantes à vrilles, le sommet de la tige ou de la pousse dépasse le point d'où part la vrille et se courbe généralement d'un côté, de façon à se soustraire aux enroulements de la vrille. Chez les plantes dont la pousse terminale n'est pas suffisamment écartée dès que la vrille arrive à ce point dans sa course révolutive, la tige devient rigide, se redresse et s'élevant verticalement, franchit victorieusement l'obstacle.

Le mouvement révolutif de certaines vrilles est accéléré ou retardé en se dirigeant vers la lumière ou en s'en éloignant ; d'autres sont indifférentes à cette influence ; d'autres se meuvent toujours vers l'obscurité, ce qui les aide puissamment à trouver un support.

Certaines vrilles ne sont pas sensibles et ne s'enroulent pas ; elles ne peuvent saisir un tuteur, mais elles se tournent vers l'obscurité, et étalant leurs branches en contact avec une surface quelconque presque plane, elles produisent des disques adhésifs, c'est-à-dire sécrétant une substance résineuse qui fait adhérer le disque à la surface. Tel est le cas de l'*Ampelopsis* ou vigne vierge.

Enfin il y a des plantes grimpant à l'aide de crochets et de radicelles ou crampons qui présentent aussi des dispositions ingénieuses et des adaptations remarquables qui rappellent les impulsions de l'instinct.

Darwin fait, dans ses remarques finales, observer que la faculté de se mouvoir soit spontanément, soit par suite de divers stimulants, est bien plus commune chez les plantes que le supposent généralement ceux qui n'ont pas étudié ce sujet.

« On a affirmé souvent vaguement, dit-il en terminant, que les plantes se distinguent des animaux par l'absence de mouvement. Il serait plus vrai de dire que les plantes n'acquièrent et ne manifestent cette faculté que dans les cas *où elle peut leur être utile,* ce qui est comparativement rare, car elles sont fixées au sol, et la nourriture leur est apportée par l'air et la pluie. On voit à quel degré une plante peut s'élever dans l'échelle de l'organisation, quand on considère une des plantes les mieux pourvues de vrilles. Elle place d'abord ses vrilles prêtes pour l'action, comme un polype dispose ses tentacules. Si la vrille est déplacée, elle subit l'influence de la pesanteur et se redresse néanmoins ; elle est influencée par la lumière, elle se courbe vers elle ou la fuit, ou bien elle n'en tient pas compte, *selon qu'elle y trouve son avantage.* Pendant plusieurs jours les vrilles ou les entre-nœuds, ou tous les deux s'enroulent spontanément avec un mouvement régulier. La vrille touche un objet, le contourne promptement et le saisit solidement. Au bout de quelques heures elle se contracte en hélice, entraînant la tige en haut, et devient un excellent ressort élastique. Alors tous les mouvements s'arrêtent. Par suite de l'accroissement tous les tissus deviennent bientôt prodigieusement forts et durables. » La vrille a « *achevé son œuvre* et *elle l'a,* dit Darwin, *admirablement accompli* ».

J'ai tenu à donner ici une idée aussi exacte que possible de cette remarquable étude expérimentale de Darwin sur les plantes grimpantes. A dessin j'ai rapporté quelques passages de ce livre très suggestif, et j'ai noté en passant les expressions capables de nous initier sur les impressions et sur la pensée de Darwin au sujet de phénomènes si remarquables. Le lecteur aura remarqué, je pense, combien le grand naturaliste philosophe incline vers la reconnaissance chez la plante d'une spontanéité d'action et de développement organique en vue d'une fin à réaliser, en vue d'une œuvre utile pour la plante.

Pour lui la plante cherche spontanément, choisit, se retire, se courbe, va au devant de la lumière ou la fuit, selon qu'elle y trouve son avantage. Elle achève son œuvre, et ne s'arrête que quand elle l'a admirablement accomplie. Pour lui enfin la plante peut présenter et présente de singulières habitudes que, chez un animal, dit-il, on appellerait instinct.

L'auteur de l'*Origine des espèces au moyen de la sélection naturelle ou la lutte pour l'existence dans la nature,* n'a pas dans ce livre sur les mouvements et les habitudes des plantes grimpantes (traduct. C. Rémovald, Richard Gordon ; Paris, 1877) formulé précisément une explication de ces dispositions et habitudes remarquables par la simple sélection naturelle. Il n'est certes pas impossible de concevoir une explication de cette nature, mais elle n'est pas non plus à l'abri de graves objections, et il s'agit de savoir s'il n'est pas possible de lui préférer une explication plus simple, moins complexe et tirée de la conception du rôle de la mentalité dans toutes les parties de la nature. Il ne serait pas juste de prétendre que cette dernière explication est moins naturelle que la première et qu'il y a en elle un caractère de mysticité qui doit la faire repousser comme proprement scientifique. La question est de savoir si, en effet, les phénomènes naturels sont l'effet de purs mécanismes aveugles et nécessaires, ou si quelque chose de rationnel ou de voulu, si une mentalité plus ou moins obscure et rudimentaire, si une volonté inconsciente ou subconsciente ne préside pas à leur réalisation. J'ai exprimé déjà mon opinion à cet égard, l'appuyant sur celle de philosophes éminents, dont il me suffira de nommer Aristote. J'y reviendrai pour dire seulement que je crois qu'il convient de considérer tous ces faits remarquables accomplis par les plantes grimpantes ; comme représentant de véritables instincts destinés à assurer à ces plantes grêles et flexibles des conditions favorables d'existence, l'air et le soleil. Il y a là vraiment des actes instinctifs comparables à ceux que l'on observe chez les animaux ; et les explications tirées de l'organisation matérielle de ces plantes, ne sauraient leur enlever ce caractère. Chez les animaux également la construction organique coexiste avec l'instinct, car elle est l'instrument nécessaire de l'instinct, mais elle ne constitue certes pas l'instinct. Elle n'en est pas la cause efficiente, elle en est le produit ; elle est venue répondre à un besoin interne, à une aspiration de l'être, à un désir de supprimer une infériorité, une souffrance ; elle est venue satisfaire à une appétence qui a provoqué l'acte appétitif et la formation du mécanisme capable de le réaliser.

Il existe donc des instincts chez les plantes ; et je partage cette opinion de Hæckel que des instincts existent chez tous les organismes, chez tous les protistes, chez toutes les plantes, aussi bien que chez tous les animaux et tous les hommes. Peut-être même, à mon avis, n'est-il pas trop hardi de voir une manifestation de l'instinct, dans ce pouvoir qu'ont les cristaux brisés ou mutilés de réparer leurs pertes durant leur croissance subséquente et même, comme l'a démontré Loir pour les cristaux d'alun, de ne recommencer à croître que lorsque ces déformations auront été réparées, à condition que ces déformations soient légères.

Je le répète, il existe donc des instincts chez les plantes et ces instincts me semblent encore ici révéler un finalisme bien évident. L'auteur de l'*Origine des espèces* si prudent dans l'acceptation des causes finales semble du reste, ici, avoir cédé à cette évidence, car il parle de plantes grimpantes et de leurs vrilles comme d'êtres construits en vue d'une fin utile, et agissant constamment en vue de cette fin. Je ne puis croire que cette manière de s'exprimer ne soit que conditionnelle et occasionnelle. Je n'en verrais d'ailleurs pas la raison.

Car les faits autorisent certes à parler d'eux comme le fait ici le grand naturaliste. Mais si les mouvements et les conformations appropriées des plantes grimpantes représentent vraiment des instincts et leurs mécanismes spéciaux, il en ressort des conséquences intéressantes et qui viennent singulièrement appuyer les vues que j'ai précédemment formulées sur la nature de l'instinct.

L'existence de l'instinct chez les végétaux et peut être aussi chez les minéraux, oblige d'abord à élargir la notion de l'instinct et à ne pas le considérer comme lié à un mécanisme déterminé, tel que le mécanisme des réflexes, c'est-à-dire à l'articulation des neurones et à leurs excitations successives. Ce mécanisme manque aux minéraux, aux végétaux et aux animaux inférieurs. Le réflexe n'est donc pas la source de l'instinct, il en est la conséquence et le produit. Il est le résultat même du perfectionnement de l'instinct chez les êtres où le système nerveux a acquis une différenciation suffisante.

L'instinct est une impulsion primordiale, inconsciente sans doute, mais de nature mentale et rationnelle, puisque ses actes sont empreints de logique et de raison. Je consens à dire avec Hæckel que c'est une tendance fondamentale de la vie organique, mais à condition que le mot de tendance ne représente pas une impulsion quelconque, aveugle et folle, où le hasard domine en maître, et d'un ordre purement mécanique. La tendance instinctive est une première manifestation d'une mentalité rudimentaire mais d'une mentalité, puisque dans le caractère logique de ses effets on reconnaît clairement des caractères de mentalité.

Mais si nous considérons maintenant les actes instinctifs des plantes grimpantes, nous sommes frappés de ce qu'il y a de voulu, en apparence du moins, de logique, de rationnel et en même temps d'ingénieux et de complexe dans ces manifestations. En effet, dans certaines d'entre elles (la vrille de *Bignonia speciosa* présentant la singulière habitude de chercher continuellement une petite crevasse pour s'y introduire, puis se retirant fréquemment d'un trou pour introduire sa pointe dans un second trou), Darwin voit un acte que, dit-il, chez un animal on appellerait instinct.

Chez un animal un instinct aussi complexe pourrait sans doute être considéré comme un instinct primordial, comme un instinct élémentaire, mais il faut reconnaître qu'il y a déjà dans cette recherche continuelle d'une crevasse, dans laquelle elle puisse se fixer, et dans ces changements fréquents de situation quelque chose qui tient des perfectionnements de l'instinct primaire pour en faire un instinct secondaire. Abstraction faite du sujet, c'est-à-dire de la nature végétale du sujet, et à considérer ces actes comme produits par un animal, on y verrait aisément des mouvements appétitifs perfectionnés par l'entendement, par l'observation, par l'expérience, par la réflexion, par la faculté de juger et de choisir. Ces actes instinctifs et plus encore ceux de *Vallisneria* nous mettent donc en présence d'actes instinctifs ayant des caractères tels qu'on pourrait les considérer comme ayant dû leur première origine à la raison raisonnante.

Et cependant on ne peut considérer les végétaux comme le siège d'une semblable faculté. Mais, de ce que les végétaux ne peuvent être considérés comme doués de raison, comme capables de réflexion, d'observation, de volonté consciente, on n'est pas en droit de conclure qu'ils sont exclus du domaine de la psychologie, et qu'il n'y a pas chez eux des traces non douteuses d'une mentalité inférieure et rudimentaire. La proposition est certainement faite pour surprendre les esprits habitués à ne considérer les phénomènes que dans les états de développement élevé et de différenciation très accentuée et dans l'espèce humaine en particulier. Mais c'est là une méthode imparfaite et vicieuse qui rétrécit et rapetisse singulièrement les points de vue, et qui ne montrant aux yeux de l'observateur que les différences et les distinctions très accentuées, lui cache complètement les affinités fondamentales, et la communauté d'origine et de nature de phénomènes qui à leurs phases de début étaient confondus et inséparables. Dans l'appréciation juste et rationnelle de ces relations, les considérations puisées dans l'examen des phases évolutives initiales, des phases rudimentaires, permettent de rapprocher et de réunir ce que les développements successifs ont progressivement séparé et éloigné. Je me suis appliqué à exposer ce point de vue dans mon Essai sur *L'Orientation de la méthode en évolutionisme*, publié en 1895 (*Revue de Métaphysique et de Morale*, t. III, n° 1, janvier 1895), et qui constitue le premier Essai de ce volume. Je trouve donc ici l'occasion de faire une application des principes que j'ai formulés ailleurs.

Dans le cas actuel il convient d'examiner s'il n'est pas rationnel de considérer les plantes comme douées d'un élément psychique comparable à celui que nous accordons volontiers aux animaux. Autrefois le principe psychique paraissait pour beaucoup de philosophes et de naturalistes être la propriété exclusive de l'homme. Plus tard on voulut bien en reconnaître l'existence chez les animaux supérieurs plus ou moins rapprochés de l'homme ; mais quand Hæckel et d'autres avec lui parlèrent de la psychologie des protistes, c'est-à-dire des êtres placés au bas de l'échelle du règne animal et confinant aux végétaux, ce fut un vrai scandale dans le monde des philosophes et même dans celui des naturalistes. Aujourd'hui le scandale s'est dissipé, et nul naturaliste sérieux ne se refuse à voir dans les mouvements de l'amibe, dans sa réponse aux excitations extérieure, dans ses moyens de recherche de l'aliment, etc., des rudiments d'une mentalité que l'analogie ne permet pas de nier.

Eh bien, il convient aujourd'hui d'élargir encore le cercle du psychisme et d'y englober les végétaux, et par conséquent de reconnaître que partout où est la vie est aussi l'esprit, ainsi que je l'ai affirmé à bien des reprises dans mon « Essai sur la vie et la mort » et dans mon « Essai sur l'Immortalité » et dans d'autres publications de philosophie naturelle. Et d'ailleurs la vie est-elle autre chose qu'une manifestation de l'esprit ?

J'ai déjà exposé ici quelques faits relatifs aux plantes grimpantes et à la Vallisnerie, qui me paraissent certes de nature à éveiller l'attention des penseurs et à les rendre favorables à la reconnaissance du psychisme plus ou moins rudimentaire des végétaux. Mais le sujet est trop digne d'intérêt et comporte des conséquences trop importantes pour que je ne cherche pas à grossir le faisceau de faits et de considéra-

tions ayant trait à la question. Une conférence sur *Les mouvements des plantes*, faite au Congrès de l'Association britannique pour l'avancement des Sciences (Glasgow, 16 sept. 1901)
par Francis Darwin, le fils et l'élève du grand naturaliste, me
fournira des éléments précieux de démonstration ; et je vais en
rapporter les points principaux pouvant concerner le psychisme des végétaux.

L'auteur, après avoir rappelé la proposition si pittoresque
de Huxley « une plante est un animal enfermé dans une
boîte en bois », affirme que des mouvements très nets peuvent être observés dans tous les végétaux et dans n'importe
quelle jardinière si modeste soit-elle. Par la photographie d'un
pied de haricot rouge on peut, dit-il, suivre la plante dans
les oscillations auxquelles donne lieu sa recherche instinctive d'un tuteur le long duquel elle puisse grimper. Les
plantes ont une tentance remarquable à s'incurver pour
prendre dans tous les cas une position verticale ; et quand
le but est atteint le stimulus cesse d'agir. Les choses se
passent, dit l'auteur, comme si la plante ne se trouvait bien
que dans la position verticale, et comme si le mécontentement
que lui cause toute autre position se manifestait par une incurvation. La plante est très sensible à la gravitation, elle a
le sentiment de la position du centre de la terre et s'accroît
dans la direction ainsi perçue. A cet égard elle fait exactement comme l'homme qui a le sentiment général de la ver-
ticalité de son corps et des objets environnants. Mais l'homme
a besoin du fil à plomb pour placer les uns sur les autres
les matériaux d'une maison. La plante étage de même l'une
sur l'autre les cellules qui composent son édifice et l'élève
suivant une ligne verticale ; la sensibilité à la gravitation est
très grande chez elle, et la dispense du fil à plomb.

La chose n'est pas explicable mécaniquement. « La gravitation n'intervient que comme une sorte de signal, d'aver-
tissement, signal que la plante interprète de la manière la
plus convenable pour son succès dans la lutte pour la vie,
tout comme ce que nous voyons ou entendons nous donne le
signal de changements dans le monde extérieur pour régler
notre conduite. »

Une plante de fève a trois ordres de racines, qui ont exac-
lement la même structure. La racine principale ou primaire
s'enfonce verticalement dans le sol jusqu'à une certaine profondeur. Elle émet des racines secondaires qui sont exactement semblables à elle, et qui néanmoins ne s'enfoncent pas
verticalement dans le sol, mais obliquement et même, dans
certains cas, horizontalement. Les racines secondaires émettent des racines tertiaires, de structure identique à la leur,
mais qui ne se comportent ni comme la racine primaire ni
comme les racines secondaires. Elles se jouent de la force
de la gravitation et poussent à leur fantaisie. Or il est impossible d'expliquer par une théorie impliquant l'action directe
de la pesanteur, pourquoi les trois ordres de racines ont trois
modes distincts d'accroissement.

En revanche, on voit facilement que les différences d'allures
des trois catégories de racines correspondent bien aux besoins
de la plante et peuvent par conséquent être provoquées par
le même signal. La racine principale prend le chemin le plus
court pour arriver aux couches profondes du sol ; les racines
secondaires disposées en quatre ou cinq rangées pénètrent et
occupent le terrain entre les racines principales ; et, quant
aux racines tertiaires, tenant pour certain que les autres ont
fait leur devoir, elles occupent les espaces restés libres en
croissant à l'aventure. Elles n'ont donc pas de sensibilité spéciale à la gravitation, et leur accroissement irrégulier suffit
pour les nécessités du cas, car parmi les êtres organisés la
nécessité est la mère du développement.

Les plantes obéissent d'ailleurs de manières très variées
au signal de la gravité. Ainsi les fleurs du trèfle s'enfoncent d'elles-mêmes dans le sol, et assurent ainsi l'ense-
mencement de leurs graines. Elles se dirigent d'elles-mêmes
comme des racines primaires vers le centre de la terre.
D'autres fleurs sont guidées par la gravitation dans des buts
différents. Le narcisse commun s'élève d'abord en ligne
droite avec son bourgeon à fleur compact et pointu ; mais
quand la fleur s'ouvre, la tige qui la porte s'incline près du
sommet et amène le tube de la fleur dans une position horizontale plus propice pour montrer ses brillantes couleurs aux

insectes. Les fleurs sont guidées en cela par la gravitation et oscillent dans ce mouvement jusqu'à ce qu'elles aient pris la position convenable. Il en est de même chez le pied d'alouette. Tant que la plante est abandonnée à elle-même, la tige des fleurs reste tranquille, mais dès qu'il y a déplacement entrainant déviation de la fleur, le stimulus spécial dû au sens de la gravitation agit pour incurver la tige et la ramener dans la position convenable.

Tous ces cas de plantes exécutant certaines courbures utiles, qui se produisent quand la plante est déviée de la verticale, et qui cessent quand la position normale est retrouvée, tous ces cas paraissent à l'auteur ne pouvoir s'expliquer que par la théorie d'après laquelle la gravitation agit, non pas comme une action mécanique, mais comme un avertisseur, que les plantes peuvent négliger complètement, ou, suivant les circonstances, interpréter à leur façon.

M. Francis Darwin, cherchant à découvrir la partie de la plante qui lit le signal résultant de la gravitation, établit que ce n'est pas nécessairement la partie qui exécute le mouvement corrélatif. De même qu'il y a chez les animaux des mouvements réflexes dont le stimulus a un siège différent du siège du mouvement et est transmis à ce dernier par la machinerie nerveuse qui transmet le stimulus par l'intermédiaire d'un centre nerveux, de même chez les plantes il y a une région de perception, une autre de motilité et enfin la transmission d'une influence de la partie qui perçoit la sensation à la région qui exécute le mouvement.

Pour les cas de l'inflexion de la tige de *Setaria* vers la lumière et sous l'influence de la lumière, les expériences démontrent que la lumière n'agit pas comme stimulus sur la tige qui est cependant le lieu de la flexion, mais sur la pointe, sur le sommet de la tige de *Setaria*. La tige qui s'infléchit n'est pas impressionnée par la lumière; et le sommet ou pointe qui est impressionné ne s'infléchit pas. La pointe est donc l'organe de perception, la tige est la région motrice, et il est clair qu'une influence est transmise de la pointe à la tige. Il y a là une sorte de réflexe sans le mécanisme spécial de transmission ou de réflexion que constituent les appareils nerveux chez les animaux. Pour la sensibilité à la gravitation des racines les expériences de Ch. Darwin, de Pfeffer et Czapek et de Francis Darwin ont démontré que le sommet de la racine, la pointe, est la région dans laquelle la force de gravitation est perçue, que c'est la racine elle-même qui est la région motrice et qui s'infléchit sous l'influence du stimulus du signal qui lui est transmis par la pointe ; si bien que Francis Darwin se croit autorisé à reprendre les paroles de son père et à dire qu'il y a à peine exagération à affirmer que le sommet de la tige de *Setaria,* ou la pointe de la racine, agissent comme le cerveau de l'un des animaux inférieurs. Ce sont des avertisseurs, des régulateurs et des excitateurs.

En présence de ces mouvements des plantes et des conditions dans lesquelles ils se produisent, tout en reconnaissant les difficultés du sujet, M. Francis Darwin se pose la question de savoir si les plantes offrent quelque chose qui permette de discerner une ébauche de conscience[1], si les plantes ont des rudiments du désir ou de la mémoire ou de quelque autre des facultés dites mentales.

Il désire insister sur ce point que le processus qu'il a appelé « action par signal » est du même type que l'action par association et se trouve par conséquent être de la famille de l'habitude et de la mémoire.

Les propriétés dont l'auteur vient de parler ont été, dit-il, comparées à l'instinct ; et s'il préfère les appeler des réflexes, c'est parce que le terme d'instinct s'applique généralement à

---

1. Le mot conscience n'ayant pas ici l'acception que lui donne le langage ordinaire, je renvoie pour fixer le sens qu'il faut lui attribuer dans le cas actuel à ce que j'ai déjà dit sur la conscience, dans l'*Essai Conscience et conscience* qui fait partie de ce volume. Darwin a voulu certainement attribuer au terme conscience à propos des végétaux le même sens que Minot. Il s'agit ici évidemment de cette forme de la conscience générale ou esprit que j'ai appelée conscience biologique ou bionomique, et qui n'est qu'un mode de mentalité présidant à la logique et à la coordination heureuse des actes vitaux proprement dits. Comme Darwin, Minot est très disposé à reconnaître cette conscience aux végétaux aussi bien qu'aux animaux, car il la regarde comme « le phénomène fondamental de la vie animale *tout au moins,* sinon de *toute vie,* comme cela est *tout à fait possible* ».

des actions ayant une base mentale indubitable; et il hésite encore à affirmer cette base mentale. Néanmoins, dit-il, le problème peut être traité par la méthode évolutioniste et trouver sa solution dans l'application du principe de continuité. Cette application place le naturaliste en face du dilemme suivant : Si l'œuf humain provient d'un germe de protoplasme qui possède une qualité obscure et imperceptible qui se développe sous forme de conscience, par analogie, on peut supposer que d'autres corps protoplasmiques, ceux des plantes, par exemple, ont au moins le principe de qualités similaires. Mais en renversant l'argument, si un corps protoplasmique, celui des plantes, par exemple, peut accomplir les fonctions essentielles d'une chose vivante sans posséder une conscience, la valeur supposée de la conscience chez l'homme n'est qu'une illusion, et l'homme n'est, comme la plante, qu'une machine, qu'un automate.

« Sans entrer davantage dans la question, dit l'auteur cité, je me contenterai de dire pour le moment qu'il n'y a rien de non scientifique à classer ensemble plantes et animaux à un point de vue psychologique. A cet égard je puis m'appuyer sur l'avis d'un physiologiste bien connu, M. James Ward, qui arrive à cette conclusion que *l'esprit est toujours impliqué dans la vie*. Le même auteur fait remarquer que ce serait à peine aller trop loin que de dire que « la conception d'Aristote d'une âme des plantes est soutenable, même aujourd'hui, du moins aussi soutenable que peut l'être une notion de ce genre à une époque où les âmes ne sont plus à la mode ! »

« Il serait plus commode pour moi, ajoute M. F. Darwin, de me contenter de penser que les plantes sont des végétaux automates, comme certains philosophes se contentent de faire de l'homme un automate; mais cette échappatoire ne me satisfait pas et j'espère que d'autres biologistes trouveront aussi insuffisant un point de vue d'après lequel la conscience n'est plus qu'un produit accessoire, une action automatique, et que, avec le temps, ils arriveront à une conception définitive de la valeur de la conscience dans l'économie des organismes vivants. Je ne doute pas, au surplus, que les faits que nous venons d'examiner ne doivent contribuer à l'élaboration de cette large conception psychologique. »

Les considérations qui précèdent ont pour la question de la valeur et de la nature de l'instinct chez les plantes une signification qui n'échappera pas à la sagacité du lecteur. Elles appuient fortement cette conception dont je me fais ici l'interprète et le défenseur, à savoir que l'instinct étant chez les plantes la manifestation d'une mentalité plus ou moins rudimentaire et inconsciente, peut trouver chez les animaux une base mentale de même nature, et ne doit donc être expliqué, ni par un pur mécanisme, ni par un aveugle automatisme, ni enfin par le souvenir héréditaire et devenu inconscient d'une activité mentale manifestée antérieurement chez les ancêtres par de hautes facultés raisonnantes aussi conscientes que perfectionnées. C'est là la conclusion qui intéresse avant tout la solution de la question de l'instinct dont nous avons entrepris ici l'examen. Et en effet, ces actes instinctifs des végétaux ne sauraient évidemment être considérés comme des actes primitivement réfléchis voulus et conscients, devenus inconscients par l'effet de l'habitude et transmis comme tels par l'hérédité.

De tout ce qui précède il me semble que nous pouvons tirer quelques conclusions intéressantes sur la nature de l'instinct.

Les actes instinctifs nous paraissent en effet des réponses aux besoins de l'organisme, des actes accomplis dans l'intérêt de la conservation de l'individu et de l'espèce et qui, quoique réglés suivant un dessein logique et rationnel, n'ont point eu pour point de départ une délibération raisonnée, réfléchie, et pour forme première le caractère d'un acte volontaire conscient.

Si l'organisme éprouve des besoins et des aspirations, il a en lui les énergies nécessaires pour y satisfaire dans la mesure où l'exigent son existence normale et son bien-être physiologique. Le pouvoir considérable d'adaptation que manifestent clairement les êtres vivants en sont des preuves irréfutables. Quand l'organisme change de milieu et se trouve placé dans des conditions nouvelles, sans que la réflexion et la volonté conscientes aient nécessairement à intervenir, il se modifie pour s'adapter aux exigences de çe nouveau milieu, et il le fait avec une ingéniosité, avec une logique qui n'ont rien à envier aux résolutions résultant d'une savante réflexion. Ces adaptations sont en réalité des actes instinctifs, des opérations effectuées par l'organisme sous l'influence et la direction d'une mentalité inconsciente, mais logique et rationnelle. La faculté d'adaptation peut donc nous éclairer sur la nature de l'instinct, car elle est au fond elle-même un instinct.

Il n'est cependant pas douteux que parmi les actes qui sont considérés aujourd'hui comme dépendant de l'instinct, il y a une distinction à établir. En effet, à côté des actes proprement instinctifs, c'est-à-dire instinctifs dès l'origine, il se trouve des actes qui, d'abord réfléchis et conscients, sont devenus irréfléchis et inconscients par l'effet de l'habitude et de l'hérédité. Ce sont là des *pseudo-instincts* qu'il faut distinguer des vrais instincts d'une origine bien différente. On conçoit combien il est naturel et explicable que Romanes, Perrier, Haeckel et d'autres désignent comme instincts secondaires tous les instincts compliqués qui paraissent au premier abord avoir exigé pour leur formation première des actes d'une mentalité supérieure et des opérations intellectuelles perfectionnnées. Mais je m'élève contre cette répartition arbitraire des actes instinctifs élevés, et je pense fermement que beaucoup d'entre eux appartiennent aux instincts primordiaux et sont dus en réalité à une impulsion primordiale dont la nature n'est au fond qu'une mentalité rudimentaire et inconsciente.

Aussi, sans nier ce qu'il y a d'ingénieux et de séduisant dans les vues de Romanes et de Ed. Perrier, je ne puis les considérer comme donnant des instincts secondaires ou supérieurs des animaux et des insectes hymenoptères annuels en particulier une explication d'une portée générale et s'appliquant à tous les cas. Prenons un exemple qui nous permettra d'être clair.

On sait que le *Sphex occitanicus*, espèce de guêpe, pond ses œufs dans des loges qu'il a creusées dans le sable. Dans chaque loge est déposé un seul œuf. Tandis que l'animal adulte vit de matières fluides et végétales, le miel des fleurs, la sève des arbres, la larve ne peut vivre que de proie vivante. Le sphex ayant besoin de fermer chaque loge après y avoir déposé l'œuf unique qu'elle renferme, il faut de toute nécessité que la proie que l'animal destine à nourrir la larve y soit déposée et enfermée avec lui. Pour le Sphex, la proie est une énorme sauterelle armée de puissantes mâchoires et de pattes hérissées de griffes et de piquants. Le problème à résoudre est complexe : placer dans la loge une proie vivante redoutable, mais avec la chance presque certaine, ou bien que la proie détruira la loge et reprendra sa liberté, ou bien que l'œuf ou la larve seront maltraités et tués par leur compagnon de prison. Il ne faut pas songer à placer dans la loge une proie déjà tuée ; car avant que la larve soit née et ait pu la dévorer, la proie se dessèche ou entre en putréfaction et la larve la refuse comme nourriture. Le Sphex repousse ces deux solutions très imparfaites de la difficulté, et en choisit d'emblée une troisième entièrement efficace et merveilleuse. Il pique le gros héphippiger de son dard venimeux justement à la face inférieure de la région thoracique, et il atteint par là les gros ganglions nerveux thoraciques dans lesquels il injecte son venin paralysant et curarisant. La proie est par là plongée dans une sorte d'immobilité léthargique qui, tout en supprimant la faculté motrice, respecte la vie pendant une durée suffisante et prévient la putréfaction. La larve naissante trouve ainsi à sa disposition de la chair fraîche, seule nourriture qui lui convienne.

Voilà ce que font les Sphex et comme eux les Pompiles, les Crabrons, les Odynères, les Scolies. C'est là un fait extrêmement remarquable et qui touche au merveilleux et à l'incompréhensible, si l'on songe que ces mères devront atteindre le terme de leur existence dès que la ponte est achevée, accomplissant des actes si extraordinaires pour des êtres qu'elles ne verront jamais, pour une progéniture qu'elles ne connaîtront pas, pour des enfants posthumes.

En outre le merveilleux s'accroît de cette circonstance que les enfants n'ayant pas connu leur mère morte avant leur venue au jour, n'ont pu recevoir d'elles les avertissements et les leçons dictées par l'expérience des parents. J'ai à peine besoin de faire remarquer combien est embarrassante pour la science l'explication de pareils faits.

Sans vouloir exposer ici toutes les explications proposées, je vais me borner à trois que je discuterai et apprécierai. Elles résument d'ailleurs les quatre points de vue principaux sous lesquels a été envisagée la question à résoudre.

L'opinion la plus répandue parmi les naturalistes et les philosophes a rapporté les mœurs si remarquables du Sphex, de la Scolie, etc., à un pur automatisme. Cette opinion qui concordait si bien avec la doctrine cartésienne faisant des animaux de purs automates, de véritables machines aveugles est à peine soutenable aujourd'hui. Je crois que le nombre des naturalistes qui refusent aux bêtes toute intelligence et en font de pures machines tend de plus en plus vers zéro ; et le groupe des hymenoptères auquel appartiennent les animaux que nous étudions actuellement fournit d'autre part des preuves si irrécusables d'intelligence et même d'intelligence déjà perfectionnée qu'il n'est pas permis de considérer les actes si étonnants et si logiques, si rationnels que nous avons relatés, comme constituant de purs actes mécaniques d'où la mentalité serait exclue.

Les trois solutions qu'il me reste à discuter comportent donc l'intervention de l'intelligence, l'intervention d'une mentalité non douteuse, mais la comprennent d'une manière différente. Dans l'une comme dans l'autre de ces interprétations des faits, les actes accomplis par les hymenoptères fouisseurs, et par le Sphex en particulier, sont actuellement des actes purement instinctifs et comme tels soustraits à l'influence des opérations mentales conscientes, c'est-à-dire à la réflexion, à l'expérience personnelle, à l'éducation, au calcul, à la volonté proprement dite. Il y a à la base de ces actes, des constructions cérébrales qui ordonnent et qui règlent tout sans que l'intelligence proprement dite, la raison aient lieu d'intervenir.

Mais ce qui sépare profondément l'une de l'autre ces trois
interprétations instinctives des mœurs du Sphex actuel, c'est la
conception de l'état initial, de l'origine première de ces dispositions instinctives. Pour les uns et parmi eux surtout, Romanes,
Edmond Perrier, ces instincts s'expliquent par l'intervention,
chez les ancêtres de ces animaux, de l'intelligence et par conséquent de l'observation, de l'imitation, de la réflexion, de
l'éducation, de la mémoire, pour accomplir des actes qui
sont sortis peu à peu de leur conscience pour devenir inconscients c'est-à-dire instinctifs chez leurs descendants (Perrier,
« L'Instinct », *Bulletin de l'Institut psychologique international*, décembre 1901).

A cette conception on peut opposer dès l'abord une objection très grave ainsi formulée par Perrier : « Il y a dans
la nature actuelle des animaux annuels en quelque sorte, en
tête desquels se placent les insectes et à qui leur courte vie
ne permet ni d'observer, ni d'imiter et qui possèdent
cependant de merveilleux instincts, sinon les plus merveilleux de tous. »

Perrier a essayé d'y répondre. Il l'a fait avec beaucoup
d'esprit, d'ingéniosité et avec non moins de science quant au
fond et d'élégance dans la forme. Voici le schéma de son
argumentation : pendant la période primaire de notre globe,
les insectes seuls représentèrent dans le monde le mouvement et la joie. Pour eux la longue période de douce température qui semblé n'avoir cessé qu'après les débuts de l'époque tertiaire fut un véritable âge d'or. Leur vol les mettait à
l'abri des carnassiers terrestres et ils n'avaient pas à redouter
la rigueur des hivers. Aussi leur vie était-elle de longue
durée ; leur grande taille permet de le supposer. Dans le
calme d'une longue et heureuse vie, des insectes privilégiés
purent accomplir des opérations mentales qui nous étonnent
aujourd'hui. Rien n'empêchait les générations mêlées et che-
vauchant, de transmettre aux suivantes ce qu'elles avaient
appris. De là des habitudes traditionnelles qui créèrent des
mécanismes organiques et nerveux d'abord personnels, puis
héréditaires.

Quand arrivèrent le froid et les hivers, le froid tua la plupart des insectes ; mais heureusement la période qui sépare la naissance de l'état adulte a chez les êtres vivants une tendance à se raccourcir. C'est ce qui eut lieu pour un certain nombre d'insectes qui réussirent à faire tenir leur développement dans l'espace d'une belle saison, de manière à ce que les opérations de la ponte eussent lieu avant la fin de l'automne. La mort peut alors survenir sans que l'espèce ait à en souffrir, mais la vie de l'insecte est réduite à quelques mois. Les générations sont alors séparées par la durée de l'hiver et sont sans relations les unes avec les autres ; l'expérience personnelle et l'éducation sont supprimées par la briè‑ veté de la vie. Désormais les opérations intellectuelles disparaissent, et il ne reste que les mécanismes héréditairement acquis et jadis organisés par l'intelligence.

Quelques insectes vivant en société (abeilles, termites, fourmis) abrités dans leurs nids ont bravé l'hiver ; et grâce à leur vie prolongée l'expérience et l'observation deviennent possibles chez eux ainsi que l'éducation et l'imitation. La science acquise par les individus les plus intelligents produit des modifications qui se transmettent par hérédité. Ainsi à l'automatisme de l'instinct, l'intelligence vient-elle à tous les degrés mêler son merveilleux opportunisme. De là les mœurs sociales si remarquables de ces insectes. « L'histoire des insectes sociaux sur qui les hivers n'ont pas eu de prise confirme donc que l'intelligence était la forme initiale de la mentalité des insectes ; leurs instincts d'aujourd'hui ne sont que les épaves ou si l'on veut les témoins de leur intelligence passée. »

Voilà la théorie de Perrier et Romanes. Ce qui la caractérise c'est : 1º qu'elle met à la base et à l'origine de l'instinct des opérations vraiment intellectuelles, observation, éducation, c'est-à-dire l'expérience enseignée, raisonnement ; 2º qu'elle suppose et exige l'hérédité des caractères et des qualités acquis ; 3º qu'elle fait de l'instinct un acte primitivement libre et intellectuel qui crée un mécanisme et qui devient enfin de l'automatisme héréditaire.

Quelque séduisante que soit cette théorie, je ne crains pas de dire qu'elle repose sur une équivoque et sur une confusion. De ce que des actes intellectuels viennent presque toujours se mêler aux actes instinctifs, de ce que ce que j'ai appelé le noyau instinctif se recouvre presque toujours d'un revêtement intellectuel et rationnel même, Perrier conclut à une identité d'origine et de nature de ces deux ordres de mentalités : la mentalité instinctive et la mentalité intellectuelle. Là est l'erreur. S'il est des cas où ces deux mentalités sont difficiles à séparer, il en est d'autres où on ne doit pas les confondre. Je crois que les premiers cas se rapportent surtout à des actes spéciaux qui ne sont pas liés intimement et directement à des nécessités biologiques ou, comme on le dit, à la bionomie de l'animal. Les habitudes contractées par la répétition fréquente et prolongée de certains actes tels que les jeux des animaux sont dans ce cas. Ils finissent par acquérir l'inconscience qui en fait des pseudo-instincts, tandis que les instincts vrais, ceux qui sortent des profondeurs de l'organisme ont pour base et origine toute autre chose que l'intelligence raisonnante. Le cas du Sphex me paraît très nettement être dans ce dernier cas.

Si l'instinct était toujours le résultat de la transformation d'actes intellectuels en actes inconscients, il devrait arriver que les instincts les plus remarquables se trouveraient précisément chez les animaux les plus intelligents. Cela ne paraît pas être la vérité. Darwin prétend que « l'homme a peut-être un peu moins d'instincts que les animaux les plus rapprochés de lui », et que les instincts des animaux supérieurs sont moins nombreux et plus simples que ceux des animaux inférieurs (*Origine de l'homme*). Il est certain qu'il n'y a ni chez l'homme, ni chez les animaux les plus rapprochés de lui, un instinct comparable pour le merveilleux de la conception et pour l'inconcevable précision dans la difficulté de l'exécution, au cas du Sphex et des hymenoptères fouisseurs. Darwin a certainement raison ; et quand James (*Principes de psychologie*) Pouchet (*Revue des Deux-Mondes*, 1870), Alix (*L'Esprit des bêtes,* 1890) prétendent, le premier que l'homme est l'être qui a le plus d'instincts, et les deux derniers que ce sont justement les animaux les plus intelligents qui ont les instincts les plus nombreux, ils commettent une erreur provenant de ce qu'ils confondent avec les vrais instincts les phénomènes à demi instinctifs ou plus justement pseudo-instinctifs qui résultent uniquement d'habitudes acquises dans des domaines qui ne sont point radicalement liés avec les nécessités et les impératifs biologiques.

Et d'ailleurs peut-on raisonnablement supposer que certains instincts ont une origine intellectuelle et résultent d'une observation et d'une expérience conscientes? Peut-on raisonnablement supposer que le serpent Pithon, dont l'intelligence est loin d'être remarquable, couve ses œufs (ce qui est exceptionnel chez les serpents), parce qu'il a d'abord pensé qu'il était bon de le faire, que cela assurerait et hâterait l'éclosion de sa progéniture; et qu'ayant contracté cette habitude, il l'a transmise à tous ses descendants comme tendance et habitude instinctives et héréditaires? Je ne le pense pas; et je dirai avec James que la poule couveuse n'a pas reçu ses lumières à cet égard d'expériences personnelles, ni d'expériences faites par ses ascendants, et qu'il ne se passe chez elle d'autre processus psychique que le sentiment qu'un œuf est « l'objet sur lequel on ne saurait jamais rester trop longtemps assis » (W. James, *The Principes of Psychology*, London, 1891).

Nous verrons d'ailleurs que le cas du Sphex est susceptible d'une explication rationnelle, mais où l'instinct se présente sous une forme complexe, combinaison de plusieurs instincts. Mais il m'est impossible de concevoir comment les premiers Sphex ont pu, par de vraies opérations intellectuelles, par des volitions raisonnées, arriver à comprendre et à savoir que le seul point qui assure l'effet toxique de leur venin sur l'Éphippiger est précisément la place occupée par les ganglions nerveux thoraciques qui sont d'ailleurs profondément cachés sous la peau et qu'il doit percer de son dard; et comment les mêmes ancêtres des Sphex ont compris que leur dard porterait là du venin paralysant et hypnotisant; et comment leur larve ne saurait subsister qu'à la condition de leur donner une pâture ainsi immobilisée quoique vivante. Et d'ailleurs, si les Sphex primitifs n'ont pas usé de cette science si profonde et de ces processus si

merveilleux (car une telle éducation de l'espèce a certainement exigé une longue période), comment ont vécu les larves
correspondantes, comment se sont-elles alimentées ? C'est
encore là une difficulté à résoudre et elle n'est pas la seule.

Voilà quelques objections ; et elles sont certes loin de représenter toutes celles dont la théorie est passible. Je me borne
à elles pour le moment. J'aurai l'occasion d'y revenir.

J'ai dit que l'opinion de Perrier suppose démontré le
principe lamarckien de la transmission héréditaire des caractères acquis.

Darwin est loin d'avoir attaché à cette transmission des
caractères acquis autant d'importance qu'à la transmission
des caractères innés provenant de la variation et fixés par la
sélection naturelle. Je me garde certes bien de faire à la
théorie de Perrier et des psychologues animaliers modernes
le reproche de reposer sur la doctrine lamarckienne que je
crois bien plus vraie et bien plus générale que la doctrine
darwinienne.

Mais je partage l'opinion de Darwin quand il dit qu' « il
est facile de démontrer clairement qu'il est impossible que
les instincts les plus merveilleux que nous connaissions,
c'est-à-dire ceux des abeilles de ruche, et ceux de bien des
espèces de fourmis aient été acquis par l'habitude » (*Origine
des espèces*).

Pour lui la majorité des instincts complexes semblent avoir
été acquis d'une tout autre façon, c'est-à-dire par la sélection
naturelle des variations d'actes instinctifs simples. Darwin
connaît donc deux sources de l'instinct : la principale est la
sélection naturelle, l'autre moins imporante la transmission
héréditaire d'actes intelligents, c'est-à-dire la transmission
héréditaire de caractères acquis.

Il résulte de là que pour Darwin la plus grande part des
instincts a pour point de départ la variation naturelle, base
des processus de la sélection, en dehors de l'intervention de
l'intelligence. Ce sont donc dès leur origine des actes non intelligents ; quelques instincts seulement seraient dûs à des actes
intelligents devenus habituels et transmis héréditairement. Ce
sont ceux que je considère comme des pseudo-instincts.

Son disciple Romanes, suivant de très près ce jugement, a distingué les instincts primaires et secondaires ; les instincts primaires sont ceux qui, sans collaboration de l'intelligence, ont été acquis par la sélection naturelle, et les instincts secondaires sont ceux qui sont dûs à l'élimination ultérieure de l'intelligence et sont par conséquent des actes qui, dans des générations antérieures, étaient dûs à l'intelligence, mais qui se sont automatisés plus tard par la transmission héréditaire.

Pour moi je considère qu'il y a une distinction plus profonde à établir et qu'il ne faut considérer comme vrais instincts que ceux qui se sont constitués en dehors de l'intervention de l'intelligence. Les autres sont de faux instincts, des *pseudo-instincts,* des actes habituels ayant revêtu la forme de l'instinct, mais n'en ayant pas la nature et l'essence, en ce sens que s'ils peuvent jouer dans la vie un rôle utile et même important, ils n'ont pas avec les profondeurs de l'être vivant les liens étroits et nécessaires qui constituent pour les vrais instincts des impératifs biologiques.

Je crois donc que les vrais instincts ne doivent pas être rapportés quant à leur source à des actes vraiment intellectuels, et que leur origine doit être cherchée ailleurs. En cela je suis d'accord avec Darwin et Romanes pour ce qui a trait à ce qu'ils ont appelé l'un les instincts innés et fixes et l'autre les instincts primaires. Je pense avec eux que les vrais instincts sont innés. Mais je ne puis partager l'idée de Darwin et de Romanes qui attribue l'origine de ces instincts vrais à la variation. La variation est en effet pour Darwin un processus mystérieux dont la raison et la logique nous échappent et en vertu duquel les organismes vivants subissent des changements de toute sorte, de toute importance et de toute valeur. Ces changements ou variations sont le point de départ des transformations qui aboutissent à créer les espèces. Un fait qui les caractérise, c'est qu'elles peuvent présenter des valeurs et des significations très diverses, étant les unes indifférentes, les autres favorables, les autres même nuisibles aux organismes porteurs. La sélection naturelle s'exerçant sur ces formes nouvelles produit de la variation, assure la

survivance de celles qui octroient à leurs porteurs des aptitudes supérieures et condamne à un moindre succès ou même
à la disparition celles qui ont été moins bien douées par les
effets de la variation.

Avec Lamarck et un nombre toujours croissant de naturalistes actuels, je ne pense pas que telle soit la loi fondamentale
qui préside aux perfectionnements des êtres organisés, et par
conséquent à l'apparition et à l'évolution des instincts. Je
crois en effet que les variations dont les organismes sont le
siège ne sont point dépourvues d'une orientation générale
qui, à travers des tâtonnements évidents, finit par l'emporter
dans la réalisation de l'évolution des organismes. L'adaptation aux conditions du milieu, l'habitude physiologique, les
nécessités de la fonction et par conséquent les besoins de
l'organisme, et *disons-le en insistant,* une influence interne,
une impulsion, une tendance non douteuses impriment aux
êtres organisés des directions déterminées qui leur donnent
des caractères nouveaux et en font des formes ou des espèces
nouvelles.

Des formes nouvelles, des besoins nouveaux, des conditions organiques ou biologiques nouvelles appellent des
facultés, des énergies nouvelles ; et je crois fermement que
les instincts vrais, ceux qui tiennent aux conditions intimes
et fondamentales des organismes trouvent leur origine dans
cette adaptation, en dehors de toute intervention voulue et
réfléchie de l'intelligence. Ces instincts constituent des réponses logiques et rationnelles, sinon raisonnées, réponses
inconscientes ou subconscientes dès le début, aux aspirations
et aux exigences de l'organisme. Car si l'organisme a en lui-
même des besoins et des aspirations, il a également en lui
les énergies nécessaires pour y satisfaire dans la mesure que
l'exigent son existence normale et son bien-être physiologique. Le pouvoir considérable d'adaptation que manifestent si clairement les organismes en sont une preuve irréfutable.

Peut-être trouvera-t-on dans la complexité et la finalité
si étonnantes des instincts et de quelques-uns en particulier
une objection à faire à la manière de voir que j'expose ici.

Il paraît en effet plus facile de les expliquer par des opérations intellectuelles autrefois conscientes, parce que nous sommes familiarisés avec la complexité et le caractère rationnel et prévoyant de ces opérations. Mais comme le fait justement remarquer James (*Principes of Psychology*), la complexité et la finalité étonnantes des instincts, ne sont ni plus étonnantes, ni plus inexplicables que la grande complexité et la finalité du reste de l'organisme. Or il ne nous vient pas à la pensée de soutenir que ces dernières sont dues à des opérations intellectuelles proprement dites, mais nous les rapportons comme cause aux forces qui président au développement des organismes et aux échanges organiques, c'est-à-dire à des forces ayant une orientation déterminée et obéissant à une tendance finaliste incontestable. L'organisme n'a pas besoin de l'intervention de l'intelligence *raisonnante* pour donner à sa construction dynamo-organique ses mécanismes et ses fonctions complexes et merveilleuses. Il n'a pas plus besoin de cette même intelligence pour donner aux instincts, c'est-à-dire à des combinaisons organo-dynamiques d'un autre ordre leur existence et leur fonctionnement.

L'instinct n'a donc pas pour moi sa source dans l'intelligence proprement dite. Il est le fruit de l'organisme vivant, et appartient au psychisme général des organes auquel les centres nerveux automatiques servent de lieu de concentration et de coordination. «C'est, comme le dit justement Schneider (*Der thierische Wille*, p. 61) l'impulsion à une action du but de laquelle l'individu n'a pas conscience, mais qui malgré cela mène au but » ; ou bien, comme le dit Herbert Spencer, « les instincts proprement dits sont des activités réflexes complexes » et où l'intelligence proprement dite n'a pas de part essentielle, pas plus qu'elle n'en a dans les contractions réflexes de l'estomac ou des vaisseaux.

Mais à la base de l'instinct comme à celle des réflexes se trouve une mentalité rudimentaire et inconsciente, celle qui préside aux opérations générales des organismes, et qui est peut-être inséparable de la vie et est peut-être la vie même. A ce point de vue la conception de l'instinct peut être singulièrement élargie, car la vie des cellules, les lois des échanges et des transformations dont elles sont le siège, les fonctions auxquelles elles correspondent, sont aussi de véritables instincts ; et la vie organique est dans son ensemble une accumulation merveilleuse d'instincts cellulaires et moléculaires qui sont autant de formes rudimentaires de mentalité.

Telle est la notion de l'instinct à laquelle je crois devoir m'arrêter. La considération des organismes animaux suffirait certainement à l'asseoir dans mon esprit ; mais les instincts non douteux et parfois aussi merveilleux dont le monde des plantes nous fournit bien des exemples, sont bien de nature à me confirmer dans cette appréciation de l'instinct comme effet d'impulsions émanant de l'organisme vivant, impulsions inconscientes sans doute, mais de nature mentale, et ayant pour but de répondre à des nécessités biologiques relatives soit à la conservation de l'individu, soit à celle de l'espèce.

On reprochera peut-être, à la conception de l'instinct que je viens d'exposer, de donner des actes instinctifs compliqués et étonnants, comme ceux du Sphex languedocien par exemple, une explication qui n'explique rien, et qui invoque le merveilleux pour donner une explication rationnelle du merveilleux. Il pourra paraître que la théorie de Perrier, de Romanes, et d'autres, faisant de ces instincts élevés et complexes l'héritage, les épaves, ou les témoins de l'intelligence des ancêtres, il pourra paraître, dis-je, que cette théorie qui ne fait pas intervenir un facteur nouveau, et qui s'explique par le connu, par la notion justement acceptée de l'intelligence des insectes par exemple, donne à l'esprit plus complète satisfaction que la théorie qui invoque l'intervention d'une mentalité spéciale dès l'origine, c'est-à-dire de l'instinct tel que je le conçois. Mais je ne crains pas de dire que c'est là une grande erreur ; et que la théorie qui invoque l'intelligence comme source première des instincts exige de la raison bien plus de concessions que la théorie qui croit que l'instinct proprement dit a eu pour origine un instinct qui est resté tel, plus ou moins modifié et perfectionné.

La méthode de raisonner qui veut, qu'avant de cherche

une explication des phénomènes, dans l'extraordinaire ou dans l'inconnu, on demande cette explication aux moyens ordinaires et connus, est certainement rationnelle et légitime. Mais encore faut-il ne pas en faire une règle absolue et tyrannique, et faut-il aussi savoir s'adresser aux moyens nouveaux, et ne pas les repousser *a priori*. En agissant autrement en effet on risque de méconnaître l'explication vraie. C'est là ce qui arrive le plus souvent quand des phénomènes inattendus, étrangers aux catégories déjà connues s'offrent à l'étude des savants, et réclament une explication. C'est ce qui a eu lieu pour l'électricité, pour la gravitation, pour le cours des astres, pour le téléphone, et pour tout ce groupe de phénomènes qui sous le nom de phénomènes psychiques commencent à jeter le trouble dans la sereine quiétude des savants conservateurs. Cette méthode qui suppose qu'il n'y a de réel que ce que nous connaissons déjà, peut conduire aux plus grandes erreurs et doit être fort surveillée dans son application.

Pour ce qui a trait à la question actuelle, je crois qu'il ne me sera pas difficile de montrer que les actes instinctifs même les plus complexes peuvent trouver une explication plus facile, plus simple et plus rationnelle, si on les considère comme dus à des instincts qui ont été tels dès leur origine, qu'en leur attribuant une origine intellectuelle.

Mais avant d'entreprendre cette démonstration qui portera sur quelques exemples particuliers d'instincts compliqués et particulièrement remarquables, je tiens à examiner la question générale de la relation chronologique qui, dans l'évolution du monde animé, a dû exister entre le conscient et l'inconscient, ou pour parler plus exactement entre le conscient et le subconscient.

Minot dans le discours déjà cité sur la conscience au point de vue biologique, invoque à la fois la conception d'homologie, c'est-à-dire les ressemblances et les traits communs qui relient tous les animaux malgré leurs formes variées, pour affirmer l'évidence de l'existence chez les animaux d'une conscience homologue à la conscience humaine. Pour lui, il paraît inévitable d'admettre que la conscience s'étend d'un bout à l'autre du règne animal. Pour lui encore le développement et le perfectionnement de la conscience ont été les facteurs les plus importants et en réalité l'élément dominant de l'évolution des séries animales.

La conscience a donc un rôle essentiel dans l'évolution animale, et ce rôle sera compris et expliqué par cette seconde hypothèse que les actions de la conscience sont primaires, et les actions réflexes et instinctives sont secondaires. Donc les actions conscientes auraient été, pour le bénéfice de l'organisme, transformées en réflexes et instincts.

C'est là, on le voit, une formule générale de la théorie de Romanes et Perrier sur l'origine des instincts. Examinons-la, comme théorie générale, et pesons les arguments généraux que l'on produit pour l'appuyer.

Minot avoue que « malheureusement, il faut surtout compter sur les expériences physiologiques et psychologiques de l'avenir pour établir la vérité de cette hypothèse ».

Cependant, dit-il, « sa vérification est suggérée par certains faits » appartenant à la physiologie comparative du système nerveux des vertébrés, et qui tendent à montrer que chez certaines formes inférieures (amphibiens) un certain degré de conscience préside aux fonctions de la corde spinale, vouée, chez les mammifères, aux actions réflexes.

Je présume que Minot fait ici allusion à ce fait qu'une grenouille décapitée exécute des mouvements *convenablement appropriés* et *combinés,* pour se soustraire à une pression ou à l'action corrosive d'un acide. Ces mouvements que l'on a rapportés à une « *âme spinale* » par opposition à l'*âme cérébrale,* sont certainement des mouvements involontaires et inconscients. Ils peuvent dénoter l'existence dans la moelle de la grenouille d'une synthèse de sensations, d'activités et de souvenirs, qui constituent bien une conscience, non une conscience clairvoyante et lucide, mais en réalité une conscience obscure et latente, une subconscience. Ils ne démontrent donc pas que la conscience lucide a existé chez des vertébrés inférieurs, et qu'elle en a disparu ultérieurement pour faire place à l'inconscient dans l'évolution des vertébrés.

Cette conclusion est réellement une énormité, et la seule qu'on puisse tirer légitimement du fait de la grenouille, c'est que l'inconscient ou subconscient a existé d'abord aussi bien dans la moelle que dans le cerveau, tant que ce dernier organe a conservé un faible développement et une organisation inférieure, et qu'à mesure que le cerveau s'est élevé la conscience lucide s'est développée, et s'est substituée au subconscient dans le cerveau, tandis que la moelle continuait à faire partie du domaine du subconscient. Rien ne démontre certes que la moelle des vertébrés supérieurs n'est pas comme celle des amphibiens le siège d'une subconscience. Les réflexes que Minot lui attribue à l'exclusion de toute action consciente, sont aussi en réalité des phénomènes de conscience, mais de conscience organique, de conscience biologique. L'erreur de Minot provient de ce qu'il ne s'est pas fait du domaine de la conscience une idée suffisamment claire et complète. Il y a dans la moelle des vertébrés supérieurs une subconscience, une conscience organique et biologique ; et si les expériences et les vivisections ne semblent pas en déceler la présence aussi clairement que chez les amphibiens, on ne saurait tirer une conclusion négative de son existence. La suppression du cerveau, organe très important, et dominateur chez les vertébrés supérieurs, a sur la moelle une influence perturbatrice autrement grande que chez les vertébrés inférieurs. Elle est donc de nature à altérer les manifestations de cet organe et à en masquer les virtualités.

Prétendre que la conscience a précédé les réflexes et les instincts, me paraît tout à fait en contradiction avec tout ce que nous enseigne l'évolution du règne *animé*, si toutefois on entend par conscience, la conscience lucide et clairvoyante se connaissant elle-même.

Les réflexes et les instincts qui appartiennent à la conscience obscure ou subconscience existent chez les végétaux ; et l'on ne saurait penser, pour ces représentants d'un degré inférieur de l'évolution, à une conscience ayant précédé les réflexes et les instincts et ayant été remplacée par ceux-ci dans l'évolution du règne végétal.

En outre, l'examen de l'embryon de l'enfant et des

animaux nous montre-t-elle le conscient ouvrant les premiers horizons de la vie animale et présidant aux premiers
actes du développement psychique et physiologique? Je crois
qu'il serait malaisé de le soutenir. Il faudrait pourtant qu'il
en fût ainsi en vertu de la loi du parallélisme de l'ontogénie
et de la phylogénie, parallélisme réel dans ses grandes lignes,
malgré les réserves qu'il faut savoir y apporter dans une
application trop rigoureuse et trop particulière. Les actes
des embryons appartiennent certainement à la conscience
biologique et sont comme tels des réflexes ou des instincts.
Ce n'est que plus tard, souvent bien après la naissance,
que se révèle petit à petit le rôle et l'influence d'une conscience lucide.

L'évolution phylogénétique du système nerveux, dont on
ne saurait méconnaître la connexion étroite avec le développement de la conscience, nous permet les mêmes constatations et nous impose les mêmes conclusions.

Chez les animaux inférieurs, le système nerveux n'existe
pas comme partie différenciée; mais il n'est pas permis de
douter qu'il est représenté même dans les organismes mono-
cellulaire, et dans les cellules composantes même des autres
organismes par quelques parties, quelques éléments du protoplasma plus sensibles que les autres et plus susceptibles de
propager des mouvements dans le sein de la cellule.

Y a-t-il là conscience lucide? Non ; mais de simples
réflexes et des instincts, qui sont aussi du domaine de la
conscience, mais de la conscience biologique; car ils résultent
aussi d'une synthèse d'impressions, d'appétences et d'appétitions, de souvenirs et d'actions, qui constituent une unité
interne et fondamentale, une sorte d'individualité psychique
se mouvant dans une obscurité relative.

Plus tard survient la différenciation du système nerveux,
mais avec quelle série graduée de perfectionnements successifs, qui correspondent à une ascension progressive aussi de
la conscience biologique et de la subconscience vers la conscience lucide! Et dans cette ascension se passent divers
phénomènes qui méritent d'être notés. A côté, en effet, de la
conscience lucide naissante subsistent des processus très

nombreux qui avaient toujours appartenu en propre à la subconscience biologique et qui restent dans son domaine. Ce sont ces processus, ce sont ces actes subconscients, réellement *primaires,* qui constituent proprement les actes instinctifs, ceux qui forment proprement les instincts, et plus spécialement ce que j'ai appelé les noyaux de l'instinct. Mais peu à peu se manifestent d'autres processus qui ne sont pas primaires comme ces derniers, mais consécutifs et secondaires. Je veux parler de ces processus, de ces réactions créés par l'habitude et qui transforment peu à peu, par une répétition suffisante, des actes, des réactions d'abord accomplies consciemment, en actes ou réactions inconscientes ou plutôt subconscientes. Par là peuvent s'établir des habitudes utiles à l'individu ou à l'espèce, et qui par cela même qu'elles substituent à la lenteur des réactions réellement conscientes la rapidité des réactions subconscientes, deviennent pour l'organisme individuel ou pour l'espèce une condition meilleure, puisqu'elle économise le temps et le travail. Mais quelque ressemblance qu'il y ait dans les processus généraux des actes instinctifs proprement dits et les processus des actes devenus habituels, il n'y a pas moins entre ces deux séries d'actes des différences très marquées d'origine et de nature.

Quant à l'origine, les actes instinctifs proprement dits sont réellement primaires. Ils sont le fruit de la conscience biologique et restent tels dans leur noyau et dans leur essence, de quelque revêtement plus ou moins complexe que la conscience lucide soit venue les recouvrir. Les actes habituels au contraire sont éminemment consécutifs et secondaires. Ils résultent d'une transformation d'actes réellement conscients, voulus et réfléchis, en actes subconscients et inconscients. Les premiers sont les instincts proprement dits, les seconds des habitudes ou des pseudo-instincts.

Les relations de ces deux ordres de processus avec la bionomie diffèrent également. Les premiers ayant leur source dans les profondeurs de l'organisme et de ses besoins intimes sont essentiellement *téléologiques* et liés à une finalité toujours utile à l'individu ou à l'espèce.

Il n'en est pas de même des pseudo-instincts ou des habitudes. Elles peuvent être utiles, mais elles peuvent aussi ne pas l'être; elles peuvent même être nocives. Il suffit d'étudier sous ce rapport les diverses races de l'espèce humaine chez laquelle les actes conscients plus nombreux et plus variés · que chez les animaux ont pu créer des pseudo-instincts plus nombreux et plus variés que chez ces derniers. Que d'habitudes de races, ayant revêtu l'apparence de l'instinct, sont des réponses non point aux vrais intérêts de la race, mais à une sensualité néfaste ou à une immoralité évidente !

Il faut donc distinguer les instincts vrais et les pseudo-instincts ; et c'est en établissant clairement cette distinction qu'on évitera de se laisser entraîner, par un examen superficiel des habitudes ou pseudo-instincts, à soutenir avec Minot que le conscient a précédé l'inconscient, et avec Romanes et Perrier que les instincts sont le plus souvent les fruits d'une mentalité supérieure qui s'est effacée pour laisser la place à des instincts aveugles et dominés par des mécanismes.

Ceci dit je vais, pour étayer les conceptions qui précèdent, examiner les actes si merveilleux accomplis par le Sphex languedocien et tâcher de les expliquer en me plaçant au point de vue de chacune de ces deux conceptions de l'instinct.

Voici d'abord les faits très succinctement rapportés dans leurs traits essentiels, d'après les observations de H. Fabre.

Le Sphex languedocien est un vespide d'assez belle taille, et pourvu d'un pédicule abdominal simple, lisse, assez long et très délié. Vers la fin de juillet il sort de son cocon où il a été protégé pendant une partie de l'automne, tout l'hiver, le printemps et une partie de l'été. Son existence libre est très courte puisque les premiers froids d'automne le verront mourir. Pendant cette existence libre, il vit de sucs végétaux puisés dans les fleurs. Mais de bonne heure il songe à perpétuer la race. Il choisit alors un plateau sablonneux et exposé au soleil. Dans ce sol il creuse fiévreusement des loges, très bien orientées, soigneusement construites, où il déposera ses œufs. Ces galeries coudées à deux reprises sont toutes semblables. C'est dans leur cavité que seront déposés les œufs, un œuf par loge. Des œufs naîtront, quelques jours après la ponte, de petites larves carnivores auxquelles une nourriture fraîche, saine, et pour ainsi dire vivante, est nécessaire.

Le Sphex languedocien nourrit ses larves avec de grosses femelles d'Éphippiger, grasses et bien nourries.

Pour cela il va à la chasse de ce gibier bien armé et d'un volume énorme par rapport à la taille du Sphex. Il s'agit d'atteindre la proie sans être blessé, de la paralyser par un ou plusieurs coups de dard venimeux bien appliqués, et de la traîner immobile et vivante dans le terrier, où elle attendra sans se corrompre que la larve la dévore à son heure, et acquière ainsi les matériaux organiques qui suffiront à son développement, en nymphe d'abord, et en insecte complet au mois de juillet de l'année suivante. L'Éphippiger traîné au fond du terrier, le Sphex dépose son œuf sur le thorax entre la première et la seconde paire de pattes. La larve naît, pénètre dans le corps de la victime et en dévore entièrement l'intérieur en quelques jours. Il y a déjà là bien du merveilleux ; mais il paraît y en avoir plus encore dans la manière dont le Sphex attaque la proie bien plus forte que lui, et la réduit à l'impuissance. Voici comment il opère dans cette grave circonstance d'après les observations de Fabre[1]. Comme ses congénère, les *Sphex flavipennis* et *Sphex albisecta*, il sait plonger son dard dans le corps de la locustide, et atteindre les centres nerveux dont la lésion détermine une paralysie du système moteur, réduisant ainsi à l'impuissance le gros orthoptère. A cet effet il fond sur l'Éphippiger, le saisit par le corselet avec ses fortes mandibules, se place en travers, recourbe l'abdomen sous le thorax de l'insecte, cherche en tâtonnant le point vulnérable, et avec une sûreté merveilleuse plonge son aiguillon là où il atteindra le ganglion thoracique ; mais l'insecte physiologiste n'a point encore mis le patient dans l'impossibilité de remuer ; il le saisit par la tête,

---

1, J.-H. Fabre, *Souvenirs entomologiques*, 2ᵐᵉ série ; Paris, Ch. Delagrave.

l'appuie contre le sol et introduit son dard dans le cou, sans doute pour atteindre le premier ganglion thoracique. L'opération est terminée ; l'éphippiger ne peut se mouvoir ; mais les oscillations de ses antennes, de ses pièces buccales, et les mouvements respiratoires de l'abdomen démontrent qu'il est encore vivant.

Les deux autres espèces de Sphex creusent leur terrier avant de se mettre en chasse et n'ont plus qu'à y déposer le gibier. Le Sphex languedocien commence par s'assurer de sa proie, et ne songe qu'après à préparer son gîte ; aussi erre-t-il souvent fort longtemps à travers la campagne traînant son éphippiger, avant d'avoir choisi un emplacement favorable à ses fouilles. Enfin il se décide à l'abandonner et se met en quête d'un lieu convenable pour sa tanière. Celle-ci creusée il va à la recherche de sa proie, et sait la retrouver. Il saisit alors l'antenne et s'attelle à la proie pour la rapprocher du gîte. Il l'abandonne encore, revient à ses travaux de fouisseur, puis revient à sa proie, et après plusieurs alternatives, il la traîne au fond du terrier, puis il dépose l'œuf sur le thorax, entre la première et la seconde paire de pattes, et obture l'entrée de la loge. Après quoi il se remet en chasse pour approvisionner les autres loges de son nid.

Voilà dans leurs traits essentiels les actes successifs par lesquels le Sphex assure la perpétuité de son espèce. On les qualifie d'admirables, de merveilleux même ; et l'on tire de ce caractère très frappant des conséquences tout à fait opposées.

Les uns raisonnent ainsi : ces actes merveilleux n'ont rien de commun avec l'intelligence proprement dite. Ce sont des actes inconscients, et presque automatiques dus à une mentalité inconsciente, et où la logique de la nature et de la vie se manifeste en dehors de toute volonté, de tout raisonnement, de toute expérience acquise. Comment d'ailleurs songer à l'éducation de l'intelligence, à l'effet de l'imitation, à l'expérience des parents transmise aux descendants ? La vie libre de l'insecte est réduite à quelques mois, et les générations successives s'ignorent complètement, l'une ayant déjà disparu, quand al suivante entre dans la vie. Comment admettre encore que des actes qui exigeaient une intelligence très perfectionnée et des connaissances très approfondies et très variées, s'ils étaient volontaires et consciemment calculés, puissent trouver leur siège suffisant dans l'organisme si minuscule de l'insecte, et que des opérations mentales si étonnantes puissent s'élaborer dans un cerveau si réduit et si rudimentaire? Nous ne pouvons nous rallier à une conception si peu rationnelle, et nous préférons rapporter ces actes aux effets d'une mentalité instinctive qui leur imprime une logique et une impeccabilité, que ne connaît pas l'intelligence raisonnante qui hésite, qui choisit, et qui peut errer. « L'instinct, a dit David Hume (malgré son septicisme), est un don originel de la nature, une science qui dépasse, dans les cas ordinaires, les facultés des animaux, et qui est peu ou pas perfectible par l'exercice et l'expérience. »

D'autres, et Perrier en particulier, raisonnent autrement : voilà des actes trop logiques, trop rationnels, qui ont trop le caractère d'actes réfléchis, calculés, voulus, motivés et rationnels, pour qu'on doive en faire remonter la cause à l'instinct considéré comme mentalité rudimentaire et inconsciente. De tels actes ont été pensés, ils ont été le fruit de l'observation, de l'expérience, d'un choix judicieux, et d'une volonté éclairée par la raison. Actuellement ces actes ont les caractères d'inconscience et d'automatisme qui appartiennent à l'instinct pur, mais il n'en a pas toujours été ainsi. Dans les temps où la température terrestre était uniforme et douce, les ancêtres de ces insectes avaient une vie prolongée que n'interrompait pas annuellement l'arrivée de l'hiver. Aussi ces insectes privilégiés, placés dans une atmosphère douce et parfumée purent accomplir les opérations mentales qui nous étonnent aujourd'hui ; pour eux l'intelligence atteignit une première fois *son apogée* sur le globe ; et les générations mêlées et vivant d'une vie commune purent se transmettre ce qu'elles avaient appris. Dans leurs cerveaux, les habitudes traditionnelles organisèrent des mécanismes d'abord personnels, puis héréditaires ; et ce sont ces mécanismes que l'hérédité a transmis aux insectes actuels dont la vie libre a été raccourcie et réduite à quelques mois et qui maintiennent dans leur biologie, comme actes automatiques et inconscients, des actes autrefois dictés par une intelligence que l'expérience et l'éducation avaient perfectionnée (Ed. Perrier, *L'Instinct,* loc. cit).

Je crois, pour ma part, que l'une et l'autre des interprétations sont excessives, et que dans les actes du Sphex ci-dessus mentionnés l'instinct et l'intelligence peuvent avoir leur part. C'est dans l'établissement de la proportion de ces parts respectives de l'instinct et de l'intelligence que gît à la fois la difficulté et la solution du problème. Mais j'ajoute, pour en revenir au problème que je me suis posé, que certainement la part de l'instinct pur doit l'emporter d'une manière très notable dans l'interprétation de ces phénomènes.

Une première question doit être posée : le côté merveilleux attribué aux actes du Sphex n'a-t-il pas été exagéré, et ne peut-on avec quelque droit, ramener ces actes à quelque chose de plus simple et de moins miraculeux, dirai-je? Notamment sur le point le plus inexplicable, celui de la piqûre de l'Éphippiger précisément au lieu même où se trouvent les ganglions nerveux thoraciques, ne peut-on apporter une explication plus acceptable que cette science consommée de l'anatomiste et du physiologiste, du vivisecteur et du toxicologne? Je pense fermement que si, et qu'on peut ramener ces opérations si étonnantes, à des proportions telles, qu'on n'a plus besoin pour les comprendre d'avoir recours aux opérations intellectuelles les plus élevées. Je pense encore qu'on peut les ramener à quelques actes instinctifs facilement explicables par une mentalité inconsciente, par ce que j'ai appelé la conscience biologique ou mentalité de l'organisme vivant.

Appliquons-nous à une critique rationnelle des actes accomplis par le Sphex, et examinons comment ses actes si merveilleux en apparence peuvent être pour la plupart ramenés à un groupe d'actes simples et d'un caractère vraiment instinctif.

Établissons d'abord quelques propositions qui serviront de base à notre examen critique.

Edmond Perrier, Romanes, mettent à la base de leur théorie une affirmation sans laquelle elle serait absolument insoutenable. Les insectes qui, comme le Sphex et les hyménoptères fouisseurs manifestent des mœurs si remarquables, et n'ont cependant qu'une existence de quelques mois, avaient dans les périodes géologiques à douce température, une existence prolongée qui permettait l'éducation des générations successives les unes par les autres, puisque ces générations successives, qui s'ignorent absolument aujourd'hui, avaient alors d'assez longues périodes de vie commune. Le fait est-il admissible? et peut-on lui attribuer assez de créance pour édifier sur lui toute une théorie de l'instinct? Malgré quelques réserves sur une généralisation peut-être trop étendue, je considère le fait comme acceptable et comme s'harmonisant assez heureusement avec les connaissances actuelles en embryologie et en biologie générale [1].

Ce n'est donc pas en me plaçant en présence de la négation de ce fait biologique des temps passés que je pourrai adresser mes critiques à la théorie qui fait remonter l'origine des actes instinctifs du Sphex et des hyménoptères fouisseurs à l'apogée de l'intelligence, atteinte une première fois sur le globe par les insectes, et à l'influence conservatrice de l'éducation et de l'hérédité.

1. Les réserves que je crois devoir faire sur une généralisation trop étendue de cette explication reposent sur des faits qu'elle n'explique pas. La mort de tous les insectes annuels n'est pas peut-être attribuable à l'hiver et à l'arrivée du froid. Et pour certains d'entre eux la mort après la ponte paraît devoir être attribuée à ce que le cycle de leur existence arrive très naturellement à son dernier terme; et il ne paraît pas nécessaire d'invoquer pour cela un raccourcissement du cycle. Les *bombix* par exemple et *b. mori* en particulier qui ne s'alimente pas à l'état de papillon ni avant ni après la ponte, ne paraît pas devoir son existence raccourcie à la venue de l'hiver. Il meurt en pleine période estivale, et les bombix bivoltins et même trivoltins qui ont deux ou trois générations successives pendant le cours de la saison chaude ne sauraient rentrer dans le cas invoqué par Perrier. Chacune de ces générations disparaît avant d'avoir vu la suivante, et ne peut lui avoir transmis et lui transmettre le résultat de ses observations et de ses expériences pour la construction si admirable du cocon.

Le *bombix mori* meurt parce que ses tissus ont atteint le terme de la vieillesse et tombent dans une véritable histolyse sénile. Ce n'est pas le froid de l'hiver qui met fin à son existence.

A cette vue, de graves objections peuvent être faites. Je me borne à présenter la suivante : Si les actes étonnants, si les connaissances non moins étonnantes attribuées au Sphex ont été le fait de l'intelligence, et le fruit de véritables opérations intellectuelles conscientes, on est bien obligé de reconnaître que l'intelligence de ces ancêtres perennes du Sphex était d'une capacité bien remarquable et qui dépasse certes de beaucoup la capacité de l'immense majorité des animaux et même de beaucoup d'hommes. Combien peu de ces derniers en effet sont susceptibles d'accomplir avec cette science, avec cet à-propos, avec cette sûreté, des actes délicats et périlleux d'où peut dépendre leur salut ou celui des leurs !

La conclusion s'impose donc. Des animaux capables de réaliser de tels perfectionnements dans la direction intellectuelle de leur vie et dans la constitution de leurs mœurs, ont atteint une haute intellectualité.

Ils ont transmis à leurs descendants des habitudes traditionnelles, et les mécanismes organiques qui en ont été le fruit. Mais pourquoi ces capacités intellectuelles ont-elles disparu, et n'ont laissé de place qu'à un automatisme inconscient ? Cela vient dit-on, de ce que le froid hivernal tuant les insectes, supprime toutes relations entre une génération et la suivante, et de ce que l'expérience personnelle est supprimée par la brièveté de la vie, et l'éducation par l'hécatombe hivernale (Ed. Perrier). « Désormais, dit M. Perrier, plus d'opérations intellectuelles : seuls les mécanismes héréditairement acquis et organisés jadis par l'intelligence persistent, et nous leur devons les merveilles actuelles de l'instinct. » L'explication est ingénieuse ; mais elle suscite des réflexions. Et d'abord celles-ci : comment se fait-il que des animaux arrivés à une des apogées de l'intelligence sur le globe terrestre, des animaux que l'on qualifie d'insectes physiologistes, auxquels on prête une sûreté merveilleuse dans l'accomplissement d'actes très délicats, ces hyménoptères qui, dit-on, rivalisent avec les Flourens, les Longet, les Claude Bernard, et cultivent depuis fort longtemps la physiologie expérimentale, des Sphex dont on dit qu'ils savaient fort bien avant tous les anatomistes qu'il y avait dans le thorax du grillon pour animer trois paires de pattes, trois centres nerveux largement distants l'un de l'autre, et auxquels avec une sublime logique, le *sphex flavi pennis* distribue trois coups d'aiguillon successifs (Brehm, *Les insectes*, édition française par Kunckel d'Herculais), comment se fait-il que ces prodiges d'intelligence et de science acquise, n'aient pu trouver contre les rigueurs de l'hiver, d'autre remède que la mort?

Quelques hyménoptères, les hyménoptères sociaux, les abeilles, les mélipones, les bourdons, les fourmis, etc., ont su se créer des retraites, résister ainsi aux frimats, et franchir les saisons de manière à ce que les générations puissent se connaître et se transmettre par imitation ou par enseignement le fruit de leur expérience. Comment se fait-il que les guêpes fouisseuses, si remarquables et si habiles dans le soin qu'elles ont de donner à leur progéniture un logis protecteur et une alimentation convenable, aient été si peu capables de se construire des retraites pour elles-mêmes? Une telle lacune, disons plus, une telle aberration se concilie mal avec une intelligence si raffinée et si hautement développée. Il faut, me semble-t-il, donner une explication de ces anomalies et de ces étonnantes contradictions, si l'on veut prêter à ces habiles constructeurs de logis pour les larves, et à ces intrépides pourvoyeurs d'aliments pour leur progéniture, une haute intelligence, des résolutions réfléchies, des expériences soigneusement recueillies, et servant de base à une éducation remarquable des générations successives.

Je ne suppose pas qu'on pût penser avoir donné de ces contradictions, une explication suffisante en disant que les hyménoptères fouisseurs constituaient parmi les Insectes-Athéniens du siècle de Périclès préquaternaire une corporation de savants physiologistes et anatomistes qui, ayant dédaigné l'art de construire des habitations confortables, se trouvèrent forts dépourvus

« Quand la bise fut venue ».

Il me serait trop facile de répondre que nos Bichat, nos Claude Bernard, nos Pasteur, qui dans l'apogée actuelle de l'intelligence sont, dit-on du moins, comme anatomistes et physiologistes, les rivaux pas toujours heureux des hyménoptères fouisseurs, eussent certainement trouvé dans les conseils de leur capacité intellectuelle, et dans les ressources de leur savoir, le moyen de se construire une demeure capable de les placer à l'abri des rigueurs du froid, et de leur permettre de vivre *toute* leur vie.

Mais les actes instinctifs du Sphex sont-ils aussi merveilleux que l'on veut bien le dire, et faut-il, pour les expliquer et pour en faire comprendre la genèse, les rapporter à des facultés intellectuelles ayant autrefois atteint une surprenante apogée? C'est ce que je vais examiner en reconstituant sur des données plus simples, la biologie reproductrice du Sphex. Je vais essayer de présenter l'histoire du Sphex dans le passé et dans le présent, en tenant compte des données de la science, et en usant d'un esprit critique capable de ramener les faits à leurs justes proportions.

Quels ont été les ancêtres directs des Sphex et des hyménoptères fouisseurs en général? Les larves de sphex étant carnivores, on peut avancer sans témérité que les ancêtres du Sphex l'étaient également, d'abord à l'état de larve, mais à l'état aussi d'insecte plus ou moins parfait. Le régime du Sphex adulte s'est modifié le jour où, sous l'influence du milieu, l'animal libre a dirigé ses préférences alimentaires vers des substances végétales mises largement à sa disposition, faciles à saisir sans danger, et douées de qualités capables de flatter et d'exciter agréablement le sens du goût, de l'odorat, etc. Abondance des aliments végétaux, qualités attrayantes de ces aliments, sécurité et absence de péril dans leur conquête, ont contribué à produire ce changement radical de régime.

La larve enfouie, emprisonnée, non libre de ses mouvements, incapable d'aller à la recherche de sa nourriture et ne pouvant modifier à son gré ses conditions biologiques, la larve, dis-je, est restée fidèle à l'alimentation primitive. Le Sphex adulte primitif différait sans aucun doute du Sphex adulte actuel (car les appareils buccaux, les appareils digestifs, etc., se sont certainement modifiés et adaptés à l'alimentation nouvelle), le Sphex adulte primitif était carnassier, et vivait très probablement des mêmes animaux que les larves actuelles, c'est-à-dire d'éphippiger, pour le Sphex languedocien, de grillons pour le Sphex à ailes jaunes, et de petits criquets pour le Sphex à raies blanches.

C'est ainsi que s'explique naturellement la différence d'alimentation entre la larve et l'adulte et (ce qui est plus étonnant), ce fait extraordinaire que l'adulte qui est végétivore, ne songe nullement à nourrir ses larves de sucs végétaux, mais leur donne l'aliment des ancêtres, l'éphippiger.

Il y a là un remarquable exemple de ce que j'ai appelé le *discernement bionomique de la mémoire*.

C'est encore ce qui nous explique naturellement que l'adulte, qui n'a nul besoin d'un dard venimeux pour son propre usage actuel, puisqu'il ne vit pas d'éphippiger, a pourtant conservé ce dard qui servait à ses ancêtres pour atteindre la proie qui leur servait de nourriture.

Ces conditions et ces explications supprimées, nous tombons dans le merveilleux, dans le miraculeux même, c'est-à-dire dans ce qui n'est pas seulement en dehors du naturel, mais ce qui est même antinaturel.

Ces conditions et ces explications supprimées, nous nous trouvons en présence de faits qui exigent pour leur compréhension des efforts de combinaisons inextricables. Si le Sphex adulte et libre a toujours été végétivore, comment se fait-il qu'il ait compris que sa larve était carnivore et qu'il ait pensé à lui fournir des proies animales ? Que de difficultés inouies présente la solution de ce problème ainsi envisagé ! Quelle simplicité au contraire dans la pensée que le Sphex adulte ayant primitivement été carnivore, chassait la même proie et pour lui et pour sa progéniture, et qu'alors qu'il a modifié pour lui-même ses habitudes alimentaires, il a, en vertu de la mémoire héréditaire et du discernement bionomique de la mémoire, continué à donner à ses larves l'aliment qu'il leur avait toujours donné.

Dans cette première partie de la biologie du Sphex y a-t-il lieu de faire appel comme explication à des opérations intellectuelles voulues et conscientes, à des observations et à des expériences recueillies, jugées et utilisées par la raison? Ou bien l'instinct suffit-il, c'est-à-dire la conscience biologique, la mentalité subconsciente de l'organisme pressé par le besoin et par la volonté de s'alimenter et de vivre?

Je n'hésite pas à accepter le second point de vue. En mettant au service de l'instinct maternel qui domine la scène, l'instinct de la faim et celui de la chasse qui en est le corollaire, en constituant ainsi un groupement d'instincts que relient les suggestions de la mémoire bionomique, et en faisant converger l'activité de cet ensemble vers une résultante commune, nous parvenons assez aisément à nous expliquer comment le Sphex adulte devenu végétivore chasse cependant l'éphippiger pour le donner en pâture à ses larves restées carnivores.

Poursuivons notre examen et passons à ce procédé si étonnant et si merveilleux du Sphex pour atteindre la motricité de la proie et réduire cette dernière à l'immobilité tout en lui laissant la vie. Piquer la proie juste au point précis où sont les ganglions nerveux du thorax, ceux qui commandent les mouvements des pattes, donner autant de coups de dard empoisonné qu'il y a de centres distincts moteurs de pattes locomotrices et défensives! Voilà qui est hautement merveilleux, et qui exige vraiment, si ces faits, instinctifs aujourd'hui, ont eu pour origine dans le passé de vraies opérations intellectuelles, voilà, dis-je, qui exige une capacité de penser, de comparer, de juger, d'expérimenter, d'induire et de déduire, de raisonner et de généraliser, de conclure de l'inconnu au connu, d'emmagasiner la science et l'expérience, que je me refuse à prêter au minuscule organe cérébral du Sphex et à son organisme entier à proportions si réduites. L'instinct, c'est-à-dire cette faculté de l'organisme d'agir inconsciemment, avec décision et précision, en vue d'une nécessité biologique, me paraît susceptible de fournir une explication plus simple, plus naturelle, et plus facilement acceptable. Examinons la question à ce point de vue.

Par suites de quelles circonstances, de quelle série de rencontres, l'éphippiger est devenu la proie par excellence du Sphex occitanien, son aliment de prédilection? Je n'en sais rien avec certitude ; mais on peut penser à une adaptation, à une convenance organique semblable à celle qui dicte le choix des aliments à tous les animaux autres que l'homme et à l'homme lui-même dans la plupart des cas et toujours dans une proportion notable. On ne peut croire, en effet, que dans le choix des aliments, l'animal fasse réellement appel aux opérations de son intelligence. C'est une attraction instinctive qui le dirige ; et nous connaissons même chez l'homme ces sympathies et ces antipathies du goût et de l'estomac, auxquelles les opérations intellectuelles sont tout à fait étrangères.

Toutefois, si nous ne pouvons rien affirmer sur les causes qui ont entraîné le Sphex languedocien vers l'éphippiger comme proie de prédilection, il nous est possible cependant de soupçonner quelques-unes des circonstances qui ont dicté ce choix.

L'éphippiger est une proie tentante par son volume et par l'abondance d'aliment qu'il représente ; et la preuve que le volume a parlé à l'appétence physiologique du sphex languedocien, c'est que ce dernier dédaigne les mâles plus grêles et moins arrondis, pour ne fondre que sur les femelles qui sont plus grandes, plus grasses, bourrées d'œufs et mieux nourries.

Du beau volume de l'éphippiger il résulte qu'une seule proie, c'est-à-dire un seul combat a suffi pour l'alimentation d'une période assez longue de la vie du Sphex carnivore d'autrefois, et un seul aussi pour toute sa vie de larve.

En outre, l'éphippiger est relativement à sa taille et à son volume, le moins bien armé des locustides. Comme locustide il a la peau ventrale de thorax, du cou et de l'abdomen molle et peu résistante, surtout dans l'intervalle des pièces sternales successives ; la couche chitineuse en est souple et facile à perforer.

En outre, l'éphippiger est mal armé pour la défense, sauf du côté des pièces buccales ; car s'il est pourvu de mandibules solides et redoutables, ses membres sont grêles ; et en particulier les membres de la troisième paire qui, chez les criquets ont des fémurs puissants et robustes, et des tibias

solides et armés de pointes acérées redoutables, sont chez
l'éphippiger grêles, faibles, inermes et délicats. Or ces troi-
sièmes pattes sont chez les Orthoptères non seulement les
organes du saut, mais des organes puissants de défense
qui permettent à l'animal d'atteindre et de balayer vivement
en le blessant un ennemi l'attaquant par le dos. En outre
encore, à l'encontre non seulement des acridiens, mais des
autres locustides, l'éphippiger n'a que des ailes rudimentaires
recouvertes par le prothorax ou selle, et qui ne peuvent
servir à l'animal d'armes ni offensives, ni défensives. Les
criquets et les locustes pourvues d'ailes avec élithres rigides,
peuvent non seulement fuir l'ennemi par le vol, mais encore
en agitant les ailes ils peuvent chasser un ennemi qui s'abat
sur leur dos.

Les autres locustides sont donc sous le rapport des ailes
dans de meilleures conditions de défense que l'éphippiger,
sans compter que si chez eux la peau ventrale du thorax
offre entre les pièces sternales des parties molles et délicates
faciles à perforer, les pièces elles-mêmes du sternum sont en
forme de cônes ou pyramides durcies qui en se rapprochant
et s'appliquant les unes contre les autres cachent et recon-
vrent les parties délicates de la peau et en défendent l'accès
à l'aiguillon du sphex. On peut donc trouver dans ces deux
conditions, ailes et structure sternale, les causes qui font de
l'éphippiger la proie unique du Sphex languedocien, quoique
certaines locustides, la locuste verte et les dectiques représentent une proie presque aussi volumineuse que lui.

A ces causes de la préférence du sphex languedocien pour
l'éphippiger s'ajoutent sans doute des convenances de taille
qui permettent au sphex campé sur le dos de la victime d'atteindre précisément avec son abdomen recourbé et armé du
dard, la région sternale de l'animal.

Des considérations de même ordre nous permettraient
également, j'en suis sûr, de comprendre pourquoi le Sphex
à ailes jaunes s'attaque au grillon et non à l'éphippiger. Ce
dernier est peut-être une proie trop volumineuse pour sa
taille, pour le succès de ses manœuvres offensives ; aussi
s'adresse-t-il à une proie plus petite, au grillon champêtre ;

et comme un seul ne suffisait pas à la vie de la larve d'autrefois, et qu'il fallait renouveler quatre fois la provision, le
Sphex à ailes jaunes aujourd'hui place quatre grillons au fond
de la cellule où il a déposé son œuf? Il est à noter que le
Sphex à ailes jaunes ne recherche pas ses victimes parmi les
grillons adultes, les grillons de l'année précédente dont la
peau thoracique est durcie et dont les ailes et les membres
sont bien développés et constituent de bonnes défenses. Il
s'attaque aux jeunes grillons de l'année dont la couche chitineuse est encore souple et mince, et dont les ailes sont
rudimentaires comme celles de l'éphippiger. Il a donc affaire
à un adversaire mal armé et de conquête facile.

Le *Sphex albisecta*, ou à raies blanches, s'adresse, d'après
Fabre, à des criquets de moyenne taille, du genre *OEdipoda*,
qui sont très abondants dans les environs de son terrier, et
qu'il se procure facilement sans s'éloigner de ce dernier. La
petite taille de ces criquets et leur abondance sont certainement au nombre des causes qui ont fixé le choix des ancêtres du Sphex à raies blanches. Ces ancêtres carnivores se
nourrissaient très probablement de ces criquets qu'il leur
était facile de se procurer, et en donnaient comme pâture à
leur larve. Un seul ayant toujours suffi à la vie de cette dernière, les Sphex actuels n'en déposent qu'un au fond de leur
terrier.

Voilà l'exposé logique et rationnel des causes qui sont à
la base des choix différents faits par les Sphex pour l'alimentation de leurs larves. Tous s'adressent à des orthoptères
pour l'alimentation de ces dernières ; et il est logique de
penser que l'ancêtre commun des Sphex de nos régions
vivait de ces divers types d'orthoptères, mais l'évolution des
espèces de Sphex apportant dans la taille, la force, l'habitat,
les habitudes et les besoins des diverses formes de Sphex,
des différences notables, chaque forme ou espèce en voie de
devenir, a de plus en plus circonscrit ses préférences et dirigé
ses efforts offensifs vers la proie la plus facile et la plus appropriée.

Y a-t-il dans tous ces faits et dans leur enchaînement rien
qui tienne du merveilleux ou qui exige pour leur explication

l'intervention d'une intelligence déjà élevée, et ayant atteint une apogée qui puisse être comparée à celle que représente la mentalité de l'espèce humaine? Je ne le pense pas. Il n'y a aucun de ces actes qui ne pût être accompli par des animaux auxquels on n'a pas l'habitude de prêter une grande capacité intellectuelle, et l'habitude de raisonner. Pas n'est besoin de faire intervenir le raisonnement et la volonté conscience dans le choix de l'aliment le plus satisfaisant, le plus attrayant, le plus abondant. Il suffit pour cela d'une obéissance subconsciente, d'une soumission de la consciente biologique à la loi de la *moindre résistance*, et *du moindre effort*, loi qui trouve son application non seulement dans le monde psychologique, mais plus encore dans le monde physiologique et dans le monde physique. Entre deux proies de dimensions inégales et de conquêtes inégalement difficiles, tout être animé se décidera par instinct et sans avoir besoin d'avoir recours à la raison et à un jugement conscient. L'instinct suffit et a certainement toujours suffi.

Et quant au soin que prennent les Sphex de pourvoir leurs larves d'une nourriture appropriée comme qualité et comme quantité, je pense que personne ne songera sérieusement à en refuser l'honneur à l'instinct maternel auquel on ne s'avisera pas de contester le titre et la valeur d'instinct primitif, c'est-à-dire d'acte dicté par la mentalité obscure, par la conscience biologique, dont l'activité a pour caractère même de se mouvoir en dehors de ce que nous appelons proprement l'intelligence. Il suffira enfin, pour expliquer ce fait que le Sphex végétivore donne à ses larves une nourriture de carnivore, il suffira, dis-je, d'avoir recours à la mémoire hionomique de l'organisme; car on ne saurait certes, sans rire, prêter au Sphex un raisonnement comme celui-ci : « Pour ma part, je préfère le nectar des fleurs, et j'abhorre le régime animal ; mais je remarque que mes larves n'ont pas acquis des goûts aussi distingués que les miens, et je compatis à leur faiblesse. » Non ! Le Sphex donne à ses larves de la chair à manger, parce que ses ancêtres mangeant eux-mêmes de la chair, en ont toujours donné aux larves, et que la con-

science biologique garde le souvenir de cette habitude instinctive.

Je pense donc que la base vraie, le fondement réel des
actes que nous venons d'analyser est l'activité de la mentalité biologique. Mais je pense aussi qu'il ne faut pas méconnaître que l'activité psychologique proprement dite, que la
conscience lucide elle-même n'ait apporté dans l'exécution
de ces actes instinctifs des perfectionnements, des raffine-
ments spéciaux qui constituent ici ce que j'ai appelé le revêtement de l'instinct. A l'œuvre de la mentalité biologique
s'est ajoutée dans une certaine mesure l'œuvre de la mentalité psychologique.

Ces premiers points examinés, continuons notre étude dans
le même esprit de critique rationnelle.

Il est entendu que l'éphippiger est la proie désirée et
recherchée par le Sphex languedocien. Or, l'éphippiger malgré ses infériorités est cependant pour ce dernier un adversaire assez redoutable ; il le dépasse fortement en taille ; ses
formes puissantes et massives sont écrasantes pour les formes
grêles et délicates du Sphex. Les mandibules de l'éphippiger,
les pattes articulées et longues, celle de la troisième paire
surtout, sont tout autant d'armes redoutables, et d'un seul
coup de mandibule le grêle pédoncule abdominal du Sphex
serait bientôt broyé et rompu, et l'animal serait réduit à
l'impuissance. Mais le Sphex adulte, chasseur de l'éphippiger,
a comme tout animal chasseur suivi les directions de l'instinct de la défense et de l'attaque. Ici encore il a instinctivement obéi à une loi très générale et qui constitue pour ainsi
dire un article de la législation instinctive de la nature
dans tous les domaines, c'est-à-dire la loi de la *moindre
résistance* et du *moindre effort*. Instinctivement il dirige son
attaque là où se rencontrent le moindre obstacle et le moindre danger. Il se garde bien d'attaquer le locustide face à
face ou latéralement, car dans le premier cas il se trouverait
exposé à l'action de ses solides mandibules, et dans le
second cas en présence de ses membres articulés dont la
troisième paire est en particulier longue et terminée par des
griffes acérées. L'arme, par excellence du Sphex étant son

dard abdominal, il faut que ce dard soit porté vers le point
le plus vulnérable de la proie, et instictivement le sphex
prend une situation qui lui permette d'user de son arme de
la façon la plus favorable. Tout cela est instinctif certainement comme l'est le mouvement de la tête et du cou du tau-
reau qui en danger veut frapper avec ses cornes, comme le
sont les mouvements du cheval qui veut atteindre l'ennemi
par ses ruades, comme l'est le mouvement des pinces du
crustacé (écrevisse, crabe, homard) qui veut attaquer et se
défendre, comme l'est d'ailleurs le mouvement de l'homme
qui veut parer à un danger ou à une attaque soudaine, inattendue, ou même attendue.

Pout atteindre le but le Sphex fond sur l'éphippiger et
s'abat sur son large dos. Là il est à l'abri des mandibules et
autant que possible des deux premières paires de pattes.

Pour conserver cette situation vis-à-vis de son adversaire
il le saisit par le corselet avec ses fortes mandibules et le fixe
sous lui. Je ne crois pas qu'on puisse refuser à l'instinct
proprement dit, à l'instinct pur, à l'instinct de la défense et
de l'attaque le pouvoir d'opérer ainsi. Mais la résistance
commence, l'éphippiger surpris se met en demeure de se
défendre. Le sphex, animé par le sentiment instinctif du
danger, n'a pas besoin de réfléchir à ses moyens de défense
par l'offensive. Il a une arme puissante, son dard, et l'instinct lui dicte la manœuvre.

Dans la situation qu'il occupe il peut porter la pointe
de son arme sur le dos de la région abdominale. Mais là il
rencontrerait une série imbriquée de bandes chitineuses
résistantes, formant une vraie cuirasse sur laquelle son dard
glisserait ou s'émousserait inutilement. Son instinct va encore
vers la *moindre résistance,* c'est-à-dire vers la face ventrale
de la proie. Il lui est facile de l'atteindre car son pédoncule
abdominal grêle et allongé lui permet de recourber son abdomen sous l'éphippiger et de l'atteindre précisément sous la
face inférieure dont la couche chitineuse est mince, et
recouvre une peau souple et facilement pénétrable. Là se
trouve le ganglion nerveux thoracique postérieur du locustide ;
et le venin paralysant versé ou dans son propre tissu ou

dans le tissu conjonctif environnant, produit immédiatement
la paralysie des membres de la troisième paire de pattes
qui sont les plus redoutables. Mais restent encore des parties non atteintes, c'est-à-dire les membres antérieurs de
l'animal, le cou, et plus ou moins les organes buccaux (mandibules, mâchoire). Le Sphex saisit alors la victime par la
tête et l'appuyant contre le sol, il lui introduit le dard dans
le cou, ce qui lui permet d'atteindre sans doute le premier
ganglion thoracique et le ganglion sous-œsophagien et de
paralyser les membres antérieurs et les organes buccaux.
La victime est alors désarmée et immobile.

En se comportant ainsi le Sphex agit-il d'une manière si
merveilleuse qu'il faille invoquer le raisonnement d'une intelligence à son apogée, l'expérience d'un savant, l'habileté
réfléchie, très éclairée et documentée d'un physiologiste et
d'un visisecteur ? Je ne le pense pas. Voyons froidement les
faits et évitons la légende.

La légende est particulièrement merveilleuse. Elle peut
être ainsi libellée. Le Sphex ne pique pas la victime sur le
dos parce qu'il sait ou dans tous les cas ses ancêtres ont su
qu'il n'y a pas là des ganglions nerveux, ou dans tous les
cas des organes dont la blessure et l'intoxication sont immédiatement paralysantes. Le Sphex va à la recherche du point
précis où il atteindra les ganglions nerveux thoraciques et avec
une sûreté merveilleuse il plonge là même son dard. Il sait,
ou ses ancêtres ont su, qu'en piquant là il atteindra immédiatement le but. Voilà la légende : je la remplace par un
examen des faits moins empreint du goût du merveilleux ; et
je dis : Le Sphex ne pique point l'adversaire sur le dos, car
le dos est très protégé et n'est pas vulnérable. Il le pique à
la face ventrale du thorax parce que dans la situation où il
est vis-à-vis de son adversaire, il est naturel qu'il mette son
propre abdomen à l'abri de l'atteinte des longues pattes pos-
térieures de la victime. Ces longues pattes l'atteindraient
facilement s'il le portait en arrière et sur le dos de la victime.
Il faut donc qu'il dirige son abdomen en avant et en bas,
c'est-à-dire vers la face ventrale du thorax.

La flexibilité de son pédicule abdominal et de l'abdomen

produisent très naturellement un recourbement de celui-ci sous le thorax de l'éphippiger, et portent précisément l'aiguillon au point vulnérable. Il y a là une série d'adaptations organiques et instinctives qui n'exigent pas, me semble-t-il, l'intervention capitale d'opérations intellectuelles complexes et élevées. Le Sphex pique donc la victime à la face inférieure du thorax parce qu'il y a là pour lui moins de résistance, moins de danger, et plus de commodité. La légende de l'anatomiste, du physiologiste et du visisecteur me paraît pour ainsi dire singulièrement atténuée. Mais il reste malgré cela la mentalité de l'instinct qui dirige l'organisme animal dans l'exécution inconsciente mais habile de ces diverses opérations. Nous reviendrons du reste sur ce point.

Reste le point le plus inexplicable en apparence. Le Sphex plonge avec une sûreté merveilleuse, dit-on, son aiguillon là où il atteindra le ganglion nerveux thoracique. Cela est-il bien exact? et faut-il comprendre ce fait comme résultant d'une longue méditation des ancêtres sur des observations multipliées et sur une expérience ayant engendré des habitudes traditionnelles? Je ne le pense certes pas; et rien ne me paraît justifier ces vues théoriques.

Et d'abord le Sphex n'est pas un opérateur aussi infaillible qu'on veut bien le dire. Il cherche *en tâtonnant* le point vulnérable; et quel est pour lui ce point vulnérable? Est-ce le ganglion nerveux? Je n'en crois rien. Le point vulnérable, pour lui, c'est le point de la peau de la face inférieure du thorax où l'aiguillon pénétrera le plus aisément. Ce point là le Sphex le cherche *en tâtonnant*; et il y a cette coïncidence heureuse que ce point représenté par des fossettes situées sur la ligne médiane et qui sont les traces de la séparation primitive des anneaux du thorax, correspond précisément au ganglion thoracique. Et voilà pourquoi le Sphex atteint ce ganglion. Quand je dis ce ganglion, j'ajoute, ou son voisinage immédiat, car rien n'a, je crois, suffisamment établi que c'est proprement le ganglion lui-même qui reçoit dans l'intimité de ses tissus le venin paralysant. Ainsi donc rien n'autorise à penser que le Sphex a choisi instinctivement ce point où il enfonce son dard précisément parce qu'il correspond au ganglion nerveux. Il l'a choisi parce qu'il était plus à sa portée, plus à sa convenance, et plus facile à perforer.

Mais, me dira-t-on, comment se fait-il que, quand d'autres vespides fouisseurs ont pour proie habituelle des insectes dont les ganglions thoraciques sont distincts, sont séparés, ils enfoncent leur aiguillon autant de fois qu'il y a de ces ganglions, c'est-à-dire trois fois, tandis que dans le cas de de l'éphippiger il pique à deux reprises seulement, et dans les cas où comme chez les coléoptères les trois ganglions sont concentrés en un seul, les vespides se contentent d'un seul coup d'aiguillon ? Il faut donc que les vespides eussent acquis la connaissance, raisonnée autrefois et aujourd'hui inconsciente et héréditaire, de ces dispositions anatomiques ; et c'est là un fait qui ne saurait être du domaine de l'instinct pur et qui exige l'intervention des opérations intellectuelles.

Ma réponse sera bien simple. Je dénonce encore ici la puissance de la légende, et je tiens à y opposer l'examen froid et raisonné des faits.

Est-ce bien sur le nombre même des ganglions distincts que les vespides fouisseurs règlent, en calculant, le nombre de coups d'aiguillon qu'ils infligent à leurs victimes ? Examinons si une explication plus simple, plus naturelle, moins merveilleuse ne saurait être donnée de ce fait, que je crois exact avec quelques réserves cependant.

Voyons d'abord ce que fait le Sphex languedocien, car nous pourrons en tirer quelque enseignement. Après avoir intoxiqué le ganglion thoracique postérieur, il sent le besoin d'en faire autant pour le ganglion thoracique antérieur et il enfonce son dard dans la peau molle et facilement perforée du cou. Par là est obtenue l'immobilité de la victime et le Sphex borne là ses opérations paralysantes.

Est-ce bien le ganglion thoracique antérieur que vise précisément le dernier coup de dard du sphex, et est-ce une vue théorique d'anatomiste et une inspiration de physiologiste expérimenté qui le guide dans cette opération ? Oui, dit la légende. Non, dit la raison froide et l'analogie bien appliquée. Et voici les raisons que dictent ces dernières. Le sphex porte son dard là où est le danger, là où est la menace, là où se trouve le point de départ des mouvements offensifs de la proie. Le premier coup d'aiguillon s'est adressé aux pattes, dont les mouvements vifs constituaient le premier danger, le danger immédiat pour le Sphex campé sur le dos de la victime. Aussi le Sphex a-t-il enfoncé son dard sur le lieu d'insertion et sur les points d'appui des membres menaçants, c'est-à-dire à la face inférieure du thorax ; et là, précisément, se trouvent (*bien à son insu certainement*) les ganglions nerveux correspondants. Les pattes paralysées, restent les mouvements du cou et des mandibules qui s'agitent en menaçant[1] ; et pour des motifs semblables le Sphex pique la face inférieure de la région cervico-faciale et y rencontre sans le vouloir et sans le savoir les ganglions nerveux moteurs de l'armature correspondante.

Le Sphex sent le danger et instinctivement dirige son arme sur le point qui le gêne et le menace. C'est là ce que fait tout animal qui se défend, et ce que font les hyménoptères à aiguillon. Ils piquent la partie qui les gêne, qui les presse, qui les trouble, qui les menace, sans avoir certainement l'arrière-pensée d'atteindre un ganglion nerveux et de produire une paralysie.

Pour eux l'ennemi se localise dans le point, dans la partie qui les menace ; et c'est sur ce point qu'ils concentrent la défense.

Le Sphex paralyse parce que la nature l'a doué d'un venin paralysant, mais faut-il croire sérieusement qu'il a, en piquant, l'intention de paralyser, et qu'il se rend bien compte que son venin est paralysant.

---

1. M. Fabre, auquel on doit ces remarquables observations biologiques sur le Sphex et sur bien d'autres insectes, a pensé que le coup d'aiguillon porté en dernier lieu dans le cou avait sans doute pour but d'atteindre le premier ganglion thoracique. Je me permets de penser que c'est plutôt aux mouvements menaçants des mandibules et du cou, c'est-à-dire surtout aux parties mues par le ganglion sous-œsophagien qu'est destiné ce dernier coup d'aiguillon.

Je tiens du reste à dire que dans cette étude je suis loin de contester en rien le grand mérite, l'ingéniosité remarquable, l'exactitude scrupuleuse des observations consignées par M. Fabre dans ses *Souvenirs entomologiques* ; je me permets seulement de les interpréter un peu autrement que ne l'ont fait M. Fabre et bien d'autres après lui.

Le Sphex est comme un enfant qui, ayant en main une arme empoisonnée dont il ignore la qualité toxique, en frappera pour se défendre contre une agression provoquée ou non provoquée, sans se douter qu'il porte un coup mortel. Le Sphex ne connaît pas probablement les qualités virulentes de son dard, pas plus que ne le font les serpents venimeux dont on ne peut pourtant songer à louer la haute intelligence. Pour ces derniers comme pour les Sphex, piquer avec une pointe (dent ou aiguillon) est l'unique moyen efficace d'attaque et de défense ; et c'est de lui qu'ils usent naturellement sans prévoir le genre d'effet que va produire leur morsure.

Comment est apparu chez le Sphex l'instinct de défense par la piqûre ? Est-il nécessaire d'invoquer pour cela une intelligence observatrice raisonnante et généralisatrice ? Je ne crois pas qu'il y ait lieu de le faire ; car en définitive il y a eu un moment où l'aiguillon venimeux a apparu chez les ancêtres plus ou moins inermes du Sphex, de même qu'il y a un moment où l'aiguillon et sa glande se constituent chez la nymphe du Sphex actuel. La constitution de cet organe a-t-il nécessité des opérations proprement intellectuelles et conscientes correspondantes et directrices ? Qui oserait le soutenir ?

Et alors pourquoi l'apparition de l'instinct de piquer, c'est-à-dire d'user d'une arme offensive et défensive, ne serait-elle pas due à la même impulsion biologique qui a provoqué la création du dard venimeux ? Pour ma part, je me range très volontiers à cette manière de voir qui s'accorde si bien avec cet axiome biologique d'une importance capitale, que la fonction, c'est-à-dire, comme l'a dit Gœthe, l'*être conçu en activité,* crée l'organe. Les serpents non venimeux n'en usent d'ailleurs pas autrement que les venimeux : ils se lancent sur leur proie pour la mordre ; c'est là leur premier mouvement. Le second consiste pour ceux qui sont doués d'une musculature vigoureuse à enlacer la proie dans leurs anneaux, à l'immobiliser, à la rendre impuissante, à l'étouffer et à la broyer. Si les venimeux n'usent pas généralement de ce dernier moyen, c'est que le venin stupéfie

immédiatement la proie et l'immobilise. Les boas, pythons
et grandes couleuvres ont toujours comme le Sphex deux
opérations à faire pour aboutir à ce résultat ; ils mordent
d'abord, ils enlacent ensuite. C'est en vertu d'un instinct de
même ordre que les vespides qui ont pour proie les insectes
dont la coalescence des ganglions thoraciques est complète,
et dont le ganglion sous-œsophagien est voisin de la masse
thoracique, se bornent à donner un seul coup d'aiguillon. Il
est suffisant sans doute pour atteindre toute la masse nerveuse, et pour paralyser tous les membres thoraciques et
même les organes buccaux. Le vespide n'a plus rien à redon-
ter de sa victime ; et aucun mouvement des membres ou
des mandibules ne vient le menacer et le provoquer à une
nouvelle défense. Pour les proies dont les ganglions thoraciques sont plus ou moins séparés, deux ou trois coups
d'aiguillon sont provoqués et donnés. Le *Sphex flavipennis*
qui fournit ses loges de grillons, pique la victime d'un premier coup d'aiguillon dans le cou, et paralyse ainsi le cou et
les mandibules. Il donne ensuite un seul coup d'aiguillon
dans l'articulation des deux segments antérieurs du thorax.
Cette dernière blessure atteint tous les membres thoraciques,
les ganglions thoraciques étant suffisament coalescents.
D'autres vespides usent de trois coups d'aiguillon. Un premier
coup ne paralyse qu'une ou deux paires de pattes. Le vespide
perçoit des mouvements menaçants dans la paire voisine, et
il répond instinctivement à ces menaces par un second coup
d'aiguillon. Celui-ci donné, la menace se manifeste par des
mouvements du cou et des mandibules et un troisième coup
de dard vient opposer la défense à la menace. Le vespide
dirige son aiguillon sur le lieu du péril; c'est là un mouvement tout-à-fait instinctif; et voilà pourquoi il perfore
successivement la région où s'attachent et d'où partent les
pattes qui s'agitent et qui menacent ; or c'est là même, sans
que le Sphex le sache en aucune façon, que se trouvent les
ganglions nerveux qui leur correspondent.

On peut donc comprendre que le Sphex atteint le point
vulnérable, précisément parce que le *point vulnérable* est pour
lui le point d'*où partent la menace et le danger,* et qu'il n'est

pas nécessaire de transformer le Sphex en anatomiste con-
sommé, en physiologiste parfait, en vivisecteur impeccable.

L'analyse, la dissection critique que je viens de faire des
actes si compliqués et si merveilleux au premier abord du
Sphex, me paraît avoir établi assez clairement, non seulement
qu'il est possible mais qu'il est rationnel et légitime de voir
dans cet ensemble d'une explication si embarrassante au premier abord, un groupement heureux d'actes instinctifs
simples, c'est-à-dire d'impulsions biologiques dues à une
sorte de mentalité organique, à une conscience biologique.

Est-ce à dire que les actes si remarquables accomplis par
le Sphex soient des actes purement et exclusivement instinctifs, et auxquels manque tout concours d'opérations intellectuelles? Telle n'est pas mon opinion. Je me borne à penser que
ces actes ont un noyau primitif et fondamental qui est proprement de l'instinct, qui est le fruit d'une mentalité ou conscience biologique attachée à la vie de l'organisme et aux
conditions bionomiques mêmes de l'animal. Mais les opérations intellectuelles sont venues apporter à ces actes purement instinctifs un revêtement qui les a perfectionnés. On
voit donc que ma conception de l'instinct comme résultant
d'une mentalité biologique primaire est aux antipodes de
celle des naturalistes et des philosophes qui croient, au contraire, qu'à la base de ce groupement d'actes si heureusement
associés, il y a eu chez les ancêtres une série d'opérations
intellectuelles de haute valeur, ayant créé des mécanismes
qui ont fixé des habitudes traditionnelles sous forme d'instincts plus ou moins compliqués ou d'instincts secondaires.

Je crois donc que la mentalité instinctive domine dans la
vie de l'insecte ; mais il ne faudrait pas en conclure que je
méconnais chez lui et chez l'animal en général la mentalité
intellectuelle, celle qui est capable de comprendre, de raisonner, de choisir, de vouloir, de juger, de généraliser même
dans une certaine mesure. Je crois au contraire très fermement à la présence chez les animaux de la spontanéité et de
la volonté, d'une faculté rudimentaire, si l'on veut, de raisonner, d'une certaine mesure de conscience lucide et même de
sens moral.

Plus je vais, plus j'étudie les animaux, et plus je me convaincs que leur psychisme n'est certes pas d'une nature autre que celui de l'homme ; et que les différences sont en réalité des différences de, degré et non des différences de nature. Je ne puis souscrire en aucune manière à cette proposition de M. Halleux (*L'Évolutionisme en morale; Étude sur la Philosophie de Herbert Spencer* ; Paris, F. Alcan, 1901), « L'uniformité et la stabilité caractérisent la conduite de l'animal. » L'auteur n'a-t-il pas eu auprès de lui des animaux domestiques ? Ou ne les a-t-il pas observés ? Ne tient-il aucun compte des changements que l'évolution a introduits et introduit perpétuellement dans la biologie et la psychologie des animaux ? Non, il n'est pas vrai que le changement et le progrès soient le propre exclusif de l'homme. A l'homme appartient seulement, d'une manière plus spéciale, la rapidité dans le progrès. Mais l'animal progresse aussi quoique avec plus de lenteur. Et d'ailleurs l'automatisme lui-même, que l'auteur considère comme le propre de l'animal, est susceptible de progrès ; et les instincts dont il ne songe pas à nier la présence chez les animaux, s'améliorent, se modifient et se perfectionnent.

Non les animaux ne sont pas le siège du mécanisme, du déterminisme et de l'automatisme ; il y a chez eux une mentalité psychologique de même nature que celle de l'homme, et qui représente le rudiment et l'embryon de celle qui devait être plus tard l'intelligence humaine ; et je ne saurais, *à aucun point de vue*, souscrire à cette autre proposition du même auteur : « Il y a lieu d'attribuer à l'homme une nature spéciale caractérisée par le pouvoir d'abstraire et de raisonner d'après des principes généraux. Ce pouvoir crée entre lui et l'animal, non une simple différence de degré, mais une *différence d'essence*. » Je dis fermement pour ma part, *non une différence d'essence* mais une différence de développement et de degré, une différence dans la quantité et dans la qualité et non dans la nature ; mais très probablement aussi une différence dans les combinaisons, dans le degré de cohésion et d'harmonie des éléments de l'âme, c'est-à-dire des parties constituantes de ce système ou groupement

d'énergies psychiques si variable et si varié dans sa constitution et dans ses liaisons, que nous appelons une conscience.

L'instinct n'est donc pas la seule forme de la mentalité chez
les animaux ; et il peut être certainement chez eux question
d'une psychologie et du travail propre de l'intelligence. Aussi,
malgré l'importance que j'attribue chez eux au rôle de l'instinct, je suis loin de nier que bien des actes que l'on considère comme purement instinctifs sont dus au rôle propre de
l'intelligence et résultent d'habitudes acquises qui ont construit des mécanismes organiques appropriés. Ce sont là des
actes qui conscients à l'origine sont tombés dans le domaine
de la subconscience, et sont passés du terrain de la conscience psychologique à celui de la conscience biologique. Ils
ont ainsi pris toutes les apparences de l'instinct, et ne diffèrent de ces derniers que par leur origine. Ce sont des pseudo-
instincts qu'il n'est pas toujours facile de distinguer des instincts vrais. Ces derniers dus à l'appétence biologique ont
pour caractère constant d'avoir une fin toujours utile à l'individu ou à l'espèce. Les pseudo-instincts, puisant leur origine
dans des opérations intellectuelles de l'être, et devenus subconscients, participent de la faculté d'errer qui résulte d'une
plus large mesure de libre arbitre. La conscience biologique
chez laquelle la faculté de raisonner est à l'état de virtualité
plus encore qu'à l'état d'activité, participe bien moins dans
ses opérations de la contingence périlleuse due à la faculté
du choix. Néanmoins ici encore la communauté de nature
des deux consciences trouve une démonstration dans l'absence
d'une différence radicale et absolue ; car il n'est pas démontré
que l'instinct soit réellement infaillible. Mais ce qui me parait démontrable et démontré, c'est que s'il est faillible, il
l'est beaucoup moins que la conscience psychologique, et
moins par conséquent que les pseudo-instincts.

L'analyse que je viens de faire des actes si remarquables
du Sphex pourrait être appliquée à bien des actes observés
chez les vespides fouisseurs qui embarrassent encore la solution de la question de l'instinct. Je crois que dans bien des
cas cette analyse conduirait au même résultat que l'étude ci-
dessus. Mais je dois m'arrêter dans cet examen qui a porté

sur un des cas les plus délicats de l'histoire des instincts. Je
vais m'appliquer en finissant à formuler la conception de l'instinct qui résulte pour moi de toutes les réflexions qui précèdent.

Je considère que la mentalité attachée aux animaux ne
doit pas être considérée comme localisée tout entière dans
les centres nerveux où elle représente l'âme proprement dite, le
principe capable de penser, de sentir, de raisonner, de vouloir,
mais qu'il y a aussi une mentalité répandue dans tout l'organisme, mentalité plus modeste, moins éclatante, subconciente
et présidant aux phénomènes biologiques. C'est cette mentalité organique ou conscience biologique qui fait proprement
le caractère de la vie, et qui donne aux faits physiques et
chimiques qui ont pour siège la matière vivante, leur caractère biologique. Il y a une mentalité biologique comme il y
a une mentalité psychologique. La mentalité psychologique
est l'origine des phénomènes qui correspondent plus spécialement au domaine de l'âme, de la conscience ; et la mentalité
biologique, celle des phénomènes dits vitaux. C'est elle qui
donne à ces derniers ce cachet de coordination, de logique,
de rationnalité qui les caractérise et qui démontre qu'il y a
même dans la vie physiologique un sens déterminé, une
direction, une conscience. C'est elle qui préside à la combinaison des actions moléculaires et cellulaires ; c'est elle qui est
la source des phénomènes propres de l'instinct.

C'est encore cette mentalité biologique qui nous donne de
l'évolution une explication autrement satisfaisante que la sélection naturelle et la lutte pour l'existence, que le pouvoir
d'adaptation et l'influence du milieu. C'est là ce que je me
suis efforcé de démontrer dans la Revue « *La foi et la vie* »
des 1er mars, 16 mars et 1er avril 1899, dans un mémoire
ayant pour titre « *Évolution et Socialisme*[1] »: « C'est donc
l'effort, disais-je, qui est le promoteur des transformations. Ni
la lutte pour l'existence, ni l'association, ni l'adaptation, ni
d'autres mécanismes encore, ne sauraient être considérés par

1. Ce mémoire constitue un des Essais du présent volume.

eux-mêmes comme la cause de l'évolution progressive. Leur rôle dans la marche du progrès est entièrement subordonné à l'effort, dont ils sont l'occasion, et dont ils exigent le déploiement. L'effort est donc le facteur nécessaire ; et sans effort il n'y a pas d'évolution. »

« L'effort, disais-je encore, est évidemment un mouvement de la volonté et de l'activité dans une direction donnée, vers un but déterminé. La nature du résultat de l'effort dépendra nécessairement de cette direction, de ce but. Mais la direction, de quoi dépendra-t-elle ? D'une disposition interne, d'une préférence intime, d'une inclination, d'une aspiration préexistante dans le sein même du sujet qui s'efforce, c'est-à-dire, qui veut et qui agit dans le sens de la chose désirée et préférée, dans le sens de la tendance. C'est là me semble-t-il la seule réponse possible à la question.

« Eh bien, je crois fermement que si d'une manière générale l'évolution a suivi une marche progressive, c'est qu'il y a au sein de la nature, une aspiration, une préférence, une tendance qui la pousse et l'attire vers un but meilleur, vers une fin supérieure. Il y a dans la nature ce que j'appellerais volontiers une *inquiétude biologique*, c'est-à-dire le sentiment d'un malaise actuel, et le pressentiment d'un bien-être supérieur ; et c'est pour répondre à ce malaise, pour l'effacer, que la nature cherche, se met en travail, s'efforce de revêtir de nouvelles formes, de créer des combinaisons nouvelles, n'étant jamais lassée parce qu'elle n'est jamais satisfaite.

« Telle me paraît être la cause de l'effort évolutif, et de son orientation. La nature cherche, et cherchant passionnément, elle fait dans tous les sens des tentatives énergiques pour acquérir des conditions meilleures, et cette irradiation de l'effort est peut-être capable de fournir une raison suffisante de la variabilité illimitée, et des variations innombrables des êtres, variabilités et variations dont on n'a pu encore donner une suffisante explication. La réalité et la valeur des efforts correspondent certainement à la réalité et à la valeur des aspirations de la nature ; car l'effort n'est pas désintéressé en ce sens que l'effort n'existe pas pour soi, qu'il n'y a pas d'effort pour l'effort, et que la nature ne fait pas effort dans l'unique

but d'avoir fait effort. L'effort est destiné à satisfaire une apsi-
ration, une volonté qui est placée en dehors de lui et au-dessus de lui ».

« Mais l'existence dans la nature de l'aspiration qui provoque l'effort, et l'existence de l'effort lui-même supposent
nécessairement que la nature est le domaine de la volonté et
de la liberté, c'est-à-dire le domaine de l'esprit qui est sensibilité, pensée, volonté et liberté. C'est là une conception que
je ne puis songer à développer ici ; je l'ai déjà fait ailleurs, et
surtout dans mon *Essai sur l'orientation de la méthode en
évolutionisme* (reproduit au commencement de ce volume) et
je ne puis y revenir longuement. Je me borne à dire combien
la présence indéniable de la finalité dans la nature, et combien cette constatation que les fonctions organiques et le développement des organes sont régis par une logique et une
prévoyance surprenantes viennent à l'appui de cette pensée,
que la nature n'est point un mécanisme aveugle et fatal, mais
un organisme qui sent, qui pense, qui veut, et qui agit.

« ... La tendance évolutive est à la biologie ce que l'obligation est à la morale. L'une et l'autre sont destinées dans leurs
domaines respectifs à solliciter l'effort dans un certain sens,
dans le sens du progrès. L'une et l'autre adressent des appels
à la volonté consciente ou inconsciente. L'une et l'autre poussent la création dans la voie du progrès et du perfectionnement incessant. Il faut voir en eux deux facteurs parallèles,
deux influences similaires, qui (notez-le bien) diffèrent plus
par la qualité des domaines sur lesquels ils agissent que par
le fond même de leur nature. L'une et l'autre en effet ne sont
que des manifestations de l'esprit qui anime le monde... ».

Voilà les idées que je formulais en mars 1899 et que je
n'ai pas cessé de considérer comme justes et conformes à la
nature. C'est avec une vraie satisfaction que j'ai vu depuis
lors des idées tout à fait de même sens et de même ordre développées par M. Charles Richet dans une correspondance
des plus intéressantes et des plus suggestives avec M. Sully
Prudhomme : *Le problème des causes finales* (*Revue scientifique*). Dans une lettre du 9 décembre 1899, MM. Charles
Richet déclarait que les facteurs signalés de la sélection natu-

relle ne lui paraissaient pas suffire à expliquer intégralement l'admirable justesse et la complexité prodigieuse des adaptations en morphologie organique. Il réclamait impérieusement un facteur de plus qu'il appelait l'*effort vers la vie*. Et voici les conclusions qu'il formule dans une dernière lettre parue dans la *Revue scientifique*, du 25 avril 1902 :

« Que le mécanisme gouverne le monde cela n'est pas douteux comme vous le dites si bien. Mais rien n'est expliqué par le mécanisme. C'est une constatation, voilà tout. La formule de l'attraction n'est pas une théorie, c'est l'énoncé d'un fait. De même la sélection naturelle est l'énoncé d'un fait. »

« Eh bien, il me paraît que, pour le règne des êtres vivants, l'hypothèse d'une tendance à la vie, d'un effort vers un maximum et un optimum de vie, est une hypothèse acceptable. D'abord elle ouvre un champ plus vaste à l'investigation scientifique. On comprend mieux le sens profond de la vie, l'évolution vers un état meilleur; le progrès en un mot, le progrès biologique d'abord, puis le progrès moral qui lui est corrélatif. Le monde vivant tend au mieux, comme les sociétés humaines. Sous le mécanisme mathématico-chimico-physique qui nous gouverne nous sentons planer vaguement comme une idée directrice --- l'expression est de Claude Bernard. Cette idée directrice, nous sommes hors d'état de la comprendre, pauvres êtres bornés que nous sommes, mais pourtant nous avons la notion confuse qu'elle existe, et ce sentiment nous engage à chercher, à expérimenter pour la moins mal entrevoir. C'est donc une hypothèse féconde.

« De plus, c'est une hypothèse justifiée ; car chaque pas qu'on fait en avant dans les sciences biologiques nous montre que pour chaque organisme il existe une adaptation parfaite ; pour chaque danger, une mesure préventive, pour chaque organe, une fonction régulière. Jamais la loi de la finalité ne s'est trouvée en défaut dans l'étude des êtres vivants.

« Enfin c'est une hypothèse presque nécessaire ; car on ne peut la remplacer par aucune autre ».

Il est évident que comme moi et d'une manière tout à fait indépendante, M. Richet est arrivé de son côté à reconnaître

dans la nature une mentalité biologique, à côté de la mentalité psychologique.

Or c'est cette mentalité biologique qui est le point de départ, l'agent producteur et directeur des phénomènes de
l'instinct, phénomènes qui résultent en somme et au fond,
des efforts de l'organisme pour acquérir plus de vie et une
meilleure vie. L'instinct résulte en effet d'un effort biologique
et non d'un effort proprement psychologique, d'une pensée
consciente, d'une intelligence raisonnante et d'une volonté
réfléchie.

Mais s'il y a deux mentalités, je répète qu'elles ne sont
pas de natures différentes. Elles diffèrent plus par leur lieu
d'application et d'activité que par leur nature même. Les termes de passage qui les unissent et qui effacent leurs limites
sont extrêmement multipliés. Que de phénomènes, que
d'actes, que de résultats qui peuvent être rapportés également
à l'une ou à l'autre de ces mentalités ou aux deux réunies !

L'une déploie son activité dans des centres nerveux spéciaux, l'autre dans les diverses parties de l'organisme qui ne
sont d'ailleurs pas étrangères à tout élément nerveux. Rien
ne prouve certainement que les centres nerveux dits pensants
soient le siège unique de la mentalité, et que bien des éléments de cette dernière ne trouvent leur source dans d'autres
organes. Certainement le système musculaire, les appareils
circulatoires, digestifs, les organes reproducteurs en partien-
lier sont en quelque mesure des lieux d'élaboration d'images
et d'idées qui viennent se compléter et s'associer dans les
centres nerveux eux-mêmes. L'esprit est répandu dans tout
l'organisme ; et l'instinct est la manifestation propre de cet
esprit réduit à son rôle biologique.

Il est donc vraiment chimérique d'essayer de poser des
limites précises et radicales entre la biologie et la psychologie.

Dans le monde animé (animaux et plantes) ces deux formes, ces deux aspects de la mentalité se présentent associées
dans des proportions d'importance et d'activité qui donnent
leurs caractères aux diverses formes de la vie.

Le règne végétal qu'on ne saurait séparer d'une manière
absolue du règne animal est proprement le domaine exclusif

de la mentalité biologique. Les plantes sont douées en effet d'une conscience biologique, c'est-à-dire d'une synthèse de forces directrices agissant en elles avec logique et discernement dans l'intérêt bionomique de l'individu et de l'espèce, et source des instincts des végétaux. C'est donc avec raison qu'il peut être question de l'âme des plantes et d'une conscience végétale.

Dans les niveaux inférieurs du règne animal, la conscience psychologique étant encore latente, la conscience biologique ne s'élève pas proprement au-dessus de celle des végétaux les mieux doués à cet égard.

Mais à mesure que l'on gravit les degrés de l'évolution animale, la forme psychologique de la mentalité se révèle, se manifeste et se développe de plus en plus. Sans doute la forme biologique s'élève et se perfectionne aussi, mais dans des proportions bien moins éclatantes ; et le moment vient enfin où la mentalité psychologique prend de si considérables proportions que les observateurs trop timides sont exposés à méconnaître ses liens et sa parenté avec sa devancière, la mentalité biologique, et sont amenés bien à tort à affirmer la séparation radicale l'une de l'autre, c'est-à-dire la distinction radicale de la vie et de l'esprit.

La discussion à laquelle je viens de me livrer est assez longue pour qu'il soit nécessaire d'en présenter nettement les conclusions. Je dirai donc en finissant qu'elle me paraît établir qu'il faut substituer au point de vue de Perrier et Romanes, qui séparait les instincts en deux groupes d'origines très différentes, les instincts primaires et les instincts secondaires, qu'il faut, dis-je, lui substituer une nouvelle conception dans laquelle les instincts sont tous considérés comme ayant une même origine, et comme dépendant de la mentalité biologique. Mais parmi les instincts, il faut distinguer les instincts *simples* ou *élémentaires* qui correspondent aux instincts primaires de Perrier et Romanes, et les instincts *composés* ou *associations d'instincts* qui renferment la plupart des instincts secondaires des mêmes naturalistes. Voilà comment doit être comprise la classification des instincts vrais, ou instincts proprement dits.

Mais en dehors des instincts, il faut placer les actes primitivement conscients et réfléchis, dont l'origine doit être
recherchée dans la mentalité psychologique, qui sont entrés
par la répétition dans les domaines du subsconcient et qui
constituent proprement les habitudes. Ce sont là des spendo-
instincts ; et c'est à tort qu'on fait figurer dans ce groupe des
actes complexes dus à l'association des instincts ou instincts
composés. Ceux-ci diffèrent toujours des habitudes par leur
origine (la mentalité bionomique) ; et le plus souvent aussi
par leur fin qui est toujours l'intérêt de l'individu ou de
l'espèce.

Voilà la classification qui me paraît légitimée par l'étude
sérieuse et l'analyse approfondie des faits. Elle servira de
conclusion spéciale à ce long essai sur l'instinct.

NEUVIÈME ESSAI

CRÉATION — ROLES DE LA MATIÈRE — IMMORTALITÉ

Les considérations que j'ai présentées en faveur de la croyance à un Dieu transcendant, distinct de la création, ne suppriment certes pas la difficulté résultant de la question de l'origine de Dieu ; mais cette difficulté ne constitue pas pour la transcendance une condition d'infériorité, puisqu'elle ne subsiste pas moins dans l'hypothèse de l'immanence.

Dans son discours sur le Monisme[2], l'éminent naturaliste d'Iéna a complaisamment allégé le monisme panthéiste de cette difficulté de l'origine de Dieu, pour en réserver le monopole à la croyance en un Dieu indépendant du monde et créateur. C'est là un procédé commode pour se débarrasser d'une question gênante et pour en jeter tout le poids sur l'adversaire. Mais on peut répondre à Haeckel que pour le Dieu du monisme aussi bien que pour celui du théisme peut se poser la question : ce Dieu d'où vient-il ? Car aucun système ne peut se soustraire à la question insoluble pour nous, de l'origine première de l'être ; et peut être est-il moins difficile pour notre raison de concevoir que l'être parfait et tout puissant ait été sa propre cause, c'est-à-dire n'ait tenu l'être que de lui-même, et ait été la cause des causes, que de reconnaître une telle puissance au Dieu rudimentaire et embryonnaire du monisme panthéiste.

Je ne sais si c'est une tendance, une impression qui me

1. Haeckel, *Le Monisme, lien entre la religion et la science, Profession de foi d'un Naturaliste,* traduction française ; Paris, Reinwald, 1897.

soient personnelles, mais l'éternité de l'être parfait, l'éternité de la pensée, de la volonté et de l'amour suprêmes, rencontre en moi moins d'objections que celle d'un rudiment indifférencié qui n'est le fils de rien. Le premier répond en moi à l'idée de l'être, de tout l'être, de l'être dans sa plénitude. Je puis concevoir que l'être même ait toujours été. On ne peut en effet demander à l'être même un commencement pas plus qu'au temps et à l'étendue. L'être a toujours été, car nous ne pouvons concevoir un temps où il n'était pas, et où il n'y avait que le non-être. Au contraire l'éternité du germe, de l'embryon, qui n'ont ni antécédent, ni ascendant, choque violemment mes conceptions de naturaliste, sans doute ; mais en outre elle me met en présence d'un non-être possible qui aurait précédé l'apparition de ce rudiment de l'être, c'est-à-dire d'une création dans le sens absolu du mot, à laquelle ma raison refuse d'adhérer. Cette seconde conception correspond en quelque sorte à un conséquent logique auquel l'antécédent fait défaut.

Dans la première conception au contraire, le conséquent est à lui-même son propre antécédent, car l'être absolu est à la fois antécédent et conséquent, il est le commencement qui n'a pas commencé, l'antécédent de tous les commencements.

Dans l'une et l'autre conception, on proclame Dieu éternel; on le dit la cause des causes ; il n'a pu-être créé puisqu'il est la source de toutes choses et que rien ne l'a précédé. Dieu est au commencement de toutes choses. Mais le Dieu transcendant n'est pas astreint à une évolution progressive et n'a pas eu nécessairement le passé rudimentaire, le passé plein d'indétermination, passé de vie sourde et inconsciente qu'a dû subir le Dieu de l'immanence enchaîné à la vie de la matière dont il constitue le principe animateur, et dont il a nécessairement partagé les phases initiales pendant lesquelles l'univers matériel se trouvait plongé dans l'homogène et dans l'indifférent. Le Dieu de la transcendance a été Dieu, c'est-à-dire l'être personnel puissant et infini, de toute éternité. Il ne peut être expliqué ; mais sa conception n'est pas contradictoire de l'idée d'infini, de puissance, de sagesse, de volonté, de justice, tandis que le Dieu du monisme évolutionniste a été pendant des périodes incalculables du passé, et reste encore dans une certaine mesure, sourd, aveugle, insensible, inconscient et *impulsif*. Il a agi presque comme en état d'hypnose ou de subconscience, et a obéi à l'impulsif et à l'instinctif plutôt qu'à la raison. Il ne sera jamais entièrement autre, puisqu'il est éternel, et éternellement appelé à évoluer vers l'idéal. C'est un Dieu d'aspirations et d'espérances, plutôt qu'un Dieu de certitudes et de réalités. Le Dieu de la transcendance a été ce qu'il est de toute éternité ; il a toujours eu en lui la dignité divine dans toute sa plénitude. Il a été capable de concevoir l'univers et de le créer. Il représente vraiment un commencement, un être initial ; il suffit pleinement à l'idée de cause ; il est un point de départ rationnel pour la création. Il est l'être, l'être proprement dit, et il a eu comme tel toutes les facultés et toutes les puissances de l'être. Il a été et il est éternellement pensée, conscience, sensibité, volonté. Il a pu vouloir et exécuter une œuvre bien ordonnée et grandiose suivant de sages desseins. Source infinie d'énergie, il a pu détacher de lui une somme d'énergie destinée à former le germe de l'univers. A ce germe qui avait participé de son éternité tant qu'il faisait partie de lui-même, il a ordonné de s'élever par degrés de l'état rudimentaire et imparfait à l'état de plus en plus supérieur et parfait. A ce germe d'essence éternelle comme lui, il a donné cependant un commencement, qui a été le moment où, le détachant de lui-même, il lui a imposé une forme, une figure. Ce germe, d'abord pure énergie, il l'a en effet revêtu d'une forme ; et cette forme, c'est la matière ; et ce germe est ainsi devenu univers sensible, c'est-à-dire énergie capable d'être sentie (lumière, chaleur, magnétisme, électricité, gravitation, etc.).

Il est bon de remarquer en effet que le Créateur étant esprit, étant pensée, volonté, sensibilité, conscience, avait devant lui un germe dans lequel ces attributs et ces facultés étaient pour la plupart, soit en puissance, soit à l'état de rudiments diffus et impersonnels. Un entretien entre le Dieu personnel et conscient, et ce rudiment impersonnel et inconscient, ne pouvait répondre efficacement au besoin d'aimer inhérent à la nature divine, et ne pouvant être satisfait que dans l'amour du semblable. L'œuvre divine devait donc avoir pour dessein de placer ce germe dans des conditions telles qu'il put réaliser et épanouir ses virtualités originelles et devenir semblable à Dieu.

En revêtant l'énergie d'une forme sensible, le Créateur a satisfait aux conditions essentielles des relations qu'il voulait établir entre Lui et la créature. Le germe de l'univers, esprit pur, ou énergie pure comme l'être suprême dont il émanait, ne pouvait rester vis-à-vis du Créateur distinct et autonome. Encore impersonnel, sans détermination, il ne serait pas resté séparé de Dieu, et aurait immédiatement fait retour à sa source première pour se dissoudre dans son sein. C'est là une affirmation dont l'observation psychologique démontre la justesse.

On ne peut nier, en effet, que les âmes, même constituées en faisceaux, en systèmes personnels à cohésion plus ou moins puissante, ne soient susceptibles de pénétration réciproque, et que malgré les délimitations corporelles et les liens de la personnalité, elles ne présentent parfois l'image d'une pénétration, d'une communion, d'une fusion même qui aboutiraient fatalement à l'unité, si les délimitations matérielles n'y mettaient obstacles. Mais le germe spirituel qu'on a le droit de considérer comme privé encore des effets du travail évolutif destiné à le délimiter, à le morceler, à le disposer en faisceaux, en systèmes doués d'une force de cohésion suffisante, à le différencier en un mot sous une figure ou forme spéciale, n'eût point été capable de maintenir entre lui et la source suprême dont il avait été une partie, le plan de séparation destiné à perpétuer son indépendance et fût immédiatement redevenu partie intégrante de cette dernière. La créature restée proprement spirituelle, serait immédiatement revenue à sa source première, car logiquement tout l'y invitait, penchants et aptitudes, et elle n'eût pas acquis l'autonomie qui devait lui permettre de constituer des personnalités.

La forme matière, dont Dieu a revêtu ce germe spirituel, a établi et maintenu entre le Créateur, énergie pure, et la créature, énergie figurée, la distinction nécessaire, et a permis à celle-ci de parcourir toutes les phases d'une évolution qui devait la ramener à l'état d'esprit pur, mais sous la forme de groupements ou systèmes d'énergie, savamment et solidement liés, capables par cela même de résister à la désagrégation et à la dissolution.

La forme matérielle a donc joué un premier rôle indispensable ; car elle a séparé et distingué la créature du Créateur, et a maintenu son autonomie. Elle lui a permis d'être vis-à-vis de Dieu, un être capable de devenir relativement semblable à Dieu, mais autre que Dieu : elle a permis, au sein de la création, la constitution de la personnalité psychique, image extrêmement réduite de la personnalité divine.

Mais, en outre, la créature étant ainsi maintenue par sa forme matérielle, distincte et relativement indépendante vis-à-vis de Dieu, devait répondre à des conditions spéciales conformes au but que lui imposaient la nature et la volonté du Créateur. Dieu étant activité et amour devait trouver dans la créature un champ d'activité et un objet à aimer. La forme matérielle a permis de réaliser cette double condition. Les longues étapes qu'à dû parcourir le germe de l'univers dans son ascension évolutive ont, en effet, constitué pour le Créateur des occasions sans cesse renouvelées d'agir et d'aimer.

L'esprit, devenu figuré sous forme des manifestations si diverses de l'énergie, a eu à vaincre les résistances matérielles qui ont modéré et réglé sa marche vers l'état divin ; la forme a multiplié les obstacles et les résistances ; elle a été une possibilité et une occasion constantes de frottements qui ont pour ainsi dire façonné, poli et affiné l'énergie, et l'ont ramenée peu à peu à l'état d'esprit et d'esprit personnel.

La matière, forme de l'énergie et de l'esprit, a donc servi à la marche évolutive de frein modérateur et de frein nécessaire : car si elle a ralenti la marche et les progrès de l'esprit, elle les a du moins assurés et régularisés. La résistance a imposé à l'esprit l'obligation de l'effort; et c'est par l'effort continu, incessant, opiniâtre, que l'esprit a conquis sa suprématie et gravi les sommets. C'est l'effort tantôt conscient, tantôt inconscient ou plus justement subconscient, qui a engendré les tâtonnements et les variations qui ont permis et préparé les transformations heureuses ou malheureuses. C'est encore l'effort qui a donné aux variations heureuses la persistance et la victoire ; c'est l'effort aussi qui a triomphé des causes de stationnement et de recul, des déviations et des perturbations. C'est par la gymnastique de l'effort, en un mot, que l'esprit fortifié et organisé s'est soumis la forme matérielle, qu'il l'a façonnée de manière à transformer de plus en auxiliaire cette forme qui s'était présentée d'abord comme un obstacle et un danger.

La matière a donc reculé l'échéance du triomphe imposé comme but à la marche évolutive, et a donné forcément au cycle évolutif une durée considérable qui fit de lui une fraction notable de l'éternité. On a dit de Dieu qu'il était patient parce qu'il était éternel. Dans l'œuvre créatrice, la patience du Créateur, c'est-à-dire la durée qu'il a voulue pour l'évolution de la créature, doit être regardée comme un acte de sagesse et de prévoyance. Quoique Dieu soit éternel, et quoiqu'on veuille systématiquement le placer en dehors du temps, et anéantir pour lui la durée, l'histoire de l'univers, histoire conçue et voulue par Dieu démontre suffisamment que la puissance de Dieu tient compte du temps et de la durée, et qu'ils entrent comme condition et comme facteur de son œuvre.

C'est par l'effort que l'esprit s'est concentré sous forme de groupements ou faisceaux psychiques, dont les éléments, reliés et coordonnés, ont constitué les individualités psychiques et les personnalités conscientes. C'est dans ce but et pour cette fin, que, par l'effort encore, l'esprit a perfectionné sa forme matérielle de manière à en faire l'*échafaudage* et l'instrument de l'accumulation et de la coordination de l'esprit en groupements ou systèmes de divers ordres, depuis les mentalités inférieures et rudimentaires jusqu'aux personnalités les plus élevées, jusqu'aux âmes ayant atteint une cohésion suffisante et des liaisons assez puissantes pour les défendre contre la dissolution et leur conserver l'immortalité personnelle, alors même qu'elles seraient finalement recueil-

lies dans le sein de Dieu. Car si le germe primitif, restant
esprit pur, énergie pure, se fût fatalement fondu dans la
source suprême de l'être et de l'esprit, parce qu'il était
non déterminé, sans différenciation et sans cohésion spéciales
capables d'assurer son indépendance et sa durée ; il n'en est
certes pas de même des âmes qui produites par le long travail évolutif de l'univers et ayant acquis dans ce fructueux
labeur la cohésion heureuse de leurs éléments, se sont mises
ainsi à l'abri de la désagrégation et de la mort. Ces âmes,
formées d'une essence divine, l'esprit, et devenues personnalités divines par la solidité et l'harmonie de leur structure,
peuvent subsister dans la société et la communion de l'âme
divine. Il peut y avoir et il y a certainement entre elles et Dieu,
communion et pénétration. Puisqu'il y a harmonie de pensée,
de volonté, de sentiment, on doit logiquement penser qu'il
y a entre elles et Dieu communion et pénétration sans
qu'elles trouvent dans le sein du Créateur absorption complète et dissolution.

Sur cette immortalité des âmes conditionnées par leur évolution normale en faisceaux ou en systèmes reliés par de
solides éléments de cohésion dus au travail de l'effort, je me
suis suffisamment expliqué dans mon *Essai sur l'Immortalité
au point de vue du matérialisme évolutioniste*[1] et je m'abstien-
drai d'y revenir longuement ici. Sans m'étendre sur cette
doctrine, qui a certainement pour elle des raisons d'ordre
intellectuel et d'ordre moral qui ne le cèdent en rien à celles
sur lesquelles s'appuient les conceptions du monisme panthéiste, je veux seulement formuler en quelques lignes ma
conception de l'*immortalité acquise.*

L'immortalité n'appartient, selon moi, qu'aux édifices
spirituels, qu'aux systèmes de forces psychiques qui ont
acquis par l'effort, par le labeur, un degré suffisant de
cohésion et de coordination harmonieuse qui les élève à la
dignité de personnalités immortelles.

Par cette édification de la personnalité, l'esprit s'est

---

1. A. Sabatier, *Essai sur l'Immortalité au point de vue du naturalisme
évolutioniste* ; Paris, Fischbacher, 1895.

appuyé sur la forme matérielle qu'elle a perfectionnée sous forme de corps organisés. Or, ces derniers sont proprement des accumulateurs et des organisateurs de l'énergie ou de l'esprit. La forme matérielle s'élevant de l'état de matière brute à l'état de protoplasme, et donnant à certaines portions de celui-ci, l'état de substance nerveuse et d'éléments nerveux, a constitué par là un *échafaudage* sur lequel se sont groupés et cimentés, dans un ordre remarquable, les éléments psychiques diffus répandus partout comme énergie organisatrice générale de l'univers. J'emploie volontiers ce terme d'échafaudage, car, comme comparaison et comme représentation, il répond, selon moi, mieux que tout autre, à une conception logique de l'immortalité de l'être spirituel après la disparition ou la dislocation de la structure organique qui a servi de point d'appui à la construction de la personnalité psychique.

L'âme personnelle peut, en effet, être comprise comme un groupement savant de pierres convenablement taillées et savamment agencées, de manière à fournir les unes aux autres des conditions d'appui et de solidité qui assurent la perpétuité de l'édifice. C'est une voûte où les règles de la géométrie et de la dynamique ont trouvé une si parfaite application, qu'une fois tous les éléments mis en place, le soutien passager et grossier qui constituait la charpente peut être disloqué et supprimé, non seulement sans entraîner l'écroulement de la voûte, mais en laissant à celle-ci plus de solidité, plus de légèreté et plus d'indépendance. Retrancher en effet l'appui artificiel qui avait une part dans la somme des frottements et des pressions des pierres de l'édifice, c'est permettre à ces dernières de prendre des contacts réciproques plus étendus, plus directs, des relations plus étroites et plus précises, et c'est donner aux forces qui assurent leurs situations respectives une application plus directe et un effet plus assuré. Ainsi l'âme personnelle, dégagée de l'échafaudage organique sur lequel elle s'est appuiée et édifiée, peut-elle braver le temps et entrer dans l'immortalité, car elle est faite d'éléments indestructibles, rapprochés et disposés conformément à une géométrie supérieure, et cimentés par la volonté et et l'effort.

Mais on conçoit aussi que l'âme chez laquelle l'effort a été insuffisant pour élever à la fois un échafaudage savant et une voûte impeccable, puissent, comme tout édifice imparfait, subir les atteintes du temps, et s'effondrer dans la dislocation et la dissolution.

Ainsi donc la matière, forme ou figure de l'énergie, a fait de la création un être distinct de Dieu, uni à lui par des liens filiaux, et objet de sa dilection et de son activité paternelle. La tendance, la volonté de la créature d'obéir à la voix de l'hérédité et à l'impulsion de l'atavisme et de revenir vers la source de l'énergie par une évolution ascendante, a donc pu se réaliser progressivement dans le cours des temps, jusqu'à ce que la créature émancipée de la forme matérielle et devenue personnalité consciente et immortelle regagnât le sein de l'Être éternel. Et en attendant, la matière ou forme de l'esprit aura permis à l'altruisme divin de se manifester et de se satisfaire pendant une période de l'éternité assez longue pour représenter une vibration du rythme de la vie de l'univers. On peut croire en effet que cette vibration répondant au cycle vital d'une création a été précédée et sera rythmiquement suivie de vibrations semblables, vouées à la même destinée et répondant à la même fin, car Dieu étant éternel, son activité et son amour le sont également, et ne sauraient rester sans objet.

Ainsi donc, l'âme, conscience morale pure, le faisceau personnel émancipé de la forme matérielle, mais assez solidement et harmoniquement constitué pour résister à la désagrégation, semble appelé à clore le cycle de son évolution par un retour dans le sein de l'esprit suprême du Dieu créateur d'où elle a été tirée.

Mais dans ce rapprochement complet de la créature et du Créateur, ce dernier reste la puissance et la volonté infinies vis-à-vis de la puissance et de la volonté finies dévolues à la créature. Nous pouvons croire, et cela importe beaucoup, que les âmes ne sont pas anéanties, et comme ensevelies et dissoutes dans l'infini divin. Comme le dit Spinoza ce sont des *êtres* véritables, et elles ne se perdent pas dans l'âme divine, parce que chacune d'elles y conserve le caractère

propre que lui a acquis le travail de sa propre volonté. On
ne comprendrait pas, en effet, qu'une œuvre si considérable,
appliquée à construire ces édifices spirituels, aboutît à un
anéantissement complet. Ce serait là un couronnement
indigne de l'activité divine imprimée à l'évolution, et on
serait en droit de ne pas y reconnaître l'œuvre de la suprême
sagesse. Toutefois, dans cette pénétration profonde et intime
de l'âme créatrice et de l'âme créée, les sentiments, les
volontés, les activités se rencontrent dans une parfaite harmonie ; et la créature, ayant atteint l'apogée de son évolution, n'a plus un aussi impérieux besoin du concours du
Créateur, car entre lui et elle l'abime moral est comblé ; et
Dieu, n'ayant plus devant lui qu'un être à aimer, doit trouver
un champ nouveau à son activité. Il le trouve dans une
création et une évolution nouvelles.

A ceux qui jugeront ces pensées téméraires et arbitraires,
je répondrai en les plaçant en face de l'éternité. Si l'insecte
éphémère ne peut rien préjuger des longues années de la vie
de l'homme, ce dernier se distingue de l'insecte fugace, en
ce que sa pensée peut s'élancer à toute volée dans l'espace et
dans le temps ; ses conceptions, dépassant le présent et les
limites de sa perception sensible, peuvent bien ne pas rencontrer la réalité ; mais tout au moins sont-elles légitimes ;
car ce qu'il nous est donné de voir est une partie si imperceptible de la durée et de l'espace, qu'il ne saurait s'imposer
à notre esprit comme répondant à la stabilité et à la permanence absolues, et comme prohibant les envolées de la faculté
d'imaginer et de prévoir des phases nouvelles dans le déroulement de l'éternité.

DIXIÈME ESSAI

ÉNERGIE ET MATIÈRE

L'école matérialiste et l'école panthéiste qui se donnent la main sur bien des points, et sur celui-ci, en particulier, considèrent l'univers visible actuel comme infini et éternel. Leur affirmation sur ce point n'est pas tempérée par des réserves.

Ce sont là cependant des assertions gratuites, et peut-être même imprudentes et téméraires. Est-il nécessaire de dire qu'elles ne reposent sur aucune base positive, sur aucune preuve et constituent tout au plus de simples présomptions.

On peut affirmer, il est vrai, que nous ne connaissons pas, et que nul n'a vu les bornes, les limites de l'univers sensible.

Mais est-ce suffisant pour affirmer qu'elles n'existent pas? De ce que nos regards ne nous permettent pas de les saisir, nous pouvons seulement conclure que leur position, leur lieu sont hors de la portée d'ailleurs très bornée de nos moyens de vérification.

Et quant à la durée de l'univers actuel, quant à son éternité, qui comporterait une durée sans limites, soit dans le passé, soit dans l'avenir, est-on plus autorisé à l'affirmer?

Par cette affirmation l'école matérialiste a prétendu rejeter absolument dans le domaine de l'impossible le fait de la création et l'existence d'un créateur. Elle a résumé sa doctrine dans cet aphorisme aussi absolu que laconique: « Rien ne se crée, rien ne se perd. » Cet aphorisme accepté comme un des résultats de la science moderne, comme une conséquence logique de la grande et féconde théorie scientifique de la conservation de l'énergie, théorie appuyée sur le calcul et sur l'expérience, et d'ailleurs si riche en conséquences théoriques et en résultats pratiques dans tous les champs de la science et de l'industrie, cet aphorisme, dis-je, a paru au matérialisme et à l'athéisme moderne un argument sans réplique et un jugement sans appel contre la conception d'un univers créé, qui a donc eu un commencement, et qui pourrait avoir une fin. Mais je n'hésite pas à affirmer que l'école négative a été dans ce cas le jouet d'une illusion et la dupe d'une confusion.

Faut-il considérer l'aphorisme : « Rien ne se crée, rien ne se perd », comme l'énoncé d'une erreur? Je ne le prétends pas. Le principe de la conservation de l'énergie paraît être une des conquêtes les mieux établies de la science théorique et de la science expérimentale. Tout semble établir que l'énergie ne se crée pas, et ne se détruit pas. Elle est et elle subsiste ; elle se transmet, elle se transforme, elle peut même se dissimuler, se dérober, et devenir insaisissable, mais elle subsiste sans perte, sans déchet réel. Elle devient chaleur ou électricité, ou attraction, ou magnétisme, ou lumière, etc. Mais elle reste ce qu'elle était, énergie et quantité équivalente et constante d'énergie. Voilà ce que l'on peut considérer comme scientifiquement accepté.

Mais peut-on en tirer légitimement la conclusion que l'univers matériel n'a pas eu un commencement et qu'il n'est pas susceptible d'avoir une fin? Je le nie énergiquement. La création de l'univers telle que nous l'avons conçue, ne présente rien qui soit en contradiction avec la loi de la conservation de l'énergie. La création de l'univers n'est pas pour nous le fait de l'apparition d'une quantité nouvelle d'énergie, l'entrée en scène d'une masse d'énergie qui n'existait pas antérieurement. Pas plus que l'école négative, et appuyés comme elle sur les données de la science et de la raison, nous ne saurions admettre la création *ex nihilo* de Démocrite et des Epicuriens. Nous restons fidèle à l'aphorisme : « *Nihil ex nihilo.* » Mais pour nous la création de l'univers, c'est la mise à part d'une quantité d'énergie détachée de la source même de l'énergie, de l'énergie même de Dieu, c'est la mise à part d'une portion de l'être, par Celui qui est l'être lui-même, détachement, mise à part volontaires de la part de Celui qui pouvait donner quelque chose de lui-même sans s'amoindrir puisqu'il est infini. Mais en même temps qu'il la détachait de lui-même, et connue pour la différencier de sa personne, le Créateur a donné à cette portion de l'énergie une forme spéciale qui lui permit d'évoluer, de grandir à travers des phases innombrables dont il lui indiquait la direction et la voie. L'énergie esprit pur a pris la forme d'énergie matière et c'est là le fait qui a présidé à la naissance du monde et constitué la création. La matière en effet n'est autre chose qu'une forme de l'énergie ; et pressée par la science de révéler sa nature, elle se résout en énergie, en centres d'énergie, en modifications de l'énergie, en états de l'énergie, que l'on nomme particules, atomes, éthers, ions, electrons, etc. ; dénominations sous lesquelles se cache notre ignorance de la nature de la matière, et surtout notre répugnance, fruit de la tyrannie des sens, à renoncer à voir dans la matière une réalité substantielle distincte de l'énergie.

La création de l'univers date donc du moment où l'énergie s'est revêtue d'une forme, la forme matière. La création n'a donc été que la transformation de l'énergie-esprit, en énergie-matière, et, chose digne de remarque, l'œuvre et la fin de l'évolution semblent devoir être la transformation progressive de l'énergie-matière en énergie-esprit, car ce que nous observons sur notre globe nous montre clairement que, des forces dites de la matière brute ou forces cosmiques, sont nées les forces dites vitales et enfin les énergies dites mentales et spirituelles.

Mais si le commencement de l'univers a été le moment de la transformation d'une quantité donnée d'énergie-esprit en énergie-matière, ne peut-on rationnellement considérer la fin de l'univers comme devant se réaliser lorsque l'énergie-matière actuelle sera revenue par la voie de l'évolution à l'état d'énergie-esprit. Si bien que la naissance et la fin de l'univers sensible ne se présentent plus à notre esprit comme une création absolue et une perte de quelque chose, mais comme de simples transformations de l'énergie, conformes à celles dont la science la plus avancée et la mieux établie démontre la réalité ; et nous pouvons croire au commencement et à la fin de l'univers sensible tout en affirmant que rien ne se crée et rien ne se perd.

Pour répondre aux résistances de ceux dont l'esprit se cabre invinciblement contre cette conception de la matière comme forme et comme fille de l'énergie, je demande à présenter quelques considérations.

Et d'abord demandons-nous, si ce que nous appelons matière a toujours été ce que nous la voyons être aujourd'hui ? La matière n'a-t-elle pas eu d'autres formes ? N'a-t-elle pas subi et ne subit-elle pas encore et indéfiniment des transformations ? Ce sont là des questions auxquelles une étude plus approfondie de l'état même actuel de la matière permet de faire des réponses plausibles, et dans tous les cas des réponses auxquelles on ne saurait opposer des dénégations absolues, soit *a priori,* soit déduites des faits.

Demandons-nous, en effet, ce que c'est que l'éther, dont le rôle paraît être immense dans la vie de l'univers, qui est répandu partout, paraissant partout être le véhicule de l'énergie et probablement la source et le siège même de l'énergie cosmique, principe d'activité à la fois mécanique et psychique, source intarissable de travail et de puissance, matière présumée, mais en même temps, semble-t-il, « fluide mystérieux qu'aucun œil n'a jamais entrevu et que l'on est obligé de douer des attributs les plus contradictoires, les moins conciliables avec les propriétés reconnues à la matière » (C. Le Bon, La variabilité des Espèces chimiques, *Rev. scientif.,* 22 déc. 1900). « Aucune main n'a touché l'éther, dit Bertrand (Eloge de Lamé), aucun œil ne l'a vu, aucune balance ne l'a pesé ; on le démontre, on ne le montre pas ; et pourtant il est aussi réel que l'air ; son existence est aussi certaine ; si j'osais dire elle l'est davantage. Fresnel a poussé la démonstration jusqu'à la plus complète évidence ; il a fait plus que convaincre ses adversaires, il les a réduits au silence. L'univers est rempli par l'éther ; il est plus étendu, plus universel, et peut-être plus actif que la matière pondérable ; il livre passage aux corps célestes sans leur résister ni les troubler..... Il est, disait Lamé, le véritable roi de la nature physique. »

S'il en est ainsi, est-il certain que l'éther ait une réalité matérielle au sens que nous attachons au mot matière? Ou bien n'est-il qu'une entité d'une nature inconnue dont la nécessité logique s'impose aux théories de la science? Oui, l'éther doit être logiquement considéré comme une réalité; mais est-il matériel dans le sens ordinaire de ce mot? Là dessus peut planer un doute très légitime. Les physiciens le sentent bien, car ils le considèrent comme une substance extrêmement atténuée, comme un fluide subtil, comme une substance impondérable, comme une matière pour ainsi dire immatérielle puisqu'elle n'a aucun des attributs de la matière.

L'éther est en effet le siège, le lieu, le conducteur et peut-être la source d'énergies dites ondulatoires pour lesquelles la matière pondérable est incapable de jouer le même rôle. Ce qui le caractérise, ce qui est incontestable, c'est sa puissance indéfectible d'activité. « Calorique, électricité, magnétisme, attraction universelle, cohésion, affinités chimiques, tous ces êtres que Lamé appelle mystérieux et incompréhensibles, ne sont au fond que des hypothèses de coordination, utiles sans doute à notre ignorance actuelle, mais que les progrès de la véritable science finiront par détrôner et ramèneront à l'éther » (Lamé, Mémoire sur les lois d'équilibre du fluide éther, *Journal de l'École polytechnique*, t. XIV, cahier 23).

Mais quelle pourrait bien être la condition de l'éther s'il était matériel? Il ne saurait être ni solide, ni liquide, ni gazeux puisqu'il est impondérable, que toute matière est ouverte à sa pénétration, et qu'il est le lieu ou la cause de phénomènes dynamiques qui n'appartiennent en propre ni aux solides, ni aux liquides, ni aux gaz. Faut-il lui attribuer un état ultra-gazeux spécial et inconnu, comme l'ont dit quelques physiciens embarrassés? Mais c'est pour le moment du pur arbitraire. Faut-il lui accorder une structure dynamique, comme l'écrit Haeckel dans un assemblage de mots plus habile que facile à comprendre?

De la nature matérielle de l'éther, c'est-à-dire de sa nature comme forme sensible et pondérable de l'énergie, nous ne savons réellement rien ; et rien ne nous permet de la constater et de l'affirmer. Parler des ondulations, des vibrations de l'éther, c'est, il ne faut pas se le dissimuler, donner une pure satisfaction à l'esprit en lui offrant des images repésentatives empruntées au monde matériel, mais rien n'affirme qu'il s'agit là de réalités exactes ou de données adéquates à la réalité matérielle. Tout ce qu'il est permis d'affirmer à ce propos, c'est que certains phénomènes attribués à tort ou à raison à des mouvements vibratoires de l'éther présentent des alternances régulières de variation soit dans l'espace soit dans le temps. Mais de la nature de cette activité et de ces variations nous ne savons rien. S'agit-il de mouvements matériels, de transports? S'agit-il de déformations? S'agit-il seulement de manifestations localisées et temporaires de l'énergie pure se modifiant d'une manière rythmique? S'agit-il simplement de changements d'états successifs? Qui le dira? Personne encore.

Il n'y a pour l'éther, et quelle que puisse être sa nature, qu'une chose certaine, c'est que son activité est incessante, sa puissance indéfectible, son action universelle.

Serait-il le générateur de l'énergie de l'univers? Ne serait-il pas cette énergie elle-même, ne serait-il pas la part d'énergie pure, d'énergie en soi que le Maître de l'énergie a destinée à former l'essence et l'origine du monde en lui ordonnant de devenir sensible et tangible sous la forme de matière. L'éther ne serait-il pas l'état actuel de cette énergie primitivement amorphe et intangible qui s'est prêtée à la morphogénie de l'univers? Voilà me semble-t-il ce que les physiciens pourraient se demander, si mettant de côté l'idée de matière comme essentielle et éternelle, ils consentaient à considérer réellement l'énergie en soi comme la source des énergies répandues dans l'univers, et comme la cause de la forme dite matérielle de ces énergies qui les rend manifestes, qui leur donne une figure et en fait l'univers sensible.

« Une chose dont nous sommes certains, dit lord Kelvin,

c'est la réalité et la matérialité de l'éther. » Je n'en discon-
viens pas, mais à condition que l'on précise ce que l'on en-
reud par matérialité. Là-dessus les physiciens sont loin de
s'entendre. Pour les uns, pour la majorité des physiciens, la
matière est « *ce qui est pesant* ». Mais alors l'éther devrait
être placé en dehors de la matière puisqu'il est impondérable. Pour Newton et les astronomes de son école, la matière
est « tout ce qui attire ». (La définition serait de Laverrier,
d'après M. Duponchel.) Mais si, comme le font bien des
physiciens, on attribue aux particules (supposées) de l'éther
une force intrinsèque de répulsion, et aux atomes de la matière pondérable une force intrinsèque d'attraction, et si l'on
est tenté d'expliquer toute la mécanique de la vie universelle
par le jeu de la répulsion des premiers et de l'attraction des
seconds, il faut se résoudre à établir entre l'éther et la matière pondérable une différence radicale, une opposition même,
et à considérer l'éther comme n'étant pas matériel ou tout au
moins comme étant une matière autre que la matière.

Si, avec M. de Freycinet, on définit la matière « tout ce
qui a de la masse, ou tout ce qui exige de la force pour acquérir du mouvement », on établit entre la force et la matière une distinction profonde, qui attribue par elle-même à
la force une existence autonome et qui en fait une entité distincte de la matière. Mais si l'inertie est un des caractères
essentiels de la matière, on est appelé à considérer comme
possible la matière sans force et la force sans matière ; et si
c'est l'éther qui possède essentiellement la capacité d'énergétique, l'éther est une matière bien différente de l'autre
matière, si toutefois il est matériel.

On le voit donc parmi les physiciens, il en est qui considèrent la matière comme tout à fait distincte et différente de
l'éther que l'on considère à son tour comme un fluide subtil jouant un très grand rôle dans le mécanisme de l'univers,
tandis que la matière vulgaire, celle qui tombe sous nos
sens, et dont nous observons directement les mouvements
n'est qu'un ensemble d'atomes dont les mouvements intestins
nous échappent, et dont nous ne saisissons que le déplacement d'ensemble.

Il y aurait donc deux matières, la matière supérieure, la vraie matière qui est l'éther, et la fausse matière ou la matière ordinaire, ce que nous appelons proprement matière.

Pour d'autres, l'éther est la seule matière primitive, ou même la seule matière véritable. Parmi ceux-ci il en est qui regardent la matière vulgaire comme de l'éther condensé; d'autres n'y voient plus que le *lieu géométrique* des singularités de l'éther. Par exemple, pour lord Kelvin, ce que nous appelons matière n'est, que le lieu des points où l'éther est animé de mouvements tourbillonnaires. Ce n'est donc pas une substance spéciale, et ce qui frappe nos sens, ce sont simplement les tourbillons de l'éther.

Pour Riemann, la matière était le lieu des points où l'éther est constamment détruit; nos sens seraient particulièrement impressionnés par ces destructions locales, par cette disparition de l'éther, et de là l'origine de ce que nous appelons à tort matière sensible.

Pour d'autres auteurs plus récents, Wiechert ou Larmor, la matière est le lieu des points où l'éther a subi une sorte de torsion d'une nature toute particulière. Mais en se plaçant à un de ces points de vue, on peut se demander avec M. Poincaré, de quel droit on étendra à l'éther, sous prétexte que c'est de la vraie matière, les propriétés mécaniques observées sur la matière vulgaire qui n'est que de la fausse matière.

La science est, on le voit, fort embarrassée, en face de la matière et de ses relations avec l'éther. Elle en parle plutôt en obéissant à des habitudes de penser, à des impressions, à des présomptions, qu'à des notions précises et dictées par une claire observation et une logique basée sur l'expérience. « Non seulement, dit M. Poincaré, nous découvrons des phénomènes nouveaux, mais dans ceux que nous croyions connaître se révèlent des aspects imprévus. Dans l'éther libre, les lois conservent leur majestueuse simplicité; mais la matière proprement dite semble de plus en plus complexe; tout ce qu'on en dit n'est jamais qu'approché, et à chaque instant, nos formules exigent de nouveaux termes. »

La notion de matérialité est évidemment liée à des phénomènes de sensation et de mécanisme. La matière est sensible c'est-à-dire qu'elle est susceptible d'être sentie. Mais qu'est-qui est sensible en elle, sinon l'énergie? Supposons une matière granulaire, comme le veulent la plupart des physiciens, composée de molécules dites matérielles, et supprimons en elle les formes de l'énergie. La disparition de la cohésion, de l'affinité, de la pesanteur, des vibrations calorifiques, la rend insensible au toucher; les ondulations lumineuses, c'est-à-dire les énergies ondulatoires lumineuses supprimées, la matière n'est plus vue par l'œil; les énergies ondulatoires électriques, magnétiques, disparues également, toute une série très importante de phénomènes sensibles disparaissent également, et laissant la matière en dehors de notre connaissance, la rendent pour nous comme n'existant pas. C'est donc par l'énergie que la matière se révèle et se caractérise. L'énergie est source de déplacements ou de déformations successives de molécules de l'éther (théorie ondulatoire électromagnétique de la lumière de Maxwell). Mais ces molécules ne seraient-elles pas seulement des manières d'être de l'énergie, des états localisés de l'énergie? L'énergie ne peut-elle exister ou se manifester sans qu'il y ait réellement des particules dites matérielles, c'est-à-dire ce que nous considérons comme des particules distinctes de l'énergie? Ceux qui considèrent que partout où il y a de l'énergie, il y a aussi de la matière *dans le sens ordinaire* du mot, ne rappelleraient-ils pas les ignorants qui pensent que ce sont les arbres qui engendre le vent, parce que lorsqu'il fait du vent, leurs feuilles sont agitées. Partout où l'on aperçoit les branches et les feuilles en mouvement, il y a du vent en effet, mais il y a aussi du vent là où n'existent pas des branches et du feuillage.

De même, partout où il y a de la matière, c'est-à-dire des manifestations, des formes de l'énergie, il y a de l'énergie, mais rien ne nous affirme qu'il n'y a pas de l'énergie là où nous ne constatons pas de la matière. Il peut y avoir là de l'énergie insensible pour nous, de l'énergie dont les manifestations sont d'un tel ordre que nous sommes incapables de la connaître. La forme matérielle de l'énergie est un réactif

qui nous révèle et nous démontre l'énergie ; mais l'énergie
privée de ce réactif peut néanmoins exister. Ce réactif est
d'ailleurs approprié, adapté à notre nature sentante ; et là
où il fait défaut nous croyons pouvoir affimer que l'énergie
fait aussi défaut. C'est là une présomption qui peut être fausse ;
ce n'est pas une certitude. Si bien que si, nous, êtres sentants,
nous pouvons affirmer qu'il n'y a pas de matière sans
forces, sans énergie, on ne saurait affirmer qu'il n'y a pas
d'énergie sans forme matérielle. Nous ne percevons directement l'énergie que sous une figure dite matérielle. Mais rien
ne nous permet d'affirmer que l'énergie ne puisse revêtir une
forme différente, et non sensible pour nous, une forme d'une
nature telle qu'elle ne soit pas de l'ordre de celles que nos sens
puissent directement saisir. « Aucun argument *a priori,* dit
Rucker (*La théorie atomique,* Discours présidentiel à l'Association brit. pour l'Avancement des Sciences, Glascow, sep-
tembre 1901) ne se présente contre la possibilité de l'existence
de substances *quasi-matérielles différentes néanmoins de la
matière,* aucun argument qui tende à prouver que des substances de ce genre ne peuvent exister. Ce n'est nullement
une vérité évidente par elle-même qu'*aucune substance autre
que la matière ordinaire* ne puisse avoir une existence réelle
tout comme la matière elle-même ».

L'éther ne serait-il pas une de ces substances quasi-matérielles autre que la matière ordinaire, puisque aucun sens ne
nous le révèle directement, comme matière, que personne ne
l'a vu, ni senti, ni pesé ; et qu'il ne nous est connu que par
les phénomènes dont il paraît être le facteur logiquement
nécessaire, c'est-à-dire par des caractères essentiels de l'énergie ?

Ces considérations sur la nature de l'éther ne sont-elles pas
capables de suggérer la pensée que la matière n'est pas toujours identique à elle-même, qu'elle est susceptible de n'être
qu'une forme de moins en moins matérielle, et de plus en
plus voisine de l'énergie pure, de l'énergie en soi ? Mais si la
matière, figure ou forme sensible de l'énergie, est si susceptible de variations, de changements de propriétés, si elle est
capable de présenter des variations qui la rendent presque

méconnaissable et étrangère à elle-même, n'avons-nous pas le droit de soupçonner sa contingence, sa relativité et de nous détacher de l'idée de sa nécessité? Si l'on a l'occasion de constater l'effacement plus ou moins complet de ce que nous considérons comme les propriétés essentielles et les caractères de la matière, n'avons-nous pas le droit de considérer comme possible la disparition totale de ces propriétés, c'est-à-dire la disparition de la matière elle-même?

Les variations de la matière et de ses qualités ou propriétés dites essentielles ne se manifestent pas seulement d'ailleurs quand on compare la matière pondérable à la matière dite impondérable ou éther, mais également dans la matière pondérable elle-même. Les expériences de Dolbear (*Cosmopolitan,* cité dans la *Revue scient.* du 24 mars 1894) ont montré en effet qu'à de très basses températures les propriétés caractéristiques de la matière se modifient profondément jusqu'à en faire quelque chose qui n'a plus les qualités de la matière (disparition des affinités chimiques les plus intenses, exagération extrême des propriétés magnétiques et électriques, etc., etc.). La forme matière a donc des contingences accentuées ; et l'on peut se demander si elle n'est pas une forme non nécessaire de l'énergie, une forme passagère, que des conditions connues ou inconnues pourraient un jour faire disparaître, tandis que l'énergie qui est la substance fondamentale et essentielle persisterait éternellement.

Quoi qu'il en soit, la contemplation de l'éther, de cet être mystérieux et intangible, impondérable, source ou siège de l'énergie, si elle ne nous met pas en présence de l'énergie pure, de l'énergie en soi, de l'énergie éternelle et libre de toute forme, nous rapproche singulièrement de cet horizon tout spirituel, dirai-je, et nous permet non seulement d'en concevoir la possibilité, mais d'en soupçonner la réalité. Mais je ne borne pas là les considérations qui intéressent la question posée.

Je veux en effet faire remarquer combien les vieilles idées sont singulièrement bouleversées par les découvertes toutes récentes de certains phénomènes inattendus et particulièrement troublants. Que de surprises et que d'embarras occasionnés par la matière radiante de Crookes, par les rayons de Rœntgen, par les propriétés des matières dites radio-actives, par la lumière noire de M. Le Bon, par les ondes hertziennes qui n'arrêtent ni les masses matérielles qu'elles savent contourner, ni les distances les plus étonnantes qu'elles savent franchir, etc.

Que de démentis donnés à la veille conception de la matière, à son opacité, à son impénétrabilité, à sa pesanteur, à son inertie même ! etc., etc. Examinons par exemple ce qui a trait à la radio-activité, et plus particulièrement au nouveau corps élémentaire récemment découvert et étudié par M. et M⁽ᵐᵉ⁾ Curie et auquel ils ont donné le nom de radium, parce qu'il est la substance la plus énergiquement radio-active connue jusqu'à ce jour. On sait que l'on a donné le nom de substances radio-actives à certains corps émettant spontanément des rayons découverts par M. Bequerel, rayons non lumineux qui ont cependant la propriété d'impressionner les plaques photographiques, même à travers certains écrans de faible épaisseur, tels qu'une feuille de papier noir opaque ou d'une feuille plus ou moins mince de métal, et même à travers en général toutes les substances, pourvu qu'elles n'aient qu'une faible épaisseur.

Ces rayons ne se réfléchissent pas, ne se réfractent pas, et ne se polarisent pas ; ils rendent l'air qu'ils traversent conducteur de l'électricité ; aussi provoquent-ils la décharge des condensateurs ou des électroscopes, ce qui permet de constater leur présence dans tel ou tel lieu. Ces propriétés sont communes aux rayons cathodiques et aux rayons de Rœntgen, les deux espèces de rayons qui sont émis les uns et les autres dans les tubes de Crookes. Mais les rayons des matières radio-actives ont une propriété toute spéciale et sans analogue. Leur émission est spontanée et constante. Aucune cause existante connue ne semble la produire. Elle ne varie ni avec le temps, ni avec l'éclairement, ni avec la température. « C'est là, dit M⁽ᵐᵉ⁾ Curie [1], à qui j'emprunte ces notions, le côté le plus troublant du phénomène. » Les rayons cathodiques

---

1. Conférence faite à la séance générale de la Société de secours des Amis des sciences du 14 juin 1900.

et les rayons de Rœntgen au contraire proviennent de l'énergie électrique fournie au tube par les piles ou les machines électriques.

De plus l'uranium, le polonium, le radium émettent de l'énergie sans éprouver aucune transformation chimique visible; ils restent en apparence du moins, tout à fait identiques à eux-mêmes, et la source de leur énergie reste introuvable. Et cependant cette énergie n'est pas négligeable, car le radium impressionne les plaques photographiques, enveloppées de papier noir, presque intantanément, à la distance d'un mètre. Le polonium, le radium et l'actinium peuvent exciter la fluorescence chez les sels fluorescents même à travers un écran très mince d'aluminium.

En outre le radium reste constamment lumineux ; et ses composés le sont spontanément.

C'est le premier exemple d'un corps qui émet spontanément de la lumière d'une façon permanente. Aussi a-t-on pu dire qu'on arriverait peut-être un jour à produire sans épuisement d'énergie un éclairage éternel et gratuit. Malheureusement le radium est encore d'une difficulté d'extraction très considérable puisqu'il faut traiter une tonne de pechblende, le minerai qui en contient le plus, pour obtenir deux décigrammes de radium. Or ce traitement ne coûte pas moins de de 10 000 francs. Mais doit-on considérer cette espérance comme une chimère irréalisable ? Je ne commettrai pas cette imprudence. Rien en effet ne permet d'affirmer qu'on ne trouvera pas un jour dans certains points de l'écorce terrestre des minéraux riches en radium ou même en un corps plus radio-actif que le radium. Le radium est bien lui-même un million de fois plus radio-actif que l'uranium ; pourquoi n'y aurait-il pas des corps analogues au radium mais un ou deux millions de fois plus actifs que lui ?

Et d'ailleurs les espérances fondées sur les rayons lumineux du radium sont d'autant plus justifiées que le radium rend lumineux eux-mêmes tous les corps phosphorescents ou fluorescents placés en sa présence et tant qu'ils restent en sa présence. Or rien n'empêche de multiplier ces corps dans un espace éclairé par le radium ; et ils deviennent tous par là de nouveaux foyers de lumière. Nous verrons toutefois que si l'on peut concevoir pour ce moyen d'éclairage une durée considérable, on ne saurait la regarder comme éternelle.

Ses rayons colorent le verre et la porcelaine en brun ou en violet, et la coloration qui peut pénétrer profondément dans le verre est permanente et ne disparaît pas quand on retire le radium. Les poussières (si ce sont des poussières), mais en tous cas les effluves émises par les corps radio-actifs, rendent radio-actifs tous les objets du laboratoire où se trouvent ces corps ; l'air est rendu conducteur de l'électri-cité, et aucune mesure électrique de précision ne peut plus être faite, les appareils n'étant plus isolés.

D'après les mesures de M. et Mme Curie, la puissance rayonnée par le radium est de 10 millionièmes de watt, et le déplacement de matière correspondant serait d'environ un milligramme en un milliard d'années (*Revue scient.*, 15 mai 1901).

En outre, le radium placé dans un vide très parfait, c'est-à-dire à l'abri de l'air qui dissiperait sa charge électrique, se charge spontanément d'électricité à un potentiel extrêmement élevé. C'est le premier exemple d'un corps qui se charge spontanément d'électricité sans qu'on fasse rien pour cela.

Voilà donc des éléments matériels qui rayonnent l'énergie d'une façon continue, et sans qu'on puisse reconnaître l'ori-gine et la source de ce rayonnement spontané, permanent et intarissable. C'est là un fait troublant au dernier point ; et comme le dit fort bien Mme Curie, la nature bizarre de ces éléments reste inexpliquée.

On a cependant essayé diverses explications de ces phé-nomènes extraordinaires. On a dit que les rayons du radium étaient analogues aux rayons cathodiques. Jusqu'ici on a tou-jours pensé que partout où il y a de l'électricité il y a aussi de la matière[1] ; les rayons cathodiques sont chargés d'élec-tricité, cela porte à croire (?) qu'ils sont matériels. Dans la théorie de Crookes, les rayons cathodiques sont une pro-

---

1. Cette opinion est contestable. M. G. Le Bon pense le contraire et s'appuie sur le fait des ondes hertziennes.

jection de matière électrisée venant de la cathode. C'est la
« matière radiante » de Crookes. La vitesse des rayons cathodiques est très grande, elle n'est que trois fois plus faible
que celle de la lumière qui est de 300 000 kilomètres à la
seconde. J.-J. Thomson a montré que si l'on considère les
rayons cathodiques comme des particules matérielles élec-
trisées, ces particules transportent à poids égal 1 000 fois
plus d'électricité que ne le fait l'hydrogène mis en liberté
par électrolyse. J.-J. Thomson en a conclu que chacune
des particules a une masse 1 000 fois encore plus faible que
celle d'un atome d'hydrogène. Ce ne seraient donc même
plus les atomes libres de la chimie, mais des sous-atomes
bien plus petits encore et animés de vitesses prodigieuses.
Dans un tube de Crookes à vide ces particules s'échappent
de la cathode. De même le radium en enverrait dans l'espace
d'une façon continue. La matière radio-active serait donc
de la matière où règne un état de mouvement intérieur
violent de la matière en train de se disloquer. S'il en est
ainsi le radium doit perdre constamment de son poids. Mais
la petitesse des particules est telle que, bien que la charge
électrique envoyée dans l'espace soit facile à constater, la
masse correspondante de ces particules doit être absolument
insignifiante.

On trouve par le calcul qu'il faudrait des millions et peut-
être des milliards d'années (*Revue scient.*) pour que le radium
perdît un milligramme de son poids.

« La vérification, remarque Mme Curie, est impossible à
faire ». Nous n'y contredirons pas !

Quelque séduisante que soit cette théorie matérialiste de
la radio-activité, elle est passible de graves objections. « En
effet, en l'adoptant, dit Mme Curie, il faut nous résoudre à
admettre que la matière radio-active n'est pas à un état chimique ordinaire ; les atomes n'y sont pas constitués à l'état
stable, puisque des particules plus petites que les atomes
sont rayonnés. L'atome indivisible au point de vue chimique
serait donc ici divisible ; et les sous-atomes, les fractions
d'atomes sont en mouvement. Il y aurait donc là une transformation chimique qui serait la source de l'énergie rayonnée,

mais ce n'est pas une transformation chimique ordinaire, car les transformations chimiques ordinaires laissent l'atome intact et invariable. Ici, au contraire, l'atome se disloque et se fractionne.

La théorie matérialiste de la radio-activité conduirait donc à des conséquences bien graves. Mais d'autre part, si la matière radio-active ne se modifie pas chimiquement, d'où vient l'énergie de la radio-activité? Et si la source d'énergie ne peut être trouvée, on se trouve en contradiction avec le principe de Carnot, principe fondamental de la thermodynamique, d'après lequel un corps à température invariable ne peut pas fournir d'énergie s'il n'en reçoit pas de l'extérieur. On est donc forcé d'admettre que le principe de Carnot n'est pas absolument général, qu'il ne s'applique plus à certains phénomènes moléculaires, et que certaines substances, les substances radio-actives, possèdent la faculté de transformer directement en travail la chaleur du milieu ambiant. Cette hypothèse, remarque Mme Curie, porte une atteinte très grave aux idées admises en physique, et il y a là un désaccord avec les lois fondamentales de la science considérée jusqu'ici comme générale.

Si j'ai donné à cet exposé une assez longue étendue, c'est que je considère le sujet comme d'une très grande importance au point de vue de l'idée que la science est appelée à se faire de la nature de la matière et de la relation de cette dernière avec l'énergie.

Mais quelque long que soit cet exposé dont j'ai emprunté la plupart des éléments à la conférence faite par Mme Curie à la Séance générale de la Société de secours des Amis des sciences du 14 juin 1900, je dois le compléter par des notions ou des théories nouvelles qui sont appelées à apporter quelques modifications aux conceptions théoriques précédemment exposées sur la radio-activité.

Dans une série d'articles du plus haut intérêt, parus dans la *Revue scientifique* [1], M. Gustave Le Bon a, par une série

---

1. Gustave Le Bon, La dissociation de la matière, *Revue scientifique* des 8, 15, 22 novembre 1902.

considérables d'expériences cherché à établir que les atomes
des corps matériels peuvent être dissociés sous l'influence de
divers agents, et qu'alors les atomes superficiels se désagré-
geaient violemment en donnant naissance à une forme particulière de l'énergie qui possède une intensité prodigieusement grande et hors de proportions avec toutes les forces
que nous connaissons. Un seul gramme de matière ayant
subi une pareille dissociation produirait autant de travail
mécanique qu'un nombre considérable de tonnes de charbon.

M. G. Le Bon établit aussi que la production de rayons
analogues aux rayons X et aux rayons cathodiques constitue
un des phénomènes les plus répandus dans la nature, qu'ils
se forment très facilement sous des influences variées,
lumière, réactions chimiques, oscillations électriques notamment, et que la radio-activité spontanée de quelques corps
comme l'uranium et le thorium qui a tant émerveillé les
physiciens est un phénomène commun à tous les corps de la
nature. Tous les corps sont *spontanément* radio-actifs, et ne
diffèrent entre eux que par la grandeur de leur émission.

M. Le Bon pense que la radio-activité de l'uranium, du
thorium, du radium et de leurs sels consiste dans l'émission
spontanée d'effluves dus à des réactions chimiques du même
ordre que celles qui produisent la phosphorescence de certains composés tels le sulfure de calcium, réactions se passant entre deux corps dont l'un est en quantité très faible,
infinitésimale par rapport à l'autre, et pouvant s'effectuer
avec une extrême lenteur. La radio-activité serait donc due à
une réaction chimique très lente. Divers auteurs (Gills,
Dorn, Rutherford) pensent comme lui, et s'appuient sur les
mêmes arguments, notamment l'accélération de la radio-
activité par la chaleur et sa diminution par l'humidité. Les
corps radio-actifs agissent comme des corps phosphorescents
dont le phénomène de phosphorescence a une très longue
durée.

C'est une erreur de penser que les corps radio-actifs
n'éprouvent aucune perte du fait de leur radiation. Les pertes
sont très minimes, mais réelles ; elles peuvent être compa-

rées à la lente évaporation de corps odorants comme le muse, ou des corps phosphorescents.

Les corps radio-actifs ne sont que des composés qui émettent en grande quantité les effluves que la plupart des corps émettent à un degré beaucoup plus faible, tant que n'intervient pas l'influence d'un excitant quelconque, la lumière par exemple. Ils grossissent et amplifient un phénomène général.

Les effluves provenant de la dissociation de la matière possèdent des propriétés *entièrement différentes* de celles des corps d'où ils émanent. Elles se composent d'éléments dits *ions* portant, disent les physiciens, des charges électriques de signes contraires. M. Le Bon pense que l'énergie des ions n'est nullement comparable à l'électricité ordinaire. Ses propriétés sont bien différentes. C'est là une énergie nouvelle.

En l'étudiant, M. le Pr de Heen, de l'Université de Liège, a été amené à dire qu' « il semble que nous nous trouvons vis-à-vis d'états qui, par *degrés successifs s'écartent de la matière* en passant par les émissions cathodiques et par les rayons X, pour se rapprocher de la substance qu'on a désignée sous le nom d'éther. Les recherches ultérieures de G. Le Bon ont pleinement justifié ses premières affirmations, que nous nous trouvions en présence d'un mode d'*énergie nouveau.* »

M. Le Bon pense d'après les caractères de ce mode nouveau de l'énergie qu'il est probablement appelé à relier le monde de la *matière au monde de l'énergie,* le monde du *pondérable au monde de l'impondérable,* que les savants avaient profondément séparés jusqu'ici.

D'ailleurs, les effluves des corps radio-actifs se composent de radiations fort différentes.

Étudiant la dissociation de la matière dans les phénomènes, de combustion, M. Le Bon constate dans les ions des flammes, cette même propriété fondamentale d'être entraînés par un courant d'air qu'on retrouve dans les effluves de l'uranium et dans toutes les émanations de la famille des rayons cathodiques. « Cette expérience, dit-il, comme toutes celles du même ordre faites sur les ions de diverses origines, tels que ceux produits par les corps radio-actifs, semble prouver la *matérialité de ces ions*, mais il pourrait très bien se faire qu'il n'y ait là qu'une *simple apparence* et que les ions soient en *réalité aussi immatériels* que l'électricité ou l'éther». L'auteur considère comme vraisemblable que ces ions sont fixés à des molécules gazeuses et sont entraînés avec elle, comme le serait de l'électricité attachée à des grains de plomb lancés dans l'espace, et qui entraîneraient avec eux leur charge sans qu'on pût évidemment en tirer aucune conclusion sur la matérialité de l'électricité.

Toute matière est radio-active, c'est-à-dire *tend spontanément vers la dissociation*. Cette dissociation est le plus souvent très minime, parce qu'elle est empêchée par des forces antagonistes. Exceptionnellement et sous l'influence de réactions capables de lutter contre ces forces antagonistes, la dissociation atteint une certaine intensité.

Ordinairement la dissociation ne se produit que sous l'influence d'un excitant, lumière, réaction chimique, etc. On avait cru devoir distinguer radicalement des corps (uraniun, thoriun, radium) n'ayant besoin d'aucun excitant extérieur apparent, et dits *spontanément radio-actifs*. Or tous les corps de la nature sont *spontanément radio-actifs,* mais à des degrès très différents.

Les rayons cathodiques représentent probablement avec le produit des flammes, le maximum de dissociation de la matière. J.-J. Thomson a mesuré la charge de la masse et la vitesse des particules qui les constituent. Leur masse est égale à la 1/1 000 partie de celle de l'atome d'hydrogène qui est le plus petit des atomes connus. Un gramme de matière cathodique transporte une charge électrique représentée par l'énorme chiffre de 96 000 000 de coulombs. Leur vitesse égale environ le tiers de celle de la lumière soit 100 000 kilomètres à la seconde. « Ce sont, dit M. Le Bon, des *chiffres immenses,* capables de produire des effets hors de toute proportion avec les forces dont nous disposons. »

Les rayons cathodiques frappant un corps quelconque engendrent les rayons X. Ceux-ci sont capables de traverser tous les obstacles, de rendre certains corps fluorescents, de dissiper les charges électriques, d'impressionner les plaques photographiques et d'ioniser, c'est-à-dire de dissocier en ions, en particules chargées d'électricité, les corps qu'ils frappent, et les gaz qu'ils traversent. C'est tout ce qu'on en sait malgré les efforts réunis de centaines de physiciens depuis dix années. Comme ils ne se rattachent à rien de connu, on ne peut les assimiler à rien.

Le rayon X, provenant du rayon cathodique redevient rayon cathodique, dès qu'il touche une molécule de matière.

M. C. Le Bon est disposé à considérer les rayons X comme composés exclusivement d'atomes électriques *dégagés du support matériel* que paraissent contenir les rayons cathodiques.

A l'appui de cette opinion on peut avancer que dans les ondes hertziennes, le transport d'électricité se fait sans *support matériel*, et que si l'électricité ne traverse pas un tube où le vide est plus grand que dans le tube de Crookes, cela ne dépend pas de l'absence de matière, mais de ce que dans le vide complet, la résistance des électrodes est très grande ; elle disparaît, en effet, si on les chauffe au rouge. Du reste, l'électricité ionique diffère beaucoup de l'électricité ordinaire.

Les conclusions de M. G. Le Bon sont très dignes d'intérêt, au point de vue qui nous préoécupe.

Les voici :

« Lumière noire, rayons cathodiques, rayons X, effluves produits par certaines réactions chimiques, etc., apparaissent de plus en plus comme des aspects particuliers d'une *forme d'énergie* entièrement nouvelle, aussi répandue dans la nature que l'électricité ou la chaleur. Elle possède, à la fois, les propriétés des corps matériels, et *celles des forces immatérielles*, et nous aurons à rechercher si elles ne constitueront par *une transition*, entre deux mondes que la science avait toujours considérés comme profondément séparés : le monde de la matière et le monde de l'énergie.

« Nous avons à rechercher encore quel est le sens profond de ce phénomène si imprévu et si général pourtant : la dissociation de la matière. Nous nous demanderons ce qu'il révèle à l'égard de ces *atomes mystérieux* dont est formé notre globe avec tous les êtres qui l'habitent, atomes que la chimie considère *encore* comme indestructibles et éternels.

« Les faits récemment découverts suffisent à jeter une lumière imprévue sur quelques-uns des phénomènes fondamentaux qui servent de base à notre conception actuelle de l'univers. Ils nous obligeront peut-être à *renoncer à des dogmes scientifiques qui semblaient inébranlables.*

« L'ensemble de nos expériences nous fait déjà entrevoir, au-delà des phénomènes que nous croyons connaître, un monde nouveau de choses merveilleuses, que nous ne connaissions pas. »

Les idées émises par M. G. Le Bon ont reçu des confirmations importantes. Lord Kelvin s'appuyant sur la théorie atomique de l'électricité enseignée par Faraday et Clerk-Maxwell et définitivement proposée par Helmholtz et Lorentz, explique la radio-activité par cette hypothèse que les atomes de l'électricité ou ions étant beaucoup plus petits que les atomes de matière, passent librement à travers les espaces occupés par ceux-ci. Si les ions ou électrons réussissent à sortir des atomes de matière, ils procèdent avec la vitesse de la lumière et le corps est radio-actif. « Il n'est donc pas surprenant, dit lord Kelvin, que certains corps manifestent des propriétés radio-actives. Il faudrait plutôt s'étonner de ne pas retrouver ces propriétés dans toutes les formes de la matière ».

Quoique M. G. Le Bon ne paraisse pas accepter sans discussion et sans réserve la théorie atomique de l'électricité ci-dessus formulée, et l'explication que l'on veut en tirer de la radio-activité, il n'en est pas moins constant que, comme l'avait déjà fait M. Le Bon, lord Kelvin admet l'universalité des propriétés radio-actives.

D'autre part une note de M. A. Heydweiller insérée dans *Physikalische Zeitschrift* rapporte des expérience établissant des pertes de poids très sensibles pour les substances radio-actives. Il a introduit cinq grammes de matière radio-active dans une éprouvette ; il en compare le poids avec celui d'une éprouvette semblable remplie de débris de verre et ayant à peu près même poids et même volume. Il trouva que la substance active perd environ 2 milligrammes par jour, ce qui correspond à une variation de l'énergie potentielle de gravitation équivalent à 1, 2, 10^7 ergs.

Or ces recherches ont un intérêt non seulement par le résultat immédiat ci-énoncé, mais en outre elles permettent d'expliquer par des phénomènes de radio-activité, les variations de poids observées par MM. Landolt et Heydweiller dans certaines réactions physiques et chimiques.

J'ai tenu à mettre sous les yeux du lecteur un résumé des résultats et des appréciations contenus dans le mémoire important de M. G. Le Bon, parce que ce savant s'est plus particulièrement appliqué à l'étude intime de la matière et de sa nature, et qu'il l'a fait avec sagacité en faisant porter ses investigations sur les phénomènes nouvellement découverts (radio-activité, rayons X, etc.), qui par leur nature sont susceptibles plus que tous les autres de nous fournir des lumières nouvelles et d'ouvrir des horizons inexplorés.

Je laisse à l'auteur le soin de formuler plus complètement les conclusions qu'il en tirera sur la contingence ou la nécessité de la matière, sur son rôle et son avenir dans l'histoire de l'univers. Mais avant de passer à une autre question, je tiens à présenter ici quelques considérations qui me paraissent pouvoir logiquement être tirées des faits qui précèdent et des réflexions dont l'auteur du mémoire les a accompagnés.

Étant données les expériences de M. Le Bon, et les résultats directs étant considérés comme acquis, on peut différer avec lui sur la nature de la cause réelle des phénomènes radio-actifs spontanés. M. Le Bon pense qu'ils sont dus surtout à une réaction chimique très lente et il les compare sous ce rapport à la phosphorescence. Cette opinion est loin d'être partagée par tous les physiciens ; et on peut lui opposer ce fait que les températures les plus basses laissent intacts les phénomènes lumineux de radio-activité spontanée [1],

---

1. James Dewar, *La science du froid*, Disc. présid. de l'Assoc. britann. pour l'avancement des sciences, Belfast, sept. 1902.

tandis qu'ils suppriment les réactions chimiques les plus actives connues (phosphore et oxygène, acide sulfurique et potasse, etc.). Si la radio-activité spontanée du radium était due à une réaction chimique, il faudrait pour que la réaction ne soit pas arrêtée et supprimée par les plus basses températures, il faudrait, dis-je, supposer qu'elle est due à des affinités chimiques bien supérieures en puissance à celle de l'acide sulfurique et de la potasse, ce qui se concilierait peut-être difficilement avec l'extrême lenteur de la réaction chimique supposée dans la radio-activité.

Le fait que la chaleur accélère la radio-activité invoqué par M. Le Bon n'est peut-être pas suffisant pour établir qu'il s'agit bien d'une réaction chimique, car la chaleur agit peut-être là plutôt comme un excitant de phénomènes physiques, et non comme une accélérateur de réactions chimiques. Elle pourrait par exemple produire seulement des phénomènes de dilatation et d'écartement entre les atomes, permettant et facilitant dans les espaces interatomiques la circulation et l'émission des effluves, ce qui concorderait assez heureusement avec l'explication donnée par lord Kelvin des phénomènes de radiation à l'aide de la théorie atomique de l'électricité.

L'explication de M. Le Bon exige d'ailleurs des conditions qui ne paraissent pas faciles à admettre. Elles exigent en effet dans *toute* matière (puisque *toute* matière est radio-active) l'existence à côté de l'atome chimique caractéristique de telle ou telle matière, l'existence d'une quantité infinitésimale d'un autre corps, capable de provoquer avec le premier une réaction chimique. Est-il possible d'affirmer que cette condition est réalisée dans toute matière ? On a quelque droit d'en douter ; et ce qui viendrait appuyer ce doute, c'est que la phosphorescence que M. Le Bon prend comme terme de comparaison et qui serait due, d'après lui, à des réactions chimiques produites dans des conditions analogues, n'est certes pas un phénomène aussi général que la radio-activité.

Ajoutons que de très importantes observations de date très récente (*Revue scientifique* du 4 avril 1903) faites par

MM. E. Curie et A. Laborde sur la chaleur dégagée spontanément et d'une façon continue par les sels de radium
sont bien de nature à faire exclure comme cause de la
radio-activité une transformation chimique ordinaire.

De ces recherches il résulte qu'un gramme de radium
dégage une quantité de chaleur qui est de l'ordre de 100
petites calories par heure ; c'est-à-dire qu'un atome-gramme
de radium (225 grammes) dégagerait, pendant chaque heure
22 500 calories, nombre comparable à celui de la chaleur
dégagée par la combustion dans l'oxygène d'un atome-
gramme d'hydrogène.

Le dégagement continu d'une telle quantité de chaleur ne
peut s'expliquer par une transformation chimique ordinaire.
D'après ces savants on devrait en chercher plutôt l'origine
dans une transformation de nature plus profonde, et dans
une modification continue de l'atome de radium lui-même.
Mais cependant cette modification, si elle existe, doit se faire
avec une extrême lenteur, car les propriétés du radium
n'éprouvent pas de variations notables en plusieurs années.
Cette lenteur de modifications de l'atome est tout à fait
disproportionnée avec la quantité d'énergie calorifique dégagée par le radium. Aussi MM. Curie et Laborde font-ils
remarquer qu'on pourrait expliquer cette dernière en supposant que le radium utilise une énergie extérieure de *nature
inconnue* !

D'autre part, sir Lodge (« *Électricité et Matière* », Conférence faite au collège de Belfast, 5 février 1903 ; *Revue
scientif.*, 2 mai 1903), faisant remarquer que les rayons
émis par le polonium et le radium ont un pouvoir de pénétration merveilleux et sont très intenses et plus intenses
encore que les rayons X donnés par un tube de Rœntgen,
puisque les rayons du radium pénètrent une plaque de
plomb de 3/8 de pouce d'épaisseur et au delà, sir Lodge,
dis-je, ajoute : « Le mécanisme qui permet d'émettre cette
grande quantité de radiation *doit être examiné de plus près,
avant qu'on puisse en avoir une idée précise. Il semble être
une sorte d'évaporation électrique*, une émission de particules. »

Il est donc certain que la recherche de la cause de la radiation dans une source d'énergie extérieure au corps radio-actif lui-même, a complètement échoué jusqu'à présent, et qu'on peut avec quelque raison se demander si les éléments atomiques du radium ne possèdent pas en eux-même la capacité d'énergie, que comporte leur activité, et s'ils ne sont pas par eux-mêmes source de l'énergie, n'ayant pas besoin de la demander à l'extérieur, et étant soustraits par cela même au principe de Carnot. Nous reviendrons un peu plus loin sur cette question.

Je suis, pour ma part, disposé à penser que toute matière est composée d'une somme d'énergie qui peut, suivant le corps considéré, varier dans des proportions considérables.

Pour traduire cette idée dans des termes qui soient en harmonie avec la conception *purement dynamique* que j'attribuerai à la matière dans le cours de cet Essai, je dirai que l'on peut concevoir toute portion de matière comme résultant de la réunion de deux états de l'énergie, associés dans des proportions très variables, d'une part l'atome dit matériel qui n'est qu'une figure sensible et pondérable de l'énergie et l'atome dynamique qui est de l'énergie amorphe pure ou énergie impondérable.

L'atome matériel est probablement un composé hétérogène de formes et de relations différentes de l'énergie. C'est un système de forces, c'est un être complexe puisqu'il est décomposable et qu'il peut-être dissocié pour constituer des atomes homogènes, de dimensions bien plus petites qui sont proprement les atomes dynamiques impondérables et immatériels, les ions ou électrons actuels des physiciens.

Ces deux ordres d'atomes qui ne diffèreraient que par la constitution dynamique, par le mode, par l'état de l'énergie, auraient dans la destinée des corps des rôles différents, et représenteraient des modes différents de l'énergie. Les atomes dits matériels, variables et divers seraient les éléments fondamentaux auxquels correspondraient les propriétés et qualités diversement caractéristiques de la matière, la pesanteur avant tout, la cohésion, l'affinité, l'inertie, la résistance, l'impénétrabilité *relative*, etc., propriétés et qualités que nous

ne percevons et constatons en effet que là où il y a matière,
c'est-à-dire objet tangible et pondérable. C'est donc dans les
modes variables de constitution et d'assemblage de ces
atomes dits matériels, dans leur statique, dans leur stéréo-
tomie, qu'il faudrait chercher l'explication de la diversité
des matières, des différences entre les corps et les éléments
dits chimiques. Les atomes matériels représenteraient les matériaux mêmes, les matériaux propres et spéciaux de la chimie,
c'est-à-dire de la science des affinités, et des combinaisons
résultant d'attractions et d'affinités. Ce sont des centres ou
systèmes dynamiques formant les éléments minimum susceptibles de représenter les forces dites chimiques, parce que
peut-être leur diversité, leur hétérogénéité, leur complexité,
peuvent seules permettre toutes ces formations protéiformes
pourvues de propriétés et de réactions si différentes, quoique
constituées au fond par une substance unique par sa nature
et par sa source, l'énergie, mais variable dans sa conformation et sa constitution.

Les atomes dynamiques représenteraient un état plus voisin de l'énergie pure, de l'énergie en soi, atomes de dimensions infiniment plus réduites, probablement plus homogènes,
et capables d'associer leur activité dans les modes caractérisés de l'énergie.

Ils représentent les formes de l'énergie auxquelles ne se
rattache pas nécessairement l'objectif matériel (électricité,
magnétisme, lumière, chaleur, rayons X, radio-activité, etc.).
Ces atomes appartiennent au domaine de la physique.

Ils représentent l'état impondérable et immatériel de
l'énergie. Ils sont en un mot la forme la moins formelle, la
figure la moins figurée de l'énergie, l'énergie la moins fixée
dans une forme, l'énergie la plus propre aux variations et
aux transformations.

Ces atomes physiques n'ont qu'un ou plusieurs degrés de
plus à franchir pour devenir énergie psychique et représenter
un état supérieur de l'énergie, l'énergie impondérable par
excellence, l'énergie insaisissable pour les sens, énergie sentante, mais non sentie, énergie pensante, raison volonté et
liberté, énergie capable de modifier ses processus d'activité,

ses directions, ses déterminations, ses synergies, et de constituer des systèmes plus ou moins étroitement liés et individualisés, systèmes capables d'autonomie, et pouvant être conçus en dehors d'une liaison avec des atomes pondérables dits matériels.

Voilà donc trois états de l'énergie qui correspondent en définitive à ce que l'observation directe de la matière radiante, de la radio-activité, des rayons X, des rayons cathodiques, de l'activité mentale nous permet de concevoir, non comme des hypothèses purement gratuites, moins comme des réalités plus ou moins imparfaitement saisies pour le moment. Ces états ne sont point absolument distincts, et correspondent à des modifications d'une seule et même chose, l'énergie, modifications que l'on peut concevoir comme s'étant réalisées suivant la continuité évolutive qui est le processus très général agissant dans l'évolution de l'univers. Si bien qu'il n'est pas absurde de penser que l'état chimique de l'énergie ou énergie pondérable disparaîtra progressivement en se transformant en énergie physique ou énergie impondérable et que cette dernière cèdera la domination dans l'univers actuel à l'énergie psychique, ou énergie pure et libre, c'est-à-dire à l'esprit.

Voilà bien, en vérité, des notions étonnantes et assez contraires à bien des orthodoxies (orthodoxie scientifique aussi bien qu'orthodoxies philosophique et religieuse), mais notions moins subversives au fond qu'elles ne le paraissent, auxquelles tendent à nous conduire quelques-unes des découvertes récentes de la science ; et il n'est pas permis de fermer les yeux en présence de ces horizons nouveaux et de renoncer aux conséquences philosophiques et morales qui s'en dégagent.

Laissant de côté pour le moment le troisième état de l'énergie, l'état psychique, et ne considérant que les deux états antérieurs, l'atome chimique, matériel et pondérable, et l'atome physique impondérable, il me semble que l'on peut trouver dans leurs relations possibles, dans leurs virtualités, une explication de la radio-activité, différant de celles qui ont été (à ma connaissance) proposées jusqu'à ce jour.

Les corps matériels, les matières diverses, les divers ordres de matière semblent devoir différer entre eux non seulement par la constitution des atomes matériels, mais par la proportion relative existant en eux entre les atomes pondérables et les atomes impondérables.

Les premiers dont l'activité, dont le dynamisme, dont l'énergie revêt la forme attractive et cohérente, sont plutôt conservateurs de la masse et représentent plus de tendance vers la stabilité que vers l'activité et le mouvement. Le propre de la forme de l'énergie qu'ils représentent, c'est la tendance à la stabilité, à l'immobilité, à la pesanteur. Leur énergie se dépense à passer du moins fixe au plus fixe et à rechercher l'équilibre et le *statu quo* ; et il faut des excitations supérieures, ou plutôt des invitations à une plus grande stabilité pour que l'équilibre soit rompu et que la stabilité actuelle soit compromise et abandonnée. Elle ne l'est d'ailleurs que pour céder la place à une stabilité plus grande. C'est là une loi qui se vérifie dans l'étude des réactions chimiques et qui a trouvé sa formule en particulier dans les lois de Berthollet.

On lui doit les *précipités,* dont la désignation heureuse veut bien dire qu'il s'est formé une matière, c'est-à-dire un état de l'énergie, qui s'est immobilisée et fixée dans un repos relatif qui pourrait rester définitif, en atteignant le fond de l'abîme. Ces atomes chimiques sont donc de l'énergie *consolidée.*

L'énergie chimique est essentiellement conservatrice et tend à la conservation et à l'immobilité. Elle ne se met en marche que pour parvenir à une station de repos plus assurée, et moins exposée à la perturbation. Aussi les espèces chimiques *semblent-elles* dormir comme des momies dans leurs hypogées, sans donner des signes ou des espérances de mouvement et de variation. Je dis seulement qu'elles *semblent dormir* ; car nous verrons plus loin qu'il est cependant possible de provoquer sur leur face immobile quelques frémissements capables de faire entrevoir la possibilité du réveil et de la variation, et de faire penser à l'*unité de leur substance,* l'énergie, sous la différence de la forme, et de suggérer par conséquent l'idée de l'unité de la matière ayant pu par sa variation produire les innombrables espèces chimiques.

Mais si l'énergie chimique tend à représenter plutôt la tendance à un état statique de la matière, l'énergie physique, l'énergie impondérable représente au contraire l'état mobile et constamment en activité de l'énergie. Et cette mobilité, cette activité se sont manifestées à la fois par le mouvement, par la quantité de mouvement correspondant à l'intensité de l'action, mais aussi par la qualité, par un certain degré de spontanéité et probablement aussi d'indéterminisme, rudiment d'une liberté future. Et voilà pourquoi, tandis que l'atome-matière pondérable se présente avec l'apparence de l'immutabilité et peut être appelé de l'énergie *consolidée,* l'atome impondérable est au contraire de l'énergie mobile et libre, car il révèle tous les jours aux investigateurs, des espèces nombreuses de la force, et leur étroite parenté qui leur permet de se transformer incessamment les unes dans les autres, de s'influencer, de se modifier, si bien que si l'on hésite encore à dire que la matière est une et que les divers éléments-matière ne sont que des variations ou des transformations de cet unique point de départ, on affirme aujourd'hui sans hésitation qu'il y a dans l'univers une énergie dont toutes les autres ne sont que des transformations ; et on formule la loi d'équivalence des formes de l'énergie cosmique.

Ces considérations qui me paraissent avoir quelque fondement, ne pourraient-elles pas donner de la radio-activité spontanée, et même de la radio-activité en général, une explication tout au moins aussi acceptable que celle d'une réaction chimique lente et continue ? J'incline à le penser jusqu'à preuve du contraire.

Tous les corps dits matériels se composeraient des trois sortes d'atomes que nous venons d'examiner, atomes dits matériels, atomes dynamiques et atomes psychiques reliés entre eux par une filiation génétique, ces atomes devant tous être considérés comme des systèmes ou centres dynamiques, comme des champs de forces dérivant les uns des autres suivant une tendance évolutive qui les élève d'un degré à l'autre, suivant une gradation hiérarchique dans laquelle l'importance de l'activité, de la spontanéité et de la liberté constitue le principe classificateur et le critérium de la valeur relative. L'atome chimique ou pondérable représentant l'élément surtout *conservateur* et fixe, l'élément modérateur, l'atome impondérable ou physique représentant l'élément modificateur, excitateur, perturbateur et transformateur, et l'atome psychique, l'élément actif par excellence, l'élément directeur, pensant et volontaire.

Le monde inanimé est proprement, mais non exclusivement, le lieu des transformations du pondérable en impondérable. L'atome psychique ou mental y est à l'état disséminé et diffus, et non aggloméré et condensé en groupements individuels ; son activité et son rôle y sont relativement peu éclatants mais très réels. Mais c'est dans le monde animé, dans le domaine propre de la vie que s'opère plus spécialement et plus profondément, dirai-je, l'évolution des forces cosmiques, qui doit donner du mental et faire de l'esprit. Mais c'est là aussi que s'opère l'accumulation, l'association et la coordination du mental diffus, sous formes de systèmes liés constituant des consciences. C'est là que se complète et se perfectionne la spiritualisation de l'énergie. Le protoplasme, « base physique de la vie » d'Huxley, est aussi *base physique occasionnelle de l'esprit,* parce qu'il est éminemment propre à aider et à opérer cette œuvre de perfectionnement comme quantité et surtout comme qualité ; mais c'est plus spécialement cette forme du protoplasme que l'on désigne comme substance nerveuse, élément nerveux, système nerveux, qui constitue le grand creuset où s'élabore le mental et où s'achève l'esprit.

Le cerveau est donc un puissant foyer d'accumulation des énergies cosmiques impondérables en vue de leur transformation définitive en énergies psychiques et de leur agrégation, association et coordination en consciences.

Comment se fait cette transformation ; quels sont les phénomènes sensibles qui la révèlent, qui la caractérisent, c'est ce que nous ne savons pas. Nous sommes encore sur ce point dans l'ignorance la plus complète. Mais il n'en est pas de même pour la transformation qui a pour champ le monde inanimé et qui consiste dans le passage du pondérable à l'impondérable. Les phénomènes de radio-activité, les rayons cathodiques, les rayons X, nous ont ouvert sur ce sujet des horizons qui ont leur prix. Les expériences si intéressantes de M. Le Bon sur la dissociation de la matière dont j'ai rapporté ici les résultats, tendent à nous montrer l'atome pondérable, l'atome chimique se dissociant sous l'apparence d'effluves que M. Le Bon considère comme formées d'ions immatériels représentant de l'impondérable et constituant une forme nouvelle de l'énergie.

Nous avons vu M. de Heen, professeur de physique à l'Université de Liège, amené à regarder ces effluves comme représentant des états qui *s'écartent par degrés successifs de la matière* pour se rapprocher de l'éther.

Or ces effluves ioniques sont formés nous l'avons déjà vu de particules ou atomes extrêmement petits, correspondant pour la masse à la $1/1\,000$ partie de l'atome pondérable ou chimique d'hydrogène qui est le plus petit des atomes chimiques connus. Ils sont doués d'une vitesse énorme de $100\,000$ kilomètres à la seconde et possèdent chacun dans la matière cathodique une charge électrique énorme de 96 millions de coulombs. M. Le Bon fait remarquer que « ce sont là des chiffres *immenses,* capables de produire des effets hors de toute proportion avec les forces dont nous disposons ».

De tels faits ne sont-ils pas de nature à faire concevoir ces atomes physiques comme constitués par des états très puissants et très actifs de l'énergie, et comme représentant un état plus caractérisé de l'énergie en soi, de l'énergie libre de la forme matérielle ?

Et s'il en est ainsi, n'a-t-on pas le droit de considérer ces éléments hypéractifs, excitateurs et perturbateurs, comme possédant pour eux-mêmes le pouvoir de se mouvoir spontanément, de surgir, de s'élancer avec une vigueur extrême, sous l'aspect d'effluves, sous l'apparence d'une poussière innombrable et impalpable, formée de grains ou centres dynamiques, ayant en eux des capacités de transport et d'élan puisées dans le trésor même de leur nature essentiellement faite d'énergie.

Il me semble que pas n'est besoin d'invoquer une réaction

chimique pour expliquer et la dissociation des atomes pondérables, et l'éruption volcaniforme des atomes impondérables : cette dernière est l'effet logique de l'activité même de l'énergie qui est par essence, action, mouvement, et qui, dans cette émission, dans cette dispersion violente, est simplement fidèle à sa nature.

Cette manière de voir, est du reste, me semble-t-il, en harmonie avec la théorie électrique de Faraday, Maxwell, d'Helmholtz, de Lorentz, et avec l'application qu'en a faite lord Kelvin cité plus haut pour l'explication de la radio-activité.

Toute matière renfermant des atomes impondérables à côté des atomes pondérables, est donc par cela même virtuellement radio-active, c'est-à-dire que toute matière tend spontanément vers la dissociation. C'est ce qu'a si bien établi M. G. Le Bon, et ce que reconnaissent après lui lord Kelvin, sir O. Lodge, etc. Mais toute matière n'est pas également radio-active. Il y a des matières dites *spontanément radio-actives* ; il y en a d'autres, chez lesquelles la radio-activité est très minime et passe inaperçue et où elle ne se manifeste que sous l'influence de certaines excitations. Les considérations qui précèdent sont de nature à nous donner l'explication de ces différences.

Les matières spontanément radio-actives sont celles chez lesquelles doit se trouver une proportion considérable et extraordinaire d'atomes impondérables par rapport aux atomes pondérables. Et cette supériorité numérique a une double action. Elle a d'abord pour effet de donner une très grande activité à la dissociation des atomes pondérables en atomes impondérables. Ces derniers en effet sont pour les premiers des causes provocatrices d'activité qui tend à rompre l'équilibre de l'atome pondérable et conservateur et à l'entraîner dans la voie de la division, de la dissociation et de l'émancipation.

Pour tout dire en un mot, ces atomes impondérables jouent par rapport aux atomes chimiques, le rôle de *germes*, le rôle de *ferments*, provoquant dans le milieu où ils se trouvent, des tendances invincibles à la réalisation des formes semblables à la leur. Ils agissent en somme comme le cristal projeté dans une solution sursaturée, au sein de laquelle il provoque une cristallisation rapide du sel dissous. Ils agissent également comme le fait le protoplasme qui provoque autour de lui et aux dépens des matériaux qui l'environnent, la formation de nouvelles quantités de protoplasme, et qui joue le rôle d'*amorce* provocatrice ; et par là il manifeste dans son activité une faculté d'entraînement ou de communication de mouvement que j'ai considérée comme une des propriétés les plus caractéristiques, si ce n'est la plus caractéristique de la vie [1]. Plus le nombre des éléments amorces sera considérable, plus sera considérable aussi le pouvoir d'*amorce,* plus il agira sur un grand nombre d'atomes pondérables pour les dissocier en atomes impondérables, et plus il affaiblira l'influence immobilisante et fixatrice des atomes pondérables sur les impondérables. Ces derniers, libérés d'une contrainte gênante et des liens tyranniques qui les enchaînent, peuvent ainsi obéir librement à leur fougue naturelle et s'élancer librement dans l'espace suivant des directions appropriées à leur nature.

Les matières dites non spontanément radio-actives, sont au contraire celles où les atomes impondérables obéissent à la loi des minorités. Leur activité est musclée et étouffée sous le poids paralysant des atomes pondérables, et cesse d'être sensible quoique encore réelle, mais très réduite.

Mais s'il survient quelque cause appropriée, capable d'activer la dissociation, c'est-à-dire de produire un rapide accroissement de nombre des atomes impondérables, par rapport aux pondérables, la radio-activité se manifeste, et les effluves peuvent être constatés. C'est ainsi que la radio-activité peut être accrue par la chaleur, la lumière, l'électricité, etc., qui, accélérant la formation de nouveaux éléments impondérables, jouent alors le rôle de cause adjuvante, mais non de cause primordiale, celle-ci devant être cherchée dans l'activité propre des atomes impondé-

1. A. Sabatier, *Essai sur la vie et la mort* ; Paris, Vigot, 1892.

rables qui entrent dans la constitution de la matière rendue radio-active.

Et ce qui est de nature à prouver que ce que j'avance du rôle d'*amorce* joué par les atomes impondérables pour la dissociation des pondérables est l'expression de la vérité, c'est que la présence des corps spontanément radio-actifs, rend immédiatement radio-actifs les corps qui les environnent, c'est-à-dire que les atomes radio-actifs lancés, projetés par les corps spontanément radio-actifs vont atteindre les corps voisins, et augmentant en eux la quantité et la puissance de l'impondérable, rendent ces corps radio-actifs.

Voilà une hypothèse qui me paraît ressortir assez naturellement des observations connues sur la radio-activité.

Mais de là découlent des considérations du plus haut intérêt.

Il en résulterait en effet que, puisque toute matière est naturellement radio-active, toute matière tend à la dissociation, et tend à passer du domaine pondérable au domaine de l'impondérable.

Il en résulterait encore que toute matière étant composée d'atomes constitués par des états de l'énergie, passe incessamment par des états de dissociation qui la ramènent avec une activité très variable à l'état d'atomes impondérables qui représentent des acheminements vers l'énergie pure et libre, s'ils ne représentent pas cette énergie elle-même. Il en résulterait finalement que la matière, que ce que nous appelons matière, n'est qu'une forme, un état de l'énergie, et que cette forme, cet état est essentiellement contingent et passager, puisque toute matière est en train de perdre cet état, cette apparence dite matérielle ou pondérable, pour aboutir à l'énergie pure et libre, à l'énergie en soi.

Et cela est si vrai que les corps radio-actifs perdent en effet de leur poids, ce que l'on présumait sans l'avoir prouvé, et ce que l'on constate aujourd'hui par la balance ; et cela probablement parce que la dissociation a transformé leur énergie pondérable en énergie non pondérable (lumière, chaleur, électricité, magnétisme). Nous avons vu en outre des pertes de poids observées par MM. Landolt et Heydweiller dans certaines réactions physiques et chimiques, et qui pourraient s'expliquer par des phénomènes de radiation, c'est-à-dire par le passage de l'état pondérable de l'énergie à l'état impondérable.

Et pour tirer de tous ces faits et considérations une dernière conséquence qui n'est certes pas la moins importante, nous ferons remarquer qu'on est, en leur présence, amené à penser que ce que l'on appelle proprement matière, n'est ni nécessaire, ni indestructible, ni éternel.

Et d'ailleurs cette dispersion des corps spontanément radioactifs, et cette dissociation de leur matière dans une transformation en impondérable, ne nous donnerait-elle pas l'explication de ce fait digne d'attention que ces corps se présentent comme rares en espèces et en quantité ? Leur masse ne s'est-elle pas évanouie peu à peu dans ce changement d'état, depuis les âges reculés de la vie de l'univers ? Et ne pourrait-on pas, en présence de ces phénomènes étonnants, se croire en situation de saisir sur le fait l'existence d'une vraie dissipatiou de la matière comme processus incessant de la disparition de l'univers matériel et de sa transformation progressive en énergie émancipée et libre ?

Dans l'essai suivant, la question de la disparition de l'univers sensible sera envisagée sous une autre face. Mais avant de clore le présent essai, je tiens à développer encore sur la nature de la matière quelques considérations qui me paraissent dignes d'intérêt. Le sujet est important et délicat, et on me pardonnera d'insister.

Les corps radio-actifs sont donc des corps qui en dehors de tout excitateur visible, de toute cause apparente, de toute influence extérieure notable sont producteurs permanents d'énergie. Ils sont vraiment troublants et déconcertants. La science n'avait encore enregistré rien de pareil. Toute substance source d'énergie, la tenait d'une autre source, et la restituait soit sous forme première, soit transformée. Ici il semble n'y avoir rien de semblable ; car on ne saurait, à mon avis, accepter la solution tout à fait hypothétique et comme désespérée mise en avant par Mme Curie, et qui consisterait à considérer les substances radio-actives comme ayant la faculté de transformer en travail la chaleur du milieu ambiant. Il faudrait pour cela qu'il eût été constaté que ces substances sont l'occasion d'un abaissement de température dans le milieu ambiant, ce qui n'a pas été fait (que je sache).

Mais en outre, peut-on admettre une pareille hypothèse alors qu'il est constaté que les variations de température ont sur la marche des radiations une influence si faible, qu'elle a même été méconnue. Dans tous les cas il est prouvé par l'expérience que les corps radio-actifs comme le radium, qui sont naturellement lumineux, conservent leur luminosité *intacte* aux plus basses températures; et sont encore capables de produire la phosphorescence de corps comme les platinocyanures [1].

La source de l'énergie émise par les substances radioactives est donc, pour le présent du moins, réellement introuvable et inconnue, et l'on est bien forcé de convenir qu'aucune des hypothèses émises pour expliquer ces phénomènes étranges ne se trouve encore justifiée par les résultats de l'expérience.

Ces substances sembleraient donc être elles-mêmes la source de leur énergie. Tout en elles, d'ailleurs, révèle une capacité énergétique extraordinaire. Leur radiation qui ne se lasse point et qui ébranle sans cesse l'espace plus ou moins étendu qui les environne, leur charge colossale et spontanée d'électricité, la vitesse extraordinaire de leur rayonnement, les actions chimiques et photographiques provoquées instantanément à distance, et même à travers des écrans parfois épais, pour le radium notamment, et enfin la faculté très remarquable qu'elles ont de communiquer leur énergie radioactive aux objets qui les entourent, tout en elles semble activité et énergie; et si l'on essaie dans tous ces phénomènes de faire jouer à ce que l'on appelle matière, aux particules prétendues matérielles, un rôle qui tente mais en vain de les expliquer, il faut arriver à des conséquences tout à fait impré-

---

1. James Dewar, *La science du froid*, Discours présid. de l'Assoc. britann. p. l'avancement des sciences, session de Belfast, sept. 1902.

vues, à la dislocation ou dissociation de la particule matérielle, ce qui au fond ne constitue pas une explication, car
la dislocation de la particule matérielle ne constitue qu'un
fait, et qu'un effet qui a besoin d'une cause, d'une énergie,
dont il faudra encore trouver la source ; il faut en outre
accepter comme réelle une nouvelle pulvérisation de l'atome
matériel, qui constituait cependant la dernière limite de la
division de la matière que la chimie, cette fouilleuse hardie
de la matière, ait pu atteindre ; il faut admettre encore comme
conséquence de cette radiation incessante de matière une
déperdition de poids qui a besoin pour le radium d'appeler
à son aide des millions et même des milliards d'années pour
devenir sensible à la balance.

Voilà donc le principe de Carnot, universellement admis
en physique, et affirmant que tout corps dont la température
ne varie pas, ne peut fournir de l'énergie, s'il n'en reçoit de
l'extérieur, voilà, dis-je, ce principe si important mis en
contradiction flagrante avec des faits incontestables, si bien
que les physiciens eux-mêmes après avoir qualifié cette contradiction d'*apparente,* ajoutent prudemment « et peut-être
réelle ». Voilà le mouvement perpétuel si dédaigné et si ridi-
culisé par les académies devenu presque un fait scientifique, du moins dans la domaine de la radio-activité.

Et puis encore quelle disproportion d'importance entre la
prétendue matière et l'énergie ! Quelle déchéance pour la première et quelle puissance pour la seconde ! Un milligramme
de radium suffisant pour une radio-activité d'un milliard
d'années !

Voilà encore le radium dont le rayonnement est tout à
fait de même nature que celui de l'uranium mais d'une puissance un *million* de fois plus grande environ. Une différence
de puissance énergétique correspondant à un million, et peut-
être plus, pour deux quantités égales de corps simples, voisins
pour leurs caractères et par leurs propriétés ! Quel contraste
étonnant et capable de faire réfléchir !

N'est-ce pas une démonstration saisissante du rôle secondaire et subordonné de ce que l'on voudrait opposer à
l'énergie sous le nom de matière ? Et ne peut-on après cela

penser au caractère dominateur et nécessaire de l'énergie, et au rôle précaire et contingent de ce que l'on voudrait appeler matière ?

Voilà certes bien des défaites (et je ne les énumère pas toutes), pour la notion chimique de la matière comme base essentielle, comme support et substratum de toute énergie. Il en résulte qu'une science qui accepte de tels fondements est appelée à se débattre sans succès avec l'idée de matière comme étant autre chose que l'énergie, qu'elle éprouve bien des difficultés à traîner cette matière comme un boulet qui l'entrave et l'allourdit, et que ses atomes et sous-atomes matériels s'acheminent malgré elle vers le néant, et tendent à s'évanouir à mesure que la connaissance des propriétés de la matière et de l'énergie devient plus approfondie et plus intime.

« On n'expliquera jamais, dit M. Bergson [1], par des particules quelles qu'elles soient, les propriétés simples de la matière. Tout au plus suivra-t-on jusqu'à des corpuscules, artificiels comme le corps lui-même, les actions et réactions de ce corps vis-à-vis de tous les autres. Tel est précisément l'objet de la chimie. Elle étudie moins la *matière* que les *corps* ; on conçoit donc qu'elle s'arrête à un atome, doué encore des propriétés générales de la matière. Mais la matérialité de l'atome se dissout de plus en plus sous le regard du physicien. Nous n'avons aucune raison, par exemple, de nous représenter l'atome comme solide, plutôt que liquide ou gazeux, ni de nous figurer l'action réciproque des atomes par des chocs plutôt que de toute autre manière... Du fait, nous voyons force et matière se rapprocher et se rejoindre à mesure que le physicien en approfondit les effets. Nous voyons la force se matérialiser, l'atome s'idéaliser, ces deux termes converger vers une limite commune, l'univers retrouver ainsi sa continuité. On parlera encore d'atomes ; l'atome conservera même son individualité pour notre esprit qui l'isole. Mais la solidité et l'inertie de l'atome se dissou- .

1. Henri Bergson, *Matière et mémoire, Essai sur la relation du corps à l'esprit*; Paris, F. Alcan, 1900.

dront soit en mouvements, soit en lignes de force, dont la solidarité réciproque rétablira la continuité universelle. »

De tout ce qui précède, il me semble ressortir que dans cette forme de l'énergie que nous appelons matière, il est des points, des lieux où la forme faiblit, et semble s'effacer pour laisser la première place à l'énergie, des lieux où la forme matérielle semble être en raison inverse de l'énergie, et qu'il est des substances, les substances spontanément radio-actives par exemple, qui, sans représenter exclusivement l'énergie pure, l'énergie en soi, sont appelées à nous faire penser à cet état de l'énergie, à l'énergie permanente et inaltérable, à l'énergie immortelle et même éternelle parce qu'elle est l'énergie elle-même.

Les faits d'observation semblent donc nous conduire à reconnaître que l'énergie pourrait bien n'avoir pas nécessairement besoin de la forme matérielle pour exister ; que si, nous, êtres essentiellement sensibles, nous semblons ne pouvoir constater l'énergie que sous cette forme que nous appelons matière, il ne nous est certes pas impossible de concevoir l'énergie en soi, en dehors de toute forme sensible et de considérer la matière comme une forme passagère, conditionnelle et non essentielle de l'énergie, comme une sorte de figure ou de costume que l'énergie a revêtue un jour et qu'elle est capable de rejeter.

Il est un autre ordre de phénomènes dans lesquels une dépense permanente d'énergie se manifeste sans source apparente située en dehors du centre ou du lieu même de l'énergie. Je désigne par là ces phénomènes de mouvements permanents de va et vient dont sont le siège les libelles ou bulles gazeuses mobiles et infiniment petites contenues dans les inclusions liquides de certains cristaux. Ces mouvements oscillants dans des directions très variées et qui paraissent non réglées, sont d'une vitesse uniforme, ne sont influencés ni par la chaleur ni par la lumière, ni par l'électricité, ni par aucun des agents en notre possession. Elles semblent durer sans modification probable depuis des millions de siècles. Quelle est la source de l'énergie ainsi manifestée ? On l'ignore en réalité, et il me semble logique de rapprocher ce cas de celui de la radio-activité tant au point de vue de la spontanéité et de la permanence que des conséquences qu'il paraît légitime d'en tirer au point de vue de l'autonomie possible de l'énergie, et de son indépendance, tout au moins relative dans certains cas, des lois de la thermodynamique qui paraissent caractériser et dominer ce que nous appelons proprement matière.

Ne pourrait-on ajouter à ces faits le phénomène si remarquable et si inexpliqué du mouvement brownien, ce mouvement dont sont animées incessamment et d'une manière uniforme et permanente les particules très petites de matière plongée dans un liquide.

Comme les phénomènes de la radio-activité, le mouvement brownien est une cause de grande perplexité pour le physicien. D'où vient-il ? Qu'elle en est la cause ? l'origine ? Ni la chaleur, ni la lumière, ni l'électricité, ni aucune cause expérimentale n'influent sur sa production, ni sur son intensité, ni sur sa marche, si bien qu'un physicien distingué, M. Gouy, considère ce singulier mouvement comme échappant aussi au principe de Carnot. D'après lui, les particules que le mouvement brownien met en branle seraient plus petites que les mailles de cet écheveau si serré ; elles seraient donc en mesure de les démêler, de les franchir et par là de faire marcher le monde à contre-courant [1].

Ai-je besoin de faire remarquer ce que, de prime abord, il y a d'extraordinaire, de mystérieux et d'hypothétique dans cette explication qui sépare les particules en celles qui suivent le courant du monde, et celles qui vont à contre-courant ? Et cependant il faut peut-être penser qu'il y a dans cette conception, passablement étonnante, une part de vérité. Cette part, je serais disposé à la voir dans cette considération que les mouvements des libelles et le mouvement brownien pourraient bien, comme les phénomènes de radio-activité, être dus à des états de la matière, dans lesquels les atomes physiques, c'est-à-dire l'impondérable, l'emporteraient sur

1. Poincaré, *Sur les relations entre la physique expérimentale et la physique mathématique*, Discours du Congrès international de physique, Paris, 1900.

les atomes chimiques ou le pondérable, soit par leur nombre, soit par leur stéréostructure propre, soit par leur situation relative dans la constitution de la matière. On comprendrait alors que l'activité et la spontanéité des atomes physiques l'emportassent sur la stabilité et l'inertie des atomes chimiques ou pondérables, et que ces atomes physiques puissent alors manifester librement leur activité spontanée soit par des mouvements oscillatoires, soit par des projections radiantes et effluvéiformes.

Par là s'expliquerait que ces états de la matière pour fournir du travail fussent soustraits à la nécesité de recevoir du dehors l'énergie nécessaire à leur activité, et échapassent par conséquent au principe de Carnot.

L'impondérable interne ou propre à ces états de la matière suffisant plus ou moins largement à leur travail mécanique, l'énergie empruntée par eux à une source extérieure et représentée par le principe de Carnot comme un facteur nécessaire, n'influe pas sur la quantité de travail d'une manière notable et ne constitue qu'une quantité plus ou moins négligeable. Et voilà pourquoi ni la chaleur, ni la lumière, ni l'électricité, ni aucune énergie connue venant de l'extérieur ne semblent modifier sensiblement les mouvements des libelles et le mouvement brownien, et pourquoi aussi la chaleur modifie à peine la radio-activité. Ces états de la matière dépendent probablement d'une manière essentielle de cette condition que les atomes spontanément actifs et indépendants exercent sur les atomes pesants, immobiles et inertes, une suprématie réelle ; et c'est peut-être aux variations dans les proportions de ces deux ordres d'atomes entre eux d'une part, et de ces atomes et des atomes psychiques d'autre part, qu'il faut chercher la mesure de déterminisme ou d'indéterminisme, de fixité ou de mobilité, d'inertie ou de spontanéité qui s'observent dans tout ce qui fait partie de l'univers ; et ce sont ces proportions mêmes qui feraient de ce grand tout comme une gamme souple et serrée s'élevant des notes inférieures et sourdes d'un déterminisme presque complet aux sons éclatants et aigus de la liberté morale.

Si je me trompe, il y a dans cette explication plus de conformité avec les notions acquises par l'observation, par l'expérience et par les raisons de la logique. Avant d'admettre qu'il y a dans l'univers des molécules qui vont à contre-courant du monde (ce qui a quelques apparences de paradoxe) j'aime mieux croire aux réalités d'une lutte entre deux influences opposées et rivales, mais qui appartiennent l'une et l'autre, à leur manière, au courant du monde. Il y aurait là d'ailleurs une application d'une loi dont la généralité semble incontestable et qui pourrait, me semble-t-il, se formuler ainsi : dans l'univers tout travail, toute action, tout résultat se résume dans la lutte entre deux forces ou influences rivales et opposés, et dans la victoire plus ou moins accentuée de l'une de ces deux forces ou influences. C'est là une loi qui se vérifie aussi bien dans le monde moral où la lutte est engagée entre le bien et le mal, que dans le monde intellectuel où le vrai et l'erreur se disputent la prédo-mination, que dans le monde physiologique où l'assimilation et la désassimilation, la conservation et la destruction, le plaisir et la douleur, la vie et la mort sont des adversaires de tous les instants, et que dans le monde matériel où les influences contraires et rivales portent incessamment des coups heureux ou malheureux à la stabilité ou à `l'évolu-tion.

Oui, partout et dans tous les domaines de l'univers une lutte est constamment engagée ; et c'est de son issue que dépend le courant du monde. A ce point de vue il y a quel-que chose à retenir dans l'idée émise par M. Gouy, mais à condition de l'expliquer, de l'éclairer et de la compléter, de la rendre logique. Il y a dans le monde non pas précisément deux courants contraires, mais deux tendances contraires, d'une part la tendance évolutive qui se satisfait par une activité spontanée et progressive, et d'autre part la tendance à l'immobilité qui constitue la puissance de l'habitude et qui aboutit au maintien du *statu quo*. Ces deux tendances appar-tiennent également au courant du monde ; et les résultats de la lutte qui est engagée entre elles, sont conformes à la nature et à la marche oscillante du monde. Dans toute guerre, les victoires et les défaites, dans toute marche de la vie des peuples les dominations et les servitudes ne constituent pas autre chose que les fluctuations naturelles et les vibrations fondamentales et logiques du rythme de la vie dans tous les domaines.

Le monde est donc le champ d'une grande bataille dans laquelle sont engagées toutes les forces de l'univers, forces morales, forces intellectuelles, forces physiologiques, forces cosmiques ; mais il faut bien affirmer que le résultat de la victoire n'est pas indifférent, et qu'il importe fort que ce soit tel ou tel des deux lutteurs qui l'emporte, le bien sur le mal, le perfectionnement et l'élévation des énergies sur leur inertie et leur dégradation. Il y a donc un courant heureux et un courant malheureux, c'est-à-dire qu'il y a dans tout l'univers une morale générale, qui a pour obligation le devoir d'évoluer dans le sens ascendant vers le supérieur, vers le meilleur, vers l'idéal, vers la justice et vers la bonté. Et s'il y a partout un devoir, partout une obligation, et partout une lutte, il doit nécessairement y avoir aussi partout un effort, car dans toute lutte, l'effort est la condition nécessaire de la victoire.

Mais en nous plaçant à ce point de vue qui fournit à l'opinion de M. Gouy un commentaire qui la rend logique et rationnelle, il faut faire remarquer que ce que M. Gouy a considéré comme le contre-courant du monde, comme l'anormal et l'amoral, dirai-je, est au contraire le courant qui correspond au normal et au moral, c'est-à-dire celui qui doit conduire le monde dans une voie d'ascension. Nous nous trouvons en effet en présence de victoires remportées par l'impondérable et le spontané sur le pesant et l'inerte, bien plus, en présence d'un acheminement progressif de l'atome chimique vers l'atome physique, ce qui constitue une marche dans le sens de la tendance évolutive qui semble enfermer la promesse d'une victoire future et définitive de l'énergie libre et agissante sur l'énergie muselée et solidifiée.

Les phénomènes radio-actifs, le mouvement brownien, les oscillations des libelles, nous ont mis en présence de faits où l'énergie développée par un corps semble avoir sa source dans le corps lui-même, et représenter de l'énergie pour ainsi dire autonome, dont l'origine n'est pas soumise au principe de Carnot. Quelques-uns de ces faits, la radio-activité spécialement, nous ont montré une disproportion colossale entre la masse, considérée comme quantité de matière, et la somme d'énergie manifestée, si bien que nous avons été conduits à penser à la possibilité de l'émancipation de l'énergie de toute forme matérielle, puisque nous constatons dans certains cas la réduction de cette dernière à un minimum d'une extraordinaire petitesse, contrastant violemment avec le maximun atteint par l'énergie.

A ces faits, on peut en ajouter d'autres qui, paraissant au premier abord être d'un ordre tout différent, ont très probablement avec les premiers des relations importantes et profondes, je veux parler de l'action des ferments en général, et des ferments inorganiques en particulier. M. H. C. Jones a donné sur ces derniers ferments, dans un récent numéro du *Bulletin of the Johns Hopkins Hospital,* des renseignements très curieux qui ont été rapportés dans le numéro du 1er novembre 1902 de la *Revue scientifique.* Je les emprunte à ce recueil.

Il s'agit de matières purement inorganiques, minérales, qui, comme les ferments solubles ou enzymes, jouissent de la propriété d'accélérer notablement certaines réactions chimiques, sans pourtant apparaître dans le produit final. Elles possèdent ce que l'on appelle la force catalytique ; elles agissent par leur présence, sans rien perdre de leurs propriétés, et sans participer à la constitution du produit dont elles ont tout au moins accéléré, dans des proportions notables, la formation. Pour agir ainsi, les matières minérales doivent se présenter sous une forme spéciale. Le platine, l'or, l'argent, le cadmium, etc., peuvent ainsi jouer le rôle de ferments inorganiques, et déterminer telle réaction qui jusqu'ici ne s'opérait qu'en présence de tels ou tels enzymes : mais pour agir, ils doivent, dit-on, être réduits à des *dimensions infinitésimales.* Pour cela on plonge dans l'eau deux petites barres du même métal, à quelque distance l'une de l'autre, et on fait passer entre elles un fort courant électrique. Sous l'influence de ce dernier, *on suppose* qu'il se détache des barres des parcelles métalliques extrêmement fines qui restent en suspension dans l'eau. Je dis *on suppose* ; car aucun microscope, si puissant soit-il, ne permet de les apercevoir. On serait donc tenté de croire à un état de *solution* du métal dans l'eau. Mais l'eau ainsi traitée n'a aucun des caractères des solutions. Au lieu d'avoir comme les solutions véritables un point de congélation inférieur à celui du dissolvant, elle gèle exactement à zéro, comme l'eau ordinaire. En outre, l'eau dite métallisée a la même tension de vapeur et le même point d'ébullition que l'eau ordinaire, et elle est dépourvue de pression osmotique. Ce n'est donc pas une solution véritable, et l'on se donne une apparence de satisfaction en l'appelant une pseudo-solution, une solution colloïdale analogue aux solutions d'amidon, etc.

Ces formations inorganiques agissent, dans certains cas, exactement comme des ferments solubles, et même comme des ferments organisés. Ainsi, comme le *Mycoderma aceti*, la solution colloïdale de platine transforme l'alcool par oxydation en acide acétique, en présence de l'oxygène, etc.

L'identité d'action des ferments solubles et des ferments inorganiques s'étend à bien d'autres caractères. Ainsi, pour ces derniers comme pour ceux-là, il n'y a point de proportion entre la quantité d'un ferment et la quantité de transformation qu'il peut opérer. Le travail est *énorme,* eu égard à la *petite quantité* de ferment. Les uns et les autres restent étrangers au produit de la réaction qu'ils ont provoquée. Les uns et les autres agissent catalytiquement, *par contact*.

En outre, les ferments inorganiques, comme les ferments solubles et les ferments organisés, sont très sensibles à l'action de différentes substances qui, même en *très faible proportion,* les paralysent, ou les empoisonnent, ou retardent leur action. Dans bien des cas les *mêmes substances* agissent identiquement sur les uns et sur les autres.

Mais ces paralysies sont susceptibles de guérison, et si l'on prolonge l'action du poison, l'influence toxique de ce dernier s'émousse, disparaît, et le ferment inorganique, comme les autres ferments, se remet de sa paralysie temporaire et reprend son pouvoir catalytique. D'autres substances tuent définitivement le ferment inorganique. De façon générale, les substances qui agissent sur le ferment organique (soluble ou organisé), agissent aussi et de la même manière sur le ferment inorganique.

Il y a donc entre les actions de contact dans le domaine inorganique, et l'action des ferments dans le monde organique et organisé, un parallélisme frappant et des ressemblances remarquables.

Dans les deux cas les réactions impliquent un développement considérable des surfaces et un contact très étendu.

Assurément, entre ces deux ordres d'agents il n'y a point identité de substance, mais il y a identité d'action, ce qui oblige à penser à quelque condition intime commune et identique dans les deux cas. « Dans les deux cas, dit l'auteur, l'*énergie de surface* est en jeu ; et en fin de compte les phénomènes pourraient bien tenir aux actions et manifestations d'un *tertium quid,* d'une force connue ou inconnue, — l'*électricité peut-être.* »

J'ajoute, pour compléter ces renseignements, que des expériences cliniques faites en Allemagne avec le *collargol* ou argent colloïdal ont démontré dans cet agent une énergie antiseptique très remarquable, dans les cas de gourme du cheval, du charbon chez les ovidés, et enfin chez l'homme dans l'endocardite pour laquelle la thérapeutique était restée particulièrement désarmée. Une ou deux injections intra-veineuses de collargol débarrassent les cavités du cœur et les valvules des orifices cardiaque des bactéries qui y produisent des désordres très graves, laissant toujours des déformations dangereuses quand ils n'entraînent pas la mort (Dr P. Portier, chef des travaux de physiologie à la Sorbonne, « L'argent colloïdal ou collargol », *La Science au* xxe *siècle,* n° 1, 15 mars 1903).

J'ai fourni au lecteur le plus succinctement possible les éléments de la question afin de lui permettre d'apprécier la justesse des considérations qui me paraissent en ressortir.

Il y a dans les phénomènes si intéressants que nous venons de rapporter plusieurs points principaux à signaler.

1° D'abord l'identité d'action des ferments organiques et organisés d'une part, et des ferments minéraux d'autre part contribue largement à effacer la limite qu'on a voulu obstinément établir entre les phénomènes dits vitaux ou propres aux corps organisés, et les phénomènes dits physiques ou de la matière simplement organique ou minérale. L'action des ferments organisés notamment avait été considérée comme exclusivement réservée au domaine de la vie. Je n'y contredis pas ; mais je m'empresse de faire remarquer que les phénomènes de l'ordre vital se retrouvent parfois avec tous leurs caractères dans le monde minéral. La vie n'est donc pas un fait réservé à certaines formes de la matière ; mais elle est le lot de toutes les formes, de la forme minérale comme des formes végétale et animale. Il y a là un argument de quelque valeur en faveur des idées que je professe depuis longtemps déjà sur l'universalité de la vie (voir mon *Essai sur la vie et la mort*).

2° La seconde réflexion qui découle des faits ci-dessus, c'est que si l'on vient à se rendre compte de la nature de cette action des ferments inorganiques et de la forme de l'énergie qui la provoque, on aura contribué à distinguer un des éléments qui jouent un rôle important dans les mouvements de la vie.

3° Un point qui intéresse plus spécialement le sujet de cet essai, et que notre exposition a mis certainement en relief dans l'esprit du lecteur, c'est le défaut énorme de proportion entre la quantité de matière qui joue le rôle de ferment, et la somme d'action qu'elle produit, une très minime quantité de ferment produisant des fermentations considérables, et par conséquent un travail énorme.

4° Les ferments solubles ou enzymes et les ferments inorganiques agissent indéfiniment aussi bien que les ferments organisés sans perdre sensiblement de leur substance et sans entrer dans le produit de la réaction.

5° Quant à cette condition de l'action des ferments métalliques que l'on désigne sous le nom d'*énergie de surface,*

ou *action catalytique,* et résultant de leur division en particules de *dimensions infinitésimales,* je suis très disposé à
n'y voir qu'une explication qui n'explique rien, et un assemblage de mots destiné à masquer notre ignorance. Cette
division infinitésimale existe en fait dans toutes les solutions
colloïdales (solution d'amidon, de gélatine, etc., etc.), et je ne
sache pas que toutes donnent lieu à un dégagement aussi
extraordinaire et permanent d'énergie. Cette division infinitésimale existe d'ailleurs dans bien d'autres cas, où elle
reste sans effet.

6° L'identité des effets produit par les enzymes.et les ferments minéraux prouve qu'il y a en eux une condition commune, et qu'on a le droit de penser à une force commune à
ces deux groupes, force connue ou inconnue, qui d'après
II.-C. Jones pourrait être l'électricité.

7° Enfin toutes ces données me semblent aboutir à établir
entre l'action des ferments en question et la radio-activité
des analogies, et même des ressemblances remarquables.
Dans l'un comme dans l'autre cas, des *particules très minimes*
de matière semblent produire des actions considérables et
hors de proportion avec la quantité de matière. Dans l'un et
l'autre cas, la source de l'énergie est mystérieuse et paraît
inépuisable, et les corps actifs semblent soustraits à la nécessité (voulue par le principe de Carnot) d'emprunter leur
énergie à une source étrangère. Dans l'un et l'autre cas, le
déploiement de l'énergie semble être lié à un état extrême de
dissociation de la matière, état tel que dans les deux cas les
particules sont insaisissables par les microscopes les plus
puissants. Dans l'un et dans l'autre cas, l'énergie, c'est-
à-dire l'impondérable, semble s'émanciper et se dégager de
plus en plus du pondérable, c'est-à-dire de la forme matière,
et, nous montrant la suprématie considérable de l'énergie
sur cette dernière, nous fait soupçonner la contingence de
la matière et entrevoir la possibilité de l'émancipation totale
de l'énergie, et la disparition possible de la forme matérielle
en même temps que de la conservation finale de l'énergie.

Quant à la cause ou force présidant aux phénomènes de
fermentation des enzymes et des ferments métalliques, ou

solutions colloïdales des métaux, on peut, me semble-t-il,
sans grande témérité, la considérer comme de l'ordre de
celle des corps radio-actifs. Tout semble tendre à établir
(malgré la répugnance de ceux qui n'osent risquer une infidélité aux principes de la thermodynamique), tout, dis-je,
semble vouloir établir que l'énergie des corps radio-actifs a
pour source l'énergie électrique propre des électrons infiniment
petits qui constituent les éléments des atomes, énergie qui fait
partie de leur nature, que dis-je, qui est leur nature même,
qui est leur essence, qui est source primaire d'énergie, et
j'ajoute qui est très probablement l'énergie elle-même, sous
forme des centres de forces de dimensions infiniment réduites,
se déplaçant suivant un mode particulier de mouvement.

La nature des phénomènes qui aboutissent à la formation
de ces ferments métalliques, et de ceux qui caractérisent leur
influence comme ferments, nous semble fort se rapprocher
de la nature des phénomènes de la radio-activité ; et ce que
l'on appelle une solution colloïdale des métaux devrait être
considéré comme résultant d'une irradiation, d'un transport
des électrons du métal dans le liquide sous l'influence de
l'excitation dissociante ou perturbatrice produite par le courant
électrique parcourant les deux cylindres métalliques plongés
dans le liquide. Ce ne sont donc pas proprement des particules matérielles que le métal a cédées au liquide, mais c'est
plus spécialement de l'énergie sous l'espèce d'électron, ou
plutôt de l'énergie sans forme sensible, de l'énergie amorphe
et libérée, de l'énergie même ; et cette énergie, pourvue d'une
activité propre, semble provoquer les phénomènes de fermentation, comme l'activité des corps radio-actifs provoque dans
les corps voisins des phénomènes de radio-activité.

Et si les métaux sont capables, après l'action excitatrice
d'un courant électrique, d'une telle émission d'énergie, c'est
que très probablement en eux l'influence des électrons que
j'ai appelés aussi atomes physiques l'emporte de beaucoup sur celle des atomes dits chimiques, et que, en eux
également, l'action du courant électrique se trouve dans des
conditions meilleures d'influence sur les mouvements et
l'émission des électrons.

Et pour revenir à l'une des considérations que j'ai présentées précédemment, nous pourrons conjecturer que la
radio-activité joue très probablement dans les phénomènes
de la vie un rôle très considérable, et dont il faudrait sans
doute considérer comme une application ou action spéciale,
ce pouvoir d'*amorce* dont l'activité et l'importance ont été
signalées par moi, comme étant un des phénomènes les plus
caractéristiques, sinon le plus caractéristique de la vie. Voilà
donc des considérations qui tendent encore à élargir le cadre
et l'importance de la radio-activité, et à lui assigner un rôle
très important dans les phénomènes de la vie, tels qu'on les
observe chez les êtres dits vivants ou organisés.

Mais ces manifestations de l'énergie, si extraordinaires
qu'elles réduisent les physiciens à les considérer comme des
anomalies étranges et inexplicables et comme contraires aux
lois générales de l'énergie dans le monde de la matière, ne sont
pas bornées à ces cas si particuliers et si restreints en apparence que nous venons de signaler. Nous avons vu M. Gustave
Le Bon le premier, et d'autres ensuite, M. le Pr de Heen, lord
Kelvin, affirmer la généralité des phénomènes radio-actifs
dans la nature ; et nous dirons avec sir O. Lodge (« Électricité et matière », discours du 5 février 1903, in *Nature*) :
« Les gouttes de pluie qui tombent sont radio-actives ; les
feuilles des plantes, et la plupart des choses exposées au
soleil sont radio-actives ; la difficulté sera de trouver quelque
chose qui n'est pas radio-actif à quelque degré... ».

Mais si la radio-activité générale et permanente, si le mouvement incessant des libelles, si le mouvement brownien
jettent le désarroi dans les idées admises en physique sur la
matière et sur ses rapports avec l'énergie, nous verrons en
outre que l'hypothèse aujourd'hui en bonne voie de démonstration de la transformation des éléments de la chimie
ne porte pas un coup moins grave aux principes de la chimie
et aux conceptions admises sur la composition et la nature
de la matière.

S'il est une idée scientifique qui ait de nos jours paru
solidement établie, et à l'abri de toute contradiction sérieuse,
c'est bien celle de la différence spécifique des corps élémen-

taires de la chimie, appelés aussi corps simples, et de l'impossibilité de leur transformation. Ces éléments étaient d'ailleurs appelés corps simples ou éléments parce qu'on les considérait comme indécomposables, comme invariables, comme irréductibles à d'autres corps.

L'ancienne alchimie avait bien soutenu la possibilité de transmutation de certains corps simples en d'autres corps simples ; et l'on sait avec quelle ardeur et quelle patience certains de ses adeptes ont poursuivi la transmutation des métaux en or, le métal le plus précieux. On s'est beaucoup moqué des alchimistes et de leurs illusions. On est moins disposé à en rire aujourd'hui. Les très curieuses expériences de M. Gustave Le Bon[1] sur la variabilité des espèces chimiques sont très dignes d'attention. On y voit par exemple que le mercure mis en contact avec le magnésium sous une très faible pression voit ses propriétés profondément modifiées. Tandis qu'il ne s'oxydait pas à l'air et ne décomposait pas l'eau à froid, après ce contact il s'oxyde à l'air et décompose l'eau à froid. M. G. Le Bon a constaté, qu'il suffisait pour cela que pendant le contact du magnésium et du mercure, ce dernier eût dissous 1/1 400 du poids du premier. De même le magnésium qui a été plongé dans le mercure voit ses propriétés très modifiées. Il ne décomposait pas l'eau à froid et ne s'oxydait pas à l'air. Il décompose l'eau à froid et s'oxyde à l'air, mais à condition qu'il soit mouillé. Si on l'essuie avec un linge sec, il ne s'oxyde pas, tout en conservant la propriété de décomposer l'eau.

Introduisez dans un flacon contenant quelques centimètres cubes de mercure des lames d'aluminium polies au rouge d'Angleterre ou simplement nettoyées à l'émeri, secouez très fortement le flacon pendant deux minutes ; et l'aluminium retiré du flacon et essuyé soigneusement se couvre presque instantanément de gerbes blanches d'alumine qui en quelques minutes atteignent un centimètre de hauteur. Plongé dans l'eau, cet aluminium la décompose énergiquement et forme

1. Gustave Le Bon, De la variabilité des espèces chimiques, *Revue scientifique*, 22 déc. 1900.

de l'alumine ; et l'opération ne s'arrête que quand l'aluminium est entièrement détruit. Or l'aluminium ne décompose pas l'eau à froid et ne s'oxyde pas à l'air. Il n'est pas attaqué par les acides sulfurique, nitrique et acétique. Après le contact mouvementé avec le mercure, non seulement, il décompose l'eau à froid et s'oxyde à sec à l'air, mais il est attaqué violemment par les acides sulfurique, nitrique et acétique. Il possède en outre une force électro-motrice double de celle de l'aluminium ordinaire. Voilà certes des changements de propriétés considérables et, ce qu'il y a de très digne d'être remarqué, c'est l'infime quantité de mercure nécessaire pour les produire. En effet dans un flacon sec bien propre, on introduit une petite quantité de mercure distillé pur, on secoue ce flacon pendant une minute, et on retire le mercure de façon qu'on n'en aperçoive aucune trace visible sur les parois du flacon, ce qui arrivera si le mercure employé est bien pur. Il suffit de laver le flacon avec de l'eau aiguisée de 1/5 d'acide chlorhydrique, d'y plonger de l'aluminium et de secouer le flacon pendant 30 secondes pour que la lame jouisse des propriétés d'oxydation signalées, bien que sa surface ne montre aucune trace d'amalgamation. Il suffit pour que l'aluminium soit ainsi modifié que l'eau acidulée contienne une trace de bichlorure de mercure correspondant au 1/1200 de son poids.

On sait aussi qu'il n'y a pas de corps plus dissemblables peut-être que le phosphore blanc et le phosphore rouge. Or il suffit d'ajouter au phosphore blanc des traces d'iode ou de sélénium pour le tranformer en phosphore rouge. L'acier qui diffère tant du fer par sa dureté et son aspect, n'en diffère chimiquement que par la présence de quelques millièmes de carbone.

Quelle différence énorme au point de vue des propriétés entre le charbon et le diamant, entre l'oxygène et l'ozone ! Ces corps sont pourtant considérés comme des représentants d'un même élément chimique. Pour expliquer ces derniers faits on a invoqué, quoique sans preuves, des différences dans l'état de polymérisation moléculaire. Mais pour les cas cités plus haut du mercure, du magnésium et de l'aluminium, il

semble difficile de soutenir que des traces si minimes de matières étrangères puissent modifier le poids moléculaire de
ces corps. Aussi M. Le Bon considère-t-il que les idées
régnantes en chimie sont incapables d'expliquer ces faits ;
et est-il amené à conclure que les idées qui règnent sur la
fixité des espèces chimiques sont probablement condamnées
à disparaître. Il se sent invinciblement conduit à abandonner
les idées actuelles et à admettre que les espèces chimiques,
pas plus que les espèces vivantes, ne sont invariables. On peut
donc les transformer ; et on revient ainsi à ce grand problème
de la transmutation des corps qui a tant occupé les alchimistes du moyen âge. Les plus éminents chimistes se préoccupent d'ailleurs de ce problème ; et déjà H. Saint-Clair
Deville disait à ses élèves qu'il ne croyait pas à la persistance
des éléments dans les composés ; ils devaient donc se trans-
muer ; et aujourd'hui, M. Ostwald, l'éminent professeur de
chimie de l'Université de Leipzig, formule la même conviction :
« Il est, dit-il, contraire à toute évidence d'admettre que la
matière subissant une réaction chimique ne disparaisse pas
pour faire place à une autre douée de propriétés différentes.
N'est-ce pas un non-sens, que de prétendre qu'une substance définie existe encore sans plus posséder aucune de
ses propriétés ? En fait cette hypothèse de pure forme n'a
qu'un but, mettre d'accord les faits généraux de la chimie
avec la notion *tout à fait arbitraire* d'une matière inaltérable. »

Mais antérieurement déjà, en 1891, Gustave Wendt, dans
un travail (*Die Entwickelung der Elemente, Entwurf zu einer
biogenetischen Grundlage für Chemie und Physik*, Berlin,
1891), avait cherché à établir que les différents éléments
étaient des états de développement ou des combinaisons
historiquement produites par six éléments fondamentaux, et
que ces derniers étaient à leur tour les produits historiques
d'un seul élément primitif. Crookes, dans sa *Genèse des éléments*, avait déjà donné à cette substance primitive hypothétique le nom de matière primitive ou protyle. La démonstration expérimentale de cette formation par voie d'évolution
des éléments en corps simple de la chimie n'est probable-

ment pas éloignée, et les faits comme ceux qui résultent des expériences de M. Le Bon peuvent, me semble-t-il, être considérés comme des faits précurseurs.

C'est en chimie physiologique surtout que les faits démontrant la variabilité de l'espèce chimique peuvent être constatés. M. Armand Gautier a démontré par exemple que la nicotine, la chlorophylle, le sucre, les essences, etc., que l'on considère comme des principes définis invariables et soigneusement identiques, variaient suivant la plante d'où ils étaient extraits. « Quoique restant toujours de même famille chimique, dit-il, ces principes se sont, d'une race végétale à l'autre, modifiés par isomérisation, substitution, oxydation ; ils sont devenus en somme d'autres espèces chimiques définies... Il en est de même chez l'animal. Il n'y a pas une hémoglobine, mais des hémoglobines, chacune propre à chaque espèce. Elles diffèrent en chaque cas par leur richesse en fer, leur forme cristalline, leur facile ou difficile cristallisation, leur solubilité, l'hématine qui en dérive. »

Ces variations d'espèces chimiques portent sans doute sur des composés définis, mais non encore sur des corps simples. Les corps simples étaient jusqu'ici restés irréductibles, et on ne pouvait invoquer comme exemple de leur transformation possible que les transformations allotropiques telles que les changements du phosphore blanc en phosphore rouge, de l'oxygène en ozone, du diamant en charbon, etc. « Mais, dit M. Le Bon, il n'y aurait qu'à modifier les théories actuelles pour que de tels changements soient considérés comme de véritables transformations. »

Les expériences de M. Le Bon indiquent, en tout cas, qu'on peut changer plusieurs des propriétés fondamentales des corps. Il suffirait d'en changer encore quelques autres pour les transformer entièrement. M. Moissan a fort bien compris et exprimé l'importance des investigations poussées dans cette direction. « La grande découverte moderne qu'il y aurait à réaliser aujourd'hui, dit-il, dans son livre récent sur le fluor, serait non pas d'accroître d'une unité le nombre de nos éléments, mais au contraire de le diminuer en passant d'une façon méthodique d'un corps simple à un autre corps simple... Arriverons-nous enfin à cette transformation des corps simples les uns dans les autres qui jouerait en chimie un rôle aussi important que l'idée de combustion saisie par l'esprit pénétrant de Lavoisier ? »

Si je me suis si longuement étendu sur les faits mis en évidence par M. G. Le Bon, et sur les considérations dont il a fait suivre leur exposé, c'est pour en tirer quelques indications et quelques lumières au point de vue de la question que nous examinons, c'est-à-dire au point de vue des relations de la matière et de l'énergie, et de la valeur réciproque de ces deux termes.

Il me semble se dégager de cet ensemble de faits et de considérations, ce point de vue que la matière loin de présenter cette stabilité, cette permanence de forme, de propriétés, d'énergies qu'on s'est plu à lui attribuer, est au contraire d'une nature essentiellement instable, variable, fuyante même, et que par conséquent les philosophes ou les savants qui ont cru trouver en elle pour leur système une base solide, permanente et inébranlable, se sont fait à cet égard d'étranges illusions.

Que penser, en effet, de la matière composée d'atomes, éléments indivisibles, indestructibles et invariables par conséquent, mais qui changeraient sans cesse de propriétés ? Que penser des atomes forces ? des atomes ultra physiques ? des atomes tourbillons ? des atomes effet de la condensation de l'espace (Hæckel) ? Et d'ailleurs quelle incertitude, bien plus, quelle ignorance ! Quelles variations, preuves de l'ignorance dans la conception de la nature de « l'atome ». « Il faut reconnaitre, dit Rucker (*La théorie atomique*, Discours présidentiel de l'Ass. brit. p. l'av. des sciences, Glasgow, 1901, in *Rev. scient.*, 5 oct. 1901) que nous ne savons que bien peu de choses ou rien du tout sur les dimensions et les propriétés des molécules de la matière. » Les atomes peuvent être des réalités physiques, mais de quelle nature sont ces réalités ? La matière peut bien être de composition granulaire, mais quelle est la nature de ces granules ? Sont-ce des particules matérielles distinctes dans le sens ordinaire du mot ? comme le veulent Waterston, Clausius, Maxwell ? Sont-ce des états spéciaux et localisés d'un milieu primordial de même nature qu'eux et qui constitue entre eux une connexion physique? Tels les atomes-vortex de lord Kelvin et les atomes-forces de Larmor? Sont-ce de purs centres dynamiques? des groupes ou centres de forces, des lieux de concentration de l'énergie comme l'ont pensé Boscovitch, Faraday, Ampère, Fechner? On ne saurait à ces questions répondre par des affirmations catégoriques, car nul n'a vu l'atome, et ceux qui lui attribuent une nature matérielle ou autre puisent leurs convictions dans des déductions plus ou moins logiques inspirées par un ensemble de phénomènes. Toutefois même les conceptions de l'atome qui paraissent lui attribuer des natures opposées se rencontrent dans l'obligation d'attribuer à l'énergie la place d'honneur et le rôle dominateur. Il en est naturellement ainsi dans la théorie de Faraday. Ce grand physicien considère en effet l'atome comme un *centre de forces*, c'est-à-dire que son individualité consiste dans le point mathématique où se croisent les lignes de forces indéfinies, rayonnant à travers l'espace, qui le constituent réellement. Chaque atome occupe donc l'espace tout entier auquel s'étend la gravitation et tous les atomes se pénètrent les uns les autres. Faraday repousse donc pour l'atome la nécessité d'un substrat matériel. Il n'y a pour lui que des états, des situations de l'énergie, des directions, des tensions, etc.

Lord Kelvin au contraire considère l'atome comme un anneau de forme invariable tourbillonnant dans un fluide matériel, continu, homogène, doué d'inertie, de rigidité, d'élasticité, de compressibilité, mais non de pesanteur, remplissant tout l'espace et qui est l'éther[1]. Les propriétés de l'atome seraient donc dues à sa forme, et son existence individuelle serait due à son mouvement[2].

Il en résulte donc que la forme et le mouvement ont dans cette conception de l'atome une prédominance complète sur la substance constituante. Ne faut-il pas voir dans cette

1. Lord Kelvin, On the Clustering of gravitational Matter, etc., *Philosophical Magazine*, 6e série, vol. III, janvier 1902.

2. Bergson, *Matière et mémoire*, p. 223 et 224 ; Paris, F. Alcan, 1900.

conception une reconnaissance d'une primauté considérable
de l'énergie, primauté telle que l'on peut se demander si la
supposition du substrat matériel n'est pas un sacrifice fait
au besoin de représentation figurée qui est naturel à bien des
esprits.

Il semble donc plus rationnel de penser que les atomes
sont des centres d'énergie qui, groupés et solidarisés, nous
donnent par *leur ensemble* les sensations que nous désignons
comme matière. Si bien que le concept de matière serait le
produit de l'action de la masse sur nos sens, mais serait
sans relation avec la nature des atomes. Et, tout bien considéré, il semble légitime de définir l'atome : un état, une disposition architectonique de l'énergie ; et de regarder les différences des atomes, et par conséquent les différences des corps
matériels, comme résultant, en partie du moins, des variations
de cet état architectonique.

A ces vues que j'avais formulées, il y a quelques mois déjà,
sont venues apporter quelque appui des publications récentes
que je ne voudrais certes pas passer sous silence.

Dans une conférence prononcée à Belfast, le 5 février 1903,
un des hommes les plus compétents s'est expliqué sur quelques-unes des questions que nous examinons dans cet
essai. Je veux dire le Pr O. Lodge[1]. Dans cette conférence
où l'auteur jette d'abord un coups d'œil sur les propriétés
fondamentales de la matière, dont la plus remarquable est
d'après lui l'inertie, l'éminent physicien fait cette très importante déclaration, « qu'en toutes probabilités il n'y a pas
d'inertie de la matière, mais qu'il y a une inertie électrique ;
l'inertie de la matière elle-même doit être expliquée par
l'électricité. En d'autres termes, nous sommes arrivés gra-
duellement à la *théorie électrique de la matière*. Nous nous
efforçons d'expliquer les *propriétés de la matière* au moyen
de ce que nous connaissons en électricité. »

« Bien que cela puisse paraître paradoxal aux personnes
qui n'étudient pas la physique, nous en savons davantage

1. O. Lodge, « Électricité et matière », Conférence du collège de Belfast
5 février 1903, in *Revue scient.*, 2 mai 1903.

au sujet de l'électricité qu'au sujet de la matière. Ses propriétés ont été examinées et comprises plus clairement que
l'inertie de la matière. Celle-ci n'est pas du tout comprise :
nous en connaissons seulement la manière d'être. »

Ce n'est certes pas aller trop loin que de voir dans ces
propositions une affirmation de la réalité de l'électricité, c'est-
à-dire de l'énergie, et de son rôle nécessaire pour expliquer
les propriétés de la matière. Celles-ci ne seraient donc pas
des parties intrinsèques et intégrantes de la matière, et cette
dernière ne devrait sa réalité qu'à la réalité de l'énergie,
c'est-à-dire ne serait autre chose qu'une forme de la réalité
de l'énergie [1].

L'inertie d'un corps est la propriété qu'il a de persister
dans le repos ou dans le mouvement après que la force qui
a provoqué le repos ou le mouvement a elle-même cessé
d'agir.

L'inertie existe en tout temps dit Lodge, en toute circonstance, elle est constante; or l'inertie est due en tous
cas à une charge électrique; et il n'y a *probablement* pas
d'autre inertie que l'inertie électrique. Il résulte du calcul
que plus un corps est petit et son rayon réduit, plus grande
est l'inertie due à sa charge. L'inertie électrique d'un atome
est si faible qu'elle ne peut être mise en évidence expérimentalement.

Mais l'atome n'est plus pour les physiciens la limite de
la petitesse.

Sir W. Crookes avait, en 1870, appelé l'attention sur les
tubes où l'on a fait le vide et considérait que les rayons
cathodiques formaient un *quatrième* état de la matière, (la
matière radiante) qui n'était ni *solide,* ni *liquide,* ni *gazeux.*
Ces résultats, accueillis par des sourires ironiques, sont devenus vérités scientifiques. Cette matière radiante produisant
les rayons cathodiques ou les rayons X, serait composée de
quelque chose de plus petit que l'atome, *fragments de matière, corpuscules ultra-atomiques, choses minimes,* bien plus

---

1. Nous aurons à revenir sur cette question dans le cours du onzième
Essai.

légères que les atomes et qui semblent être *les petits noyaux dont les atomes sont composés.*

D'après J.-J. Thompson la masse de ces particules est environ la millième partie de la masse d'un atome d'hydrogène, qui est le plus léger des atomes connus. Cet éminent physicien a en outre (résultat capital !) observé que quel que fût le gaz remplissant le tube, les particules dans lesquelles les atomes semblent être résolus par l'action électrique, sont *identiques,* et par conséquent *indépendantes de la nature du gaz.* Ces particules lancés par la cathode semblent être des fragments d'atomes qui seraient *les mêmes, quel que soit le gaz dont ils proviennent.* De là l'hypothèse, encoré non complètement vérifiée, que tous *les atomes* de matière sont composés des mêmes corpuscules, ou *électrons,* nom par lequel M. Johnstone-Stoney désignait la charge électrique attachée à un ion de matière. Mais ce qui est à noter, c'est que dans un tube de Crookes ces électrons ou charges électriques sont *détachées de l'atome* et *circulent librement,* fait précédemment sans exemple. Voici comment peut être expliquée la conduction. Dans un conducteur liquide l'atome et la charge voyagent ensemble, mais très *lentement,* la charge convoyant les atomes qui sont mobiles sans doute, mais qui se heurtent, et ont à frayer leur chemin à travers la matière en repos. Dans un conducteur solide ou métal les atomes ne peuvent se déplacer comme dans un liquide : ils sont fixés et ne peuvent que vibrer un peu. Aussi les électrons passent-ils d'un atome à l'autre, pas toujours nécessairement au même atome voisin. Mais dans un gaz, il en est tout autrement. On dirait que les charges ont été fragmentées, *charges d'électricité dissociés de la matière, charges sans corps, fantômes électriques* parcourant librement le tube avec une vitesse prodigieuse : c'est le vol des particules à travers les atomes libres du gaz. La vitesse de ces électrons est comparable à celle de la lumière ; elle est le trentième, ou même le dixième de cette dernière. Une vitesse si prodigieuse de quelques milliers de kilomètres par seconde représente nécessairement une grande somme d'énergie ; et quand survient un obstacle, il en résulte des effets de choc considérables et une radiation puissante. De là les rayons X.

Ces corpuscules de masse très petites ont une inertie très petite ; mais leur vitesse leur donne une énergie énorme. Ainsi l'énergie d'un gramme de matière se mouvant avec la vitesse de la lumière, serait capable d'élever toute la marine anglaise au sommet du Ben Nevis. La vitesse de nos projectiles est le repos relativement à celle de ces corpuscules.

Dans un tube de Crookes l'électricité est aussi *isolée* et aussi *divisée* qu'on puisse jamais l'espérer. Tous les phénomènes électriques semblent dépendre de ces électrons.

Nous avons vu comment pourrait s'expliquer la conduction de la charge dans les liquides, les solides et les gaz. Mais comment peut-on expliquer la radiation ou la lumière. Autrefois on disait : des atomes de matière vibrent, la radiation est l'ensemble des ondes de l'éther produites par ces vibrations des atomes.

Mais certaines expériences ont montré à M. Lodge que la matière et l'éther ne sont pas en relation l'un avec l'autre, que la matière seule ne peut produire des ondes. Ce n'est pas la matière qui vibre, *c'est la charge qu'elle supporte* ; et la radiation ou lumière est causée non par l'atome, *mais par l'électron* qu'il transporte. C'est pendant la période d'accélération que la radiation apparaît. Il n'y a rien de visible dans les rayons cathodiques tant qu'il y a vitesse et direction uniformes, mais la radiation apparait quand il y a accélération, retard ou incurvation. L'électron *pourrait*, comme un satellite, tourner autour de l'atome au lieu de vibrer simplement ; il y aurait ainsi accélération centripète donnant un effet identique à celui de l'accélération longitudinale.

La radiation serait donc due à un mouvement *orbital,* ce que tendrait d'ailleurs à prouver l'influence d'un champ magnétique sur l'électron. Tout courant est en effet influencé par un aimant, et toute radiation étant influencée par un aimant, on peut en induire que le mouvement de l'électron qui cause la radiation est un courant, c'est-à-dire un mouvement orbital. La radiation serait donc due à un mouvement *orbital* de l'électron.

Ainsi donc tous les phénomènes connus, relatifs à la conduction et à la radiation, sont associés à ces électrons, *particules infimes*, qui ont toujours la *même inertie*, la *même charge*, et la *même espèce de vitesse*, leur *masse* étant environ la millième partie de l'atome d'hydrogène.

Ces particules font leur révolution orbitale avec une rapidité effrayante. Quand elle est suffisamment accélérée, la radiation devient visible, et constitue la lumière visible. Le nombre des vibrations est alors de 400 à 800 millions de millions par seconde. Dans ce mouvement si rapide, quelques électrons s'échappent, et donnent les rayons pénétrants.

Il y a des substances *spontanément* radiantes, sans stimulant extérieur (uranium, radium, etc.). On n'a pas une idée bien précise du mécanisme qui préside à cette grande quantité de leur radiation. Il semble, dit l'auteur, être une *sorte d'évaporation électrique*, une *émission de particules*.

Il y a trois espèces de radiations : 1° la radiation où les électrons sont promptement arrêtés par les obstacles. Ce sont des particules de matière qui s'échappent avec une vitesse comparable à celle de la lumière, avec le dixième de la vitesse de la lumière, d'après M. Rutherford de Montréal. On suppose que tous les corps chauds et tous les corps chargés négativement émettent de ces particules ; 2° la radiation où les particules ou électrons ont un pouvoir de pénétration singulier. Ce sont des électrons qui s'échappent et 3° les rayons X qui sont des ondes dans l'éther. Ils ne sont pas la lumière, mais bien quelque chose de cette nature.

La radio-activité paraît être due le plus souvent au détachement des électrons produits par la force centrifuge ou par la rencontre des atomes.

Les électrons *occupent* l'atome ; ils sont *énergiques*, pleins d'*impulsion* bien que petits. Les électrons ne sont *pas stationnaires* dans l'atome ; ils tournent l'un autour de l'autre avec une vitesse prodigieuse, de sorte que l'atome est une *région d'activité intense*.

Les électrons sont dans l'atome séparés comme le sont les planètes dans le système solaire. Il y en a 1 000 dans l'atome d'hydrogène, 20 ou 30 000 dans l'atome de sodium, et 100 000 dans l'atome de mercure. On arrive donc à une astronomie atomique, où l'atome devient comparable à un système solaire, à une nébuleuse, aux anneaux de Saturne, ou à quelque chose de semblable, c'est-à-dire à un système composé d'un grand nombre de petites particules, en état de « *révolution* », et occupant avec leur substance une très petite portion de tout l'espace. Ils sont si petits que leurs collisions ne sont pas fréquentes, comme c'est le cas dans le ciel. Elles sont possibles, quoique très rares, car leurs dimensions sont très petites comparées aux distances qui les séparent.

Il y a dans la conférence dont je viens de donner les propositions les plus importantes des parties conjecturales, et des parties plus affirmatives. Parmi les premières se trouvent les explications de la radiation et surtout de la conduction. Cette dernière, en effet, ne nous explique pas pourquoi l'électron qui abandonne si aisément les atomes des solides et qui passe assez rapidement de l'un à l'autre, se trouve si solidement attaché à l'atome des liquides qu'il soit condamné à les convoyer lentement. Il y a évidemment là une lacune qui ne condamne pas d'ailleurs complètement l'explication donnée, mais qu'il importerait de combler.

Quant à la forme orbitale du mouvement des électrons, sans être complètement démontrée, elle devient très probable, en considération de l'influence d'un champ magnétique sur la radiation, c'est-à-dire sur le mouvement des électrons.

Mais ce qui est plus près d'être démontré c'est que l'atome soit composé d'électrons, que l'électron soit l'élément dynamique et que les électrons soient dans l'atome comme les satellites d'un système solaire décrivant des orbites. J'ai déjà, dans le cours de cet essai, parlé de ma conception de l'atome comme étant une disposition architectonique de l'énergie. Je suis heureux de rapprocher mon point de vue de celui qu'expose Lodge en parlant d'une astronomie atomique. On parle couramment de l'architecture céleste ; et la distance n'est certes pas considérable, entre ces deux conceptions de l'atome.

Là où la distance *paraît* prendre plus d'importance c'est

dans la conception de l'atome ou électron. Je dis qu'elle *paraît*, car il me serait peut-être difficile de préciser l'opinion de Lodge sur la question de savoir si, pour lui, l'électron est matière ou énergie.

J'ai déjà dit qu'il semblait rationnel de considérer ces corpuscules qui ne sont ni solides, ni liquides, ni gazeux comme étant d'une tout autre nature que la matière. Mais on peut trouver dans la conférence de l'éminent physicien des expressions qui autorisent à le regarder comme considérant tantôt l'électron comme matériel et tantôt comme immatériel.

Le terme de *corpuscules, fragments de matière, particules,* qu'il leur applique ferait supposer qu'il voit en eux une portion très minime de matière (l'ancien ion) supportant une charge électrique. Mais alors il y aurait distinction entre le support et la charge, et l'on pourrait rencontrer ou concevoir le support sans la charge. Or c'est ce que ne peuvent laisser penser d'autres termes du discours. Lodge parle de l'*électron* ou *charge* qui passe d'un atome à l'autre dans les solides. Mais d'autre part dans les gaz il parle de *charges fragmentées*, de *charges d'électricité dissociées de la matière, charges sans corps, fantômes électriques.*

Dans le tube de Crookes, dit-il encore, l'électricité est aussi *isolée* et *divisée* que l'on puisse l'espérer, les électrons ou charges électriques sont détachées de l'atome et circulent librement.

La radio-activité pour M. Lodge *semble* être une sorte d'évaporation électrique, une émission de particules.

Néanmoins, de l'ensemble de cette conférence où l'auteur ne s'est pas proposé spécialement de s'occuper de la nature materielle ou dynamique de l'atome, mais plutôt de sa structure et de ses divers modes d'activité (radiation, conduction) il résulte pour moi cette impression que l'auteur, tout en évitant de trancher la question, et tout en usant du terme courant de matière, a surtout envisagé l'atome comme une région d'activité intense occupée par des centres très minuscules d'énergie électrique, les électrons, tournant les uns autour des autres avec une vitesse prodigieuse.

Mais d'ailleurs, (et c'est par là que je terminerai mes réflexions,) qui ne voit qu'un monde composé de ces particules infiniment petites, dissociées sous forme de matière dite radiante, ni solide, ni liquide, ni gazeuse, n'est plus pour ainsi dire pour nous un monde matériel, mais un monde d'énergie colossale, échappant pour ainsi dire à la réaction des sens, et situé en dehors du domaine de notre commune matière. Aussi nous considérons-nous comme pleinement autorisé à dire de lui que ce monde est énergie.

La seconde mention que j'ajouterai ici est empruntée à une communication faite par M. Th. Tommasina à la Société de physique et d'histoire naturelle de Genève (*Revue scientifique*, 16 mai 1903), sur *La Théorie électronique et la gravitation universelle*. Je me bornerai à quelques citations intéressant plus spécialement notre sujet.

L'auteur considère le phénomène radiant comme *seule source* et *force primaire de l'énergie* et l'état de tension ou de contrainte du milieu éthéré comme nécessaire à la propagation des radiations.

L'éther est le seul corps impondérable.

L'état de contrainte ou tension de l'éther est la constante absolue de la gravitation. L'auteur envisage l'éther comme le réceptacle de l'énergie universelle, et les corps pondérables comme des *assemblages très variés de modifications des degrés de liberté des particules de l'éther*. Il considère comme élément électro-magnétique ou électron, non pas la masse même de la particule d'éther, mais *sa trajectoire et son énergie. La masse de l'électron n'est qu'apparente*, l'électron n'étant en réalité qu'*un mode de mouvement qui se déplace sans aucun transport de matière*. L'auteur conclut enfin que *l'éther électricité est la forme primaire de la matière et de l'énergie*.

Faisons remarquer ici encore combien dans cette conception, la place laissée à la matière est humble précaire et subordonnée, car l'éther-électricité, qui est la forme primaire de la matière est au fond de l'impondérable.

Remarquons encore que pour M. Thommasina, si les

phénomènes physico-chimiques exigent pour leur explication l'intervention d'un milieu (l'éther) dans lequel toute
transmission d'énergie se fait par chocs, on ne peut conclure qu'on ne puisse concevoir en dehors de ces phénomènes une énergie sans éther et sans phénomènes physico-
chimiques.

Disons enfin que si la radiation est la source unique et la
force primaire de l'énergie, il n'est nul besoin de rechercher la source de l'énergie radiante en dehors des corps
radio-actifs eux-mêmes ; et on peut alors, semble-t-il, considérer ces derniers comme source primaire d'énergie, en
dehors de l'intervention du principe de Carnot. C'est là une
opinion que j'ai avancée, sous réserve des découvertes de
l'avenir. Mais il faut noter pour le moment que toutes les
explications, proposées pour expliquer l'énergie radiante et
calorifique continue du radium ont échoué jusqu'à ce jour.
C'est le cas des explications fournies dernièrement encore
par sir William Crookes, par M. Johnstone Stoney, par
M. J.-J. Thompson. Après avoir réfuté quelques hypothèses
proposées, M. J.-J. Thompson propose la suivante : l'atome
du radium n'est pas stable en toutes circonstances. Parmi
le grand nombre d'atomes contenus dans un morceau de
radium quelques-uns se trouvent dans des conditions telles
que leur stabilité cesse, et leur configuration change, ce qui
entraîne un dégagement d'énergie calorique.

On peut demander qu'elle est l'origine de ces conditions
d'instabilité ; et si elle est interne et propre au radium, on a
le droit de conclure que le radium a en lui sa propre source
d'énergie, qu'il est source primaire d'énergie, indépendante
du principe de Carnot, et qu'il représente un état de l'énergie où la forme matérielle est réduite au minimum et qui
nous permet de concevoir un état tout à fait autonome de
l'énergie. C'est là ce que j'ai déjà avancé dans le cours de
cet essai.

Mais au milieu de toutes ces théories, de toutes ces incertitudes, de toutes ces difficultés, de toutes ces ignorances
que devient l'atome matériel? Que devient la matière invariable? Elle s'évanouit, laissant la première place à l'énergie,

qui, de sa nature, mobile, active, souverainement propre
aux adaptations et aux transformations, n'en est pas moins
permanente et indestructible. « Quelles que soient, dit
M. Poincaré[1], quelles que soient les notions nouvelles que
les expériences nous donneront sur le monde, nous sommes·
sûrs d'avance qu'il y aura quelque chose qui demeurera
constant et que nous pourrons appeler *énergie*. »

Un matérialiste aussi loyal et sincère que mal renseigné,
et qui a même écrit un poème en faveur de l'athéisme, me
disait un jour d'un air triomphant : « Je suis matérialiste,
parce que la matière $ça$ se voit, cela se touche, mais l'esprit
$ça$ ne se voit ni $ça$ ne se touche ». N'est-ce pas le contraire qu'il
faudrait dire ? S'il y a quelque chose qui nous fuit, et qui
nous échappe, c'est la matière ; à mesure que nous voulons
la saisir, elle glisse entre nos doigts, et il n'en reste rien de
solide, de précis, de nommable. Mais ce qui se manifeste, ce
qui se constate, ce qui reste et ne passe pas, ce dont l'existence est certaine et s'impose à l'attention, c'est la force,
c'est l'énergie, c'est l'esprit ; car esprit et énergie sont une
même chose.

Les expériences de changements si radicaux des propriétés
de quelques métaux sous l'influence de traces très minimes
d'autres métaux viennent encore mettre en relief le rôle
important de l'énergie et sa prédominance sur ce que l'on
appelle la matière, et elles me semblent de nature à démontrer
en effet que la matière agit réellement non par sa masse,
mais par la qualité de l'énergie qu'elle représente, puisque la
présence d'une dose infinitésimale de matière est capable de
produire des effets très considérables et hors de proportion
avec la quantité de matière employée. Dans la matière, à
côté de la quantité ou masse, il y a la qualité, c'est-à-dire
les énergies représentées.

D'ailleurs, le jour où il serait établi (et ce jour n'est peut-
être pas éloigné) que la matière est une, et que les corps
simples et par conséquent aussi leurs composés ne sont pas
autre chose que le résultat des variations polymériques, par

1. Poincaré, *loc. cit.*

exemple, d'un seul élément ou d'une seule substance, la primauté de l'énergie deviendra d'une évidence éclatante ; car elle seule par ses variations, par ses transformations, par son influence sur l'architecture de l'atome et des particules dites matérielles, elle seule, dis-je, pourra expliquer la diversité colossale des corps matériels.

Car les différences de structure ne sauraient être alors que des résultats, des effets, des conséquences de l'énergie c'est-à-dire de la force agissante qui se révêtirait d'une forme adaptée à son orientation. Ce qui importera donc dans les corps matériels, c'est l'énergie ; et c'est l'énergie qui de ses propres matériaux et de sa propre substance aura organisé et construit la matière pour lui servir d'instrument et de représentation sensible. Des corps autres que les éléments radioactifs, le mercure par exemple dans son action sur l'aluminium et le magnésium, nous donnent également le spectacle d'une disproportion colossale entre la masse matérielle et l'énergie. Il y a là une ressemblance, une analogie utiles à retenir, car elles tendent à démontrer l'indépendance occasionnelle de l'énergie, et la possibilité de concevoir et d'entrevoir l'autonomie complète de cette dernière et la libération de toute forme sensible par un abaissement progressif des masses et par leur disparition finale.

Je borne là l'exposition des faits et des discussions scientifiques. J'ai cru devoir leur faire ici une assez large place, car il me semble en résulter que la science de la matière et de ses énergies est en voie de transformation et que le sens dans lequel paraissent s'orienter les tendances actuelles de la physique et de la chimie est plutôt vers une reconnaissance de l'importance et de la primauté de l'énergie, une constatation de l'activité permanente et spontanée des constituants de l'univers sensible, l'affirmation de l'énergie comme dominante et comme facteur principal, tandis que l'idée de matière, l'idée ancienne de matière comme substance, comme entité autonome indépendante et connue source des énergies, semble faiblir et subir une éclipse qui pourrait bien aboutir à une disparition. Par là se prépare et s'acclimate dans l'entendement la conception de l'énergie libre et émancipée, pour laquelle la matière n'aurait été qu'une forme contingente et passagère, une figure sensible, produit de *certaines* formes de l'activité même de l'énergie.

A cette conception, la découverte de la radio-activité, celle des rayons cathodiques, des rayons X, de la matière radiante de Croockes, et en dernier lieu, les expériences de M. Gustave Le Bon sur la dissociation de la matière, ont apporté des éléments précieux de démonstration appelés à faire naître cette conviction que si l'énergie est impérissable et éternelle, la matière n'est pas destinée nécessairement à jouir des mêmes privilèges; et qu'elle semble appelée à passer du pondérable à l'impondérable par une dissociation lente et continue.

Mais l'impondérable répandu dans l'univers comme énergie cosmique mobile et émancipée devient la source et la matière première de l'esprit; et sa transformation en énergie mentale est le suprême échelon de cette ascension de l'énergie, et l'achèvement parfait de cet effacement de la matière qui pourrait consommer la disparition du cosmos, et établir définitivement le règne exclusif de l'esprit.

C'est de cette dernière phase possible de l'évolution de l'univers qu'il sera question dans l'Essai qui va suivre.

ONZIÈME ESSAI

L'UNIVERS MATÉRIEL EST-IL ÉTERNEL[1] ?

Dans le précédent Essai, je me suis attaché à étudier la nature de la matière, et à discuter les conceptions diverses qu'on a pu s'en faire. J'ai d'abord tenté d'établir que la matière n'avait pas d'existence propre comme substance et ne représentait qu'une figure de l'énergie, qu'une forme destinée à rendre l'énergie sensible, que cette forme n'avait rien de nécessaire, qu'elle avait au contraire tous les caractères de la contingence et pouvait sans absurdité être considérée comme temporaire et passagère.

Ces considérations avaient pour fondement l'examen des opinions émises par les hommes les plus autorisés, sur la valeur de l'atome dit matériel, sur la nature de l'éther, sur les propriétés si remarquables, si inattendues, si troublantes même des matières dites radio-actives, sur les phénomènes si inexpliqués du mouvement brownien et des oscillations des inclusions gazeuses, sur la puissance transformatrice de parties infinitésimales des éléments chimiques, sur le pouvoir d'amorce que j'ai signalé comme le caractère le plus remarquable de la vie et de sa forme matérielle, le proto-plasme, etc., etc.

De tous ces faits et de la discussion qu'ils soulèvent j'ai

1. Le présent Essai a fait la matière du discours prononcé par l'auteur le 4 novembre 1902 à la séance solennelle de rentrée de l'Université de Montpellier. Des documents importants ayant paru depuis cette date, j'en ai profité pour y introduire des additions étendues destinées à jeter plus de lumière sur le sujet.

conclu à la suprématie complète de l'énergie sur la matière et à la contingence de cette dernière comme forme temporaire de l'énergie.

Mais si la matière, c'est-à-dire l'univers sensible, l'univers matériel, n'est au fond qu'une figure contingente de l'énergie, si elle n'est pas une substance nécessaire et éternelle, il en résulte que l'univers matériel a pu avoir un commencement, et qu'il pourra finir, comme forme, comme figure de l'énergie.

Que la forme vienne à disparaître, et l'essence même de l'univers ne cessera pas d'exister ; car il restera l'énergie, et c'est l'énergie qui est l'essence de l'univers. La forme matérielle peut être nécessaire à la manifestation sensible de l'énergie, mais non à son existence même. On peut en effet concevoir l'énergie en soi, l'énergie libre, l'énergie sans forme matérielle ; mais on ne saurait concevoir la matière sans énergie. Que dit à notre entendement une matière sans gravitation, sans cohésion, sans affinité, sans vibrations, sans chaleur, sans électricité, bien plus une matière sans atomes, s'il est vrai, comme le pensent de très hautes autorités, que l'atome ne soit qu'un centre spécial d'énergie ?

Supprimer la matière, c'est donc supprimer l'univers sensible, l'univers accessible à nos sens, mais non l'univers-énergie, l'univers-esprit. Supprimer l'énergie, c'est tout supprimer, car on ne saurait concevoir un monde sans énergie. Un monde sans énergie, c'est le néant. Le jour donc où l'énergie abandonnerait l'univers, il n'y aurait plus d'univers.

Mais, par contre, le jour où ce que nous appelons matière cesserait de subsister comme forme capable d'être sentie, il resterait encore l'essence de l'univers, l'énergie pure, l'énergie en soi.

Si nous supposons acquis que la matière a fait un jour son apparition au sein de la masse colossale d'énergie qui anime l'univers, et si nous admettons d'autre part que cette forme sensible doit un jour s'effacer et laisser l'énergie revenir à l'état d'indépendance et de liberté, si, dis-je, nous accueillons comme des hypothèses respectables la réalité d'un commencement et d'une fin du monde, nous avons certes le droit de penser que des faits aussi grandioses, des événements si supérieurs à nos conceptions ne sauraient être considérés comme dus au hasard aveugle. Il y a là des caractères d'un dessein grandiose et merveilleusement conçu ; et il faut pour le réaliser une puissance incommensurable dont il est permis de placer la source dans un maître suprême de l'énergie, dans une intelligence et une sagesse suprêmes.

Mais le fait d'une naissance et celui d'une fin possibles de l'univers paraissent, jusqu'à présent, de pures conceptions de l'esprit, de simples vues métaphysiques, que la science ignore, conceptions qui peuvent calmer un instant notre soif de connaître, mais qui ne sauraient l'étancher complètement. Le rassasiement complet de la plus légitime des curiosités ne peut être attendu que de la connaissance.

Cette dernière nous donne-t-elle quelques gouttes rafraîchissantes, capables de nourrir notre espérance et de nous procurer quelque apaisement? Que permet de penser la science sur cette question de l'éternité de la matière, de son origine, de sa fin? C'est là ce que je me propose d'examiner.

Mais avant d'aborder cette étude, je désire vous exposer ma conception métaphysique des relations de la matière et de l'énergie.

Le *comment*, le *pourquoi* des transformations, des nouvelles formations affectant l'édifice universel sont certes des questions capables de passionner tout homme qui entend au dedans de lui les provocations d'une noble curiosité. Mais combien il sentira la grandeur de son ignorance et de son infirmité en face de ces gigantesques problèmes !

Comment s'est faite l'apparition de la matière? Nous n'en savons rien, et nous n'en saurons peut-être jamais rien. C'est ici le cas de répéter le fameux *ignorabimus* de Dubois-Raymond ; et ce mot n'est nulle part aussi justifié. Rien, dans nos connaissances, ne nous permet de soupçonner le processus formateur de la matière au sein de l'énergie, et comme figure de l'énergie.

Quant au *pourquoi*, nous ne pouvons certes rien affirmer, mais il n'est pas tout à fait défendu à notre faculté de penser d'entrevoir quelques raisons, quelques motifs qui

ont provoqué la volonté divine à opérer cette *création*. Je
dis *création*, car c'est bien, à mon avis, le sens qu'il faut
attribuer à l'œuvre du Créateur. Détacher de lui-même,
source infinie de l'énergie, une parcelle de cette énergie, lui
donner une figure matérielle, c'est-à-dire la rendre sensible,
lui ordonner le labeur et l'ascension évolutifs, voilà une
conception rationnelle de la création, qui, tout en conservant
à Dieu sa dignité et sa puissance, et tout en conférant à
l'univers une noblesse incomparable d'origine et de filiation,
satisfait notre raison et notre cœur, sans nous demander
d'accepter l'idée d'une création *ex nihilo* d'une création *de
rien*, qui est non seulement incompréhensible, mais absurde
et contradictoire, puisqu'elle comporte pour Dieu la possibilité d'ajouter quelque chose à lui-même, alors qu'il représente
l'infini.

Que le Créateur ait détaché de lui-même une parcelle
d'énergie pour se constituer une descendance, l'univers,
nous pouvons ignorer *comment* il l'a fait ; mais nous ne
saurions nous étonner qu'il l'ait fait. N'est-ce pas ce que
font, dans la nature, toutes les mères, quand elles détachent
une partie de leur vie et de leur âme pour la transmettre à
leurs enfants ? De même façon s'est réalisée la paternité
divine.

Mais comment à cette énergie pure, puisée à la source
même de l'énergie et de l'énergie en soi, Dieu a-t-il donné
une forme, c'est, je le répète, ce que nous ne pouvons
savoir.

Le *pourquoi* de cette création et de cette paternité divine
est certainement trop grand pour que nous puissions en
entrevoir plus que d'infimes fragments. Mais ici, l'analogie
peut guider la raison et lui fournir quelques lumières.

Si Dieu est pensée, activité, amour (et il n'est rien, s'il
n'est tout cela), il a eu, de toute éternité, besoin d'un objet
auquel s'appliquât sa pensée, qui fût le lieu de son activité et
l'objet de son besoin d'aimer. Aussi a-t-il créé, comme crée
la nature dans laquelle il a imprimé son image, comme crée
l'homme, son chef-d'œuvre terrestre, il a créé en détachant
une partie de lui-même, et il a créé aussi pour les mêmes

motifs que crée instinctivement la nature, pour donner un objet à son activité et à son amour. Mais cette parcelle d'énergie que Dieu a destinée à être le germe de la création, quelque chose devait la distinguer et la séparer de sa source, c'est-à-dire de l'énergie créatrice ou énergie pure. Ce quelque chose, c'est la figure matérielle dont elle a été revêtue, c'est ce que nous appelons proprement matière, en faisant abstraction de l'énergie qui se trouve en elle.

Mais la matière n'a pas seulement *réalisé* la distinction et la séparation entre le Créateur et la créature : elle a aussi maintenu plus ou moins fortement cette distinction pendant une des longues périodes successives dont se compose l'éternité, car si la création était restée énergie pure, elle serait revenue immédiatement à la source de l'énergie pure et fût rentrée dans son sein. Nous croyons qu'il est de la destinée de la création actuelle de revenir vers le Créateur, pour céder la place à de nouvelles créations, mais il a fallu donner à ce retour une allure *suffisamment ralentie* pour que la durée de la création formât une période de l'éternité assez longue pour représenter une vibration du rythme de la vie de l'univers. C'est la forme matérielle qui a joué ce rôle de *frein modérateur* de la marche ascensionnelle de la nature vers le divin.

La matière a constitué proprement les matériaux qui ont servi à édifier lentement, péniblement, à travers une suite colossale d'efforts et de progrès, à travers les étapes d'une longue et laborieuse évolution, l'échafaudage sur lequel l'énergie s'est, peu à peu, exhaussée de l'état d'énergie dite matérielle à l'état d'énergie supérieure ou spirituelle. Car l'énergie divine originelle, revêtue de la forme matérielle par l'acte créateur a tendu vers le divin; et c'est cette tendance et cet effort ininterrompu qui ont réalisé la construction des personnalités psychiques capables de réintégrer la source divine de l'énergie. La forme matérielle a donc abaissé d'abord momentanément la valeur et la dignité de la parcelle d'énergie divine, détachée à l'état de germe, pour lui permettre ensuite de remonter lentement et laborieusement vers son état primitif d'énergie divine. Mais ce ralentissement même de l'évolution de l'énergie a permis à celle-ci d'acquérir une forme ou une manière d'être nouvelle qui la rendait semblable à Dieu, sans la confondre avec Dieu ; car cette énergie primitive, détachée de la source de l'énergie à l'état de *bloc impersonnel*, a acquis, dans son contact prolongé avec la matière et dans la lutte contre les résistances et le ralentissement que lui imposait cette forme matérielle étrangère à sa nature première, a acquis, dis-je, la faculté de se constituer en personnalités morales rappelant, de loin sans doute, la nature et la personnalité du Père, mais capables d'une communion plus directe et plus profonde avec Lui. Ainsi donc, la forme matière a été l'instrument de la transformation de l'énergie impersonnelle en énergie personnelle. Tel a été, nous semble-t-il, le rôle dévolu à la matière. Elle a distingué l'univers créé du Créateur, et jouant le rôle d'obstacle relatif et de frein modérateur, elle a incité la créature à la lutte et à l'effort, qui sont les conditions de tout progrès. L'effort est, en effet, le promoteur essentiel de de la marche évolutive. Et voilà pourquoi l'énergie, germe de l'univers, a été revêtue de la forme matière ; et il vaut certes la peine de parler de la matière avec admiration et avec respect.

Mais quand le cycle évolutif auquel appartient la nature actuelle aura atteint son apogée, quand l'énergie totale de l'univers actuel aura reconquis la dignité divine, c'est-à-dire quand elle sera redevenue esprit, énergie psychique, le rôle de la matière sera fini, et elle disparaîtra. La forme recouvrant l'énergie sera rejetée comme un linceul inutile par l'univers délivré de sa longue et laborieuse mais utile servitude.

Telle est la conception, qui me paraît rationnelle, du rôle de la matière et de sa destinée.

Je sais bien qu'il est plus que téméraire de parler, aux savants et aux ignorants, d'un commencement et d'une fin de la matière, c'est-à-dire au fond d'un commencement et d'une fin de l'univers sensible. L'humanité, depuis son origine la plus lointaine, a vu le soleil sans interruption et sans hésitation se lever et se coucher sur notre terre et sur le ciel lumineux ou étoilé. L'humanité a, en outre, bien des raisons non seulement de croire, mais de savoir que, bien avant qu'il y eût des hommes sur ce grain de sable que nous appelons la terre, des millions et peut-être des milliards de mondes roulaient dans l'espace avec cette régularité majestueuse qui nous confond et qui nous parle d'éternité. Comment concevoir que des faits qui se renouvellent sans défaillances pendant une si incalculable durée, et sans apparence de changements, n'ont pas toujours été et cesseront d'être un jour ?

Il y a là un *a priori* constituant un poids énorme qui écrase la pensée humaine, et qui l'empêche de se dresser assez haut pour apercevoir la lointaine vérité. Et cependant il faut se mettre en présence de l'éternité, et réfléchir que devant elle des périodes de milliers, de millions et de milliards de siècles ne comptent pas plus qu'un millionième de seconde, que toute fraction de l'éternité se réduit à zéro par rapport à l'éternité, et que des phénomènes qui ont une durée de plusieurs milliards de siècles sont devant elle comme des frissons fugaces, comme des éclairs rapides, qui éveillent à peine un souvenir.

Au point de vue donc de la certitude, la durée de l'ordre des choses actuel bien au-delà des limites de notre regard dans le passé et de nos prévisions dans l'avenir, n'a réellement aucune valeur comme démonstration que cet ordre n'a pas commencé et qu'il n'est pas appelé à finir.

L'homme qui croit à la naissance et à la fin de l'univers actuel n'est donc nullement obligé de s'incliner devant l'opinion de ceux qui invoquent la durée présumée ou constatée de cet univers pour démontrer son éternité.

Mais si le peu que nous savons sur la durée de l'univers dans le passé ne peut rien nous apprendre de certain sur son éternité ou sur sa caducité possibles, on peut se demander si la permanence, si la régularité imperturbable des phénomènes dont l'univers est le siège, si sa stabilité en un mot ne peuvent pas nous fournir des renseignements plus précis.

Il est certain qu'un ordre de choses, qui se serait maintenu pendant une période de temps considérable, dans une impeccable régularité, dans une stabilité parfaite, ne présentant dans son histoire et dans sa marche aucune trace de trouble ou de caducité, il est certain, dis-je, qu'un pareil ordre de choses présenterait des chances réelles de permanence et de durée indéfinie, puisque aucune fêlure, aucun signe d'altération ne seraient venus l'atteindre pendant une période colossale de la durée, et qu'on ne verrait pas pourquoi un changement surviendrait à cet effet.

Et néanmoins une telle constatation ne saurait nous apporter une certitude, une vraie certitude sur l'éternité de l'univers sensible. En présence de l'éternité, la durée des phénomènes, quelque grande et incommensurable qu'elle soit, ne permet que des présomptions et des conclusions extrêmement relatives. Un exemple suffira à le démontrer.

Depuis une suite de siècles incalculable, troublante pour notre pensée et pour notre imagination, le soleil éclaire cette partie de l'espace céleste où gravitent les planètes du système solaire, parmi lesquelles notre terre occupe une modeste place. Combien de générations d'hommes témoins de la régularité du lever et du coucher de ce grand luminaire, et se transmettant par tradition la confirmation de la perpétuité imperturbable de ces phénomènes, ont cru et croient encore à leur éternelle durée. Et pourtant quel est l'homme un peu instruit qui n'ait la conviction que ce brillant soleil est appelé à disparaître un jour, soit qu'atteint comme nous-mêmes par le ver rongeur de l'usure et de la dissipation de l'énergie, il ne devienne un bloc de moins en moins incandescent et disparaisse du nombre des étoiles dans le refroidissement et la dislocation, ou soit encore, comme le pensent quelques-uns, que, rallumé et réchauffé par les chocs successifs dus à la chute de ses satellites et d'autres masses cosmiques, il ne soit volatilisé et ne parvienne à cet état de nébuleuses que d'autres astronomes assignent à sa phase de début.

La permanence, la stabilité *apparentes* pour nous de la marche de l'univers, ne peuvent donc elles-mêmes nous donner la certitude de son éternelle durée ; car nos observations ne peuvent atteindre des altérations qui ont besoin de myriades de siècles pour se réaliser; et de ce que nous ne les constatons pas, nous ne saurions légitimement conclure qu'elles ne sont pas.

Mais si les progrès des moyens d'observer, si l'accumulation des bonnes observations, si le perfectionnement de ces instruments de constatation, qui sont pour ainsi dire les microphones de la science, nous permettaient un peu d'entendre sous forme de murmures même très voilés quelques-uns des craquements accompagnant et révélant la détérioration progressive de l'univers, nous aurions quelque droit de considérer cette dernière comme très probable et de croire à la disparition future de l'univers sensible.

Examinons si la science actuelle ne nous enseigne rien à cet égard.

Constatons d'abord que les lois de la matière n'apparaissent pas aujourd'hui, aux yeux des savants, sous le même aspect qu'il y a un petit nombre d'années. A cette époque, on opposait volontiers et avec confiance la simplicité, la permanence, l'intégrité, dirai-je, des lois de la physique, c'est-à-dire des lois de la matière proprement dite, à la complexité, à la variété, à la contingence des lois de la vie et des lois de l'esprit. On conçoit que cette simplicité, si elle est réelle, puisse être une raison de croire à l'éternité de la matière. L'observation nous montre, en effet, que les mécanismes les plus simples sont aussi les moins susceptibles d'altération et de destruction. Avec la complication et en proportion même de la complication, se présentent les chances de détraquement et de détérioration.

Hâtons-nous de dire que cet argument, cette source de présomptions en faveur de l'éternité de la matière, perd singulièrement de sa valeur, en présence des notions nouvelles qu'imposent les nombreuses et importantes découvertes de la physique.

« Dans l'histoire du développement de la physique, dit M. H. Poincaré, dans son très remarquable discours présidentiel au *Congrès international de physique* de 1900, on distingue deux tendances inversses. D'une part, on découvre à

chaque instant des liens nouveaux, entre des objets qui semblaient devoir rester à jamais séparés ; les faits épars cessent
d'être étrangers les uns aux autres ; ils tendent à s'ordonner
en une imposante synthèse. La science marche vers l'*unité*
et la *simplicité*.

« D'autre part, l'observation nous révèle tous les jours des
phénomènes nouveaux ; il faut qu'ils attendent longtemps
leur place, et quelquefois pour leur en faire une, on doit
démolir un coin de l'édifice. Dans les phénomènes connus
eux-mêmes où nos sens *grossiers* nous montraient l'*uniformité,* nous apercevons des détails de jour en jour plus variés ;
ce que nous croyions simple redevient complexe, et la science
paraît marcher vers la *variété* et la *complication.*

« De ces deux tendances inverses, qui semblent triompher
tour à tour, laquelle l'emportera ? Si c'est la première, la
science est possible ; mais rien ne le prouve *a priori,* et
l'on *peut craindre* qu'après avoir fait de *vains efforts* pour
plier la nature malgré elle à notre *idéal d'unité,* débordés par
le flot toujours montant de nos nouvelles richesses, nous ne
devions *renoncer à les classer,* abandonner notre *idéal et
réduire la science à l'enregistrement de nombreuses recettes.*

« A cette question nous ne pouvons répondre. »

Voilà donc réduite à sa juste valeur, par un des représentants les plus éminents des sciences physiques, la foi à la
simplicité des lois et des phénomènes dits matériels, c'est-à-
dire des lois de la matière. C'est qu'à mesure que les moyens
d'observation se sont perfectionnés, se sont révélées les
complexités cachées, et s'est évanouie l'apparente simplicité. « Il y a longtemps qu'on l'a dit, ajoute M. Poincaré :
Si Tycho avait eu des instruments plus précis, il n'y aurait
jamais eu ni Kepler, ni Newton, ni astronomie. C'est un
malheur pour une science de prendre naissance trop tard,
quand les moyens d'observation sont devenus plus parfaits.
C'est ce qui arrive aujourd'hui à la physico-chimie ; ses fondateurs sont *gênés* dans leur aperçus par la *troisième* et la
quatrième décimales ; heureusement, ce sont des hommes
d'une *foi robuste.* »

Voilà donc la complication extrême, embarrassante, redoutable même pour la constitution future de la science. Et à qui la faute ? A la matière, et non à l'énergie. « Dans l'éther libre, dit M. Poincaré, les lois conservent *leur majestueuse simplicité* ; mais la *matière proprement dite* semble de plus en plus *complexe* ; tout ce qu'on en dit n'est jamais qu'*approché,* et à chaque instant nos *formules exigent de nouveaux termes.* »

Voilà, certes, des paroles significatives ! J'ai grand plaisir à les citer, à la fois parce qu'elles permettent de présenter la matière comme une forme indécise, presque fuyante, pleine de complications et d'imprévu, et que, par suite, elles suscitent dans l'esprit la possibilité de sa contingence, de sa dislocation et de sa disparition, tandis qu'à l'éther est dévolu le privilège de la simplicité et de la majesté qui s'associent si rationnellement dans notre esprit à l'idée de *durée* et *d'éternité*. Il ne faut pas oublier, en effet, que l'éther n'est *peut-être* que de l'énergie cosmique pure et que, dans tous les cas, il est *la plus immatérielle des matières.*

Mais qu'il me soit permis d'ajouter, sous forme de courte digression, que cette complexité, cet inattendu constant, cette imprécision de la *matière* proprement dite, qui ne *veulent* point *respecter* la *troisième* et la *quatrième* décimales, apportent un appui non négligeable à une idée qui m'est chère, comme doit l'être un enfant injustement apprécié et tenu en suspicion, c'est-à-dire l'idée de contingence et de liberté relative dans la matière elle-même ; et si l'on me permet d'ajouter encore quelques lignes à cette digression, je rappellerai à ceux qui ont entendu ma conférence sur *La nature et l'origine de l'âme,* faite au Cercle de l'Association des étudiants il y a trois ou quatre ans, je leur rappellerai, dis-je, que je parlai des lois de la matière comme n'étant exactes et rigoureuses que jusqu'à une certaine approximation, jusqu'à un *certain nombre de décimales,* au-delà desquelles se manifestait la variation. Il y a là une rencontre heureuse pour moi, que je tiens à noter.

Quoique M. Poincaré ne se soit pas peut-être placé exactement au point de vue où je m'étais placé moi-même, c'est-à-dire au point de vue de la relativité et de la contingence des lois de la matière, je n'en enregistre pas moins avec satisfaction le tour spirituel et la teinte de scepticisme donnés par ce physicien éminent à l'expression des espérances et de la *foi robuste* des fondateurs de la physico-chimie.

Dans tous les cas, si j'ai vu dans les déclarations de M. Poincaré beaucoup plus qu'elles ne voulaient contenir, j'ai l'heureuse chance de me rencontrer dans une même interprétation avec le Pr Charles Richet ; car c'est à lui qu'appartiennent les lignes suivantes : « Même l'inflexibilité des lois mathématiques, qui règlent la matière, ne doit pas être considérée comme un dogme. M. Poincaré établissait récemment que, si les lois physiques sont vraies quant à leur formule brute, on trouve des écarts *difficilement explicables* dans leurs dernières décimales, qui nous montrent que ces grandes lois physiques ne sont pas la *vérité tout entière,* et que quelque *chose de mystérieux* nous en échappe [1] ».

Encore un mot, en passant, à l'adresse de ceux qui croient voir une distinction radicale entre les faits de la physique et ceux de la biologie, en opposant la simplicité, la fatalité, la nécessité des premiers à la complexité et à la contingence des seconds. Il est bon de leur faire savoir que la croyance à la simplicité des lois de la physique et à leur nécessité n'est qu'une pure illusion ; et c'est si vrai que cette loi de Mariotte si justement célèbre parmi les jeunes gens qui aspirent aux palmes du baccalauréat (j'allais dire du martyre), cette loi dont l'énoncé correct était, avec le carré de l'hypoténuse, considéré comme le fondement et l'indice d'une éducation scientifique très soignée, cette loi, Capitole pour les uns, Roche tarpéienne pour les autres, cette loi, dis-je (ô vanités des vanités !) n'est plus aujourd'hui considérée comme susceptible d'être enfermée dans une formule générale et précise.

Et le vent souffle si bien à l'*émancipation* que les gaz comprimés se refusent obstinément à occuper dans tous les

1. Sully Prudhomme et Charles Richet, *Le problème des causes finales,* 2e édition ; Paris, Félix Alcan, 1903.

cas des volumes exactement et inversement proportionnels aux pressions qu'on leur impose. Il faut donc en prendre son parti et reconnaître qu'il y a partout complication extrême, partout contingence relative et variation, parce que partout il y a la vie, parce que partout il y a énergie et liberté, et que partout aussi, où il y a également *matière,* il se manifeste une sorte de lutte, un certain antagonisme entre elle et l'énergie, lutte qui peut nous faire pronostiquer un divorce final, qui coûtera l'existence à l'un des conjoints, la matière, c'est-à-dire la forme matérielle.

Partout est la vie, viens-je de dire. C'est là, en effet, une affirmation qui fait certes son chemin et que nous avons fait inscrire comme pensée directrice et inspiratrice dans le laboratoire de la Station zoologique de Cette, entre les deux beaux panneaux qui l'ornent si heureusement. Je ne veux certes pas refaire, encore une fois, la démonstration de cette idée qui est en passe de devenir axiome. Mais laissez-moi vous dire qu'après être sortie de la bouche des biologistes, et après avoir été considérée comme l'aveu de velléités d'annexion que l'on qualifiait volontiers d'ambitieuses et d'excessives, elle est aujourd'hui exprimée également par des hommes qui ont consacré leur vie à l'étude des minéraux. « La vieille idée que les roches sont des objets inertes et morts, dit M. Stanislas Meunier, le savant professeur de géologie du Muséum d'Histoire naturelle, *ne peut plus être défendue* : tout, au contraire, y est en travail incessant. Les éléments des pierres s'arrangent suivant les conditions du milieu, et, comme celles-ci changent constamment, la poursuite d'un état d'équilibre *jamais atteint* » (n'est-ce pas le propre de la vie ?) « se continue sans relâche. Aussi la comparaison s'impose-t-elle, entre la condition des régions souterraines et le *régime des organismes vivants, animaux et végétaux* ; aussi la notion se dégage-t-elle d'une *vraie physiologie tellurique,* réalisée par la collaboration de *véritables appareils* [1]. »

Vous le voyez, Messieurs, si le protoplasme est par excel-

1. Stanislas Meunier, *Les coups de grisou dans les mines de houille* (Conférence géologique du Muséum, 13 avril 1902).

lence la forme de la vie, il n'en est certes pas la forme exclusive, et nous pouvons retrouver ailleurs l'énergie de la vie et
ses oscillations.

Cette digression terminée, revenons à notre sujet !

Ainsi donc, il faut renoncer à trouver dans la simplicité
et, semble-t-il aussi, dans la précision parfaite des lois de la
matière, une indication favorable à sa stabilité, à son immutabilité, et par suite à son éternité. La matière au contraire
se présente à nous avec une complexité et une contingence
suffisantes pour faire concevoir la possibilité de sa dislocation et de sa disparition.

Voyons maintenant si les faits constatés par les physiciens
ne sont pas susceptibles de nous faire franchir un degré de
plus dans cette investigation.

S'il est une science qui puisse nous fournir quelques éclaircissements, quelques lueurs du moins sur la question actuelle, c'est bien la thermodynamique, ou, pour parler plus
généralement, l'énergétique, qui en est la formule étendue
aux diverses formes de l'énergie qui animent le mécanisme
de l'univers. J'éprouve quelque hésitation à entrer dans ce
domaine, assez étranger à mes études habituelles, et où
M. Meslin nous a conduits et orientés, lors de la séance de
rentrée de 1896, avec une compétence bien propre à provoquer des comparaisons que j'ai tout lieu de redouter. Mais
on ne m'en voudra pas d'aborder à mon tour cette question
délicate, car toutes les personnes ici présentes n'ont pas entendu M. Meslin ; et le point de vue auquel je me place diffère assez de celui de mon distingué collègue pour que je ne
puisse me dérober au péril de mettre le pied sur ce terrain
commun.

M. Meslin vous a parlé en physicien. Mon objectif est plutôt celui du métaphysicien.

La thermodynamique repose sur deux principes en apparence étrangers et indépendants l'un par rapport à l'autre.

1° Le premier est celui de l'équivalence des quantités de
chaleur et des quantités de travail mécanique, prédit par
Sadi Carnot et par Mayer, et démontré par Joule en 1850. Ce

principe élargi et généralisé, s'appliquant à tous les modes
de la force, est devenu ce que l'on appelle le principe de *la
conservation de l'énergie*. Il peut se résumer ainsi : la somme
des énergies diverses est constante pour un système qui n'est
soumis à aucune influence extérieure. L'énergie ne se perd
pas, elle est impérissable, elle ne s'annule pas, elle se transforme.

2° Le second principe est le principe de Carnot, interprété
et éclairé par Clausius. Il peut se formuler comme suit : la
chaleur tend à passer d'un corps à un autre corps. Mais pour
que ce passage ait lieu, il faut qu'il y ait entre les deux corps
ou les deux milieux une différence, une inégalité de température. A cette condition seulement, une partie de la chaleur
peut se transformer en travail mécanique. Mais toutes les
formes connues de l'énergie ont une tendance à se transformer en énergie calorifique, qui se présente comme la forme
la plus stable. La forme travail mécanique devient facilement
chaleur, et tout le travail mécanique semble pouvoir se transformer en chaleur ; mais l'inverse n'est pas vrai. La chaleur
d'un système ne peut se transformer entièrement en travail
mécanique. Une partie seulement de la chaleur se transforme en travail mécanique. La transformation n'est réellement pas réversible. La mécanique rationnelle qui néglige
les *frottements* (*et il y en a partout*) pose la *réversibilité*
de tous les phénomènes ; mais la *mécanique physique,* celle
des faits et de l'expérience, nous porte, en réalité, à les
regarder *tous* comme *irréversibles*.

Dans une machine thermique quelconque, si parfaite
qu'elle soit, une partie seulement de la chaleur fournie par
la chaudière se transforme en travail mécanique. L'autre partie devient, dit-on, indisponible et inutilisable à cette fin. Le
rapport de la quantité de chaleur transformée en travail, à la
chaleur totale fournie à la machine, s'appelle le *coefficient
économique* de la machine. La règle qui permet de le trouver
a été formulée par Carnot. Elle dépend de la relation des
deux températures de la chaudière et du réfrigérant. Sa
valeur maximum est $\frac{T - T'}{T}$, dans lequel T est la température absolue de la vapeur à l'entrée, et T' celle de la vapeur

sortant, après avoir fourni le travail. C'est là le coefficient
théorique ; mais, dans la pratique, il est encore plus faible,
et le coefficient économique est loin d'être d'une parfaite économie.

C'est sur le déficit très important qui en résulte dans la
transformation de la chaleur en travail, qu'a été édifié ce
concept de l'*entropie*, concept qui, dit M. Poincaré, « est si
prodigieusement abstrait, et qui est *aussi universel* que celui
de l'énergie, et semble, comme lui, recouvrir une réalité ».

Or, cette *entropie*, qui semblerait en somme correspondre à
une sorte d'immobilisation partielle de l'énergie, cette entropie,
dis-je, augmente à mesure que diminue la différence des
température des deux sources, et, comme le dit M. Meslin,
« l'entropie du système de forces qui se transforme, considérée
isolément, va toujours en augmentant ; ce qui signifie, d'ailleurs, que l'énergie *utilisable* va sans cesse en diminuant. »

Il y a donc variation d'entropie pour le calorique. On peut
affirmer qu'il en existe également pour les autres modes de
l'énergie, pour l'électricité, le magnétisme, la lumière, etc.,
et que ces divers modes de la force ont aussi des variations
d'entropie rendant des portions de ces énergies *inutilisables*.
Il y a là une immobilisation progressive des diverses formes
de l'énergie, et peut-être faut-il alors considérer comme nécessaire pour la constitution d'une vraie mécanique physique,
d'introduire un *principe général d'irréversibilité* dans le mécanisme de l'univers sensible.

Or, tout semblerait établir que l'entropie de l'univers augmente sans cesse parce que les diverses formes de l'énergie
voient augmenter leurs entropies, dont l'ensemble constitue
l'entropie *générale* de l'univers.

Cette augmentation de l'entropie de l'univers (si toutefois
elle est réelle) pourrait donner lieu à quelques réflexions
que je vais brièvement exposer.

Et d'abord, si l'entropie augmente, il est permis de conclure qu'elle a été autrefois plus petite, et qu'en reculant
suffisamment dans le passé, l'entropie a pu être *infiniment
petite* ; mais puisque l'augmentation de l'entropie est en relation avec la diminution des différences de température, il est

logique de penser qu'à une entropie infiniment petite ont correspondu des *différences* de températures *infiniment* grandes.

Et l'on peut se demander ce qu'il y a de plus facile : ou concevoir des différences de température infinies et par conséquent un état du monde matériel dont nous ne pouvons nous faire aucune idée, ou admettre dans le passé une époque où les principes de l'énergétique n'existaient pas et où le principe de Carnot et ses conséquences n'étaient pas un élément de l'univers [1].

Si l'on se rappelle ce que j'ai exposé précédemment sur l'indépence relative possible de l'énergie vis-à-vis de la forme matérielle, et sur l'explication possible de l'indépendance de quelques modes de la matière vis-à-vis du principe de Carnot, il sera facile de comprendre qu'admettre une époque où le principe de Carnot n'était pas un élément de l'univers, c'est admettre que l'univers a pu être à un moment revêtu d'un état minimun de forme matérielle, ou être même *énergie pure, énergie en soi*, et qu'il n'a revêtu que plus tard une forme proprement matérielle. Or, ce revêtement de l'énergie par une figure sensible nous a paru, on s'en souvient, la caractéristique de la création de l'univers matériel, c'est-à-dire l'apparition d'une forme tangible recouvrant le germe formé d'une parcelle d'énergie pure détachée de la source suprême de l'énergie.

Je n'irai certes pas jusqu'à dire que ces données de la science nous fournissent actuellement une démonstration de la réalité de la création de l'univers ; mais on pourrait dire qu'elles nous indiquent seulement qu'il serait bien possible que quelque chose ait commencé, et que le savant peut considérer un *commencement* comme n'étant pas en contradiction avec les données de la science actuelle [1].

De la question de la création de l'univers passons à celle de sa disparition, et voyons encore si le principe de Carnot et l'augmentation de l'entropie ne nous disent rien à cet égard.

1. J'emprunte les réflexions qui précèdent à un article de M. Jean Friedel sur « L'Idéalisme criticiste et les méthodes scientifiques », *Revue de théologie de Montauban*, 1er décembre 1901.

L'intérêt qui s'attache à la question et les difficultés que présente le sujet pour des lecteurs (et pour un auteur) qui n'ont pas une compétence spéciale, m'engagent à donner à l'exposé qui va suivre une amplitude que la durée imposée à un discours n'aurait pu avoir sans inconvénient.

Clausius a donné le nom d'*entropie* à une grandeur conventionnelle, liée à toutes les propriétés qui *fixent* l'état d'un système matériel, (qui concourent à sa stabilité), mais indépendante de son mouvement. C'est là un concept « prodigieusement abstrait, dit M. Poincaré, mais qui *semble* recouvrir une réalité ».

Or, Carnot et Clausius avaient formulé le principe suivant : lorsqu'un système matériel subit une modification, la valeur de transformation de cette modification est *égale* à la diminution qu'éprouve l'entropie du système.

En d'autres termes à une valeur de transformation donnée dans un système correspond une diminution de valeur égale dans l'entropie du système.

Ce théorème est connu sous le nom de *Principe d'égalité,* de Carnot et de Clausius.

Mais l'observation des faits naturels n'a pas vérifié cette égalité, et a obligé de lui substituer un principe d'*inégalité,* inégalité de Clausius.

Voici sur ce point délicat quelques éclaircissements plus complets que les aperçus rapides contenus dans les pages qui précèdent.

Une modification atteignant un système de corps matériels y produit un double travail de transformation de l'énergie : 1° transformation d'une partie de l'énergie mise en jeu, en énergie utilisable équivalente. C'est la transformation compensée ; 2° transformation concomitante du restant de l'énergie mise en jeu en énergie inutilisable. C'est la transformation non compensée.

Cette double transformation est concomitante et la transformation compensée ne se produit qu'à condition qu'il y ait simultanément une transformation non compensée. Celle-ci est donc réellement la condition de la première, de telle sorte qu'on ne peut transformer une quantité d'énergie en travail utile, qu'en produisant une quantité correspondante de travail inutilisable.

Une machine à vapeur transforme la chaleur de la chaudière en : 1° travail mécanique (transformation compensée) et 2° chaleur perdue ou dissipée, tombant dans le condensateur pour une destination ultérieure inconnue (transformation non compensée). Or, la valeur de la transformation non compensée est toujours supérieure à celle de la transformation compensée, de telle sorte qu'à chaque modification transformatrice d'un système matériel correspond fatalement une soustraction, une dissipation d'énergie qui devient inutilisable. Ainsi une machine à vapeur, quelque parfaite qu'elle soit, ne transforme jamais en travail plus de 10 à 15 pour 100 de la chaleur fournie par la chaudière, d'où une perte d'énergie utilisable de 85 à 90 pour 100.

L'énergie inutilisable augmente, et avec elle et dans la même proportion, la valeur de l'entropie, c'est-à-dire cette grandeur hypothétique qui semble avoir pour fonction d'assurer la stabilité du système.

Ainsi donc, dans toute transformation d'énergie, la transformation non compensée l'emporte sur la transformation compensée ; d'où l'inégalité de Clausius : la transformation non compensée, qui correspond à une modification quelconque, est toujours positive.

Et comme dans un système *isolé*, c'est-à-dire dans lequel des apports d'énergie extérieure ne peuvent venir modifier pour leur part l'état du système, et comme, dis-je, dans un système isolé, la valeur toujours positive de la tranformation non compensée se réduit à l'accroissement de l'entropie, il en résulte cet autre théorème de Clausius : toutes les modifications qui se produisent dans un système matériel complètement isolé en font croître l'entropie.

Et alors s'est posée la question de savoir si l'univers pouvait être considéré comme un système limité, isolé dans l'espace, et soumis par conséquent à cette loi de l'accroissement de l'entropie, c'est-à-dire de la fixation et de l'immobilisation progressive du système de l'univers.

Acceptant à cet égard les vues hardies de W. Thomson,

qui a considéré l'univers comme un système limité et isolé dans l'espace, Clausius émit les deux propositions restées célèbres :

L'énergie totale de l'univers est invariable.

L'entropie de l'univers croît sans cesse.

De cette dernière proposition a été tirée cette conséquence, d'une gravité exceptionnelle : que l'entropie, du monde croissant sans cesse, le monde tendait vers un état de fixation et d'immobilité, et qu'il en arriverait à un maximum tel que, l'entropie ayant atteint son maximum, il n'y aurait plus de transformation possible, puisque toute transformation a pour équivalent une diminution de l'entropie, et que tout travail, toute modification, et par conséquent toute vie auraient cessé dans l'univers, qu'il y aurait en un mot mort de l'univers.

Les arguments qui précèdent, empruntés à l'accroissement et à la tendance au maximum de l'entropie dans l'univers, soit pour servir à établir que l'univers a pu commencer, soit pour prouver qu'il est appelé à finir, ne sont certes pas à l'abri de toute objection.

Il faut reconnaître en particulier que pour ce qui regarde le commencement de l'univers, l'argument rapporté plus haut et tiré des différences infiniment grandes de température, correspondant à l'entropie infiniment petite de la période initiale de l'univers, exige que l'énergie initiale de l'univers se soit présentée sous la forme du calorifique. Mais c'est là une condition dont rien ne démontre la réalité, et il serait certes possible, comme le fait remarquer M. Brunhes, qu'elle ait été de l'énergie cinétique ou mécanique. Il semble en effet que cette forme plus simple, moins modifiée de l'énergie, ait été une phase mieux adaptée à une phase initiale de l'énergie cosmique. Par là s'évanouirait l'argument tiré des différences colossales de température.

Mais en outre cet argument aussi bien que celui qui a trait à la mort probable de l'univers matériel, c'est-à-dire à son entrée dans l'équilibre stable et dans l'inaction, comporte la réalité de l'accroissement de l'entropie de l'univers et de sa tendance au maximum, selon la formule de Clausius.

Ici gît une réelle et insoluble difficulté, si l'on prétendait parvenir à un degré même approximatif de certitude.

En effet, le théorème de Clausius relatif à l'accroissement de l'entropie n'est établi que pour un système thermiquement isolé, c'est-à-dire ayant une mesure déterminée d'énergie thermique, qui ne peut être ni augmentée, ni diminuée par des emprunts ou des cessions de chaleur faits à l'extérieur. La question semble donc être de savoir si l'univers est un système isolé dans l'espace, ou s'il ne l'est pas, ou, en d'autres termes, s'il est limité ou sans limites, fini ou infini.

Les deux hypothèses (car il ne peut être ici question d'autre chose que d'hypothèses) ont été soutenues par des hommes de haute valeur.

W. Thomson entre autres a cru pouvoir assigner des limites à l'univers matériel, et apprécier d'une manière plus ou moins approximative la quantité de matière qu'il représente.

Quelques savants on cru pouvoir le suivre dans cette conception ; d'autres professent une opinion contraire ; et d'autres enfin restent dans le doute.

Il semble sage de reconnaître que la question de l'existence ou du défaut de limites pour l'univers est, scientifiquement parlant, d'une telle difficulté qu'il est à peine permis d'en espérer la solution décisive.

Mais la conclusion que l'on se croit autorisé à tirer de l'absence de limites de l'univers, comme objection à l'accroissement incessant de son entropie, n'est peut-être pas aussi rigoureusement légitime qu'il le paraît.

Il y a là, me semble-t-il, deux questions que l'on confond à tort.

La proposition de Clausius a trait en effet à un système *thermiquement isolé,* c'est-à-dire ne pouvant ni céder de la chaleur, ni en emprunter. A ce point de vue il est permis de penser que l'univers envisagé comme *un Tout* est bien un système ne pouvant recevoir de chaleur d'une source étrangère ; et il n'y aurait peut-être pas lieu d'affirmer que les principes de la thermodynamique ne peuvent *absolument* pas lui être appliqués...

C'est là une question à examiner, dit avec raison G.-H. Bryan[1], si et dans quelle mesure, les lois de la thermodynamique peuvent être appliquées à un système infini quant à l'étendue.

Mais s'il est bon de reconnaître qu'on ne peut résoudre directement et scientifiquement, c'est-à-dire par l'observation, l'existence ou l'absence de limites pour l'univers, il n'est certes pas moins bon pour les partisans de l'une des deux solutions de ne pas excommunier les partisans de l'opinion contraire, et de reconnaître que si rien n'autorise l'hypothèse des limites imposées à l'univers, rien non plus ne l'interdit absolument, et que rien n'autorise davantage l'hypothèse contraire.

Pour des raisons d'ordre moral et métaphysique je me range volontiers du côté de ceux qui considèrent l'univers comme limité, comme un système fini, et je crois par conséquent avec Clausius à l'augmentation incessante de l'entropie de l'univers, mais tout en attachant à ce terme une signification spéciale que j'expliquerai plus tard.

Ce terrain de l'entropie est d'ailleurs un terrain de convention prodigieusement abstrait (Poincaré) sur lequel l'esprit peut se donner carrière, et dont la conception et la signification sont susceptibles d'être envisagées de manières diverses.

Mais à lui se rattache une question autrement documentée par l'observation directe et constante de tous les faits naturels, c'est celle de la *dégradation ou de la dissipation* de l'énergie.

C'est sur ce problème que je désire insister ; et je crois ne pouvoir mieux faire, pour mériter la confiance de mes lecteurs, que d'emprunter les données qui le concernent à un mémoire très important et très récent de M. le Pr Duhem[2], de Bordeaux, dont la compétence, n'est certes pas contestable. Cela me permettra du reste de compléter ce qu'avait de trop écourté l'étude de cette question, dans mon discours de rentrée.

1. G.-H. Bryan, " Thermodynamik ", *Encyklopädie der mathematischen Wissenschaften*, Band V, Heft 1, 1903.

2. P. Duhem, L'évolution de la Mécanique, *Revue générale des Sciences pures et appliquées*, nos des 30 janvier, 15 et 28 février 1903.

Après avoir énoncé le principe de la conservation de la force vive [1], de d'Alembert et de Lagrange, et ainsi formulé : *Dans un système de corps qui agissent les uns sur les autres d'une manière quelconque, la force vive est constante* ; M. Duhem établit que l'expérience et l'étude des faits contredisent constamment ce principe. Des exemples empruntés aux faits les plus simples, le mouvement tourbillonnant imprimé à l'eau d'une carafe, les oscillations d'un fil à plomb écarté de la verticale et le retour constant et progressif de ces deux corps à la position de repos, qui témoigne que leur force vive est peu à peu devenue nulle, montrent bien que les mouvements naturels contredisent la loi de la conservation de la force vive.

Et en effet, d'après cette loi, l'eau et le fil à plomb eussent dû conserver perpétuellement leur force vive.

Les mouvements auxquels peut s'appliquer la dynamique de d'Alembert et de Lagrange ne sont que des mouvements renversables. Ainsi d'après cette dynamique le pendule devrait recommencer indéfiniment ses oscillations invariables d'amplitude et de durée, la force vive dépensée pendant l'ascension du pendule étant récupérée tout entière pendant sa descente. Or cela n'a pas lieu. Les mouvements naturels ne sont pas renversables ; et l'on peut ajouter que les mouvements artificiels ne le sont pas entièrement.

Comment expliquer que les mouvements de la nature ne soient pas renversables. Comment rendre compte de cette perte constante et incessante de force vive dans les mouvements de la nature, qui fait que le mouvement perpétuel est impossible ?

Il faut supposer pour cela qu'à l'action des forces ordinaires et observables qui meuvent le système, s'ajoute l'action de forces opposées aux premières, proportionnelles aux vitesses de ces dernières, et changeant de sens lorsque les vitesses sont renversées. Ainsi l'amortissement des oscillations du pendule sera fort bien expliqué en supposant que le mouvement de ce

---

1. La force vive est la somme des produits de chaque masse du système par le carré de sa vitesse.

pendule éprouve une résistance proportionnelle à la vitesse angulaire du pendule.

Navier a supposé que les molécules fluides des liquides exercent les unes sur les autres des forces réciproques qui dépendent de leur vitesse relative. Il attribue le repos arrivant pour un liquide qui a été agité et qui est renfermé dans un récipient immobile à des forces de viscosité liées aux vitesses même des molécules du liquide.

Les physiciens attribuent l'amortissement des mouvements du pendule aux mouvements qu'il communique à l'air ambiant.

Helmholtz, Boltzmann, Gibbs, etc., ont aussi fait appel à des *mouvements cachés, mouvements ordonnés* de diverses formes, que l'on est obligé de supposer sans les constater parce qu'ils échapperaient à nos sens grossiers, et qui s'opposeraient aux *mouvements sensibles,* aux *mouvements désordonnés.*

Par là s'expliquerait l'existence des *transformations non compensées* et par là aussi pourquoi la loi d'*égalité* de Clausius est constamment violée, et remplacée par une inégalité au profit des transformations non compensées. Il semblerait donc qu'actuellement il soit toujours loisible de prétendre que les phénomènes physiques sont les effets combinés de mouvements sensibles ou cachés soumis les uns et les autres pour leur part à la mécanique de Lagrange, c'est-à-dire à la loi de conservation de la force vive.

Mais cette explication mécanique des lois de la physique n'est ni pleinement satisfaisante, ni exempte de lacunes, et quand il faut préciser et remonter aux lois de ces mouvements cachés que l'on invoque pour l'explication des écarts entre la dynamique de Lagrange et les phénomènes naturels, on ne trouve aucune méthode régulière et certaine; et on en est réduit à deviner.

Ce qu'il y a de certain c'est que les mouvements naturels ne se soumettent pas à la loi de la conservation de la force vive ; ils s'en écartent ; mais en outre ils *s'en écartent dans un sens déterminé, toujours le même. Il y a toujours perte* et *jamais gain* de force vive, de sorte que les phénomènes naturels sont soumis à la loi suivante : lorsqu'un système, sollicité par des forces qui dérivent d'un potentiel, est parti d'un certain état avec une certaine force vive, et qu'il revient au même état, il y revient avec une force vive amoindrie ; le long du *cycle fermé* parcouru par le système (pour revenir au point primitif de départ) il y a eu *nécessairement perte de force vive.*

Donc on ne peut construire un mécanisme qui de lui-même revienne périodiquement au même état, et avec la même force vive, ou avec une force vive accrue à chaque révolution ; d'où résulte que le *mouvement perpétuel est impossible.*

Donc encore dans un système sollicité par des forces quelconques, le travail des forces appliquées au système pendant un certain temps n'est pas, comme l'exige la mécanique de Lagrange, égal à l'accroissement de la force vive pendant le même temps. Il surpasse toujours cet accroissement. Les forces supposées pour expliquer cet écart, les forces de viscosité de Navier par exemple, devront donc avoir un travail *toujours* négatif, et tendront à diminuer la force vive, à retarder ou à arrêter le mouvement ; ce seront *toujours* des résistances passives, jamais des puissances actives, et l'on a le droit de se demander pourquoi ces forces cachées n'iront jamais dans le même sens que les forces sensibles, et pourquoi les transformations non compensées n'auraient pas quelquefois des valeurs négatives et les transformations compensées des valeurs positives. A cela la mécanique ne peut faire aucune réponse.

Elle avait à répondre à deux desiderata : démontrer l'existence réelle, déterminer la valeur et le sens des *forces cachées, des forces ordonnées,* etc., et expliquer pourquoi ces forces agissent toujours dans un sens négatif, opposant toujours leurs effets à ceux de la force vive et ne les ajoutant jamais à ces derniers. Elle n'a répondu à aucune des deux questions posées que par des hypothèses que l'on peut qualifier de gratuites et pleines de fantaisie.

Et cependant cette sorte d'impulsion négative imprimée aux phénomènes naturels est d'une généralité absolue. Elle se rencontre non seulement dans les mouvements sensibles,

dans les déplacements, mais aussi dans les échauffements et
les refroidissements, dans les compressions et les dilatations,
dans les fusions et les vaporisations, dans les réactions chimiques, les électrisations et les fermentations. Si bien, ferons-
nous remarquer, que le monde est un chantier où se con-
somment d'une manière continue des pertes énormes de force
vive.

« La conclusion s'impose, dit M. Duhem : les mouvements cachés, les mouvements ordonnés, que l'on a invoqués
pour rendre compte des écarts toujours de même sens que
les modifications réelles présentent par rapport aux lois de
la dynamique et de la thermodynamique, ne sont pas entièrement quelconques ; ils forment une catégorie déterminée
dans l'infinie diversité des mouvements possibles.

« Mais alors on est amené à se demander pourquoi, parmi
l'infinie variété des mouvements cachés et ordonnés possibles,
ceux-là seuls sont réalisés qui correspondent à des *résistances
passives* ; pourquoi les autres ne se rencontrent jamais dans
la nature, pourquoi à côté des systèmes incapables de mouvements perpétuels, on ne trouve jamais de systèmes où le
mouvement perpétuel se réalise. A ces questions la *mécanique
ne paraît pas avoir de réponses.*

« La thermodynamique impose à tous les phénomènes du
monde matériel une *tendance dans un même sens* ; il n'en
résulte pas que ces phénomènes ne puissent tous s'expliquer
par des combinaisons de figures, de mouvements, de masses
et de forces. Mais l'*hypothèse que tous les effets de la matière
brute sont d'essence mécanique ne rend aucun compte de la
commune tendance qui sollicite tous ces effets.* »

Les principes de la gravitation newtonienne avaient fait
croire à la stabilité des astres et de leurs orbites. Lagrange,
Laplace, Poisson, Delaunay, Tisserand, Gilden avaient accumulé des travaux pour démontrer que cette stabilité est assurée. Mais M. Poincaré a dû abandonner cette conception et
reconnaître que cette stabilité des astres n'est que relative, et
pour des durées très longues sans doute, mais non pas éternelles. La dissipation de l'énergie, telle qu'elle résulte des lois

de la thermodynamique et du principe de Carnot, est une raison suffisante pour douter sérieusement de la constance éternelle des orbites des astres et de la stabilité de l'univers matériel.

En outre, dit M. Poincaré, les astres ne sont pas des points mathématiques, et ils sont soumis à d'autres forces que la gravitation newtonienne ; et ces forces complémentaires et les propriétés physiques particulières des astres (solidité, élasticité, viscosité, température, état magnétique) doivent avoir pour effet de modifier peu à peu les orbites.

Voilà donc des raisons de croire à l'instabilité de l'univers matériel.

Il y a là des résultats importants pour la conception de l'avenir possible de l'univers. Ils gênent fort (il n'en pouvait être autrement) les spéculations des théoriciens de la *stabilité* de l'univers, et par suite de son *éternité*. L'école moniste a senti la valeur de ces objections qui menaçaient son *dogme* de l'*éternité* et de la *stabilité* de l'univers.

. Ses représentants. y ont répondu non par des arguments probants, mais par une fin de non-recevoir. L'entropie les gênait ; ils ont trouvé commode de la nier dans l'univers. Ce principe, disent-ils, se vérifie sans doute dans toutes les transformations de forces mécaniques et physiques s'exerçant sur des quantités limitées et dans des temps finis, dans nos opérations industrielles ou nos expériences de laboratoire ; mais il n'est pas démontré que dans un système infini et éternel, la réversibilité ne se réalise pas, et que si la gravitation, le travail, le mouvement se transforment constamment en chaleur, la chaleur ne puisse redevenir gravitation, pesanteur, travail, mouvement. Ainsi raisonne Mlle Clémence Royer (*Histoire du ciel*, 1901).

Hæckel, le pontife actuel du monisme, Hæckel, auquel ses beaux travaux de zoologie feront certainement plus d'honneur que ses spéculations philosophiques, n'use même pas de la formule dubitative de Mlle Royer. *Il n'est pas démontré...*, avait dit cette dernière. Hæckel formule sans hésitation la négative.

« Le monde, dit-il, n'a pas plus commencé qu'il ne finira.
De même que l'univers est infini, de même il restera éternellement en mouvement ; la force vive se transforme en force
de tension et *inversement*, par un processus *ininterrompu*...
La seconde proposition de la théorie mécanique de la chaleur *contredit la première* et *doit être sacrifiée*. » Et Hæckel
(*Les Énigmes de l'univers*, traduction française de 1902) de
dire, comme Clémence Royer, que la dissipation de l'énergie,
que l'entropie sont des réalités dans des cas particuliers, dans
certaines conditions mais que dans le grand tout du cosmos,
les choses se passent bien autrement.

La faiblesse d'une telle argumentation est vraiment inouïe.
Comment? peut-on dire aux logiciens que je cite, vous
repoussez le second principe de la thermodynamique parce
qu'il contredit le premier, celui de la conservation de l'énergie, et parce qu'il ne s'appuie pas sur une expérience ayant
pour champ le grand *tout*? Et que répondrez vous au raisonnement inverse? Que répondrez-vous à quelqu'un qui
viendrait vous dire : « le principe de la conservation de l'énergie dans l'univers est en contradiction avec le second, celui
de l'entropie, et doit être sacrifié. Il le peut d'autant plus
aisément qu'il n'est démontré que dans des applications particulières, dans nos machines et dans nos laboratoires ; mais
dans le grand tout du cosmos, les choses se passent bien
autrement. »

Je ne vois pas ce que les auteurs de la première argumentation pourraient répondre à la seconde. Car la généralisation
du principe de la conservation de l'énergie de l'univers n'est
pas le résultat d'une autre manière de raisonner que la généralisation du principe de l'entropie. Dans l'un comme dans
l'autre cas, la science use d'un procédé qui est, certes, loin
d'avoir une *valeur absolue*, et qui consiste à étendre au tout,
à l'univers, des résultats qui sont forcément, pour nous,
localisés et circonscrits aux minimes proportions des parties
que nos observations et que nos expériences peuvent atteindre. C'est tout ce que peut faire la science ; mais il faut
qu'elle sache ce que valent ses affirmations, et qu'elle les formule avec une dose de prudence et de modération que ne

connaît pas l'éminent naturaliste d'Iéna, dans sa définition et sa proclamation des dogmes du monisme.

À ces affirmations gratuites et à ces jugements partiaux d'Hæckel je me contente d'opposer, en les répétant ici, les paroles importantes du très éminent président du Congrès international de physique, affirmant que « le concept de l'entropie est *aussi universel* que celui de l'*énergie*, et qu'il *semble, comme lui*, recouvrir une *réalité*. »

Je suis disposé à croire que ce sont les affirmations si gratuites que je viens de combattre qui ont, au sein du Congrès de physique (3ᵉ section : Thermodynamique ; 2ᵉ séance, procès-verbaux sommaires), qui ont, dis-je, conduit M. Brunhes à faire quelques réflexions relatives à notre sujet, et à propos d'une communication de M. Lippmann. « La question la plus importante peut-être de la philosophie scientifique actuelle, dit M. Brunhes, est celle de la compatibilité ou de l'incompatibilité de la thermodynamique et du mécanisme. Le mécanisme... a été contesté de notre temps au nom de la thermodynamique. Il paraît, en effet, très bien s'accorder avec l'idée de la conservation de l'énergie, mais non avec le second principe auquel les Anglais ont donné le nom de *dégradation de l'énergie*. Il y a, en effet, dans le monde quelque chose qui se conserve, mais aussi quelque chose qui *s'use*. Rien ne se crée, mais *quelque chose se perd*. Si on arrivait à concilier cette idée avec la conception d'un mode purement mécanique, on ne verrait pas, en tout cas, triompher le mécanisme auquel nous ont habitué *certains vulgarisateurs* et qui exclut l'idée de *dégradation* et d'*usure* du monde. »

Je me permets de faire ici remarquer que ce n'est pas un philosophe, un simple idéologue qui parle ainsi, mais que c'est un physicien, dans un congrès international de physique.

Je laisse à la compétence des physiciens, que ces problèmes intéressent particulièrement, le soin de résoudre cette contradiction apparente entre les deux principes de la thermodynamique. Je me permets seulement de donner, de cette contradiction, une explication métaphysique, qui s'accordera peut-être un jour avec l'explication d'ordre physique qui pourra en être proposée. Tout phénomène général, toute question concernant une loi naturelle est susceptible à la fois d'une solution d'ordre physique et d'une solution d'ordre métaphysique. La solution d'ordre physique envisage le mécanisme et le *comment* des phénomènes ; tandis que la solution d'ordre *métaphysique* concerne la recherche du *pourquoi*, des *raisons* et de la *fin* du phénomène. « Il y a du géométrique partout, a dit Leibnitz, et il y a du moral partout. » Rien n'est plus vrai et plus conforme à la nature des choses.

Mais il convient d'exposer d'abord les faits, les données fondamentales et préliminaires de la question avant d'aborder la solution d'ordre métaphysique que je propose.

« Il y a dans le monde, quelque chose qui s'use », dit M. Brunhes. Quel est ce quelque chose ? C'est, semblerait-il l'énergie. Serait-il vrai que l'énergie subit l'usure et la dégradation, tandis que la matière resterait constante et indestructible ?

Et d'abord l'énergie s'use-t-elle ? Le principe de la conservation de l'énergie nous la représente comme constante et indestructible ; le principe de Carnot nous dit qu'elle ne se détruit pas sans doute, mais qu'elle devient peu à peu inutilisable et indisponible. Certains physiciens parlent de *dissipation* de l'énergie, terme d'ailleurs assez vague, et qui me semble presque un aveu de l'ignorance du sort de cette énergie inutilisable et dont on ne peut plus disposer. Les physiciens anglais, et M. Brunhes avec eux, parlent de *dégradation* et d'*usure* de l'énergie, ce qui semble dire quelque chose de plus, et ce qui est plus précis et plus significatif.

Il semble qu'il y ait là des contradictions irréductibles. « Dans la mesure où il est vrai de dire que l'énergie de l'univers se conserve, il est vrai de dire aussi que cette énergie *se dégrade* et que l'énergie utilisable *se perd,* dit M. Brunhes dans un travail très clair et très intéressant publié dans *La Quinzaine*[1] ».

Essayons de résoudre ces difficultés en philosophe.

---

1. B. Brunhes, Le Mécanisme cartésien et la Physique actuelle, *La Quinzaine*, nᵒˢ des 1ᵉʳ juillet, 15 décembre 1896 et 15 janvier 1897.

Croyons à la conservation de l'énergie, croyons aussi à la réalité de l'entropie, dans l'édification de la thermodynamique générale, présidant à la marche de l'univers. Ces principes sont, pour le moment, établis avec le degré de certitude et de précision *relatives* que comporte notre infirmité, et que permettent nos mesures toujours infiniment grossières et insuffisantes, au point de vue de la vérité absolue.

Le principe de la conservation de l'énergie n'est en réalité que le résultat d'expériences approximatives, transformé en une convention, une définition « inspirée par l'expérience, et que l'expérience ne saurait renverser » (Poincaré, *loc. cit.*).

Acceptons donc ces deux principes ; mais demandons-nous si, dans le fait de la dissipation de l'énergie, il faut voir un simple défaut de disponibilité de l'énergie devenue même inutilisable, ou s'il y a même simplement dégradation et usure.

Est-il bien sûr qu'il n'y ait pas une perte réelle et progressive d'énergie, dans l'univers matériel? Sur quoi se base cette assertion?

Est-ce une certitude résultant d'une vérification, ou est-ce une simple croyance résultant de nos habitudes de penser sur la matière et sur l'énergie ; personne n'oserait soutenir, preuves en mains, qu'il n'y a pas dans le mécanisme de l'univers une décroissance graduelle et effective de l'énergie, une *dégradation réelle*. Le seul appui de cette affirmation, que l'énergie de l'univers matériel y reste tout entière à l'*état potentiel, inutilisable, indisponible,* me paraît être en réalité l'habitude que nous avons de considérer l'énergie de l'univers, comme constante et indestructible. Il y aurait donc là une pétition de principe évidente.

Les emprunts considérables que j'ai faits au mémoire de M. Duhem nous ont montré l'inanité de tous les efforts faits par des physiciens de génie, pour donner l'explication de la perte constante de force vive dans tous les phénomènes de la nature. Plutôt que de consentir à considérer cette énergie comme définitivement et radicalement détournée de la somme des forces cosmiques, et du monde physique, les hommes de science ont effectivement fait appel aux hypothèses les plus

diverses puisées dans le domaine de la mécanique, forces et
mouvements cachés, mouvements ordonnés, viscosité, etc.
Mais nous avons vu le jugement sévère porté par M. Duhem
sur ces hypothèses destinées à donner la clef du problème.
« A ces questions, conclut-il, la mécanique ne paraît pas
« avoir de réponse. L'hypothèse que tous les effets de la ma-
« tière brute sont d'essence mécanique ne rend aucun
« compte de la commune tendance qui sollicite tous ces
« effets. »

En présence de cette impuissance constatée de la mécanique pour expliquer ces effets de la matière brute, nous nous
bornons à user d'un droit légitime en essayant de substituer
à cette hypothèse mécanique impuissante et stérile une hypothèse puisée dans un autre domaine de la pensée, prêtant
à ces effets de la matière brute et des forces cosmiques une
autre essence, une essence psychique ou mentale, cette hypothèse ayant, aussi bien que les autres, droit à l'existence et
à la considération comme hypothèse, tant que des observations ou des faits précis n'en auront pas établi l'inutilité et
ruiné la valeur.

Expliquons-nous.

Nous avons représenté l'univers créé comme un germe
constitué par l'évolution d'une parcelle d'énergie, détachée
de la source suprême de l'énergie. Cette parcelle, diffuse,
impersonnelle, inconsciente, opprimée par la forme matérielle, a été le lieu et l'artisan d'un long et dur labeur,
destiné à élever l'énergie diffuse, à travers des étapes
successives, à l'état de mentalités de plus en plus élevées et
individualisées, par l'agrégation et la coordination de portions d'énergies plus importantes, plus affinées, plus subtiles,
plus voisines de l'énergie supérieure qui avait fourni le germe
primitif.

En définitive, la signification et la fin de l'univers ont été
d'être un *colossal chantier* destiné à opérer la transformation
de l'énergie *impersonnelle et massive* (s'il est permis de parler
ainsi) en personnalités psychiques et conscientes, de frag-
menter cette énergie totale pour en faire des centres distincts
et supérieurs d'énergie. L'univers est le lieu de construction

des individualités mentales et des personnalités intellectuelles et morales, centres de conscience de plus en plus parfaits.

Dans l'ensemble de l'univers, on peut rationnellement et légitimement l'affirmer, une somme immense d'énergie a été détournée de l'énergie totale, de l'énergie cosmique ou physique pour acquérir l'état d'énergie psychique.

Or, qu'est devenue, depuis le commencement des siècles correspondant à l'origine de l'univers actuel, qu'est devenue, dis-je, cette masse dérobée à l'énergie cosmique, à l'énergie générale de l'univers pour acquérir une indépendance relative et une forme si différente de la forme initiale, que leur filiation a échappé à tant d'esprits?

Deux réponses sont possibles à une telle question.

Ou bien ces agrégats, ces monuments, ces édifices psychiques ont subi le sort des édifices matériels qui en formaient le soutien passager, et se sont effondrés et dissociés avec eux pour reprendre leurs places respectives, le corps matériel dans la poussière dont il avait été tiré, et la conscience psychique au sein des forces cosmiques qui avaient fourni les matériaux pour sa construction.

Ou bien ces quantités innombrables d'édifices, formés d'énergie psychique, se sont définitivement débarrasés de l'enveloppe ou forme matérielle et ont échappé à la destruction pour revenir au sein de la source suprême de l'énergie, vers laquelle les entraînait la *voix du sang*, c'est-à dire le souvenir d'une filiation réelle et étroite et le sentiment d'une communauté de nature.

Voilà, me semble-t-il, les deux solutions possibles. Avant de les discuter, je tiens à faire remarquer que la première est en harmonie avec le premier principe de la thermodynamique. Il y a conservation de l'énergie. Mais cette solution ne permet pas de comprendre qu'il y ait dégradation ou perte de l'énergie.

Le seconde solution, qui n'est autre que l'affirmation de l'immortalité personnelle de l'âme, possible tout au moins dans des cas déterminés, concilie à la fois le principe de la conservation totale de l'énergie, (puisque l'énergie peut changer de destination sans perdre de sa quantité), et en

même temps le principe de la dégradation ou de la diminution réelle de l'énergie liée à l'univers matériel, puisqu'une
part toujours croissante de cette énergie se détache de l'univers
matériel pour de plus hautes destinées, et peut être regardée
comme perdue pour la mécanique physique de l'univers.

Il me reste à démontrer que cette solution dernière, qui est
remarquablement en harmonie avec la conception d'une évolution ascendante du cycle actuel de la vie universelle, n'est
certes pas en contradiction avec ce que la science nous a
permis non pas de savoir, (car qui a des lumières suffisantes
à cet égard?) mais de présumer et de concevoir sur l'énergie, sur la matière et sur leurs rapports réciproques.

L'école du monisme matérialiste raisonne ainsi qu'il suit :
la matière et la force existent l'une et l'autre comme substances et sont à la fois éternelles et inséparables. C'est la loi
de substance d'Hæckel « éternelle loi d'airain », dit-il en
rapportant des paroles de Gœthe. Quand la mort arrive, la
matière organique se décompose, se dissocie, et ses éléments
rentrent dans la poussière. Ce qu'on appelle la vie, c'est-à-
dire la force, l'énergie, attachée à la matière, ne meurt pas
plus que la matière. Elle suit cette dernière dans sa dissociation et reprend avec elle sa place dans l'ensemble énergétique
et matériel général, dans le cosmos matériel. L'école monis-
tique ne dit donc point : l'âme disparaît comme substance ;
mais elle se décompose, se désagrège et cesse d'être un
système de forces liées. Il en reste les éléments dispersés à
l'état d'énergie cosmique. Le faisceau est rompu et dissocié.
La personnalité s'est évanouie.

L'école que j'oppose au monisme matérialiste raisonne autrement. Pour elle, l'énergie est le fondement et l'essence
de l'univers ; la matière n'est qu'une figure contingente et
passagère de l'énergie. Cette forme est appelée à disparaître.
Quant à l'énergie, elle est impérissable, et elle subsiste malgré
la disparition de cette forme temporaire et fugace. Mais
l'énergie peut se présenter sous plusieurs formes, l'énergie
physique ou cosmique, celle qui est étudiée dans les sciences
physiques, et l'énergie psychique ou mentale, qui est surtout
considérée par les biologistes et les psychologues.

Si l'on peut penser qu'il n'y a pas entre ces deux formes de l'énergie une *différence absolue* de nature, il n'en est pas moins vrai que les attributs des *deux modes* principaux de la force manifestent des différences remarquables à côté de ressemblances frappantes. Parmi les points de ressemblance, parmi les conditions communes qu'il est permis de concevoir et d'accepter comme réels, on peut noter pour les deux modes de forces la faculté de constituer des systèmes plus ou moins indépendants, composés d'éléments dynamiques réunis entre eux par des liaisons plus ou moins solides et durables. Dans le mode physique, ces liaisons mécaniques paraissent nécessairement associées à des conditions matérielles, dont la destruction entraîne la destruction même ou la disso-ciation du système de forces. Mais rien ne prouve qu'il doit en être nécessairement ainsi dans tous les cas, et nous avons produit assez de faits dus aux recherches modernes pour montrer avec quelle vigueur parfois les éléments de l'énergie paraissaient tendre à se dégager des liaisons matérielles (radio-activité, mouvement des éthers, mouvement brow-nien, etc.).

Mais si cette tendance s'accuse dans le monde physique, à combien plus forte raison devons-nous la comprendre dans la destinée des systèmes composés d'éléments psychiques. Ces systèmes, en effet, peuvent acquérir, même dans l'uni-vers visible, un degré remarquable d'indépendance qui trouble le biologiste en le mettant en présence d'une vigueur d'esprit, d'une hauteur de pensée, d'une puissance de volonté, qui jurent avec la dévastation organique. Les exemples abondent et je n'ai pas le temps de les citer.

J'ai développé longuement ces considérations dans mon essai sur l'immortalité[1]. Je n'y reviens pas. Mais qu'il me soit permis de formuler quelques considérations nouvelles.

Si la matière n'est qu'une figure de l'énergie, et une figure de l'âme par conséquent, la destinée de l'âme ne sau-rait être entièrement liée à la destinée de la matière et con-

---

1. *Essai sur l'Immortalité au point de vue du naturalisme évolutio-niste*; Paris, Fischbacher, 1895.

ditionnée complètement par elle. C'est l'inverse qui doit
avoir lieu. C'est l'âme qui règle dans une certaine mesure
la destinée de sa forme et de sa figure. Elle peut donc la
rejeter quand cette dernière lui est devenue inutile ou même
nuisible. Car l'âme n'est pas un système ordinaire d'énergies ; en elle la volonté et la conscience ont atteint un
degré d'élévation qui leur permet de tenir la barre du
navire et de l'orienter vers la cohésion ou vers la dissociation.

En outre dans aucun système de forces autre que l'âme,
ne peut se réaliser un transport volontaire du système vers
le passé. C'est là un point très digne de remarque et sur
lequel j'appelle l'attention. Or, la conscience réalise réellement ce transport en replaçant consciemment l'individu
psychique dans des circonstances passées, dans un milieu qui
n'est plus et dans un temps dès longtemps écoulé. La conscience ressuscite le passé et reporte la personnalité dans une
existence déjà écoulée. Par elle, nous pouvons revivre des
scènes que le temps ne connaît plus, rappeler à la vie des
impressions voilées ou même, semble-t-il, éteintes, et reconstruire et rendre mentalement réelles les phases évanouies de
notre existence.

Voilà donc un système qui, malgré la disparition ou tout
au moins l'altération des témoins et des mécanismes matériels du passé, peut se transporter dans le passé, peut y
revivre, et s'y retrouver avec l'état de combinaison dynamique
qu'il avait dans le passé. N'est-ce pas une *faculté extraordinaire* ? N'est-ce pas une puissance presque incroyable ? et
n'y a-t-il pas plus de difficulté à concevoir cette possibilité
que de comprendre la conservation du système dans l'avenir ?
Pour moi, je ne puis me refuser à penser qu'un système
d'énergies, capable de refaire son passé, de le faire revivre, de
le reconstituer, est *a fortiori* capable de préparer son avenir
et de se prolonger dans le futur.

Voilà donc quelques considérations, propres à incliner notre
jugement en faveur de la deuxième solution, c'est-à-dire
celle de l'immortalité personnelle.

Mais, me dira-t-on, rien ne nous prouve que la matière

n'est pas une réalité distincte, et toute votre manière de raisonner repose sur cette supposition extraordinaire.

Pas si extraordinaire! Je crois avoir fait valoir en sa faveur
bien des raisons d'ordre scientifique ; je ne veux pas les répéter. Mais laissez-moi vous citer quelques mots prononcés
par l'un des naturalistes philosophes les plus éminents de
notre époque. Dans son discours présidentiel du Congrès de
l'Association américaine pour l'avancement des sciences, de
1902, le professeur Charles Sedgwick-Minot, parlant de *la
conscience au point de vue biologique* et comme phénomène
d'ordre biologique, a prononcé les paroles suivantes :

« Il y a deux choses différentes fondamentales dans l'univers [1] : la force et la conscience. Vous vous demandez pourquoi je ne dis pas *trois* en ajoutant la *matière?* Ma réponse,
c'est que nous n'avons pas, et nous n'avons *jamais* eu une
preuve quelconque de l'existence de la matière. Toutes nos
sensations sont causées par *la force* et par *la force seulement,*
de sorte que le biologiste peut dire que nos sens ne nous
apportent aucune preuve de la matière. Le concept *matière*
est un *transfert irrationnel* au monde moléculaire de notions
dérivées des informations des sens sur la masse matérielle.
Il y a longtemps que Faraday a démontré que l'hypothèse
des atomes matériels était plutôt fâcheuse, et la position qu'il
a prise à cet égard *paraît inexpugnable* ; ce serait une grande
contribution à la science que de ruiner l'hypothèse de la
matière distincte de la force. ».

Ainsi donc, rien ne s'oppose logiquement et scientifiquement à ce que nous acceptions l'immortalité personnelle
comme possible dans certaines conditions. Ceux qui nient
l'immortalité au nom de la science commettent réellement
un crime de lèse-science. Un des esprits les plus dégagés de
toute doctrine reçue, un des adeptes les plus fervents non
pas seulement de la libre-pensée, mais aussi (ce qui vaut
mieux) de la *pensée libre,* M. Guyau, a écrit loyalement dans
L'Irréligion de l'Avenir, les lignes suivantes : « Devant la

---

1. Je me suis expliqué dans un Essai précédent sur la non réalité
de cette différence.

science moderne, l'immortalité demeure. Si le problème n'a pas reçu de solution positive, il n'a pas reçu davantage, *comme on le prétend parfois,* de solution négative. »

À ce net et franc aveu je crois fermement qu'on peut ajouter quelque chose ; et je le ferai en disant que, si nous n'avons pas encore en faveur de l'immortalité personnelle des preuves ou des démonstrations scientifiques irréfutables, nous avons cependant des présomptions qui ne sont pas sans valeur, et en outre dans l'ordre moral et dans les intuitions de la conscience (qui sont aussi une source de connaissance) des indications suffisamment persuasives, auxquelles on n'a pas le droit d'imposer silence.

Cela étant, et l'immortalité de la personnalité étant admise, la conservation de l'énergie est maintenue comme principe fondamental de l'univers, et, en outre, la perte de l'énergie trouve une explication d'ordre plutôt métaphysique pour le moment, mais qui pourrait revêtir, plus tard, un vrai caractère scientifique. Insistons un peu sur ces considérations !

L'énergie est indestructible. Nous l'admettons avec tous les physiciens, et nous l'admettons avec tous les philosophes, car la destruction de l'énergie aboutit fatalement au néant absolu, résultat devant lequel recule la raison. Si donc, quelque parcelle d'énergie disparaît, semble se perdre, nous devons penser que cette parcelle est soustraite au monde sensible, sans être détruite, et qu'elle reçoit une destination qui la cache présentement à nos moyens d'observation. C'est un élément que n'atteignent pas encore nos réactifs : voilà tout. Or, il est incontestable que l'énergie psychique, que les matériaux dynamiques, qui servent à la construction des âmes, ne sauraient être empruntés qu'à la somme d'énergie qui a constitué le germe de l'univers. Il est difficile à un embryologiste, à un homme qui a assisté au développement physique et mental d'un être vivant et intelligent, d'avoir une conception différente de l'origine de l'âme. Cette énergie primitive, originelle, a été pourvue d'une forme qui l'a enchaînée, et qui l'a condamnée à un dur labeur d'affranchissement, sans lui ôter ses virtualités. Elle a pu s'élever par degrés à des niveaux progressifs de mentalité et atteindre les sommets de l'esprit.

C'est là l'œuvre de l'évolution ascendante de la nature, œuvre qui se poursuit à travers les mondes et à travers les temps, si nous en jugeons par ce qui se passe sur notre planète.

Il y a donc constamment des portions de l'énergie qui se détachent de l'énergie cosmique pour acquérir la dignité d'énergie psychique ; et le principe de la conservation de l'énergie lui-même exige que la somme d'énergie cosmique diminue, puisque s'accroît la somme d'énergie psychique.

Or, la première, c'est-à-dire l'énergie cosmique, est, jusqu'à présent, la seule que nous ayons pu mesurer, et c'est aussi malheureusement, la seule que les hommes de science aient pris l'habitude de considérer quand ils traitent de la mécanique du monde. Mais la part de l'énergie psychique ou esprit n'est certes négligeable, ni comme qualité, ni comme quantité. Comme qualité, personne ne niera qu'elle ne surpasse toutes les autres formes de l'énergie, puisqu'elle est le point culminant de leur évolution ; comme quantité, nous sommes autorisés à croire que les astres ont été, ou sont, ou seront appelés, à leur tour, à être le théâtre de l'apparition d'êtres dont la forme, dont les conditions spéciales de l'existence pourront et devront différer, dans une certaine mesure, de ce que l'on observe sur notre terre, mais qui, certainement, obéiront aux mêmes lois générales, aux mêmes processus universels de la biologie et, par conséquent, de la psychologie.

Il y a là des causes considérables de soustraction qui dégradent, qui diminuent la somme des énergies cosmiques, c'est-à-dire des énergies encore revêtues de la forme matière.

Il n'est donc pas illogique de penser que la dissipation ou dégradation de l'énergie cosmique trouve, dans cette colossale transformation de l'énergie cosmique en énergie psychique, *une partie* tout au moins de son explication.

Mais d'autres raisons viennent à l'appui de cette manière de voir. Nous savons, en effet, que les diverses formes de l'énergie de l'univers tendent à prendre en définitive la forme de calorique, et que c'est la déperdition du calorique qui constitue *principalement* le phénomène de la dissipation de l'énergie. Or, la chaleur n'est pas la seule forme, mais est par excellence la forme de l'énergie, qui est la source de l'évolution biologique et physiologique de l'énergie.

C'est la chaleur de l'incubation qui vient donner à l'œuf la quantité d'énergie nécessaire à son développement, et qui directement ou indirectement se transforme dans les tissus en énergie biologique et mentale.

C'est encore la chaleur qui est la forme d'énergie la plus nécessaire, la plus indispensable, à la plante et à l'animal, c'est-à-dire au protoplasma, à cet état de la matière qui est le transformateur par excellence de l'énergie calorifique ou cosmique en énergie psychique, et l'accumulateur, l'organisateur de celle-ci en systèmes plus ou moins solidement liés qui deviennent individualités ou personnalités.

Aussi la chaleur est-elle la forme de l'énergie dont la science et la sagesse du Créateur aient tenu avant tout à garantir la possession aux êtres vivants, et par conséquent au protoplasme accumulateur et organisateur de l'esprit. Et voilà pourquoi la respiration, c'est-à-dire la faculté de transformer les énergies externes et étrangères en chaleur intérieure, est la fonction primordiale de tout être vivant, c'est-à-dire de tout être appelé, non à créer l'esprit (car l'énergie ne se crée pas, et l'esprit est énergie), mais à transformer les autres modes de l'énergie en vie et en esprit, qui sont, je le dis bien haut, une seule et même chose.

Et voilà pourquoi encore dans la nature l'énergie biologique et psychique se mesure au pouvoir calorifique des êtres vivants (insectes, oiseaux et mammifères).

Et voilà pourquoi les animaux dits à sang chaud, c'est-à-dire ceux chez lesquels une quantité suffisante de calorique est assurée par des dispositions organiques convenables, sont aussi ceux où les énergies biologiques et psychiques sont les plus puissantes.

Et voilà pourquoi le règne végétal si capable d'emmaganiser la chaleur, à l'état latent, mais encore incapable d'élever l'énergie au delà de certains degrés inférieurs de la mentalité, a été et est l'intermédiaire logique et nécessaire, le terme de passage indispensable, la roue d'engrenage inévitable entre les sources d'énergie cosmique et les sources d'énergie d'ordre spirituel.

C'est donc le calorique qui paraît être la forme par excellence (quoique non la seule) de l'énergie cosmique à laquelle le monde organisé fait les emprunts les plus importants pour réaliser par des transformations convenables et successives les états supérieurs de l'énergie. Il n'est donc pas étonnant qu'à mesure que se fait cette transformation la somme de l'énergie calorifique (et en somme de l'énergie cosmique) décroisse, et qu'une partie en soit soustraite à notre observation et à nos mensurations ; et par là peut s'expliquer, dans une certaine mesure du moins, la dégradation de l'énergie cosmique. Par là peut aussi s'expliquer, enfin, que la chaleur soit le mode le plus constant, le plus répandu de l'énergie cosmique et celui en lequel viennent, en définitive, se résoudre tous les autres modes de cette énergie. Si bien qu'on pourrait croire que cette chaleur irréversible et inutilisable mécaniquement diffère peut-être, au fond, de l'autre chaleur, par des qualités particulières qui font d'elle un terme de passage, une forme de transition spécialement qualifiée, pour la transformation finale en énergie psychique. N'y aurait-il pas, en effet, plusieurs espèces de chaleur, comme il y a plusieurs espèces de rayons lumineux, rayons solaires, rayons cathodiques, rayons de Rœntgen, rayons mixtes du radium et des corps radio-actifs, etc. ?

Ainsi donc, l'énergie cosmique voit constamment s'échapper de son sein, sous forme de calorique, mais aussi sous forme de lumière, d'électricité, de magnétisme, de vibrations sonores, d'influences olfactives, etc., voit, dis-je, s'échapper de son sein des sommes considérables d'énergie, qui sont une perte pour l'énergie cosmique et qui sont destinées à subir des transformations et une évolution ascensionnelle, qui feront d'elles les matériaux des mentalités diverses qui animent les êtres, et qui atteindront leur apogée dans la construction des âmes conscientes et personnelles.

Ces considérations comportent quelques conséquences qui ne me semblent pas sans valeur.

Si l'entropie augmente (ce qui est possible), si, en outre, la dégradation de l'énergie cosmique s'accentue, c'est que la force soustraite à l'univers ne lui est *pas rendue.*

L'affirmation du monisme matérialiste que l'âme revient à sa source première et se résout en forces générales de la matière à laquelle elle est liée, cette affirmation, dis-je, reste non seulement sans appui scientifique, mais elle a contre elle les données mêmes de la science. L'énergie psychique reste donc énergie psychique, ce qui est logique et naturel, puisque c'est le point culminant de son évolution ; et l'on ne voit pas pourquoi cette énergie psychique, débarrassée de l'oppression et de la servitude de sa forme matérielle, parvenue à l'apogée des transformations de l'énergie, en possession d'une raison éclairée, pourvue d'une volonté affermie par la claire vue de sa fin, douée d'une sensibilité aiguisée, capable par conséquent, de comprendre la valeur de la vie, de discerner les causes de dissolution et de les éviter, ne conserverait pas résolument et ne resserrerait pas les liaisons solides de son système personnel, en les harmonisant davantage, et ne continuerait pas à subsister comme âme immortelle et indissoluble.

Il y a, me semble-t-il, dans l'ensemble des considérations qui précèdent, des éléments capables de faire penser, pour l'avenir, à édifier une méthode scientifique de recherches sur l'immortalité. Voici quelles en seraient les lignes directrices.

L'énergie de l'univers ou énergie cosmique est constante et indestructible.

Néanmoins, une partie croissante de cette énergie semble disparaître.

Il convient donc de chercher la destination de cette énergie détournée, mais non détruite. Cette énergie détournée est naturellement une énergie non réversible et, par conséquent, ne pouvant redonner du travail mécanique. Il convient donc de chercher l'énergie détournée parmi les énergies incapables de produire du travail mécanique.

En première ligne se présente, pour nous, l'énergie psychique, qui s'est montrée dans l'univers, après les autres formes de l'énergie, et qui semble, par conséquent devoir résulter des formes qui l'ont précédée. Nous pouvons donc penser que l'énergie détournée est employée *en tout* ou *en partie* à la production de forces psychiques capables de se constituer en systèmes et en personnalités.

Nous connaissons ces systèmes psychiques encore attachés à une forme matérielle. Celle-ci disparaissant par la dissolution du corps, que devient le système psychique personnel ?

Nous avons le droit de penser que ses éléments ne rentrent pas dans la masse des énergies cosmiques et physiques, et cela pour deux raisons :

1° L'énergie psychique, provenant de l'énergie cosmique irréversible, est très probablement irréversible elle-même. On conçoit, d'ailleurs, qu'en vertu de la tendance évolutive, un état inférieur tend vers le supérieur, mais on conçoit moins le contraire.

2° Si l'énergie psychique rentrait dans la masse de l'énergie cosmique, il n'y aurait pas usure et dégradation de cette dernière.

Ainsi donc, l'énergie devenue psychique restera très probablement énergie psychique.

Restant énergie psychique, nous avons bien le droit de penser qu'elle demeure fidèle à sa tendance évolutive, qui est de se grouper, de se disposer en systèmes liés en faisceaux personnels. La forme matérielle lui a permis de réaliser son évolution, d'établir son groupement, de le coordonner et de le lier solidement ; et l'énergie psychique, devenue libre, aura d'autant plus de pouvoir de maintenir par la volonté, par la justice et par la bonté, la solidité de son système.

N'oublions pas, en effet, que la matière semble n'être qu'une figure contingente de l'énergie, et que, si elle ne peut subsister sans énergie, l'énergie semble pouvoir subsister sans matière.

Mais de tous les états de l'énergie, l'état psychique est certainement celui chez lequel se manifeste le plus clairement

et le plus puissamment la possibilité d'une indépendance vis-
à-vis de la matière. J'attire, en effet, l'attention sur ce point
que l'énergie psychique est la seule dont la manifestation sensible nous paraisse le moins possible et pour laquelle il semble
n'y avoir pas encore de sens spécial capable d'être impressionné. La pensée, le travail psychique n'est pas directement
accessible à nos sens, et, par conséquent, les épiphénomènes
propres qui nous donnent le concept de matière, lui font
entièrement défaut. La chaleur, la lumière, l'électricité, la
pesanteur, etc., ont leurs groupes d'épiphénomènes respectifs.
La pensée n'en a aucun qui lui soit propre ; et elle ne peut
se manifester que par le concours et l'intermédiaire des
énergies cosmiques qui lui font cortège. C'est par la lumière,
par le son, par le geste, etc., que nous est communiquée la
pensée. Mais aucun de ces groupes d'épiphénomènes n'est
propre à l'énergie psychique, et on peut dire que l'énergie
psychique n'a pas de figure matérielle qui lui corresponde.

Il y a certes là une précieuse indication, pour accorder
à l'énergie psychique, la possibilité de subsister sans forme
matérielle accessible à nos sens.

Voilà rapidement esquissé un plan d'études sur cet important sujet au point de vue des considérations d'ordre scientifique que j'ai développées ici.

Certes, ce plan d'études n'est pas près de donner des résultats prochains. Il renferme des difficultés à résoudre pour
lesquelles il faut certainement un long avenir, mais tel qu'il
est, il peut servir de thème aux méditations de ceux que ce
sujet intéresse et attire.

Peut-être se trouvera-t-il quelques personnes qui pourront
être étonnées, et plus encore, de cette sorte d'assimilation que
je semble établir entre l'énergie cosmique et l'énergie psychique, c'est-à-dire l'esprit, l'intelligence, la raison, etc. Que
je leur dise d'abord que je n'établis pas entre ces modes de
l'énergie une assimiliation proprement dite, c'est-à-dire une
idendité d'état et de fonction, mais plutôt une communauté
d'origine, et par conséquent d'essence et de nature. La
petite particule, le petit globule qu'est l'œuf humain et qui

sera un jour un homme, n'est cependant pas encore un homme, quoiqu'il y ait en lui les virtualités de l'homme. Il en est de même des énergies cosmiques. Elles sont, par rapport à l'énergie psychique des embryons, des rudiments, mais elles n'ont pas acquis encore toutes les transformations qui constitueront leur dignité finale [1]. A ceux que pourrait humilier cette origine en apparence modeste de l'esprit, il est facile de faire remarquer que nous ne connaissons pas au fond la nature et l'essence du calorique, de l'électricité, pas plus que la nature et l'essence de l'esprit, que nous sommes tenus de considérer les unes et les autres de ces formes de l'énergie comme des parties intégrantes du germe divin qui a évolué pour constituer l'univers, et qu'en présence de cette communauté d'origine nous n'avons aucun droit et aucune compétence pour établir entre ces formes de l'énergie une barrière infranchissable.

Si l'esprit est puissant et admirable, l'énergie cosmique l'est certes aussi ; leur corrélation est assez intime, et leur collaboration assez nécessaire dans l'univers actuel pour qu'il nous paraisse extrèmement téméraire de tenter de les séparer radicalement. La distance que nous apercevons entre eux n'est certes pas supérieure à celle qui s'étend entre les protozoaires, les animaux tout à fait inférieurs et l'homme ; et il n'est cependant aujourd'hui aucun naturaliste sérieux qui n'admette entre ces deux termes extrêmes une continuité réelle, que de nombreux intermédiaires ont réalisée.

En pensant aux protestations indignées (mais aujourd'hui calmées) qui accueillirent à son apparition cette affirmation de continuité, de commune origine et de commune nature entre les animaux inférieurs et l'homme, nous n'avons aucun doute que notre affirmation de la continuité des énergies cosmiques et des énergies psychiques ne soit, un jour prochain, pour les étonnés d'aujourd'hui l'occasion d'un chemin de Damas.

Et s'il faut donner à leurs habitudes de penser, à leurs

1. Voir dans ce volume le 1er Essai : *De l'orientation de la méthode en évolutionisme.*

scrupules, respectables plus encore que rationnels et bien informés, une raison de s'évanouir, faisons-leur remarquer que, si la *source suprême* de l'énergie est *esprit,* la parcelle d'énergie qui anime l'univers ne saurait être d'une autre nature, et que rabaisser l'énergie cosmique, c'est réellement rabaisser la source d'où elle émane et léser la majesté divine.

Et maintenant l'âme vit immortelle. Que devient cette matière de l'univers que l'énergie cosmique abandonne de plus en plus et qu'elle semble logiquement devoir tout à fait abandonner puisque la dégradation de l'énergie poursuit son œuvre.

La matière est appelée à disparaître. Nous avons vu qu'elle n'était qu'une figure contingente et passagère de l'énergie. L'énergie disparaissant, avec elle disparaît la forme de l'énergie.

Mais, dira-t-on, la matière est indestructible. On n'a pas constaté de disparition de la matière. C'est là en effet un point sur lequel on ne peut émettre des affirmations, plus qu'on ne peut formuler des négations. En présence d'une enquête qui embrasserait des millions de siècles et qui atteindrait des espaces indéfinis, il n'y a, semble-t-il, qu'à rester dans le silence et à ne formuler ni négation, ni affirmation.

Ce n'est donc pas sur des constatations directes de la disparition de la matière qu'il convient de compter pour établir une opinion. Mais d'ailleurs cette constatation n'est pas seulement impossible par l'étendue énorme du champ de l'observation dans le temps et dans l'espace, mais elle est impossible, par sa nature même, à des observateurs tels que nous. Si nous ne connaissons la matière que par ce qu'elle dit à nos sens, et si elle ne frappe ces derniers que par les manifestations de l'énergie dont elle n'est que la figure, rien ne peut nous enseigner qu'il y a eu autrefois matière, là où rien ne provoque aujourd'hui nos sensations.

Nous avons, il est vrai, dans l'Essai précédent : *Matière et Énergie,* rapporté certains faits, appartenant à un même groupe de phénomènes (matière radiante, rayons cathodiques, rayons X, radio-activité), et dans lesquels des parcelles très petites de matière semblent disparaître sous forme d'évapo_ ration d'énergie, d'évaporation électrique (Lodge), et sortir du domaine de la matière pour entrer dans celui de l'énergie proprement dite (G. Le Bon, de Heen). Ce sont là des faits dont l'observation, de date récente, peut sans doute fournir des indications précieuses, mais qui demandent à être exa-- minés de plus près avant qu'on puisse en tirer la conclusion ferme d'une réelle disparition de la matière saisie sur le fait.

Il est tout à fait possible que, dans le passé de l'univers, l'énergie cosmique en possession d'une puissance, qui depuis a subi des déchéances, ait été capable de provoquer des sen_ sations que la nature actuelle ne connaît plus. Il est tout à fait possible que des vibrations de l'éther, plus amples et plus nombreuses que celles qui nous ébranlent aujourd'hui, aient eu pour théâtre l'univers, dans des phases reculées de sa durée et aient été, par conséquent, susceptibles de faire naître le concept de matière là où nous ne connaissons pré- sentement que le vide et l'insensible. Rien ne saurait contre- dire absolument la croyance à cette possibilité ; mais avons- nous le moyen de légitimer cette croyance, d'en contrôler la justesse ?

Et cependant, si l'énergie cosmique disparaît, si elle aban- donne la matière, si elle obéit à une autre destination, qu'est-ce qui produira des phénomènes capables de frapper nos sens. Où sera le poids, la pression, la résistance, la con- sistance des corps, si la gravitation et la cohésion n'exer- cent plus d'influence ?

Où seront les vibrations calorifiques, lumineuses, élec- triques, s'il n'y a plus les énergies correspondantes de l'éther, capables de donner des impressions de chaleur, de lumière, de frémissements ou de chocs électriques ? Où seront les corps sans la cohésion ? Où seront les combinaisons chimiques sans l'affinité ? Où sera la vie minérale, où sera la vie phy- siologique, telle que nous la comprenons ordinairement, c'est-à-dire liée à un organisme et aux mouvements internes de cet organisme ? Où sera la matière, là où il n'y aura plus les caractères et les propriétés de la matière, comme matière? La réponse à cette question multiple s'impose nettement. La matière ne sera plus.

Stuart Mill a appelé la matière *une possibilité de sensations.* Cette possibilité disparaissant, il n'y a plus de matière. Schelling a dit : *La matière, c'est de l'esprit éteint.* Il eût mieux fait de dire : « La matière, c'est de l'esprit (c'est-à-dire de l'énergie), voilé et recouvert d'une forme susceptible d'être sentie. » La disparition de l'énergie ou de l'esprit entraîne la disparition de la forme.

A ces définitions permettez-moi d'en ajouter une autre, qui correspond mieux à ma pensée : *La matière est un ensemble d'épiphénomènes contingents, dus à l'activité de l'énergie et pouvant être sentis.* Là où l'énergie disparait, les épiphénomènes ne sont plus et il n'y a plus de matière.

Ainsi semblerait devoir disparaître l'univers matériel. Lui disparu, resterait intacte la masse d'énergie qui constituait le germe de l'univers et devenue énergie psychique, organisée en personnalités indissolubles ; et l'éternité, poursuivant le cours infini de sa durée, verrait peut-être une nouvelle vibration de son rythme colossal remplie par une création nouvelle, objet, à son tour, de l'activité et de l'amour divins, et destinée, comme celles qui l'ont précédée et comme celles qui la suivront, à obéir à la loi de l'évolution ascendante, par l'effort incessant vers un idéal de justice et de bonheur.

Voilà terminée la trop longue étude que j'ai proposée à votre examen. Quelque coupable que soit l'abus que j'ai fait de votre attention, je ne puis en rester là sans faire avec vous quelques courtes réflexions que me semble dicter la lecture que nous venons de faire.

L'univers considéré à la lumière de ces données se présente comme le champ d'une lutte incessante entre des puissances et des tendances contraires. Les deux antagonistes sont, d'une part l'énergie, et de l'autre sa forme sensible désignée comme matière, et qui lui donne le caractère d'énergie cosmique. Le fait initial de la création de l'univers a été d'attacher aux flancs de la parcelle d'énergie divine qui constitue la

substance propre et l'essence de l'univers, cette forme matérielle qui devenait sans doute pour elle une cause de ralentissement dans son retour ascensionnel, mais qui lui assurait
l'occasion d'une ascension morale et graduelle par la lutte et
par l'effort.

A chacun des deux champions énergie et forme cosmique
ont appartenu des aspirations opposées et des armes pour les
faire prévaloir. Pour la matière, la tendance à l'oppression
et à l'alourdissement de l'énergie par le maintien des chaînes
qui l'unissent à elle. L'entropie, puissance ou grandeur de
fixation ou de stabilité, puissance opposée aux transformations
libératrices, a constitué le moyen de défense de la forme
matérielle de l'énergie contre les tentatives d'un dépouille-
ment qui est pour cette forme une condition fatale d'anéantissement.

L'énergie représentant, en vertu même de son essence,
d'aspirations vers l'activité libre et la vie supérieure, a tendu
à se libérer d'une forme qui l'alourdissait et qui lui imposait
une activité proprement cosmique, alors qu'elle tendait vers
une activité d'ordre mental de plus en plus élevé.

Aussi l'énergie renouvelant incessamment ses efforts conquérants se dépense-t-elle en agressions, en processus trans-
formateurs pour répondre à une inquiétude biologique et à
l'impatience du joug, qui stimulent son activité.

Par là, par cette mise en jeu de forces actives qui s'efforcent
de réduire au silence les forces passives et négatives de la
forme (entropie), l'énergie provoque perpétuellement des
transformations successives qui constituent le mouvement
vital de l'univers, et qui lui permettent de rejeter, à chaque
effort, une partie du fardeau qui alourdit sa marche.

A chaque épisode de cette lutte incessante dans la nature,
l'effort puissant de l'énergie réalise en effet un départ remarquable que l'étude de la thermodynamique a révélé et dans
bien des cas mesuré.

D'une part une certaine proportion de l'énergie cosmique
mise en jeu retombe par la transformation compensée dans
le domaine de l'énergie cosmique sous une forme différente ; une partie de la chaleur dépensée, par exemple, est

transformée en énergie mécanique; mais d'autre part, une proportion variable de l'énergie cosmique (de la chaleur dans le cas actuel) est réservée à la transformation non compensée et est entraînée dans un mouvement migrateur vers une forme plus ou moins élevée de l'énergie mentale.

A l'entropie caractère et arme de la forme matérielle de l'énergie répond donc l'effort libérateur, caractère propre et arme de l'énergie; et cet effort, réalisant des progrès dans le domaine de celle-ci, travaille ainsi à préparer et à achever sa libération et sa migration dans le domaine de l'esprit.

Ainsi donc, comme dans tous les phénomènes de la vie (et l'univers est un organisme vivant), comme dans toute évolution (et l'univers est un système qui évolue), la consommation des phénomènes et la direction des événements résultent d'une lutte entre deux influences contraires et antagonistes, l'une puissance d'activité et d'évolution, de l'autre élément d'immobilité et de stabilité; et l'orientation de l'évolution et de la vie dépend de la victoire de l'un ou l'autre des champions. Ici l'intervention active de l'énergie réalisant la libération de cette dernière l'emporte sur la résistance passive de l'entropie; mais en outre, comme toujours, cette résistance contribue par la lutte au succès de l'évolution de l'énergie, parce que comme toute résistance elle provoque l'effort qui est la condition essentielle du progrès.

Je ne me dissimule pas que je viens de vous proposer tout un système de philosophie naturelle, appuyé sur un ensemble de considérations proprement scientifiques. Le grand physicien de génie Hertz a posé trois critères de la valeur d'un système dans la philosophie naturelle : *valeur logique, justesse, opportunité*. Le système que je propose répond-il à ces trois critères? Il ne m'appartient pas d'en juger. C'est votre rôle à vous; je le laisse à votre compétence et, permettez-moi d'ajouter, à votre indulgence. J'ai plaidé sa cause de mon mieux; et il m'a paru que ce système conciliait un certain nombre de lois ou de conceptions naturelles qui jouissent d'un légitime crédit dans la science, je veux dire : la loi de la conservation de l'énergie, le principe de Carnot

en ce qui concerne la loi de variation d'entropie et de dissipatiou de l'énergie, la conception dynamique de la matière,
la loi de l'évolution ascendante et la loi morale, puisque la
réalisation d'un plus grand bonheur et d'une plus grande
justice semble avoir chance de se produire dans un état du
monde où l'énergie sera dégagée de l'oppression de sa forme
matérielle.

Ceci dit, comme éléments à produire dans la cause, je
vous laisse le soin et le droit de critiquer le système exposé,
de l'accepter ou de le repousser. Mais je tiens à ce qu'il n'y
ait pas d'équivoque dans mon attitude, et à ce que l'on sache
bien où s'arrêtent mes prétentions.

A côté des théories et des faits qui appartiennent en propre
à la science, j'ai placé sans doute bien des hypothèses ;
mais il me semble du moins que ces dernières ne sont pas
en contradiction avec les données de la science et de la logique ; c'est ce qu'on a le droit de leur demander.

Il y a deux ordres de labeurs dans le chantier de la science
et de la pensée. L'un consiste à observer sévèrement les faits,
à les contrôler, à les classer et à les cataloguer. C'est là une
œuvre préparatoire. Le second labeur est celui qui consiste à
jeter sur ces faits un regard d'ensemble, et à leur demander
leur signification. C'est le rôle de la généralisation, le rôle
de l'idée, celui qui donne réellement à la science sa valeur
et sa dignité.

Or, dans quelque ordre de science que s'exerce ce labeur
de construction, l'hypothèse est appelée à jouer un rôle considérable. La nécessité de l'hypothèse ne sera supprimée que
le jour où nous saurons tout. Ce jour-là est-il arrivé? Arri-
vera-t-il même jamais? L'hypothèse est donc légitime ; mais
elle est en même temps féconde, car elle fait penser, elle
provoque à la recherche, elle suscite des impatiences de vérification. Elle ne devient coupable que le jour où, contredite
par les faits, elle refuse de disparaître. Je ne suis pas disposé, pour ma part, à lui imposer la responsabilité de ce
grave délit. Le frêle édifice que j'ai construit sera livré impi-
toyablement aux démolisseurs, le jour où les faits auront
révélé qu'il pèche par les fondements.

Mais du moins voudra-t-on reconnaître que la science (que l'on a accusée fort imprudemment d'avoir fait faillite) n'est pas une compagne et une conseillère inutile pour l'homme qui veut réfléchir aux grands problèmes qui agitent la pensée et les aspirations de l'humanité. On aura beau proclamer le dogme de l'agnosticisme et du positivisme, on n'empêchera pas les hommes de se préoccuper de la signification de leur destinée présente et de leur destinée future. Il s'agit là d'intérêts trop majeurs pour qu'ils en détournent les regards.

L'agnosticisme complet et conscient, c'est-à-dire la volonté de se désintéresser entièrement de tout ce qui n'est pas directement connaissable, sera toujours le lot d'un petit nombre de dilettantes ; et le fait que quelques fakirs sont parvenus par des efforts contre nature à déformer leur corps et à fausser leur attitude, ne suffira pas à convaincre l'humanité qu'elle est appelée, comme les cigognes, à se dresser sur un seul pied.

Il me semble que la science n'est pas si impuissante que l'on a voulu le dire, et qu'elle peut nous apporter quelques lumières non pas décisives, mais adjuvantes, pour la solution ou du moins pour la discussion de ces questions majeures. Et peut-être jugerez-vous que la lecture que nous venons de faire, prête quelque appui à cette assertion.

Certes nous ne savons pas tout ; et nous ne saurons pas tout ; mais nous avons le droit de penser qu'il y a une *unité* du monde, une économie, et une harmonie générales, qui établissent entre les domaines innombrables et variés de cet immense édifice des corrélations semblables à celles dont la découverte dans le monde des animaux disparus et des animaux vivants a fait la gloire de notre grand Cuvier.

Si par l'examen d'un os unique emprunté aux restes disparus d'un de ces êtres, le grand naturaliste avait le pouvoir de reconstruire l'être tout entier, n'est-il pas naturel de penser qu'à mesure que la science nous donnera la connaissance de ce qui est à notre portée, nous pourrons toujours plus avancer dans la connaissance de ce qui reste voilé. Je n'ai, pour ma part, aucun doute à cet égard.

Puissiez-vous, jeunes gens, partager mes convictions et trouver dans cette espérance une ardeur nouvelle pour la recherche, et un amour passionné pour la science. Ne vous laissez pas décourager par ceux qui vous disent : « Nous ne savons rien » et répondez-leur avec fierté : « Si ! nous savons quelque chose ; et l'avenir nous apprendra encore davantage. »

Ne vous laissez pas davantage pousser à l'orgueil et à la présomption par ceux qui vous disent : « Nous savons tout, et il n'y a rien en dehors de ce que nous savons. » Et répondez-leur que pareille assertion est le propre et le critère de la plus aveugle ignorance.

Que votre attitude soit composée de mélancolie et de modestie en face de l'immensité des terres inconnues, de fierté et de confiance en mesurant les territoires déjà conquis. Pour vous, comme pour *toute l'humanité,* comme pour le *monde entier* qui évolue, il ne doit y avoir ni résignation stérile, ni présomption coupable ; et rappelez-vous que l'*effort* est le grand et suprême moteur de l'évolution. Vous êtes, jeunes amis, à l'âge où l'effort est facile, où le labeur est aisé et profitable. Ne gaspillez pas ce trésor inestimable. C'est un vétéran qui vous le dit.

DOUZIÈME ESSAI

VIE ET ESPRIT DANS LA NATURE. — IMMANENCE ET TRANSCENDANCE. — ANTHROPOMORPHISME

La conception de Dieu père de la création, et la conception de la créature, telles que je les ai exposées, placent le divin, à la fois dans sa source suprême et personnelle, dans l'Être dont la pensée, la volonté, la puissance dominent toutes choses, mais aussi dans la créature qui, étant une émanation même de Dieu, est faite de la substance divine, comme l'enfant est fait de la substance paternelle.

Par là se concilient et se justifient la conception du monde créé comme siège de l'action incessante de la vie et de l'esprit (qui sont d'ailleurs une même chose) et la conception d'un Dieu personnel et tout puissant qui a enfanté ce monde comme le fruit de sa pensée, de sa volonté et de son amour. L'univers tout imprégné de vie, tout imprégné d'esprit, tout vibrant des énergies divines, n'est dont pas un argument à opposer a l'existence du Dieu personnel esprit et vie. L'univers vie et esprit émanant d'un Dieu père vie et esprit, se présente comme une conception éminemment logique et rationnelle.

Nous ne pouvons douter qu'il n'y ait entre l'esprit tel que nous le fait connaître l'âme humaine et la création, c'est-à-dire la nature, une harmonie révélatrice de la présence de l'esprit dans cette nature.

« Entre le monde extérieur et notre intelligence, dit M. de Freycinet[1] il se révèle une *adéquation singulière* dont nous ne sommes pas les auteurs. L'intelligence humaine et la nature rentrent dans un plan général en vertu duquel la

---

1. De Freycinet, *Philosophie des Sciences* ; Paris, Gauthier-Villars.

première est admirablement disposée a comprendre la seconde.
Il y a *adaptation* réciproque ». Adaptation n'est pas assez
dire. Il faut ajouter qu'entre ces deux termes ainsi rapprochés,
intelligence humaine et nature, il y a *même origine et même
essence*. L'intelligence et les forces dites naturelles sont en
effet de *même essence*. L'intelligence retrouve en elle-même
les lois de la nature ; et elle les conçoit et les réalise consciemment tandis que la nature les réalise plus ou moins inconsciemment.

« L'activité intelligente, dit M. Marin [1] dans un article très
suggestif sur *L'Origine des espèces,* est la seule activité réelle
qui soit dans l'univers.

« ... Rien ne ressemble mieux aux différentes solutions
que l'intelligence des hommes imagine pour venir à bout
d'une fin par des instruments ou des méthodes diverses, que
la diversité des procédés employés par des organismes dans
des conditions analogues... On conçoit donc que l'intelligence dans la nature soit identique à la raison humaine,
comme l'on pensé de grands esprit ». Il y a dans la nature
« des responsabilités et un principe supérieur d'organisation
auquel elles obéissent comme a un devoir pour enrichir le
monde. »

« Le facteur actif du développement universel dans la nature
est capable de s'efforcer de réaliser un progrès, d'atteindre
un idéal. Il est... un facteur spirituel, intelligent, principe
de toute action véritable, de toute organisation ; il est un
effort incessamment répété, partout et toujours ; il est spontanéité, dynamisme, finalité. Il n'agit pas toujours en se manifestant à notre conscience, mais la conscience ne paraît pas
nécessaire aux actes intellectuels. »

A ces citations, je tiens à ajouter une belle page empruntée
à un philosophe qui a prêté à l'exposition de ses idées une
rare sagacité et la beauté du langage... » Chaque philosophe
en France à la fin du xixᵉ siècle, dit M. A. Fouillée [2], y com-

---

1. Marin, L'Origine des Espèces. *Revue scientifique,* 9 novembre 1901.
2. A. Fouillée. Les deux directions possibles dans l'enseignement de
la philosophie, etc., *Revue de métaphysique et de morale,* novembre 1901.

pris Renan et Taine, a fini par reconnaître que l'idéal doit
être fondé, au sein de la réalité même, sur quelque chose qui
le rende possible et qui nous rende possible de l'atteindre.
Cette condition réelle de la possibilité de l'idéal est pour les
uns, comme Vacherot, Taine, Renan, Guyau, une aspiration
immanente au monde même, *une conscience obscure* qui tend
à la pleine clarté ; pour d'autres, comme Ravaisson, Lachelier, Renouvier, Sécrétan, Boutroux, elle est cela et de plus
une *pensée suprême* ou un *suprême amour* présent au monde
sans s'y épuiser. Ces deux assertions, en elles-mêmes, n'ont
rien d'inconciliable, puisque le désir immanent au monde
peut se fonder sur quelque réalité supérieure au désir même
— réalité dont l'homme ne saurait, évidemment, se faire
qu'une conception inadéquate et plus ou moins *anthropomorphique.* Mais quelque opinion qu'on adopte sur cette question réservée, une conciliation du réel et de l'idéal demeure
possible dans le monde même, par une conception de la
réalité qui, dans le mouvement retrouve l'appétition et dans
l'appétition l'idée plus ou moins consciente. »

On sait peut-être combien depuis longtemps je me suis fait
l'apôtre de ces conceptions de la nature et des forces dont
l'activité assure en elle la vie et le progrès[1]. J'ai en effet
affirmé la présence partout d'un principe animateur, d'un
élément de mentalité que j'ai désigné comme esprit, comme
force capable de sentir, de penser et de vouloir et par conséquent capable de liberté et d'effort ; et que j'ai considéré
comme la cause essentielle et primordiale de la progression
évolutive dans la nature entière. En outre avec MM. Ravaisson, Lachelier, Renouvier, Sécrétan, Boutroux, j'ai placé
au-dessus et à l'origine de cette énergie pensante et immanente au monde, la source même de cette énergie, c'est-à-
dire Dieu. J'ai donc la satisfaction et l'honneur de me trouver
sur ce grave sujet en conformité de vues avec ces hommes
éminents qui jouissent d'une autorité incontestable dans le
monde de la pensée.

---

1. Voir mon *Essai sur la vie et la mort,* mon *Essai sur l'Immortalité* et
d'autres *Essais* dont quelques-uns sont contenus dans ce volume.

Je veux maintenant faire remarquer combien l'origine de l'univers sensible par un germe détaché du Créateur, apporte une solution satisfaisante à la question si controversée de la transcendance et de l'immanence divines. — Dieu existe-t-il en dehors de l'univers, ou bien est-il partie même de l'univers? L'intelligence divine a-t-elle placé l'univers en *dehors d'elle* et à *côté d'elle*, tout en restant indépendante et distincte, tout en étant personnalité autonome? Ou bien l'intelligence divine est-elle le principe animateur même de l'univers, lié à lui indissolublement et confondu avec lui? Telles sont, on le sait, les deux grandes conceptions, théisme et panthéisme, entre lesquelles a pu paraître exister un fossé infranchissable. Mais si l'intelligence qui anime l'univers est issue de l'âme même de Dieu, si elle est de même essence que celle-ci, ayant puisé en elle son germe et le point de départ de sa genèse future, il y a donc à la fois : transcendance réelle en ce sens que Dieu est resté lui-même, personne distincte et libre vis-à-vis de son œuvre, comme le père l'est vis-à-vis de sa descendance ; et à la fois aussi immanence en ce sens que l'énergie de source et d'essence divines a fourni la substance de l'univers, et que l'esprit du père a été transmis à l'enfant. Mais cette parenté directe entre le Dieu personnel et l'univers créé, cette communauté d'essence est la garantie d'un échange continuel de relations qui doit aboutir à une *pénétration réciproque*, capable, sinon d'effacer, du moins d'estomper, les limites entre Dieu et l'univers. Par là disparaît toute opposition irréductible entre la transcendance et l'immanence divines, et nous pouvons donner pleine adhésion aux paroles si justes de Charles Sécrétan[1] : « A quelque point que l'on se place, on reconnaîtra que l'intelligence est à la fois immanente et transcendante, et que la querelle du panthéisme et du théisme roule sur des questions de nuance et de degré. »

Le conciliation de la transcendance et de l'immanence divines, n'est pas d'ailleurs une pure satisfaction intellectuelle et pour ainsi dire scolastique. Elle répond aussi et plus

1. *Revue chrétienne,* juin 1886.

encore à des exigences *morales*. Si nous ne pouvons, en
effet, nous refuser à voir la présence et l'action divines dans
la nature, il nous paraît encore moins possible d'y placer et
d'y reconnaître *tout* le divin. La nature a des imperfections,
des lacunes, des laideurs même que nous ne saurions prêter
à Dieu lui-même ; et si ces taches plus ou moins graves
sont appelées à s'effacer dans un perfectionnement progressif de la création, elles n'en déparent pas moins la face
de la nature ; et nous ne saurions leur donner le droit
d'amoindrir la majesté et de compromettre la perfection
de la figure même de Dieu. Ces imperfections compréhen-
sibles et explicables dans un être qui évolue vers le divin,
constituent une contradiction inacceptable dans l'être qui est
le divin même, c'est-à-dire la plénitude du divin ; et s'il y
a des raisons de voir dans la nature des aspirations vers
l'idéal, il n'y en a point moins pour trouver en Dieu
l'idéal lui-même, et *tout* l'idéal. Une distinction réelle s'impose donc pour la logique et pour la justice entre l'idéal
éternel, l'idéal parfait, et l'être imparfait qui tend vers l'idéal,
c'est-à-dire entre Dieu et la nature.

J'ai, dans le cours de ces essais, développé successivement
les raisons qui me font croire à la transcendance divine, c'est-
à-dire à l'existence du Dieu personnel et conscient, créateur
de l'univers. Je viens de formuler dans les pages qui précèdent la nuance d'immanence qui me paraît devoir modifier
une conception trop absolue de la transcendance. Les raisons
que j'ai exposées en faveur de ma foi en un Dieu transcendant et personnel étaient vraiment *des raisons de la raison.*
Il me reste à formuler les raisons de l'instinct, et du cœur.
Sur ce terrain dont l'exploration est si difficile, il n'est
certes pas inutile de faire appel à toutes les lumières dont
l'homme peut disposer ; et l'intervention du cœur se justifie
d'autant mieux que le sentiment est, dans l'espèce, la meilleure source de connaissances, car certainement *l'homme est
plus près de Dieu par le cœur que par la raison.* Les aspirations du cœur fournissent, en effet, une sorte de lumière
instinctive, qui peut tromper, j'en conviens ; mais qui a bien

des chances de soulever dans une certaine mesure le voile qui recouvre la vérité. Elle le peut d'autant plus que l'aspiration est moins individuelle, moins isolée, et se présente comme un élan général, comme un assentiment irréfléchi, involontaire, et pour ainsi dire inconscient et instinctif à certaines croyances. Que ceux qui considèrent les aspirations de l'humanité vers l'immortalité, vers la réalisation finale de la justice, vers le triomphe définitif de la vérité et du droit, comme de pures illusions dictées par un intérêt naïf ou par une innocente crédulité, que ceux-là, dis-je, continuent à se croire dans le vrai ! Nous n'en persisterons pas moins, et l'humanité avec nous, à croire le contraire.

Le naturaliste moins que tout autre a le droit de nier la valeur de ces impulsions internes, de ces tendances instinctives qui sont des témoignages plus ou moins inconscients en faveur de réalités inconnues de la raison. Le monde animal, et même le règne végétal fourmillent de ces exemples où l'être vivant a très justement dirigé avec décision et avec succès son activité vers des horizons réels que la raison ignore ou avait ignorés. A côté des opinions et des directions qui sont dues à l'association des idées, à l'analogie, à l'induction et à la déduction qui constituent les instruments de la logique, à côté des raisons de la *raison raisonnante,* dirai-je, il y a certainement les raisons de la raison que j'appellerai *impérative,* de la raison qui commande en vertu de lumières intrinsèques, de lumières qu'elle n'a point puisées à l'extérieur, mais qui sont des parties intégrantes d'elle-même, et représentent une sorte d'*inspiration.* Cette raison *impérative,* que l'on désigne bien souvent sous le nom d'instinct, de lumière instinctive, est d'autant plus digne d'attention et de crédit, qu'étant primordiale et tenant plus directement de la nature de la raison première des choses, c'est-à-dire de l'esprit qui en constitue l'énergie fondamentale et la vie, elle semble devoir plus que toute autre avoir été soustraite aux influences complexes et souvent modificatrices et altérantes des mouvements extérieurs du milieu.

Ce sont ces raisons de la raison impérative que l'on refuse

le plus souvent de considérer comme des raisons, et que l'on désigne ordinairement comme de simples impulsions parce qu'on pense, à tort, que ces impulsions ont quelque chose d'absolument spontané, de fatal et d'aveugle qui exclut toute intervention de la raison. Or c'est là une grande erreur, car dans les fondements cachés et souterrains, dans les substructions de ces édifices instinctifs dont on a vainement et à tort cherché les constructeurs dans l'association de l'habitude et de l'hérédité, se trouve réellement et essentiellement l'influence *directe* de l'esprit, principe d'animation de tous les êtres et qui est en eux la source de l'énergie et de la vie. C'est bien là ce qui nous a paru ressortir de notre étude de l'instinct.

Pour ce qui regarde la question de Dieu et de ses rapports avec le monde, l'humanité sujette à la douleur et à la mort, convaincue par expérience de sa faiblesse, de son impuissance, de son imperfection, des bornes trop resserrées de son pouvoir, parfois même de sa défaite devant le mal moral, a toujours plus ou moins tourné ses regards vers un être plus puissant qu'elle, capable d'entendre sa requête ou sa plainte et d'imprimer aux forces de la nature ou aux événements de ce monde une direction favorable ou contraire aux prières qui lui sont adressées.

L'humanité n'a pas tourné ses regards vers un Dieu insensible, sourd, aveugle et immobile, mais vers un être capable d'être son confident, son interlocuteur et son collaborateur ; elle a voulu un Dieu à qui elle pût s'adresser, qui l'entendît et qui lui répondît ; ce Dieu elle l'a conçu sans doute sous des formes très diverses, tantôt très grossières et inférieures, tantôt grandes, nobles, sublimes même ; mais sous les diversités de la forme s'est toujours retrouvé le Dieu plus ou moins personnel, sentant, pensant et voulant, capable de résolutions et de volontés.

C'est parce qu'elle a eu cette aspiration répondant au besoin de son cœur, que l'humanité a prié et qu'elle prie, et qu'elle priera sous des formes diverses et correspondant d'ailleurs à la conception plus ou moins imparfaite qu'elle a de ce Dieu à qui elle se sent pressée d'avoir recours. Elle

n'a ni voulu ni pu se contenter du Dieu de la pure immanence, de ce Dieu plongé pendant de longues éternités dans
la léthargie ou la somnolence chaotique, accomplissant
dans l'inconscience l'œuvre colossale de l'univers, obéissant
à une fatalité inéluctable, incapable d'entendre les appels et
les cris de l'être qui désire et qui souffre, ignorant l'émotion
et l'amour, pivot insensible et glacé autour duquel tourne
éternellement sans parvenir à l'échauffer la grande roue du
monde.

Ce Dieu insensible et inconscient, agissant comme dans
un sommeil éternel et par un automatisme invariable, a pu
suffire à des natures spéculatives et rêveuses, à des sociétés
contemplatives élevant l'impassibilité à la hauteur d'une
vertu, à des hommes chez lesquels le cœur est dans une
certaine mesure la dupe de la raison ; mais il n'a jamais été
le Dieu de l'humanité. Celle-ci s'est refusée à le considérer
comme Dieu ; et elle a jugé instinctivement que le panthéisme
était, comme l'a si bien dit Vinet[1] « l'idée du fatalisme
combinée avec celle de l'ordre et de l'unité » et qu'il n'était
au fond « qu'un athéisme emphatique et solennel[2]. »

Je n'ignore pas le reproche que l'on va m'adresser. On
m'accablera sous l'accusation d'anthropomorphisme. C'est là
d'ailleurs le reproche à la mode. Ce Dieu, qui sent, qui
veut, qui écoute, qui répond, me dira-t-on, ressemble fort
à un homme, à un grand homme si vous voulez, mais à un
homme. Je ne m'en défends pas ; mais je repousse la sigui-
fication et la gravité de l'accusation. L'anthropomorphisme
dans la conception de Dieu ne mérite certes pas la réprobation dont on l'accable aujourd'hui.

L'anthropomorphisme sagement et rationnellement appliqué constitue un emploi légitime de l'analogie ; et c'est là en
outre un moyen de recherches dont nous ne saurions nous
passer. Si, en effet, Dieu existe en dehors de l'univers, s'il a une

1. Alexandre Vinet, *Essai sur la manifestation des convictions religieuses,*
p. 410.
2. Ibid., *Le Semeur,* XI, p. 158.

existence propre, s'il est le créateur de l'univers, et s'il l'a
créé, non *ex-nihilo*, ce que la raison ne saurait admettre,
mais en puisant son germe dans ce qui était antérieurement, c'est-à-dire en Lui-même, il est logique de penser que
dans l'univers se retrouve la trace, la marque, les caractères
de l'hérédité divine, et que l'étude de l'univers est susceptible
de nous révéler sinon tous les caractères de la nature de
Dieu, du moins assez de linéaments pour composer une
esquisse plus ou moins imparfaite de sa personne, ou tout
au moins pour réaliser la représentation de quelques-uns de
ses traits.

La nature entière peut nous donner un aperçu de sa
puissance, de sa grandeur, de son intelligence, de sa
science ; mais elle peut aussi nous éclairer sur son caractère
moral, car, en dépit de philosophes ou de théologiens qui
n'ont jeté sur la nature que des regards superficiels, la
nature est morale et profondément morale ; car elle est vraie,
elle est belle, elle est sage, elle est harmonieuse et logique.
Mais les attributs moraux de Dieu déjà lisibles dans la nature
considérée dans son ensemble, le sont incomparablement
plus dans l'être, qui pour nous, habitants de la terre, est le
couronnement actuel et local de la nature, et qui par conséquent nous représente le degré le plus élevé de la marche
évolutive imposée par l'hérédité divine. — J'ai nommé
l'*homme*.

Il est très possible que dans d'autres régions de l'univers,
sur d'autres terres, il existe des êtres moraux supérieurs à
l'homme et par conséquent moins éloignés de la ressemblance
paternelle. Ces populations stellaires sont mieux placées que
nous sans doute pour se faire une conception de Dieu moins
indigne de lui. Mais je crois fermement que les lignes
morales de notre conception anthropomorphique de Dieu
doivent se retrouver dans ces esquisses meilleures que les
nôtres, mais imparfaites elles-mêmes.

Les idées générales et fondamentales de puissance, de
vérité, de justice, de sagesse, de bonté, d'amour, ne sauraient varier suivant les zones et les régions de l'espace.
Elles font partie de l'absolu ; et tout être capable de penser,

quelle que soit la planète qu'il habite, ne saurait manquer de les rapporter à celui qui, ayant tout créé, a aussi tout ordonné, suivant les lignes immuables de sa volonté et de sa nature morale. Que des différences de climatologie, de lumière, de pesanteur, de densité de l'atmosphère, de configuration du sol, de relations avec des astres influents, aient pu et même dû modifier plus ou moins fortement la constitution physique des habitants des divers mondes habités, leurs formes extérieures, la composition et le nombre des organes des sens, des viscères de la vie végétative, aussi bien que des organes de la vie animale, nous n'aurons garde de le nier; mais pour les habitants de Mars, de Jupiter, aussi bien que pour celui de la Terre, les notions générales de justice, de bonté, de vérité, constituent certainement un fonds commun qui correspond à un absolu, à une nécessité, et qui par conséquent ne saurait varier d'une manière essentielle.

Les formes extérieures, la constitution physique sont des moyens de manifestation de l'esprit qui peuvent et doivent varier; mais l'esprit, c'est-à-dire l'énergie, ne varie pas dans son essence.

D'ailleurs, l'énergie de l'univers a aux yeux mêmes de la science, une origine commune et uniforme, puisque les diverses parties de l'univers actuel seraient dues aux condensations localisées de la substance chaotique primitive, forme homogène de l'énergie dont les astres actuels, comme d'ailleurs les immenses espaces qui les séparent ont reçu leur part respective. Il y a donc partout des trésors d'énergie provenant de la même origine et renfermant des virtualités fondamentales identiques, capables de leur donner des destinées et des réalités identiques.

L'anthropomorphisme n'est donc pas au fond une méthode vicieuse pour s'acheminer vers la connaissance de Dieu. Mais si la méthode n'est pas vicieuse par elle-même, elle peut le devenir par un emploi peu judicieux qui en fausse les résultats.

Si l'homme est le fils de Dieu, s'il est de la race de Dieu, il ne s'ensuit pas que l'on doive retrouver en Dieu toutes les imperfections, toutes les faiblesses de l'homme. Ce dernier représente la phase actuelle d'une évolution progressive vers l'idéal divin qui ne se réalise qu'à travers des tâtonnements, des luttes et même des reculs momentanés. Il ne faut pas oublier que l'évolution de l'univers est avant tout une évolution *morale*; et que l'évolution physique et mentale ne sont au fond que des degrés nécessaires, mais relatifs et préparatoires, de l'évolution morale.

Au fond l'organisation merveilleuse de la matière comme forme de l'énergie, l'épanouissement de l'intelligence et les progrès de la science qui en sont les conséquences, l'activité physique aussi bien que l'activité intellectuelle, doivent aboutir à la constitution de plus en plus élevée de l'être moral. La vérité, la beauté, l'harmonie ne sauraient être séparées de la *justice* et de la *bonté*. Si nous en jugions par ce qui se passe sur la terre et par ce que nous pouvons conclure de l'histoire de notre vie et de notre expérience, il s'agit avant tout et par dessus tout du développement de l'esprit et de la conscience morale. « Le but de ce monde est le *développement de l'esprit* » a dit fort bien Renan; et c'est dans la nécessité d'atteindre ce but que se trouvent les seules explications et justifications rationnelles de la douleur. La divine bonté n'a pu permettre un fait, si contraire en apparence à elle-même, que parce qu'il était indispensable pour la réalisation dans un *milieu libre* d'une fin bien supérieure par sa valeur intrinsèque, par son importance morale et par ses *conséquences éternelles* au *bien-être d'un moment*. Mais le développement de la conscience morale comporte nécessairement la présence de la liberté. « La première condition du développement de l'esprit c'est *la liberté* » a dit encore Renan. Et la liberté est, en effet, répandue dans l'univers à des degrés divers, expliquant les tâtonnements, les erreurs mêmes, les reculs momentanés de l'œuvre évolutive. Il y a dans l'évolution de l'univers les mouvements indécis et imprécis de l'embryon et de l'enfant, les hésitations et les crises à travers lesquelles il se développe et grandit, les pertubations et les erreurs de son organisme imparfait, et de son rudiment psychique. Et ces variations, ces perturbations, ces chutes et ces reculs acquièrent d'autant plus d'amplitude que la liberté s'accentue davantage, que l'être moral se caractérise plus nettement. Ainsi s'explique-t-on que chez l'homme les déviatians de la voie normale puissent atteindre des proportions bien plus élevées que chez les animaux, et à plus forte raison que dans le règne végétal et minéral. C'est que la liberté est bien plus grande dans l'humanité ; et à un degré bien plus élevé l'homme a la liberté du choix dans la dircetion qu'il peut imprimer à sa volonté. Aussi peut-il commettre de plus grands écarts.

Mais en lui aussi est plus nettement et plus profondément imprimé le code de la loi morale. Plus que tout autre, il peut entendre au fond de son être et au sein même de ses chutes, le retentissement du cri de la conscience et l'accent impératif du « *tu dois* ». Et voilà pourquoi l'homme peut s'élever et grandir moralement. Il sait qu'il y a des voix qu'il doit écouter, et ce sont justement celles de l'*hérédité divine,* et d'autres qu'il doit étouffer, et ce sont celles de l'*hérédité bestiale.*

· On peut donc concevoir l'homme *moral* qui sera essentiellement l'homme *normal,* l'homme vraiment achevé, par opposition à l'homme *immoral* qui correspond à l'homme *anormal,* à l'homme qui ne doit pas être. Or c'est dans le premier que l'anthropomorphisme bien compris doit trouver l'image de Dieu, et qu'il doit rechercher les traits et les attributs de son créateur. Tout ce qui, grandissant dans l'homme, grandira l'homme lui-même, appartient logiquement à la figure de Dieu ; et c'est là le critérium d'une bonne méthode anthropomorphique. L'agrandissement de l'intelligence, de la science, de la vérité, du besoin d'aimer, de la bonté, rentre évidemment dans cette catégorie, mais il ne saurait en être de même de l'égoïsme, du mensonge et de la méchanceté, de la vengeance ; et ce sont là les traits qui doivent être absolument écartés de toute conception de la divinité. C'est pour ne pas l'avoir fait que le paganisme sous toutes ses formes et notamment le paganisme gréco-romain a peuplé le ciel de dieux sensuels, injustes, vindicatifs, trompeurs et cruels même, qui n'ont rien de commun avec le Dieu père de l'univers que nous avons le privilège de penser et de connaître. C'est pour de semblables raisons que le Dieu de la loi mosaïque et même celui de l'église chrétienne a vu sa figure, pourtant grande et majestueuse, déparée souvent par des traits où se lisaient des sentiments indignes de la divinité.

Il est certain que par cette méthode nous ne parviendrons pas à acquérir une image parfaite de Celui qui est parfait. Notre faiblesse, notre petitesse, notre esprit borné, notre nature encore si incomplète ne sauraient certes nous permettre d'embrasser du regard la figure de Celui en qui sont toutes les grandeurs et toutes les perfections, mais du moins serons-nous assurés de n'avoir placé sur sa face aucun trait qu lui soit essentiellement étranger, et qui l'altère et la dépare.

Il est possible que sur d'autres terres des personnalités morales plus élevées, plus éclairées, plus grandes que l'humanité soient parvenues à se faire de l'image de Dieu une esquisse moins imparfaite que la nôtre, mais du moins, en agissant comme nous l'avons fait, avons-nous travaillé *selon notre mesure* ? Dans tous les cas nous avons pris la seule voie qui nous soit ouverte pour connaître Dieu. C'est dans notre être moral que nous l'avons cherché, et nous ne saurions le chercher et le trouver ailleurs.

L'hostilité déclarée contre la méthode anthropomorphique dans la recherche de la conception de Dieu me paraît à peine compréhensible chez des hommes qui croient à un Dieu autre que celui du panthéisme. De tels hommes veulent-ils prétendre qu'il n'y a en Dieu aucune des facultés qui caractérisent la nature psychique et morale de l'humanité ? N'y aurait-il en Dieu, ni intelligence, ni raison, ni justice, ni volonté, ni sensibilité, ni bonté, ni conscience, etc. ? Mais qu'y a-t-il donc alors ? Quelle conception se font-ils ou peuvent-ils se faire de l'Être suprême ? Et s'il n'y a rien en Dieu de toutes ces facultés humaines, n'est-il pas plus simple et plus logique de considérer pour nous Dieu comme n'existant pas et comme n'étant qu'un nom qui ne saurait, pour notre raison, recouvrir aucune réalité. Tout cela n'est vraiment pas rationnel et fourmille de contradictions.

La seule prétention justifiable est celle de penser qu'en Dieu, justice et puissance parfaites, il y a de tout cela infiniment plus que dans l'homme et disposé en un groupement d'une harmonie parfaite qui laisse infiniment en arrière de lui l'incohérence et la débilité de la nature humaine. On peut encore penser légitimement qu'il peut y avoir et qu'il y a en Dieu des facultés et des puissances qui nous sont encore inconnues et que l'évolution de l'esprit dans l'univers pourra faire un jour apparaître et grandir dans la créature. Mais l'idée d'évolution elle-même nous permettant d'entrevoir dans la personnalité humaine une étape de la marche de l'esprit vers l'idéal divin, l'homme peut se croire autorisé à reconnaître dans la constitution de l'être moral qui nous correspond, le reflet pâle, *très pâle* certainement, de la lumière supérieure, et comme une empreinte très indécise du type divin.

Je ne crois pas nécessaire de plaider plus longuement la cause de la méthode anthropomorphique. Ce que je viens d'en dire, et bien des pages des essais précédents me paraissent répondre à cette boutade d'Haeckel. « L'homothéisme, l'idée anthropomorphique de Dieu a abaissé ce concept cosmique suprême à l'état de *vertébré gazeux*. »

Le pittoresque de pareille fantaisie d'expression n'en assure certes pas la justesse et la valeur. Je ne sais pas d'accusation moins rationnelle et moins justiciable. Ce n'est pas un être pourvu d'un squelette vertébré que vise la connaissance anthropomorphique de Dieu. Les explications qui précèdent ont fait justice d'une accusation si puérile. C'est par l'esprit et par les analogies de l'esprit que l'anthropomorphisme cherche à atteindre Dieu, et qu'il veut parvenir à sa conception comme esprit et énergie. Si tel est son but, je ne vois pas clairement ce que la colonne vertébrale et la consistance gazeuse ont à faire dans la circonstance, car je n'ose supposer que l'auteur du monisme considère l'esprit et l'énergie comme un corps gazeux.

Puisque pour lui l'esprit c'est l'éther universel, il ne devrait pas oublier qu'il est forcé de confesser son ignorance complète sur la nature même de l'éther, et que, voulant malgré son impuissance, le décrire et le caractériser, il lui attribue, gratuitement d'ailleurs, une *structure dynamique* qu'il ne nous fait pas connaître, et le déclare en même temps une substance continue, élastique, non composée d'atomes. Or, cette structure dynamique, qu'il nous laisse le soin de faire suivre d'un point d'interrogation, et cette absence d'atomes, ne sont pas, que nous sachions, le propre des gaz et des vapeurs. On voit donc que la plaisanterie manque de science, de logique et de sérieux. Il en aurait fallu un peu pour la faire pardonner.

Au reproche fait à l'anthropomorphisme, notre système me paraît donc répondre victorieusement. La filiation entre Dieu et l'homme est une justification suffisante de la valeur de la méthode. Mais il est d'autres critiques auxquelles notre système semble devoir également échapper.

Le monisme d'Haeckel et de bien d'autres n'est certes pas le dogme infaillible; mais il contient, comme tous les systèmes, des fragments de la vérité. Le système que j'expose me paraît posséder ces parts-là dans une mesure rationnelle et satisfaisante. Il évite en effet ce *dualisme outré* qui fait de Dieu et de l'univers deux êtres distincts, jusqu'à être étrangers et opposés l'un à l'autre. Ce dualisme exagéré et radical n'est certainement point l'expression de la vérité, et il est en dehors de ce que l'observation de la nature et les intuitions de la conscience conduisent logiquement à penser. Pour nous, il y a parenté et rapports paternels et filiaux, il y a relation génésique et par conséquent ressemblance essentielle de nature entre Dieu, énergie pure et infinie, et la créature énergie figurée et finie. Il y a aussi échange, communication, et dans une certaine mesure, pénétration ; mais il n'y a ni confusion, ni fusion, et par conséquent ni monisme absolu, ni panthéisme. C'est là un résultat heureux, me semble-t-il, et qui peut être invoqué en faveur de la conception proposée.

Nous pourrions donner à cette discussion des conceptions monistes de l'univers une bien plus grande étendue, mais il convient de s'arrêter. Je ne le ferai pas sans appeler un ins-

tant l'attention sur ces paroles d'Haeckel : « En tant que
cette croyance (chrétienne) implique l'idée d'un Dieu personnel, elle est tout à fait insoutenable en face des progrès
récents de la connaissance moniste de la nature. » Est-ce
naïveté ? Est-ce trop grande simplicité de ma part? mais je
ne puis m'empêcher de croire que les pages de ces essais
sont loin de donner raison à ce jugement aussi absolu qu'in-
justifié. Les formules magistrales de l'auteur du monisme
veulent bien tomber *ex cathedra* ; mais elles attendent le con-
cile qui proclamera leur infaillibilité. Jusqu'alors, et à condition encore que les membres de cette auguste assemblée
subissent avec succès l'épreuve de la vérification des pouvoirs,
je me permettrai de penser que dans la *Profession de foi
d'un naturaliste* il n'y a peut-être pas un argument contre
la personnalité divine auquel le contenu de ces essais (où
cependant les progrès de la science sont tenus en grand honneur) ne puisse fournir une réponse digne d'attention. —
Nous n'aurons donc pas lieu de regretter l'usage que nous
avons fait de la méthode anthropomorphique. Mais ce que
nous pouvons et devons regretter, c'est de ne pas posséder
une plus complète connaissance de Celui de qui l'univers
tient la vie, le mouvement et l'être. Nous devons croire que
la lueur qui nous éclaire *est suffisante* pour notre état actuel
et pour le niveau que nous occupons dans la voie ascendante
du perfectionnement de l'esprit.

Si d'autres êtres pensants situés sur une autre terre et
ayant atteint dans cette voie un rang supérieur à celui que
nous occupons sont plus favorisés que nous, et sont dotés
d'une lumière plus éclatante, nous devons espérer que notre
horizon s'élargira un jour, et que des clartés grandissantes
nous seront acquises à mesure que nous approcherons de
Celui qui a créé toutes choses et en qui doivent se retrouver
toutes choses, de Celui, *de qui, par qui* et *pour qui* sont
toutes choses, comme l'a dit si éloquemment l'apôtre Paul,
et après lui le sage empereur Marc-Aurèle (*Pensées,* vi, 23).

Formule profonde et admirable ! embrassant dans son
extrême concision toute la philosophie de la vie de l'univers !
« De qui », affirmant le détachement d'un fragment de la

divinité comme origine du monde ; « par qui ! » spécifiant le caractère libre et volontaire du Créateur et par conséquent de la chose créée ; et « pour qui ! » marquant le but suprême de l'acte créateur destiné à répondre à l'altruisme divin en donnant à Dieu un objet à aimer et en ramenant finalement dans son sein paternel des êtres issus de lui, semblables à lui, et dignes de lui !

TABLE DES MATIERES

Félix ALCAN, éditeur, 108, Boulevard Saint-Germain, Paris, 6e

BIBLIOTHÈQUE
DE PHILOSOPHIE CONTEMPORAINE

PHILOSOPHIE RELIGIEUSE

ARNOLD (Matthew). — La crise religieuse. 1 vol. in-8. . . . . . 7 fr. 50
ARRÉAT (L.). — Les croyances de demain. 1 vol. in-16. . . . . . 2 fr. 50
— Le sentiment religieux en France. 1 vol. in-16. . . . . 2 fr. 50
CARRAU (L.), professeur adjoint à la Sorbonne. — La philosophie religieuse en Angleterre depuis Lockr. 1 vol. in-8. . . . . 5 fr.
GRASSERIE (Raoul de la), lauréat de l'Institut. — De la psychologie des religions. 1 vol. in-8. . . . . 5 fr.
GUYAU. — L'irréligion de l'avenir. 8e édit., 1 vol. in-8. . . . . . . 7 fr. 50
HARTMANN (E. de). — La religion de l'avenir ; trad. de l'allemand. 6e édit., 1 vol. in-16. 2 fr. 50
LANG (A.). — Mythes, cultes et religion ; traduit de l'anglais et précédé d'une introduction par Léon Marillier. 1 vol. in-8. . . . . 10 fr.
MULLER (Max), prof. à l'Université d'Oxford. — Nouvelles études de mythologie ; traduit de l'anglais par L. Job. 1 vol. in-8. . . . . 10 fr.
OLDENBERG (K.). — La religion du Véda ; traduction et préface de V. Henry, professeur à la Sorbonne. 1 vol. in-8. . . . . 10 fr.
— Le Bouddha, sa vie, sa doctrine, sa communauté ; traduit de l'allemand par P. Foucher, maître de conférences à l'école des Hautes-Études ; préface de Sylvain Lévi, professeur au Collège de France. 2e édit., 1 vol. in-8. 7 fr. 50
RÉCÉJAC (E.), docteur ès lettres. — Essai sur les fondements de la connaissance mystique. 1 vol. in-8. . . . . 5 fr.
REGNAUD (P.), professeur à l'Université de Lyon. — Comment naissent les mythes. 1 vol. in-16. . . . . 2 fr. 50
RÉMUSAT (Charles de), de l'Académie française. — Philosophie religieuse. 1 vol. in-16. . . . . 2 fr. 50
STUART MILL. — Essais sur la religion ; traduit par M. Cazelles. 4e édit., 1 vol. in-8. . . . . 5 fr.
VACHEROT (Et.), de l'Institut. — La religion. 1 vol. in-8. . . . . . 7 fr. 50

PHILOSOPHIE SCIENTIFIQUE

AGASSIZ. — De l'espèce et des classifications en zoologie ; traduit de l'anglais par Vogeli. 1 vol. in-8. . . . . 5 fr.
BARTHÉLEMY SAINT-HILAIRE. de l'Institut. — La philosophie dans ses rapports avec les sciences et la religion. 1 vol. in-8. . . . . 5 fr.
BOIRAC (Émile), recteur de l'Académie de Dijon. — L'idée de phénomène. 1 vol. in-8. . . . . 5 fr.
BOUCHER (M.). — Essai sur l'hyperespace, le temps, la matière et l'énergie. 1 Vol. in-16. 2 fr. 50
BOURDEAU (Louis). — Le problème de la mort et ses solutions imaginaires. 3e édit., 1 vol. in 8 . . . . 5 fr.
— Le problème de la vie. Essai de sociologie générale. 1 vol. in-8. . . . 7 fr. 50
BOUTROUX (Em.), de l'Institut, professeur à la Sorbonne. — De la contingence des lois de la nature. 4e édit., 1 vol. in-16. . . . . 2 fr. 50
CONTA (Basile). — Théorie de l'ondulation universelle. Essai sur l'évolution. 1 vol. in-8. . . . . 3 fr. 75
DUNAN, professeur au collège Stanislas, docteur ès lettres. — La théorie psychologique de l'espace. 1 vol. in-16. . . . . 2 fr. 50
DURAND DE GROS. — Aperçus de taxinomie générale. 1 vol. in-8. . 5 fr.

ESPINAS (A.), professeur à la Sorbonne. — **La philosophie expérimentale en Italie.** 1 vol. in-16. . . . . 2 fr. 50

FAIVRE (E.), professeur à la Faculté des sciences de Lyon. — **De la variabilité des espèces.** 1 vol. in-16. . . . . 2 fr: 50

FÉRÉ (Ch.), médecin de Bicêtre. — **Sensation et mouvement.** 2e édit., 1 vol. in-16, avec gravures. . . . . 2 fr. 50

GOBLOT (E.), professeur à l'Université de Caen. — **Essai de classification des sciences.** 1 vol. in-8. . . . . 5 fr.

GRASSET (J.), professeur à l'Université de Montpellier. — **Les limites de la biologie.** 2e édit., 1 vol. in-16. . . . . 2 fr. 50

GUYAU. — **La genèse de l'idée de temps.** 2e édit., 1 vol. in-16. . . . 2 fr. 50

HANNEQUIN (H.), professeur à l'Université de Lyon. — **Essai critique sur l'hypothèse des atomes dans la science contemporaine.** 2e édit., 1 vol. in-8 . . . . 7 fr. 50

HARTMANN (E. de). — **Le darwinisme.** *Ce qu'il y a de vrai, ce qu'il y a de faux dans cette doctrine.* 7e édit., 1 vol. in-16. . . . . 2 fr. 50

HERVÉ BLONDEL. — **Les approximations de la Vérité.** 1 vol. in-16. 2 fr. 50

LECHALAS, ingénieur en chef des Ponts et Chaussées. — **Étude sur l'espace et le temps.** 1 vol. in-16. . . . . 2 fr. 50

LE DANTEC, chargé du cours d'embryogénie à la Sorbonne. — **Le déterminisme biologique et la personnalité consciente.** 1 vol. in-16. . . . 2 fr. 50

— **L'individualité et l'erreur individualiste**; préface de A. GIARD, professeur à la Sorbonne. 1 vol. in-16. . . . . 2 fr. 50

— **Lamarckiens et Darwiniens.** 1 vol. in-16. . . . . 2 fr. 50

— **L'unité dans l'être vivant.** *Essai d'une biologie chimique.* 1 vol. in-8. . 7 fr. 50

— **Les limites du connaissable.** *La vie et les phénomènes naturels.* 1 vol. in-8. 3 fr. 75

LIARD, de l'Institut, Vice-recteur de l'Académie de Paris. — **Des définitions géométriques et des définitions empiriques.** 3e édit., 1 vol. in-16. . . 2 fr. 50

— **La science positive et la métaphysique.** 3e édit., 1 vol. in-8. . . . 7 fr. 50

MARTIN (F.), professeur au lycée Saint-Louis. — **La perception extérieure et la science positive.** *Essai de philosophie des sciences.* 1 vol. in-8. . . . . 5 fr.

NAVILLE (E.), correspondant de l'Institut. — **La logique de l'hypothèse.** 2e édit., 1 vol. in-8. . . . . 5 fr.

— **La physique moderne.** 2e édit., 1 vol. in-8. . . . . 5 fr

NAVILLE (Adrien), doyen de la faculté des lettres de l'Université de Genève. — **Classification des sciences.** 1 vol. in-16. . . . . 2 fr. 50

PIOGER (Dr Julien). — **Le monde physique.** *Essai de conception expérimentale.* 1 vol. in-16. 2 fr. 50

PREYER, professeur à l'Université de Berlin. — **Éléments de physiologie générale**; traduit de l'allemand par M. Jules SOURY. 1 vol. in-8. . . . . . 5 fr.

RICHARD (G.), chargé de cours à l'Université de Bordeaux. — **L'idée d'évolution dans la nature et dans l'histoire.** 1 vol. in-8 (*Ouvrage couronné par l'Institut*). . . . . 10 fr.

ROISEL. — **De la substance.** 1 vol. in-16. . . . . 2 fr. 50

SAIGEY (Emile). — **Les sciences au XVIIIe siècle.** *La physique de Voltaire.* 1 vol. in-8. . . . . 5 fr.

SPENCER (Herbert). — **Classification des sciences**; traduction RHÉTHORÉ. 7e édit., 1 vol. in-16. . . . . 2 fr. 50

— **Principes de biologie**, trad. E. CAZELLES. 4e édit., 2 forts vol. in-8. 20 fr.

— **Essais scientifiques**; trad. A. BURDEAU. 3e édit., 1 vol. in-8. . 7 fr. 50

VIANNA DE LIMA. — **L'homme selon le transformisme.** 1 vol. in-16. 2 fr. 50

9 780666 047779